KB130286

노화와 의사소통

AGING AND COMMUNICATION (2ND ED.)

Mary Ann Toner · Barbara B. Shadden · Michael B. Gluth 편저
윤지혜 · 하승희 · 전진아 공역

학지사

Aging and Communication (2nd ed.)
edited by Mary Ann Toner, Barbara B. Shadden and Michael B. Gluth

역자 서문

통계에 따르면 우리나라는 머지않아 초고령사회에 진입할 것으로 전망되며 일부 지역사회에서는 이미 초고령사회에 도달하였다. 보다 주목할 점은 저출산 문제와 맞물려 초고령사회로의 진입 속도가 여타 서구 국가들에 비하여 매우 빠르다는 것이다. 고령화로 인한 사회문제를 적극적으로 해결하고 미래 복지사회를 구현할 수 있는 전문성을 갖춘 고급 인재의 활약이 간절히 필요한 시점이다.

역자들은 2014년부터 2019년까지 진행된 교육부 한국연구재단의 대학 특성화 사업인 'SMART 고령친화서비스 인재양성 사업단'에 참여하면서 노인 의사소통장애 전문가 인재양성에 관심을 가지고 고령친화 기술개발을 위한 토대를 마련하는 것에 뜻을 모았다. 그러나 노화와 관련된 새로운 교과목을 개발하고 교수하는 과정에서 노년기의 의사소통 특성이나 장애를 다루는 자료가 매우 제한적임을 알게 되었다.

이러한 과정의 첫 단계로서 언어병리를 공부하는 학생들을 위한 교재와 더불어 인접 학문을 연구하는 이들에게 참고가 될 만한 문헌을 찾는 것이 무엇보다 중요하였다. 오랜 장고 끝에 정상적인 노화와 병리적인 노화가 어떻게 구분되는지, 노화나 병리가 노인의 의사소통기능에 어떠한 영향을 주는지에 관한 전반적인 저변을 제공하면서도 말-언어의 각 구성 요소들이 노화에 어떻게 적응하고 변화하는지에 관한 세부 사항들을 다루는 데 소홀함이 없었던 이 책을 만나게 되었다. 여러 학기에 걸친 강의를 통해 우리는 이 책이 학부나 대학원 과정의 교과서로 활용되기에 적합함을 검증하였고, 좀 더 다양한 독자에게 널리 읽히기를 바라는 마음에서 번역을 진행하였다.

생물학적 측면에서 접근하는 노년기는 약화, 부족, 퇴행, 상실 등의 부정적 이미지와 연령차별주의적 시선들로 점철되어 있다. 그러나 이 책을 번역하면서 역자들은 부드럽게 극복하고 지혜롭게 순응하며 더불어 살아가는 노년의 삶을 통해 노년기는 불안과 고민의 시기가 아니라 평생 일군 인생의 순간들을 통해 개인적 경험과 지식이 축적되는 축복된 시간임을 깨닫게 되었다. 이 책을 통하여 우리보다 앞서 걸어간 예술가, 철학자, 현자 그리고 삶의 선구자인 그들을 깊이 이해할 수 있기를 기대한다.

2020년 9월

대표 역자 씀

차례

제5장 말과 노화: 음성, 공명 및 조음 _Leah Skladany and Mary Ann Toner 93

제6장 노화와 삼킴 _Mary Ann Toner 129

제7장 인지와 노화: 1차 및 3차 노화 요인 _Karee E. Dunn 169

제8장 인지적 노화: 2차 노화 요인: 노년기 인지-의사소통장애 _Gina L. Youmans and Scott R. Youmans 197

제9장 언어와 노화: 1차 및 3차 노화 요인 _Barbara B. Shadden 237

의사소통과 노화

_ Mary Ann Toner, Barbara B. Shadden and Michael B. Gluth

Toner, Shadden과 Gluth는 임상가에게 노화와 노인에 대한 인식과 선입견을 점검할 것을 요구하면서 이 책을 시작한다. 저자들은 독자에게 개인적인 의견을 점검할 것을 요구한 후에 노화와 노인의 보편적 특성에 대한 질문의 형태로 기본적 개념과 인구통계학적 정보를 제시한다. 다음으로 노화와 복잡한 노화 현상을 연구하기 위해 사용되는 다양한 접근법을 강조한다. 그리고 노화의 1차적 · 2차적 · 3차적 개념을 정의한다. 더불어 노인 인구와 다양한 건강관리 현장에서 근무하는 전문가에 대해 알아보고, 노화로 인해 발생할 수 있는 전형적인 의사소통상의 변화를 살펴보았다. 마지막에는 각 장의 내용을 개관적으로 정리하였다.

노인 인구는 증가하고 있으며, 그에 따른 건강관리 체계의 부담이 늘어나고 있다. 향후 20년 뒤에는 노인 인구가 전체 미국 인구의 약 20%를 차지할 것이다. 노인 인구에 대한 통계학적 정보는 www.agingstats.gov.에 제시되어 있다. 노인 인구가 급속하게 증가함에 따라 효과적인 서비스를 제공하기 위해서는 노화의 특성과 관련된 건강관리 이슈를 온전하게 이해하는 전문가가 더 많이 필요하다. 물론 서비스의 질이 임상가의 기술만으로 결정되는 것은 아니다. 그러나 노인 환자와 적절하게 상호작용하고 의사소통할 수 있는 임상가의 능력은 최적의 서비스를 제공하기 위해서는 필수적이다. 따라서 제1장에서는 노화와 노인에 대한 여러분의 생각을 점검해 볼 것을 권한다.

당신은 노화에 대해서 어떻게 생각하는가

당신은 정말로 노화와 노인에 대해서 어떻게 느끼는가? '노인'이라는 단어를 들었을 때 첫 번째로 떠오르는 단어는 무엇인가? 그 단어는 '병든', '약한', '죽음', '알츠하이머'와 같은 부정적인 경향이 있는가? '양로원'이나 '지팡이'와 같은 이미지가 떠오르는가? "너무 나이 들어 돌볼 수 없다.", " 모든 나이 드신 분들은 다 그렇다.", "그렇게 나이 드신 분들에게는 소모적인 일이다."라는 말을 하고 싶은가? 아니면 '안정', '손자', '휴식', '휴가', '지혜'와 같은 단어가 더 많이 떠오르는가?

나이 드신 분들에게 충고나 조언을 구하는가? 또는 노인에게 일어난 이야기에 관여하고 싶지 않은가? 당신이 태어나기 전에 일어난 일에 대해 알고 싶지 않은가? 또는 과거의 일과 사람에 대해서 알게 되는 것에 흥미를 느끼는가? 이 모든 질문에 대한 당신의 반응이 당신이 노화에 대해서 어떻게 느끼는지와 당신이 노인 환자를 대하는 방식에 대해 말해 준다.

개인적인 생각과 편견을 아는 것은 노인과 일할 때 특히 중요하다. 많은 임상가가 노화와 노인 관련 질환, 노인이 해야만 하는 것과 하지 말아야 하는 것에 대해 선입견을 품고 있다. 이러한 선입견의 일부는 노인의 작아진 가치나 노화와 관련된 제한된 능력에 관해서 부정적이다. 부정적인 선입견은 중재의 기간이나 성격과 관련된 결정과 예후에 대한 결정에 영향을 미칠 수 있다. 긍정적인 선입견 또한 존재한다. 그러나 그러한 긍정적인 견해는 치료 과정에서 지속되지 않으며, 노화와 쇠락에 대한 현실 부정이 합리적이고 실제적인 치료 프로그램을 개발하지 못하게 한다. 모든 선입견은 임상가가 노인 환자와 대화하고 상호작용하는 방식에 영향을 미친다.

나이 많은 가족과의 개인적인 경험 때문에 일부 헬스케어 전문가(healthcare professionals)*들은 노인에게 일어나고 있는 일들을 두려워할 수도 있다. 심하게 개인화하는 것은(overpersonalizing) (예: "당신을 보니 우리 할머니가 생각난다.") 긍정적일 수도 있지만, 부적절할 가능성이 더욱 크다. 전문가들은 환자나 보호자를 통제할 필요가 있다고 느낄 수도 있으며, 노인 환자들과 보호자들이 원하거나 행동하거나 느껴야만 하는 것에 대해 미리 생각할 수도 있다.

임상가는 환자나 보호자가 나이가 들었다는 이유로 단순하게 생각하지 않도록 주의를 기울여야 한다. 임상가가 정상적인 노화와 노화 과정 및 노인과 관련된 다양성에 대한 이해가 없다면 고정관념과 편견 및 두려움이 더 커진다. 노인들과 일하는 헬스케어 전문가들은 정상적인 노화에 대한 지식과 관련해서 자신의 강점과 약점뿐만 아니라 선입견과 고정관념에 대해 인정해야만 한다.

문화 자체는 편향되어 있기 마련이다. 나이 드는 것은 좋은 일만은 아니며, 노화는 분명히 쉽지 않다. 노인들은 많은 신체적 · 정서적 · 경제적 위기를 겪게 된다. 지식이 아닌 편견에 사로잡힌 헬스케어 전문가를 만나게 된 노인이 전보다 더 어려움을 겪어서는 안 된다.

당신은 노화에 대해 아는가

노화에 대해서 아무리 긍정적이고 현실적인 태도를 가진다고 해도 일반적인 생

---

* 역자 주: 원문의 health professionals, health provider를 노인의 건강관리와 관련된 모든 전문가를 포괄하는 용어인 '헬스케어 전문가'로 번역함.

각들로 편향되어 있을 수 있다. 노화에 대한 기본적인 진실을 알고 있는지 다음의 질문에 대답해 보자.

1. 문화적 배경이 노화와 그에 대한 반응에 영향을 미치는가

문화는 노화에 대한 태도에 영향을 미치지만, 그 영향 정도는 사회경제적 요소와 인생의 경험에 따라 달라진다. 노화에 대한 생각은 경험에 의해 강하게 영향을 받고, 경험은 문화와 사회경제적 수준 모두에 영향을 받는다. 다양한 문화 집단은 미래에 대한 비슷한 걱정을 지니고 있지만, 그 수준은 다르다는 연구 결과가 있다(Condon, 2003). 백인, 흑인, 히스패닉계 노년층은 신체적 쇠약으로 인한 독립성의 결여를 가장 큰 걱정거리로, 그다음으로 사기와 같은 범죄의 희생자가 될지도 모른다는 걱정을 하였다. 흑인과 히스패닉계 응답자는 경제적 부담을 갖는 것을 세 번째 걱정거리로 답한 반면에, 백인은 이것을 다섯 번째로 응답하였다. 흑인 응답자에게는 양로원에 가는 것이 순위 내에 포함되지 않았지만, 백인은 이 응답을 네 번째, 히스패닉계는 다섯 번째로 답하였다.

2. 쇠약해지는 것은 노화의 자연스러운 부분인가

노년층은 인지 기능에 변화를 경험하지만, 그러한 변화는 일반적으로 약하고 일상생활에 심각한 영향을 미치지 않는다. 심각한 인지 문제는 장애의 증상이지만, 모든 변화가 알츠하이머병의 증상으로 생각하지 말아야 한다. 많은 요인이 인지 기능의 저하와 관계가 있고, 종종 이러한 저하는 적절한 확인과 중재로 치료될 수 있다.

3. 노년층에게 운동은 안전한가

한 보고서는(The Older Americans 2008: Key Indicators of Well-Being) 2004년과 2006년 사이에 65세 이상의 74%가 자신의 건강이 양호하다고 응답하였으며, 흑인이나 히스패닉계보다는 백인이 더 높게 평가하였다(Federal Interagency Forum on Aging-Related Statistics, 2008). 청년과 중년 성인처럼 운동하는 사람들은 이후에도 지속적으로 운동을 하는 것 같다. 노년층의 운동은 신체적 건강과 인지적 능력 모두를 유지하는 데 도움이 된다. 운동에 대한 동기부여는 그것이 골 건강, 심장 기능, 호흡기 건강에 좋다는 인식을 하게 되는 노년기에 실제로 증가할 수 있다. 노화를 늦추기 위해서는 언제든지 적절한 운동 프로그램을 시작하는 것이 좋다.

4. 나이가 들면서 부정적인 감정이 줄어드는가

성격은 두드러지게 변하지는 않지만, 나이가 들수록 부정적인 감정이 줄어든다는 증거는 있다. 이러한 감소는 65세에 가장 크고, 80세까지 서서히 감소한다(Charles, Reynolds, & Gatz, 2001). 노년층은 부정적인 경험에 관해 감정적으로 반응하지 않는 기술을 발달시키는 것 같다.

5. 노화가 모든 사람에게 같은 방식으로 영향을 미치는가

개인에게 있어 노화는 유전적 · 건강 · 사회경제적 요소가 다양하게 결합되어 영향을 미치면서 나타난다. 나이가 들면서 모든 사람이 기본적인 신체적 변화를 예상하지만, 그러한 변화가 일어나는 나이는 매우 다양하다. 건강하고 활동적인 노인이 있는 가정에서 태어난 사람들은 허약하거나 상대적으로 이른 나이에 사망한 가족 구성원이 있는 가정에서 태어난 사람들보다 늦은 나이에 노화의 증상을 보이는 것 같다. 그러나 젊었을 때의 활동과 경험은 유전적 요인에 대한 영향을 상쇄할 수 있다. 예를 들어, 가족 중 건강한 노년층이 많은 사람이 일찍부터 흡연을 했거나 운동을 하지 않고 식습관이 나빴다면 노화의 증후를 조기에 더 많이 보일 수도 있다.

6. 노년층이 새로운 것을 배우고자 하는가

노년층은 그 어느 때보다 더 많이 교육받을 수 있고, 새로운 정보와 기술을 배울 수 있다. 능동적인 학습이 인지 능력을 유지하는 데 도움이 된다는 인식은 많은 노인에게 동기를 부여한다. 노년층은 청년층에 비해 학습에서 좀 더 자기주도적이다. 비록 그들과 관련이 없는 정보는 좀 더 무시하는 경향이 있지만, 관심 있는 주제와 관련된 정보를 얻는 것은 능숙하게 잘한다. 또한 경험을 통해 학습한 정보를 연결하고 활용할 수도 있다.

7. 노인 인구는 사회에 재정적 부담을 주는가

65세 이상의 노년층 대다수는 사회보장제도(Social Security)로부터 소득을 얻는다. 하지만 해당 인구의 60% 이상이 그 금액은 소득의 절반도 안 된다고 보고한

다. '미국 노년층 2008: 행복 주요 지수'(Federal Interagency Forum on Aging-Related Statistics, 2008)에 보고된 자료에 따르면, 노년층의 1/3은 지속적인 고용 상태로부터 소득을 얻고 있다. 또한 그들은 연금과 자산으로부터 수익을 얻고 있다. 노년층의 10% 미만이 빈곤층 이하의 삶을 살고 있으며, 78% 이상이 빈곤층의 150% 이상의 소득을 보고한다. 국가의 경제가 노년층의 수입에 확실히 영향을 미치는 만큼 경제적으로 국가가 어려운 시기에는 역시 노년층 인구의 어려움이 증가한다. 소득과 관련된 통계치는 인종과 교육 수준에 따라 다양하지만, 대부분의 노년층은 스스로 생계를 꾸려 나간다.

8. 대부분의 노인은 요양시설이나 전문 보호기관의 보호를 필요로 하는가

장기요양서비스를 필요로 하는 대부분의 노인은 기관이 아닌 가정에서 돌봄을 받는다. 스펙터와 그의 동료들(Spector, Fleishman, Pezzin, & Spillman, 2000)은 노년층의 5%만이 요양원에서 산다고 보고하였다. 65세 이상의 대부분의 노인들은 독립적인 생활을 할 수 있다. 남성보다 더 많은 여성이 혼자 살기는 하나 대부분의 노인들은 배우자와 함께 살고 있다. 돌봄이 필요할 때는 가족이나 친구가 보통 돌봐 준다. 건강상의 문제를 가진 배우자가 보호자인 경우도 종종 있다.

9. 노년층은 이해하는 데 어려움이 있고, 크거나 과장되거나 단순한 말을 사용하면 이해하는 것이 좀 더 쉬워지는가

노인들은 청각을 포함한 감각이 다소 약해지나 정상적인 노화로 인해서는 심각한 문제를 보이지 않는다. 크게 말하는 것은 적절한 의사소통 전략이 아니며, 오히려 이해를 떨어뜨린다. 너무 간단한 언어를 사용하는 것도 적절하지 않다. 화자의 말을 들을 수만 있다면, 건강한 노인은 언어를 이해하는 데 문제가 없다. 너무 간단한 언어를 쓰거나 과장된 방식으로 말하는 것은 청자를 배려하기보다는 화자의 성향 때문에 그러한 것이다.

10. 나이가 들면서 노년층에 어떠한 일이 일어나는지 아는가

노년층은 정상적인 노화로 실제로 벌어지는 일에 대해 다른 세대만큼이나 잘 알지 못한다. 노인들은 실제로 문제가 나타날 때 질환의 증후를 피할 수 없는 노화의 결과로 종종 생각하기도 한다. 따라서 아무것도 할 수 없다고 속단하고, 의학적인 도움을 구하려 하지 않는다. 더욱이 동일한 증상을 보여도 자신보다는 다른 사람의 노화를 좀 더 쉽게 인지한다. 늙어 가는 것을 알지만 비교적 건강하고 독립적인 경우에는 노화에 대해 체감하지 못하기도 한다.

언제 늙는가

노화나 노년층에 대해서 이야기할 때 우리가 의미하는 바를 정의하는 것은 거의 불가능하다. 의사소통과 노화에 대한 학부 수업에서 학생들은 노화를 정의하는 방법에 대해서 질문을 받는다. 학생 수만큼이나 다양한 답변이 있다. 우리는 누군가가 일정 나이에 도달했을 때 늙었다고 이야기하지만, 나이의 기준은 변화한다. 예를 들어, 미국은퇴자모임(the American Association of Retired Persons)은 50세부터 회원으로 가입한다. 연장자 혜택은 55세 또는 60세가 되어야 받을 수 있다. 62세가 되어야 사회보장을 받을 수 있지만, 은퇴 시기는 출생년도에 따라 65세부터 67세로 다양하다. 현재 가장 높은 혜택은 70세가 되어야 받을 수 있다. 노인이 되는 시작 시기에 대한 연령을 통일한다고 하더라도 사람들은 더 오래 살고, 노년층의 다양한 세대가 있을 수 있다. 일부는 연소 노인(young-old), 중고령 노인(middle-old), 고령 노인(old-old)이라는 용어를 사용하기는 하지만, 각 범주를 정할 수 있는 생활연령에 대해 정해진 기준은 없다.

생활연령만으로 육체적 상태에 대해서 예측할 수는 없다. 따라서 노화를 생물학적 또는 건강 상태에 국한하여 정의해야 한다는 의견들도 있다. 어떤 사람들은 80대에도 아주 적은 노화 증상을 보이는 반면에, 일부는 동일한 나이에도 여러 질환을 앓기도 한다. 이제까지 힘, 호흡량, 심장 기능 또는 세포 변화와 같은 측정치로 생물학적 노화를 정량화하려는 노력이 있어 왔다. 물론 이 같은 모든 신체 지표가 유용하지만 노화를 완전하게 포함하지는 못한다. 때때로 노인으로 보이는 것은 각 개인이 맡은 역할의 부산물인 경우가 있다. 예를 들어, 은퇴는 생산적인 일꾼의 역할을 잃어버리는 것을 의미하고, 누군가에게는 늙은 나이를 의미할 수도 있다. 당연히 어떤 이들은 은퇴 상황에 잘 적응하는 것이 어렵다. 조부모가 되는 것도 노년의 징표가

될 수 있다. 얼마나 자주 "매우 젊어 보이는데 당신이 할머니라는 것을 믿을 수가 없네요."라는 말을 듣는가? 이러한 노년기의 역할은 예측 가능한 인생의 단계로 나아감을 나타내고, 또 다른 노화의 징조이다.

최근에는 노화가 또한 일상생활에서의 기능과 독립 그리고 건강한 삶으로 특징지어지기도 한다. 잘 늙고, 생산적이고, 성공적으로 늙는 것과 같은 표현은 노인이 건강하고, 활동적인 상태로 적응을 잘하고 있음을 나타내기 위해 사용된다. 일부 사람들은 80대, 90대에도 약간의 노화만을 지속적으로 보이는 경우도 있다. 이러한 사람들은 때론 '슈퍼맨 어르신(geriatric supermen)'으로 불린다.

노화와 노년층에 대해서 어떻게 배울 것인가

노인과 노화 과정은 다양한 방식으로 교육되고 있다. 일부 연구자는 연령 집단 간 차이를 이해하기 위해서 특정 과제에 대해 청년층과 노년층을 비교하였다. 이것을 '횡단연구'라 한다. 또 다른 연구자는 종단연구를 사용해서 일부 성인 집단을 인생에 걸쳐 추적하기도 한다. 이러한 종단연구는 특정 세대에 속한 개인 집단이 어떻게 시간에 걸쳐 발달하고 변화하는지에 대한 중요한 정보를 제공한다. '코호트(cohort)'라는 용어는 동시대에 태어났기 때문에 비슷한 역사, 사회, 경제적 경험을 하면서 살아온 사람들의 집합을 의미한다.

정상적인 노화를 연구하는 데 있어 한 가지 어려운 점은 노년층이 이질적인 다양한 집단이라는 것이고, 이러한 점 때문에 정상적인 노화에 대한 결론을 도출해 내는 것이 쉽지 않다. 또 다른 어려운 점은 연구마다 대상자의 특성을 통제하는 것을 선호한다는 사실과 관련이 있다. 건강 또는 감각상의 문제를 보이거나 약물을 복용하는 사람이 연구대상자에서 제외된다면 남아 있는 다른 대상자를 일반적인 노인 인구를 대표한다고 보기는 어렵다. 때때로 연구자들은 대다수의 노인들보다 슈퍼맨 어르신에 가까운 대상자를 결국 연구 대상으로 삼는다.

연구방법은 시간이 지남에 따라 계속 진화한다. 노화를 이해하기 위한 노력 중 가장 흥미로운 발전은 기능적 자기공명영상(fMRI)과 대뇌피질 유발전위(evoked cortical potentials)와 같은 수준 높은 연구 도구의 사용과 관련이 있다. 기능적 자기

공명영상은 뇌가 활동하는 동안 뇌 혈류의 변화를 측정하는 최소한의 침습적인 영상 기술이다. 이 도구를 통해 대뇌피질의 어느 영역이 특정 인지 활동에 관여하는지를 결정할 수 있다. 대뇌피질 유발전위는 신경계가 유입되는 자극에 어떻게 반응하는지를 측정한다. 반응이 언제, 어디서 일어나는지와 반응의 강도에 대한 정보를 제공한다. 이러한 검사도구는 행동 측정치와 잠재적인 뇌의 활동에 대한 분석을 연결할 수 있게 한다. 검사도구가 제공하는 자료는 노화된 뇌에서 정상적인 부분과 정상적이지 않은 부분에 대한 이해뿐만 아니라 노화로 인한 변화를 뇌가 어떻게 보상하는지에 대해서도 이해할 수 있게 한다.

무엇이 노화를 복잡하게 하는가

노화를 정의하고, 노년층을 이해하는 것은 물론 단순한 문제가 아니다. 전문가에게 어려운 부분 중 하나는 정상적인 노화와 병리적인 과정상의 차이를 이해하는 것이다. 말하고, 이해하고, 생각하고, 삼킬 때 노년층이 어려움을 보일 것이라는 점을 예상한다면 확인하고, 치료해야 할 질환의 초기 증상을 무시하는 경향이 있다. 반면에 모든 노화의 징후가 질환을 의미한다면 정상적인 사람에게 부적절하게 중재를 권고할 수도 있다.

다양한 모델과 이론은 노화의 과정과 그 과정에 영향을 미치는 요인을 설명해 준다. 일부 모델은 이 책의 제7장과 제9장에서 다루고 있다. 정상적인 노화와 비정상적인 노화상의 중요한 차이를 이해하는 것을 돕고자 이 책의 제7장과 제9장에서는 1차, 2차, 3차 노화와 관련된 요인을 설명하는 모델을 사용하고 있다(Granieri, 1990).

1차 노화 요인은 정상적인 노화 과정의 결과로서 많은 노인에게서 나타나는 것이다. 1차 변화는 상대적으로 중성화(예: 흰 머리)되는 것이나 기능이 변화하는 것이다. 그러나 심각한 문제를 일으키지는 않으며, 일상적인 활동에 크게 방해가 되지 않는다. 나이가 들어 감에 따라 노화의 변화에 적응하기 위해 '예비 용량(reserve capacity)'에 의지해야 한다. 1차 노화 정도가 커짐에 따라 예비 용량은 감소하고, 질환, 부상 또는 장애의 위험도는 증가한다.

영어 접두사 'presby-'는 '노인성'을 의미한다. 이것을 비정상 또는 병(예: dys-,

dis-)을 의미하는 접두사와 혼동해서는 안 된다. 사실상 'presby-'는 장애를 의미하지 않고, 자연스러운 변화를 의미한다. 의사소통장애 영역에서 이 접두사 사용에 대한 합의는 이루어지지 않고 있다. 일부 자료는 임상적으로 심각하지 않은 정상적인 노화 과정과 관련된 변화를 의미하기 위해 이 접두사를 사용한다. 또 다른 자료는 노화 과정과 관련해 임상적으로 심각한 문제를 설명하기 위해 이 접두사를 사용한다. 이 책에서는 노인성 난청(presbycusis)이 임상적 중재로 치료되는 노화와 관련된 약화를 가리키는 반면에, 노인성 삼킴장애(presbyphagia)는 일상생활에 심각한 손상 없이 노년층이 적응할 수 있는 변화를 설명하기 위해 사용한다.

2차 노화 요인은 병리적인 것을 나타낸다. 노년층은 뇌졸중, 심장병, 관절염, 감각장애와 같은 질환이나 장애를 얻기 쉽고, 한 가지 이상의 문제를 보이기도 한다. 또한 노년층의 의학적 문제를 해결하기 위한 약물, 수술, 치료는 문제를 가중하기도 한다.

3차 노화 요인은 사회적 · 심리적 · 환경적 변화로 인해 발생한다. 노인 환자의 사회 지원 네트워크는 은퇴, 친구의 죽음, 자녀의 독립, 운동성 상실로 인해 종종 감소된다. 노년의 부부는 고정 수입으로 살아가고, 병으로 인해 재정적 지원이 감소하기도 한다. 이러한 요소가 결합될 때 노인들이 우울증을 겪는 것은 당연하다. 환자와 배우자가 모두 노년층이라면 각자가 겪고 있는 노화 요인은 더 큰 약화를 일으킬 수 있다.

누가 노인들을 돌보는가

노인의 건강이 나빠질 때 일상의 필요를 만족시키기 위해 도움을 제공해야만 한다. 대부분의 노인들은 배우자나 성인이 된 자녀가 필요한 도움을 제공하는 가운데 집에서 돌봄을 받는다. 일부 가정은 자녀 자체가 노년층이기도 하다. 가족 구성원이 제공하는 돌봄은 보호자가 훈련받지 않고, 보상도 받지 않기 때문에 '비공식적인 돌봄(informal caregiving)'으로 불린다. 미국의 대부분의 돌봄은 비공식적이다. 나이 많은 보호자가 한 명 이상의 노인 가족 구성원(예: 부모와 배우자)에 대한 책임을 갖는 것은 흔하다. 가족 구성원의 신체와 정서 건강은 과소평가하면 안 되고, 보호자로서의 역할은 노년층에게 특히 위험하며, 그들도 만성적인 건강상의 문제로 고통받는 경향이 있다.

헬스케어 전문가가 보호자의 필요와 그들에게 주어진 부담, 역할상의 변화와 증가된 책임감에 따른 스트레스와 이에 대한 그들의 반응을 이해하는 것이 반드시 필요하다. 보호자의 스트레스는 많은 요인에 의해 영향을 받는다. 스트레스는 보호자의 삶의 변화로 인해 특히 커진다. 변화가 일어나는 부분은 역할이 바뀌는 것, 사회적 네트워크의 감소, 변화된 삶의 환경과 재정 상태의 중압감 등 다양하다. 재정상의 중압감은 보호자가 가족 구성원을 돌보기 위해 직상을 그만두어야 하거나 일과 돌봄을 동시에 힘들게 이어 나갈 때 특히 커질 수 있다.

환자와의 관계도 역시 스트레스 요인 중 하나다. 배우자는 스트레스로 가장 고통받고, 부모가 좋아했던 자녀들은 문제를 일으켰던 자녀들보다 더 많은 스트레스를 받지만 부담감은 더 적은 것으로 보고된다(Cantor, 1983; Henderson, 1994). 가족과의 유대감이 적고, 돌봄의 경험이 적은 보호자는 스트레스를 더 많이 받는다. 여성 보호자는 남성보다 더 큰 정서적 스트레스를 받는데, 그것은 여성이 다른 가족 구성원에게 도움을 청하는 경우가 적고, 외부 요양사를 고용하기보다는 자신의 일을 그만두는 경향이 큰 것도 부분적으로 이유가 된다.

보호자의 스트레스 정도는 환자가 보이는 장애의 유형에 따라서도 다양하다. 신체적으로 돌봐야 하는 사람이 더 큰 부담감을 느낄 것이라고 생각되지만, 보호자의 스트레스 정도는 환자가 인지상의 변화나 의사소통 능력의 저하를 보일 때 실제로 더 크다. 치매를 가진 환자의 보호자는 그들의 사회적 네트워크가 감소하고, 고립감을 느끼기도 한다.

보호자가 직면한 문제는 분명히 다양하고 복잡하다. 그로 인한 스트레스는 여러 가지 신체적 변화를 일으키면서 악화된다(Pruchno & Resch, 1989). 보호자의 자가면역체계는 종종 영향을 받아 질환에 걸리게 된다. 만약에 스트레스가 계속된다면, 신체는 위기에 대응하기 위해 반응한다. 따라서 스트레스는 만성피로, 심장마비, 두통, 궤양, 비만, 고혈압을 일으키기도 한다.

배우자는 심리적으로 종종 미래의 재정 상태와 자신이 환자를 계속 돌볼 수 있을지에 대한 걱정으로 고통받는다. 요양 기관의 비용은 비싸고, 예금한 돈을 몇 달 만에 다 써 버릴 수도 있다. 요양원에 들어가는 것이 반드시 필요하다면, 배우자는 그

들의 대부분의 자산을 메디케이드(Medicaid)* 혜택을 받도록 하는 데 사용해야만 한다. 나이가 많은 보호자는 재정적 도움을 받을 수 있는지를 알지 못하고, 어떻게 신청하는지 모르며, 그것을 사회적 낙인으로 여겨 가능한 재정적 도움을 받지 못하기도 한다.

누가 노년층과 함께 일하는가

복잡한 노화로 인해 많은 헬스케어 전문가가 노인이 최상의 기능을 유지할 수 있도록 돕는 것이 필요하다. 노년층은 여러 가지 건강 문제를 경험하기 쉽기 때문에 한 명 이상의 의학 전문가의 관리를 받아야만 한다.

대부분의 노인 환자는 주치의가 있다. 주치의는 다양한 필요를 충족시킨다. 그들의 환자는 건강 상태가 아주 안 좋은 노인뿐만 아니라 건강한 노인도 포함된다. 주치의와 함께 노인과 그들의 가족은 사회복지사, 심리상담 전문가, 물리치료사, 작업치료사 등 다른 전문가를 만나기도 한다. 대부분의 헬스케어 전문가는 노인학이나 노인병학 분야 전공이지만, 노년층과 함께 일하기 위해서는 충분한 지식과 많은 훈련을 필요로 한다.

노인이 의사소통이나 삼킴상의 문제를 보인다면, 건강관리 체계에서 주치의를 제일 먼저 만날 것이다. 노인 환자를 적절한 의료 전문가나 재활 전문가에게 의뢰하는 것은 주치의의 주된 역할이다. 또한 잠재적으로 심각한 건강상의 문제 때문에 언어재활사나 청능사를 처음 만나기도 한다. 그러한 이유로 의사소통장애 전문가는 정상적이거나 병리적인 노화와 관련된 요인 모두에 대한 분명한 이해를 지니고 있어야만 하고, 이전에는 확인되지 않은 의료 문제에 관한 정보를 제공할 준비를 갖추어야 한다.

노년층은 다양한 건강관리 현장에서 볼 수 있다. 각 현장의 성격과 환자 개인의 필요에 따라 일하는 헬스케어 전문가가 제공할 수 있는 서비스의 종류는 달라진다.

* 역자 주: 미국 연방정부와 주정부의 예산으로 지원되는 65세 미만의 저소득층 및 장애인을 위한 공공의료보장제도임.

일부 현장에서 건강한 노인은 건강 박람회에서 청력선별검사와 같은 건강을 유지하기 위한 서비스에서만 만날 수 있다. 반면에 건강상의 문제를 보이는 사람은 응급치료, 외래 진료실, 장단기 재활 현장 또는 가정 건강 돌봄과 같은 현장에서 서비스를 받는다. 최근에는 더 많은 시설이 노년층의 고유한 필요와 특성에 맞추어 전문화된 건강관리 서비스를 제공하고 있다.

현장이나 전문가에 상관없이 헬스케어 서비스 제공자는 노인 환자와 효과적이고 적절하게 의사소통해야 한다. 불행하게도 노화와 노년층에 대한 일반적인 편견으로 인해 전문가들은 종종 '노인언어(elderspeak)'라는 의사소통의 패턴에 빠지게 된다. 노인언어는 늙어 보인다는 이유만으로 노인들에게 낮추어 이야기하는 것과 관련이 있다. 이러한 행동에 대해서는 이 책의 마지막 장에서 더 자세하게 다루겠지만, 노인언어의 사용은 효과적인 임상적 상호작용과 서비스 제공을 방해할 수 있다.

이 책은 무엇에 대한 것인가

증가하는 노년 인구는 전문화된 지식을 갖춘 더 많은 헬스케어 전문가의 서비스가 필요할 것으로 예상된다. 의사소통은 삶의 질과 접근이 가능한 서비스를 이용하는 데 있어서 중요하다. 언어재활사와 청능사는 많은 노인 환자에게 서비스를 제공하는 전문가 중 하나다. 이 책의 목적은 의사소통장애 분야의 임상가와 학생에게 정상적이거나 병리적인 노화 및 노년층에게 일반적으로 제공되는 서비스에 관한 개관을 제공하는 것이다. 다만, 장애의 평가와 치료에 대한 포괄적인 논의나 철저한 문헌 조사를 제공하지는 않는다. 이 책은 노인 인구의 돌봄에 가장 적절한 요인들에 대해 강조한다.

노화와 관련된 문제의 접근법은 전문 영역에 따라 다르고, 문제를 논의할 때 구별된 언어를 사용한다. 견해상의 차이는 의사소통장애 분야 내의 다양한 전문가 사이에 존재한다. 또한 현장에 따라 강조점도 달라진다. 예를 들어, 학문 또는 임상 현장의 전문가는 환급의 세부 사항에 대해 다른 견해를 보일 수 있다. 다학제적 상호작용을 촉진하기 위해서는 헬스케어 전문가가 이처럼 서로 다른 견해에 익숙해지는 것이 도움이 된다. 이 책에서는 전문성, 특수성, 현장을 대표하는 다양한 저자들이

이러한 차이를 보다 분명하게 보여 줄 것이다.

이 책은 어떻게 구성되었는가

이 책은『노화와 의사소통: 임상가를 위한, 임상가에 의한(Aging and Communication: For Clinicians by Clinicians)』의 2판이다. 그보다 더 임상가에게 익숙해지고 다른 분야를 포함하기 위해 많은 변화를 꾀하였다. 우선 간호사인 저자가 제2장에서 신체적 노화에 대한 개관을 제공한다. 때로는 전문가도 어디까지가 정상적인 노화이고, 어디부터가 병리적인 노화인지 이해하는 것이 어렵다. 따라서 이 장에서 일찍이 정의하였듯이 1차적 · 2차적 · 3차적 노화의 관점에서 의사소통과 삼킴의 특징을 살펴보고 있다. 제3장에서는 청력 기관의 노화에 대해 이비인후과와 청각학의 관점을 종합하였다. 제4장에서는 말과 음성을 의학적 관점에서 다루었으며, 제5장에서는 언어병리학의 관점에서 다루었다. 의학적 · 수술적 중재를 결정하는 기질적 질환에 대한 진단을 강조하는 의사와 말 중재에 영향을 미치는 기능적 · 지각적 · 음향적 성격을 강조하는 언어재활사가 노년층의 말장애 평가와 치료에 대한 서로 다른 접근법을 제시한다. 제6장은 언어재활사의 역할을 강조하면서 노화와 삼킴에 대한 포괄적인 개관을 제시한다.

인지와 언어 기관의 노화를 고려하면서 1차적인 면과 3차적인 면은 2차적인 면과 따로 다루고자 하였다. 제7장에서는 인지상의 노화의 1차적인 면과 3차적인 면에 대해 다룬다. 제8장에서는 알츠하이머를 포함한 인지상 노화의 2차적인 면을 다루었다. 제9장은 언어 기관의 노화에 대해 설명하였으며, 제10장은 언어평가와 중재에 대해 설명하였다. 이러한 구성은 언어병리학과 관련된 평가와 중재 전략에 대한 세부적인 논의에 대해 잘 알지 못하는 다양한 분야의 전문가에게 1차 노화와 3차 노화에 관해 논의하는 것을 용이하게 한다.

이 책은 노년층과 일하면서 고려해야 하는 더 많은 사항에 대해 소개하는 장으로 끝마친다. 제11장은 삶의 마무리와 이에 관한 결정 및 돌봄에 대한 문제를 다루었다. 제12장은 임상에서 노인과의 상호작용을 점검하고, 보다 더 효과적인 상담과 의사소통에 관한 권고 사항을 다루었다. 그리고 각 장의 마지막에서는 언어치료와 청능치료 환급에 대한 정보를 제공한다. 환급을 받기 위해 사용되는 코딩 체계를 다루는데, 다음과 같은 체계를 포함하였다.

- 현행시술용어(Current Procedural Terminology: CPT)(American Medical Association: AMA, 2009a): 이 코드는 환자를 대하는 동안 절차를 가리킨다.
- 건강관리 일반시술코드체계(Healthcare Common Procedure Coding System: HCPCS)(AMA, 2009b): CPT 체계에 포함되지 않은 서비스는 HCPCS 코드로 표기한다. 기구나 장비가 필요할 때 이 코드가 사용된다.
- 국제질병분류체계－임상개정판(International Classification of Diseases-Clinical Modification, 9th Revision (ICD－9－CM)(National Center for Health Statistics: NCHS, 2009): 장애나 진단명은 ICD－9－CM 코드를 사용하여 표기한다. 코드의 10번째 수정은 2013년부터 효력이 생길 것이다(NCHS, 2010).

코딩 체계는 변하지 않는 것은 아니다. 진단과 치료 절차에서의 발전을 반영하면서 업데이트된다. 전문가는 모든 서비스가 메디케어(Medicare)*나 다른 개인 의료보험에 의해 보장된다고 생각하면 안 된다. 환급 문제로 인해 어떠한 서비스를 제공할지 결정하기도 한다. 따라서 언어재활사와 청능사는 필요한 서비스를 위한 재원을 얻는 방법을 이해해야만 하고, 노인 환자에게 그러한 정보를 제공할 수 있어야 한다. 미국 말－언어－청각 학회(ASHA)에서는 현재 진단과 절차 코드를 포함해서 언어재활사와 청능사를 위한 광범위한 환급 정보를 제공한다.

마지막으로, 각 장은 가장 중요하게 기억해야 할 핵심 내용을 정리하는 것으로 마무리된다. 전체적으로 이 책은 노화나 일반적인 의사소통, 삼킴 문제 및 임상적 치료 접근법에 대한 개관을 학생과 임상가를 위해 제시하였다.

---

* 역자 주: 미국 연방정부에서 운영하는 65세 이상의 노인 및 장애인을 위한 공공의료보험제도임.

핵심 내용

이 장에서는 노화에 대한 일반적인 질문, 근거 없는 믿음, 선입견에 대해서 다루었으며, 노인 인구의 다양성에 기여하는 여러 요인에 대해서 논의하였다. 또한 이 책의 주제와 구성에 대한 개관을 제시하였다. 이 장의 핵심 내용은 다음과 같다.

- 노화에 대한 개인적인 견해는 노인과의 상호작용에 영향을 미치기도 한다.
- 문화와 개인적 경험은 노인에 대한 생각에 영향을 미친다.
- 인지 능력은 변하지만, 노인은 새로운 정보와 기술을 배우고자 한다. 치매는 정상적인 노화와는 구별된다.
- 대부분의 노인은 건강 상태가 좋다고 보고한다. 또한 부정적인 감정 경험도 적다.
- 대다수의 노인은 가정에서 살고, 빈곤층 이상이다.
- 노인과의 효과적인 의사소통은 크고, 느리고, 단순한 말을 필요로 하지 않는다.
- 늙음에 대한 간단하고 일치된 정의는 없다.

참고문헌

American Medical Association. (2009a). *Current procedural terminology* (CPT) 2010. Chicago: American Medical Association.

American Medical Association. (2009b). *Healthcare common procedure coding system 2010: Level II.* Chicago: American Medical Association.

Cantor, M. H. (1983). Strain among caregivers: A study of experience in the United States. *The Gerontologist, 23,* 597-604.

Charles, S. T., Reynolds, C. A., & Gatz, M. (2001). Age-related differences and change in positive and negative affect over 23 years. *Journal of Personality and Social Psychology, 80,* 136-151.

Condon, K. M. (2003). *Culture and aging: Cultural differences in expression of need by elders.* Paper presented at the annual meeting of the American Sociological Association, Atlanta, GA. Retrieved May 26, 2009, from http://www.allacademic.com/meta/p107844_index.html

Federal Interagency Forum on Aging-Related Statistics. (March, 2008). *Older Americans 2008:*

Key indicators of well-being. Washington, DC: U.S. Government Printing Office.

Granieri, E. (1990). Nutrition and the older adult. *Dysphagia, 4,* 196-201.

Henderson, J. N. (1994). Caregiving issues in culturally diverse populations. *Seminars in Speech and Language, 15,* 216-224.

National Center for Health Statistics. (2009). International classification of diseases, 9th revision, clinical modification. Retrieved March 3, 2009, from http://www.cdc.gov/nchs/icd/icd9cm.htm

National Center for Health Statistics. (2010). *International classification of diseases, 10th revision, clinical modification.* Retrieved March 3, 2009, from http://www.cdc.gov/nchs/icd/icd10cm.htm

Pruchno, R. A., & Resch, N. L. (1989). Caregiving spouses: Physical and mental health perspective. *Journal of American Geriatrics Society, 37,* 697-705.

Spector, W. D., Fleishman, J. A., Pezzin, L. E., & Spillman, B. C. (2001). *The characteristics of long-term care users* (AHRQ Research Report No. 00-0049). Rockville, MD: Agency for Healthcare Research and Quality

늙는다는 것: 신체적 노화

_ William M. Buron

Buron은 신체적 노화를 건강 상태의 연속선상에서 논하고, 각 개인의 신체적 노화에 영향을 미치는 많은 요인에 대해 논하였다. 또한 1차, 2차 노화로 인한 신체의 변화를 살펴보고, 노화가 일상적인 기능에 미치는 영향을 강조하였다. 그리고 Buron은 노인을 위한 포괄적인 평가 요소, 일반적인 검사, 약물과 관련된 쟁점을 설명하면서 평가상의 요구와 해결해야 할 점들에 대해 논의하였다. 또한 낙상 위험, 영양실조, 노인 학대와 방치를 포함하여 노년층이 직면한 위기에 대해서도 소개하였다. 이 장은 건강하게 늙는 것을 방해하는 요소와 더불어 핵심 내용에 대한 소개로 끝을 맺는다.

신체적 쇠약, 건강 악화, 신체적 의존성 증가는 나이 드는 것에 대한 일반적이고 부정적인 고정관념이다. 일부 노인들이 이러한 점을 경험하는 것이 사실이지만, 후천적이고 만성적인 질환과 관련된 장애가 반드시 나타나는 것은 아니다. 노화의 과정은 실제로 일찍 시작되고, 많은 신체 기관이 성인기 초기 이후부터 쇠퇴하기 시작한다. 더욱이 신체적 노화 속도와 영향을 받는 기관은 많은 긍정적인 혹은 부정적인 유전, 생활 습관, 환경적 요소에 따라 개인마다 꽤 다양하게 나타난다.

신체 노화에 대한 폭넓은 관점은 정상적이고 건강한 노화부터 허약한 상태까지 연속선상에 위치하며, [그림 2-1]과 같이 건강 상태에 영향을 미치는 많은 요인이 있다. 예를 들면, 허약함은 당뇨병과 같은 특정 질환의 결과일 수 있다. 부실한 식습관, 제한된 활동, 외부 지원의 부족과 같은 부정적인 요소가 있는 경우, 특정 질병은 심각한 신체적 어려움, 의존성 증가 및 궁극적으로 이환율(morbidity) 또는 사망률로 이어질 수 있다. 반면에 훌륭한 사회적 지원, 식습관의 개선, 운동 및 적절한 약물로 개인은 당뇨병이 건강에 미치는 부정적인 영향을 줄일 수 있다. 1차와 2차적 신

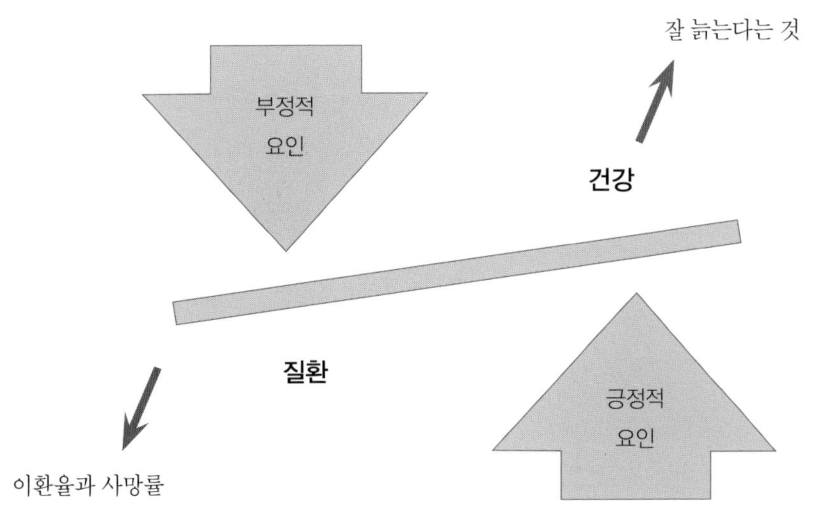

[그림 2-1] 노화와 이환율 및 사망률 사이의 미묘한 균형

체 노화를 현실적으로 감소시키는 것은 가능하지 않지만, 각 헬스케어 전문가들은 노화가 잘 진행될 수 있도록 성인기 초기부터 적극적으로 돕는 것을 목표로 해야 한다.

나이가 들어 감에 따라 우리는 가능한 한 오랫동안 건강한 상태를 유지하고 싶어 한다. 그러기 위해서는 노화에 따른 1차 및 2차적 신체 변화를 다루어야 한다. 제1장에서 언급했듯이 1차 노화로 인한 변화는 신체적 노화의 정상적인 결과로서 나타나는 것이다. 예를 들면, 머리카락이 하얘지고, 노안이 오고, 심장 기능이 떨어지며, 근육량이 감소한다. 2차 노화는 연령이 높아질수록 발생률이 증가하는 일반적인 질환과 관계가 있다. 이러한 질환에는 동맥경화, 관절염, 뇌졸중 및 치매가 포함된다.

이 장은 노화에 따른 신체적 변화와 노년층의 건강을 평가할 때 고려해야 하는 기본적인 사항 및 건강한 노화를 촉진하는 방법에 대한 개관을 제시한다. 신체를 평가하는 것과 신체적 노화가 삶의 질에 미치는 부정적인 영향을 줄이는 방법에 대해 강조하고자 한다.

의사소통장애 전문가가 신체적 노화를 이해해야 하는 이유

신체적 노화는 의사소통 능력에 직간접적으로 영향을 줄 수 있다. 일부 영향은 상대적으로 분명하다. 예를 들면, 시각은 정보의 중요한 근원이자 다른 사람과의 소통을 유지하는 수단이고, 기쁨의 잠재적 근원이 되기도 하는 독서에 영향을 준다. 의사소통에 영향을 미치는 신체적 노화는 덜 뚜렷하다. 노인이 매일 만성적 고통을 경험한다면 대인 관계에 필요한 에너지가 적거나 지역사회에서 사회활동에 참여할 가능성이 적다. 의사소통은 헬스케어에 접근하고, 적절한 서비스를 받고, 보호자에게 알리는 데 중요한 도구이므로, 의사소통상의 제한은 환자의 진료 결과와 삶의 질에 중대한 영향을 미칠 수 있다. 신체적 변화에 대한 본질을 확실하게 이해하지 못한다면 전문가는 1차 신체적 노화의 정상적인 결과로서가 아닌 2차 병리적 결과로 평가 결과를 잘못 해석할 수도 있다.

1차와 2차 신체적 노화의 영향

건강에 대한 만족은 노화로 인한 신체적 변화와 연결되어 있다. 구체적으로 1차 노화는 신체에 영향을 미쳐 일상 활동에서 독립성을 잃어버리고 삶의 질을 떨어뜨릴 수 있다. 예를 들면, 1차 노화의 경우 노인은 일반적으로 신체 기관의 예비 용량의 손실을 겪는다. 이러한 손실은 특히 심장과 폐의 기능에서 뚜렷하게 나타난다. 수축 강도의 감소로 인해 심장의 효율성이 저하되는 경향이 있으며, 동맥의 탄력성이 저하되어 혈압이 상승할 수 있다. 또한 호흡기관의 점진적인 근육의 강직은 호흡의 효율성을 떨어뜨리고, 폐활량 감소로 이어질 수 있다. 따라서 노인은 심장과 폐에 무리가 가는 힘든 활동을 자제함으로써 이러한 변화에 대처할 수 있다. 반대로 격렬한 신체 활동을 제한하는 경향은 기능이 떨어지고, 예비 용량의 추가적인 감소로 이어질 수 있다. 결과적으로 이러한 만성적인 순환은 호흡곤란과 협심증으로 이어지고, 적은 활동으로도 피로감을 느끼게 되어 삶의 질에 부정적인 영향을 미칠 수 있다.

위장관과 배뇨 기관의 1차 노화도 독립성의 상실과 삶의 질을 떨어뜨릴 수 있다. 노화로 인한 위장관 움직임의 정상적인 감소는 변비를 일으킬 수 있다. 방광 용량의 감소와 방광 및 회음근의 약화는 여성에게 요실금을 유발할 수 있으며, 남성은 종종 전립선비대증을 경험하는데, 이는 소변 빈도 증가 및 요실금으로 이어진다.

2차 노화로 인해서는 독립성 상실과 삶의 질을 떨어뜨릴 가능성이 더욱 높아진다. 2차 신체 노화는 건강상의 문제(예: 만성질환)를 나타내는 진단명을 수반한다. 노인은 일반적으로 경험하는 특정 건강 문제 및 문제의 만성적 측면과 일상적 기능에 미치는 영향의 측면에서 젊은 성인과 다르다.

노인에게 보편적으로 일어나고 비용이 많이 드는 만성적 건강 문제에는 심장병, 뇌졸중, 암, 당뇨, 청력손실, 관절염, 골다공증, 고혈압 등이 있다. 질병통제예방센터(CDC)에 따르면, 미국인의 거의 절반이 적어도 하나의 만성질환을 앓고 있으며, 이 수치는 65세 이상 인구에서 80%로 증가한다(CDC, 2008a; CDC and The Merck Company Foundation, 2007). 사망 원인은 심장질환이 가장 높고, 악성종양, 뇌혈관질환, 만성적인 호흡기질환 순으로 나타났다(CDC, 2008a). 만성질환의 유병률은 성과 인종에 따라 다르다. 약 2조 달러의 국가 의료 비용의 75%가 만성질환 치료에 사용된다(CDC, 2008a).

다음의 〈표 2-1〉은 1차와 2차 노화와 관련하여 신체 기관별로 보편적으로 일어나는 변화와 질환에 대해 정리하였다.

신체 노화에서 가장 중요한 것은 아마도 1차와 2차 변화가 독립적으로 활동하는 개인의 능력을 제한하는 것이다. 일반적으로 신체 기능은 일상생활 능력(activities of daily living: ADLs) 또는 도구적 일상생활 능력(instrumental activities of daily living: IADLs)과 관련해서 설명된다. 일상 활동은 앉기, 서기, 화장실 사용과 같은 활동을 포함한다. 도구적 활동은 운전, 요리와 같은 보다 숙련된 기능적 활동에 해당한다. 65세 이상의 40% 이상은 일상 활동 또는 도구적 활동 중 적어도 한 가지 이상의 제한을 보이고, 여성은 남성보다 더 기능적인 어려움을 보인다. 예를 들면, 이 연령대 남성의 19%와 여성의 32%가 주요한 신체 지표(예: 머리 위로 뻗기, 두 블록 걷기)를

표 2-1 1차와 2차 노화와 관련된 변화와 질환

기관	1차 노화로 인한 변화	2차 노화로 인한 변화
눈/시력	• 노안(근시의 손실) • 눈물 감소 • 동공 크기 감소 • 야간 시력 저하 • 분비물 증가 • 렌즈 확대, 투명도 감소 • 색각 감소	• 백내장 • 녹내장 • 황반변성
체성감각	• 고통/온도/촉각상의 역치 증가	
청각	• 3장 참조	• 3장 참조
미각/후각	• 6장 참조	• 6장 참조
피부	• 탄력 손실 • 주름 • 건조함 • 얇아진 모발 • 여성의 경우 얼굴에 수염이 남 • 피하지방 감소 • 땀샘 감소	• 욕창 • 피부 전단 • 멍 • 대상포진

호흡기	• 폐활량 감소 • 잔여 용량 증가 • 폐 탄력성 감소 • 섬모 감소 • 폐포(산소 흡입 감소)	• 만성 폐쇄성 폐질환 • 폐렴
심혈관	• 심장 근육량 및 탄력성 손실 • 심장박동 수 감소 • 뇌졸중 가능성 증가 • 수축기 혈압 증가 • 심장판막의 경화성 • 동맥 강화 및 축소 • 압력수용 반사 감소	• 울혈성 심부전증 • 관상동맥 질환 • 뇌졸중 • 심장마비 • 고혈압
위장관	• 운동성 감소 • 배설물 감소 • 간의 대사작용 감소	• 암, 특히 결장 • 게실 • 숙변
비뇨기/신장	• 신장 크기와 기능 감소 • 방광 근육의 약화 • 약물 제거 속도가 느려짐	• 요실금 • 요로 감염 • 신부전 • 양성 전립선 비대
신경	• 뉴런의 손실 • 느린 전송 • 시상하부 변화로 인한 온도 조절 문제 • REM 수면 감소 • 균형 감소	• 알츠하이머병 • 치매 • 균형장애 • 파킨슨병
근육/골격	• 근육 감소 • 지방 조직 증가 • 뼈의 미네랄 손실 • 척추 압박으로 인한 키 감소 • 근육량 손실로 인한 체중 감소 • 근육, 인대 등의 탄력 손실 • 관절 유연성 손실	• 관절염 • 활액낭염 • 골절, 탈구 • 골다공증 • 류마티스 • 척추관 협착증 • 건염

수행하지 못한다. 85세에 이르면 여성의 절반 이상이 이러한 활동을 하지 못한다 (Federal Interagency Forum on Aging-Related Statistics, 2008).

독립적 기능의 제한은 잠재적으로 비용이 많이 드는 돌봄(간병)의 필요성을 증가

시킨다. 제1장에서 언급한 바처럼 돌봄의 대부분은 대가 없이 노인의 요구를 충족시킬 책임이 있는 가족 또는 보호자의 몫이다. 종종 보호자 또한 늙고, 그들 자신도 건강상의 문제를 겪기도 한다.

분명히 신체에 영향을 미치는 장애는 의학적 평가와 치료를 필요로 한다. 일상 기능과 삶의 질을 최대화하기 위해 노인의 1차 노화의 변화를 모니터링하고, 질병 예방 또는 건강 증진 프로그램 개발의 필요성이 증가하고 있다.

2차 노화에 대한 예방과 치료를 위한 평가

1차와 2차 노화의 결과로서 노인의 건강관리 필요를 결정하기 전에, 헬스케어 전문가는 완전한 노인성 평가의 중요성을 이해해야만 한다. 그래야만 건강관리가 전체 노인의 복잡한 필요를 충족시킬 수 있을 만큼 종합적일 것이다.

종합노인평가 및 정기 연례 검사

65세 이상의 모든 성인은 2차 노화와 관련된 특징을 보이는지 확인하기 위해 평가를 받아야 한다. 노인의 심화평가는 종종 종합노인평가(comprehensive geriatric assessment: CGA)로 불린다. 이 평가에는 '평가팀에 의해 시행되는 종합노인평가와 치료 계획'으로 정의되는 건강관리 일반시술코드체계(Healthcare Common Procedure Coding System: HCPCS) 코드가 있다.

CGA는 여러 가지 면에서 정기 연례 건강검진과는 다르다. 먼저 평가는 다학제적이고 다차원적이다. 신체적 건강뿐만 아니라 정신과 인지 건강, 사회환경적 요소를 포함한다. 또한 삶의 기능과 질을 크게 강조한다.

CGA의 목적은 일상 기능과 삶의 질에 대한 광범위한 이해뿐만 아니라, 치료와 후속 평가를 위한 보다 나은 계획, 협력 치료의 접근성 향상, 필요하다면 장기적인 요양의 필요와 자원을 최대한 이용할 수 있는 기회를 제공하는 것이다. 검사의 복합적인 성격을 고려하면, 검사는 모든 신체 기관의 정규 신체검사, 현재 복용 중인 약물에 대한 조사와 사례력 검토 이상을 포함해야 한다. 머크 노인학 매뉴얼(The

Merck Manual of Geriatrics)(Beers & Berkow, 2000)에 따르면, CGA는 또한 다음 영역에 대한 고려 사항을 포함해야 한다.

- **기능적 능력** 이 영역은 일상생활 활동과 도구적 일상생활 활동에 대한 종합적인 평가를 포함한다. 일상생활 능력 척도(Activities of Daily Living Scale)(Katz, Ford, Moskowitz, Jackson, & Jaffe, 1963)와 도구적 일상생활 능력 척도(Instrumental Activities of Daily Living Scale)(Lawton & Brody, 1969)는 이 평가를 위한 적당한 도구로 고려된다. 결함이 발견된다면 평가 대상자의 사회환경적 조건에 대한 정보를 부가적으로 평가해야 한다. 다학제적 팀은 일상생활 활동과 도구적 일상생활 활동에 대해 도움이 필요하다는 것은 타인에 대한 의존성이 증가하고, 이것은 보호자의 스트레스와 학대 및 방치로 이어질 수 있음을 인식해야 한다.
- **신체 건강** 신체 건강에 대한 검사는 노인 중심이어야 한다. 예를 들어, 시각, 청각, 배변/배뇨, 보행과 균형을 강조해야 한다. 티네티 균형과 보행평가(Tinetti Balance and Gait)(Tinetti, 1986)는 신체 건강을 평가하는 일반적인 도구다.
- **인지와 정신 건강** 다양한 도구가 인지와 정신 건강을 평가하기 위해 사용된다. 간이정신상태검사(Mini-Mental State Examination: MMSE)(Folstein, Folstein, & McHugh, 1975)는 인지 기능의 주요한 면을 선별하는 데 사용되는 도구다. 우울증은 노인우울척도(Geriatric Depression Scale: GDS)(Yesavage et al., 1982~1983) 또는 역학연구센터 우울척도(Center for Epidemiological Studies Depression Scale: CES-D)(Radloff, 1977)를 사용하여 평가한다. 특정 정신 증상(예: 편집증, 환각, 행동 이상)은 이 척도에 거의 포함되지 않고, 종합적이고 다학제적인 평가 모형에서 정신과 의사에 의해 가장 잘 평가될 수 있다.
- **사회환경적 상황** 사회환경적 평가는 사회적 네트워크 및 지원처와 환경 안전에 중점을 두어야 한다. 이러한 평가는 최선의 치료 접근법을 안내하는 데 도움이 된다.

CGA 평가를 위한 모범 사례 모형은 다양한 접근법을 포함할 수 있고, 시간에 따라 계속해서 변하고 있다. CGA의 잠재적 이점에는 보다 정확한 진단, 치료, 상담,

교육 및 다양한 지원적 측면이 포함된다(Aminzadeh et al., 2005).

종합적인 노인 평가와 연례 후속 검사의 필요성과 함께 노인은 2차 노화와 관련된 다양한 신체 상태에 대해 정기적으로 평가받아야 한다(Spalding & Sebesta, 2008). 선별검사는 일반적으로 CGA나 연례 후속 검사의 일부에 포함된다. 검사 당시 또는

표 2-2 노년층에 권고되는 정기적인 검사

질병	검사 및 중재	대상군
복부 대동맥류	• 초음파	• 65~75세 남성 정기 검사
유방암	• 선별 유방조형술	• 40세부터 1~2년마다 한 번씩(기대수명이 5년 이상일 때)
결장 직장암	• 분변 잠혈 • 대장 내시경 • 유연한 결장경 검사	• 50세부터 매년 • 10년마다 • 5년마다
관동맥성 심장병 (CHD)	• 흡연 여부 조사 • 연간 콜레스테롤 검사 • CHD에 걸릴 위험이 있는 사람들을 위한 아스피린 치료 요법에 대해 논의	• 모두 • 35세 이상 남성, 45세 이상 여성과 CHD 고위험군
진성 당뇨병	• 정기검사	• 증상이 없는 사람은 45세부터 3년에 한 번씩[한 가지 이상 위험 요소(심혈관 질환, 흑인, 히스패닉, 좌식 생활)를 가지고, 과체중인 경우는 45세 이전에 필요]
청각장애	• 정기검사	• 모두, 청력에 의심 소견이 있는 경우
고혈압	• 정기검사	• 모두
비만	• 정기검사	• 모두
골다골증	• 선별검사	• 65세 이상[위험 요소(매일 스테로이드 사용, 45세 이전의 폐경기에서 에스트로겐 노출 감소 또는 드문 월경)가 있는 경우는 조기 검사 필요]
시각장애	• 정기검사	• 65세 이상

• 출처: "Geriatric Screening and Preventative Care", by M. C. Spalding and S. C. Sebesta, 2008, *American Family Physician, 78*, pp. 206-215. Copyright 2008 by the American Academy of Family Physicians. Adapted with permission.

나중에 외래 진료 시에 마친다. 표준 선별 권장 사항 목록이 〈표 2-2〉에 포함되어 있다. 노인 건강 박람회는 비슷한 선별검사의 기회를 제공한다. 안타깝게도 이러한 선별검사는 범위가 제한적이고, CGA와 연중 신체검사를 대체할 수 없다. 임상병리검사는 일상적인 선별검사를 받거나 실제 증상의 상태 또는 질병 과정을 제외하기 위해 시행될 수 있다. 건강 전문가는 신체적 변화, 기능적 능력 상실 또는 심리사회적 변화(예: 우울증)로 인해 나타날 수 있는 상태나 질병을 필요에 따라 선별해야 한다.

임상병리검사

노년층이 자주 경험하는 일부 질환은 CGA나 정기 검사 동안 실시되는 일반적인 혈액 및 소변 검사에서 나타날 수 있다. 이러한 상태에는 심혈관 문제(예: 심장병), 골다공증, 당뇨, 전립선암, 유방암, 갑상선 질환 등이 있다. 노년층에 흔한 여러 질환은 신장이나 간에 문제를 일으킬 수 있다. 임상병리검사 결과는 치매 증상을 일으킬 수 있는 회복 가능한 상태(예: 약물 중독, 전해질 불균형)나 장애를 일으킬 수 있는 상태(예: 갑상선 질환, 비타민 B12 결핍)를 보여 주기도 한다.

임상병리검사 결과와 노년층에 흔한 질병 과정의 관계는 '부록 2-1'에서 기술하였다. 임상병리검사 결과가 제시될 때 정상 범위가 일반적으로 보고된다. 일부 측정치는 정상 범위가 나이에 따라 변한다. 특정 검사에 따라 정상 범위에서 벗어나는 결과는 중요할 수도 있고, 그렇지 않을 수도 있다. 예를 들어, 높은 수준의 단백뇨 결과는 요로 감염 및 신부전을 포함한 여러 상태를 나타낼 수 있지만, 낮은 수준의 단백뇨는 정상으로 간주된다.

약물 평가

사람들이 나이가 들어 감에 따라 더 많은 약물을 복용하고, 약물 부작용을 경험하게 된다. 평균적으로 노년층은 매일 4.5개의 약물을 복용한다(American Association of Retired Persons, 2004). 부작용은 노화와 더불어 신체적 변화와 관련이 있고, 약물이 신체에 흡수되거나 분포, 대사, 제거되는 방식에 영향을 미친다. 예를 들면, 감소된 심장 박출량은 신장과 간으로 약물이 전달되는 것을 감소시킨다. 신장을 통해 배출되는 약물은 신장 기능의 변화로 인해 더욱 느리게 제거된다.

심각한 결과를 피하기 위해서 전문의는 특정 약물이 노인 환자에게 미칠 수 있는 위험 요소에 대해 알고 있어야 한다. 비어즈 목록(Beers Lists)은 약물의 위험 수준과 가능한 부작용을 확인하기 위해 전문의가 참조할 수 있는 자원을 제공한다(Fick et al., 2003). 특정 질환이나 장애가 있을 경우 피해야 하는 약물 목록이 비어즈 목록과 다른 약리학 안내서에 포함되어 있다. 주목할 점은 일부 약물은 구강 건조 및 변비에서 심박수 증가 및 인지장애(예: 섬망, 혼동, 기억력 문제)에 이르는 다양한 항콜레스테릭(항염색체의) 부작용의 복합체를 유발할 수 있다는 점이다.

분명한 것은 약물의 혜택은 어떤 경우에 위험보다 더 크다는 것이다. 그러나 노인들이 위험할 수 있는 약물을 한 가지 이상 복용하는 것은 드문 일이 아니다. 커티스와 동료들(Curtis et al., 2004)은 연구한 노인 대상자 중 21%가 비어즈 목록에 있는 약물을 적어도 한 가지 이상 복용하고, 15%는 두 가지, 4%는 세 가지 이상을 복용하고 있다고 보고하였다. 약물의 부작용과 상호작용은 언어재활사의 여러 고려 사항에 중요한 영향(예: 인지 기능 또는 삼킴에 영향)을 미칠 수 있다.

부작용 및 상호작용과 관련된 문제를 피하기 위해서 각 처방자는 처방된 모든 약과 복용량을 정기적으로 검토해야 한다. 노인은 처방전을 모니터하고, 잠재적인 상호작용을 확인할 수 있도록 약사 한 명에게만 의뢰하는 것이 좋다. 새로운 불만이 발생하면 전문의는 문제가 노화로 인한 것이라고 가정해서는 안 되며, 약물이 기여요인인지 확인하도록 한다.

위험 요소 평가

사람들이 더 오래 살고, 연약해지고, 건강이 나빠질 위험이 높기 때문에 헬스케어 전문가는 낙상, 영양, 학대 및 방치와 관련된 위험 요소를 평가하는 것에 특별한 주의를 기울여야 한다. 모든 헬스케어 전문가는 이러한 요소에 민감해야 한다. 문제를 처음 발견하는 사람이 주치의나 간호사가 아니라 노인들에게 다른 서비스를 제공하는 헬스케어 전문가인 경우가 빈번하다.

낙상 가능성 평가

65세 이상의 미국인 3명 중 한 명이 매년 낙상 사고를 겪는다(Hausdorff, Rios, & Edelber, 2001; Hornbrook et al., 1994). 낙상은 노인들에게 비치명적인 부상과 외상 관련 입원의 가장 흔한 원인이다(CDC, 2008b). 낙상으로 인한 심각한 부상의 위험성은 노화와 함께 뼈가 약해짐에 따라 증가한다(Stevens & Sogolow, 2005). 고관절 골절 후 일 년 이내 사망률 추정치는 12~32%다(Schoen, 2006).

낙상은 이처럼 노인들에게 심각한 위협이 되기 때문에 골절을 겪든 아니든지 간에 낙상을 겪는 모든 노인은 낙상 원인과 그 원인에 영향을 미치는 근본적인 내재적·외재적 요인을 이해하기 위해 광범위한 평가를 받아야만 한다. 낙상 후 평가에는 문제의 일부일 수도 있는 잠재적 부작용 또는 약리학적 상호작용을 식별하기 위해 약물 검토가 포함되어야 한다. 걸음걸이 및 균형도 테스트해야 하며, 시력 상태도 결정해야 한다. 낙상이 가정 환경의 위험과 관련이 있는 경우, 자격이 있는 전문가에 의한 가정 평가를 고려해야 한다. 낙상 후 종합 평가를 실시한 후에 1차 진료 제공자는 치료를 위해 적절한 의뢰를 해야 한다.

골절을 일으킨 낙상으로부터의 회복은 스트레스가 많은 경험이 될 수 있다. 환자는 갑작스러운 통증, 움직이지 못하는 상태, 합병증과 우울증을 종종 겪는다. 우울증은 갑작스러운 기능의 상실과 화장실 사용, 목욕, 옷 입기를 포함하여 일상생활의 요구를 충족시키기 위해 다른 사람에게 의존해야 하는 것과 관련이 있을 수 있다. 입원은 지남력 상실을 일으킬 수 있다. 낙상으로 인한 골절 이후 의료, 외과 및 간호 이외에도 회복을 위한 다른 잠재적 자원으로 물리치료사, 작업치료사, 상담사 및 종교 성직자의 서비스가 포함될 수 있다. 회복을 위한 장기적인 목표는 통증 완화와 일상생활 활동 및 도구적 일상생활 활동상의 독립성을 포함한 신체적·정신적 건강에 중점을 두어야 한다. 마지막으로, 낙상의 위험을 줄이기 위해 교육과 훈련을 제공해야 한다. 인터넷상(http://www.stopfalls.org/)의 낙상 예방 교육은 의료 서비스 제공자와 소비자 모두에게 도움이 될 수 있다.

영양 상태 평가

영양실조(failure to thrive)는 의학적 병이 없음에도 불구하고 몸무게가 늘지 않는 영아를 돌보는 상황에서 보다 더 일반적으로 논의되는 복잡한 현상이다. 노인에게 영양실조는 먹거나 사회적으로 상호작용하는 것을 거부하는 것이 특징이고, 인지 장애, 우울증, 신체적 기능(섭식 능력 포함)의 제한을 포함해서 여러 요인에 의해 일어날 수 있다. 의료 서비스 제공자는 처음에는 신체검사와 영양 평가를 통해 영양실조를 알 수 있다. 장기요양시설에서는 입소자의 의무적인 몸무게 측정이 이 문제를 처음으로 나타내는 것이다. 영양실조를 일으키는 원인은 확인하고 치료하기가 종종 어렵다. 치료는 약물요법의 변화, 사용된 전략의 수정 또는 정신과 치료의 시작을 요구할 수 있다. 환자 또는 말할 수 없는(예: 말기 치매를 가진 경우) 환자를 대신하여 말할 수 있는 사람의 희망 사항에 따라 돌봄이 제공되어야 하지만, 효과적인 치료를 받을 때까지 비경구 또는 위장관 영양을 통한 일시적인 영양 공급이 필요할 수도 있다.

노인 학대와 방치에 대한 평가

노인 학대와 방치 발생률은 나이와 외부 간병인에 대한 의존이 증가할수록 함께 증가한다. 가족 구성원(일반적으로 배우자나 성인 자녀)이 노인을 학대하거나 방치하는 경우가 90%에 해당한다(Institute on Aging, 2009). 이들은 적절한 지원이 부족한 환경에서 요구가 증가함에 따라 스트레스가 커지는 것을 자주 경험한다. 증가하는 요구와 스트레스의 결과가 노인 학대로 나타날 수 있다. 학대의 예는 방치, 재정적 착취, 심리적 또는 정서적 학대, 신체적 학대 및 성적 학대가 포함된다. 노인들은 또한 자기 방치를 보여 줄 수 있는데, 이는 가정에서 열악한 위생, 영양실조, 곰팡이 감염, 곤충 또는 설치류 감염으로 나타날 수 있다(Dowling-Castronova, Guadagno, & Fulmer, 2006). 의료 서비스 제공자는 방치나 학대가 의심되는 신호나 증상을 확인하고, 의존적인 노인이 바람직한 환경에서 양질의 간호를 받고 있음을 확인할 책임이 있다.

건강한 노화와 위협이 되는 요소

이 장 초반에서([그림 2-1] 참조) 노인의 건강은 최적의 건강과 신체적 건강을 보이는 사람들에서부터 가장 위험에 처한 사람들까지 연속선상에서 살펴봄으로써 가

장 잘 이해할 수 있다고 제안하였다. 건강이라는 연속선상의 양쪽 끝에 대해서는 추가 논의가 필요하다.

건강한 노화 촉진하기

건강이라는 연속선상의 가장 좋은 측면에서, 잘 늙거나 건강한 노화의 개념은 노인 개인과 다양한 분야의 의료 전문가에게는 서로 다른 의미다. 예를 들면, 심리학자는 정신적 도전 과제를 통해 인지 활동을 장려하는 데 중점을 두고, 언어재활사는 의사소통을 위한 향상된 기회를 강조한다. 간호 전문가는 신체적 노화에 대한 이해를 통해 일반적인 장애를 예방하거나 일상 기능을 향상할 수 있는 생활 습관의 변화를 가르친다. 이처럼 다양한 분야에서 노인이 직면한 여러 문제 가운데 삶의 질을 유지하는 데 공통의 관심이 있다.

신체적 건강 증진하기

건강한 신체적 노화를 이루기 위한 행동 변화의 일반적인 목표는 적절한 영양과 운동 및 수면이다.

- **영양** 적절한 영양을 통해 건강을 유지하기 위한 권고 사항은 다음과 같다.
  - 활동성과 질병의 위험을 강조하기 위한 적절한 칼로리 섭취 유지
  - 단백질의 적절한 섭취(칼로리의 약 10~20%)
  - 섬유질이 많은 음식, 변비와 같은 위장관 문제, 심장병 및 뇌졸중과 같은 뇌혈관 문제를 감소시킬 수 있는 보조 식품의 섭취를 증가시킴
  - 칼슘과 비타민 D와 B12의 복용
  - 적절한 수분을 위한 충분한 물 섭취

  적절한 수분 수준을 유지하는 문제는 노인들에게 특히 중요하다. 수분 부족은 일상 기능의 거의 모든 면에 영향을 미칠 수 있고, 사망에 이를 정도의 병에 걸릴 가능성을 증가시킨다. 낮은 수분 상태는 의료적 응급 상황이 발생할 때까지 노인이나 보호자는 인식하지 못하는 경우가 있다. 그러나 모든 노인이 똑같은 양의 물을 필요로 한다고 가정해서는 안 된다. 신장질환과 같은 지병이 있는

노인이 과도한 양의 물을 마시는 경우 저나트륨 혈증(저혈소 나트륨)의 위험을 높일 수 있다.

다양한 요인이 수분 상태에 영향을 줄 수 있다. 노인들이 자주 복용하는 일부 약물은 부작용으로 탈수증이 있다. 이러한 약물을 두 개 이상 사용할 경우 위험이 급격하게 증가한다. 노인, 특히 여성의 경우 방광 기능의 손실을 경험해서 공공장소에서 당황스러운 일을 피하기 위해 스스로 수분 섭취를 자제하기도 한다.

- **신체 운동** 운동은 전 생애에 걸쳐 중요하다. 더구나 나이가 들어 감에 따라 힘, 균형, 협응력, 지구력 등은 일상생활 활동과 도구적 활동을 유지하고 위험을 감소시키는 데 훨씬 더 중요해진다. 각 운동 형태는 특정 신체 영역에 이점이 있다. 예를 들어, 근육 강화 활동은 관절 스트레스를 줄이고, 낙상 예방에 도움을 줄 뿐만 아니라 골다공증과 관련된 뼈의 손실을 줄여 준다. 유산소 운동은 심혈관 건강에 중요하다.

  최근에 연구자와 임상가는 신체 운동이 인지 기능을 건강하게 촉진한다는 것을 인식하기 시작했다(Geda et al., 2010; Lautenschlager et al., 2008). 일련의 간단한 검사가 개인의 현재 속도, 힘, 균형, 운동 범위를 평가하는 데 사용될 수 있다. 건강 문제를 가진 사람들은 운동을 하기 전에 주치의로부터 허가를 받아야 하고, 운동 과학에 대한 특정 교육을 받은 전문가가 운영하는 프로그램에 참여해야 한다.

- **수면** 수면의 중요성은 노인들에게 자주 과소평가된다. 노인들이 잠을 덜 자도 된다는 잘못된 상식이 있어 부족한 수면 때문에 발생하는 문제는 자주 무시된다. 적당한 수면은 하루 종일 각성을 유지하고, 일상 활동 수준과 독립성을 향상하며, 낙상 위험을 줄이는 데 중요하다. 필수 수면 시간은 없지만 7시간 미만 또는 8시간 이상의 야간 수면은 높은 사망률과 관련이 있다(Hublin, Partinen, Koskenvuo, & Kaprio, 2007).

심리사회적 건강 증진하기

스트레스, 우울증, 불안 및 기타 심리적·사회적 문제는 신체의 에너지, 각성 정도 및 면역 체계와 같은 신체적 요소에 직접적인 영향을 미치기 때문에 신체 건강은

심리적 · 사회적 건강과 분리될 수 없다. 일반적으로 노인들은 환경과 관계를 맺고 활동에 참여하도록 장려해야 한다. 간단한 중재가 도움이 되지 못한다면, 노인은 성직자, 심리학자 또는 정신과 의사에게 의뢰하여 전문적인 도움을 받아야 한다.

영적 건강 증진하기

마지막으로, 일부 노인들에게 영적 건강의 중요성을 인식하는 것이 중요하다. 그들의 신념 체계는 질병, 장애 및 사망에 직면했을 때 삶의 변화를 다루는 방법에 영향을 줄 수 있다. 이 주제는 매우 개인적인 주제이므로 의료 서비스 제공자는 종종 영성에 대해 논의하지 않는다. 노인이 그 주제를 다루거나 신앙이 뚜렷한 경우, 의료 서비스 제공자의 개방적이고 수용적인 모습은 제공자와 환자 간에 힘, 신뢰, 이해가 커지는 데 도움이 될 수 있다. 반대로, 노인이 신앙 토론에 관심이 없다면, 의료 서비스 제공자는 그 선택도 존중해야 한다.

보호자의 건강

건강 문제가 있는 노인만이 건강을 증진해야 하는 유일한 대상자가 아니다. 보호자도 간병의 스트레스와 부담으로 인해 신체적 · 정신적 건강이 악화될 위험이 높기 때문에 보호자의 건강에 대한 평가는 노인 간호에 있어 중요한 부분이다. 노인이 지역사회에서 살 때 누구와 살고, 관계가 어떠한지 아는 것이 중요하다. 생활보조시설 또는 장기요양시설에 있는 사람들의 경우, 가족 간병인은 노인 입소자를 돌보는 데 여전히 중요한 역할을 할 수 있다.

노화와 중요한 사람의 상실로 인해, 환자는 다른 가족 구성원에게 더욱 의존할 수 있다. 가족 안에서 일어나는 의존성의 증가와 역할상의 변화는 보호자의 스트레스로 이어지고, 학대 및 방치의 가능성이 높아질 수 있다. 많은 노인이 지속적으로 변화하는 상태를 고려할 때, 의료 서비스 제공자는 보호자가 직면한 정서적 · 신체적 문제를 적절히 처리할 수 있도록 필요한 기술을 지속적으로 평가하고 가르쳐야 한다.

사회적 지원과 도움은 보호자에게 중요하고, 궁극적으로 노인 삶의 질에 중요하다. 사회적 지원은 보호자에 대한 공감에서부터 보호자를 위한 임시 간호 서비스 중

진에 이르기까지 다양하다. 보호자는 좌절이나 절망과 같은 감정이 노인을 돌보는 사람들 사이에서 매우 흔하다는 것을 알아야 한다. 의료 서비스 제공자는 보호자들에게 지원 그룹 및 기타 치료 자원에 대해 가르쳐야 한다. 또한 의료 서비스 제공자는 의료 서비스 품질과 궁극적으로 노년층의 신체적 · 심리적 · 사회적 · 정신적 복지를 향상할 수 있는 다양한 기타 지원 서비스(예: 가족 대신 노인 환자나 장애인을 일시적으로 보살피는 제도)를 확인할 수 있는 사회복지사와 보호자를 연결시켜 주어야 한다.

건강한 노화에 위협이 되는 환경

이 장에서 이미 기술된 노화와 관련된 신체 상태의 변화는 질병에 대응하고 회복하는 능력을 위태롭게 한다. 이 사실은 환자가 급성 의학적 위기로 병원에 입원 할 때 특히 중요하다. 노인이 젊은 성인보다 입원할 가능성이 높다는 것은 놀랍지 않다. 매년 노인의 1/3 이상이 병원에 입원하며, 75% 이상이 평생 요양원에서 시간을 보낸다(Federal Interagency Forum on Aging-Related Statistics, 2008).

입원한 노인은 불행히도 이러한 환경에 존재하는 폐렴과 다른 감염의 발병 위험이 더 높다. 또한 입원으로 인해 친숙한 환경, 사람들, 일상으로부터 멀어지고 감각 입력이 제한된 환경에 처하게 된다. 입원이 필요할 정도로 이미 아프고, 새로운 약물도 복용하게 된다. 또한 여러 가지 혼란스러운 검사나 영상 절차가 거의 설명도 없이 이루어지고, 수면은 방해를 받는다. 이러한 혼란은 앞서 기술한 부가적인 문제에 의해 복잡해지고, 노인 환자는 일반적인 허약과 약해진 면역 체계 때문에 젊은 환자들보다 입원 기간이 더욱 길어진다.

이러한 환경에서는 인지 상태를 손상시키는 최악의 상황이 발생할 수 있다. 인지 기능이 있는 노인이 입원했을 때 너무나 빈번하게 혼동, 지남력 상실, 이상 행동, 거부 행동이나 환각과 같은 정신이상을 보이기도 한다. 이러한 증상과 행동은 가족과 친구들을 놀라게 한다. 치매가 하룻밤이나 며칠 사이에 발생하는 것이 아닌데도, 빈번하게 노인은 치매와 같은 증상을 보인다고 설명되기도 한다. 대신에 관찰되는 행동이 질병 및 변화에 대한 예측이 가능한 반응이 될 수 있다. '섬망'이라고도 하는 이 행동 군집은 환자가 퇴원하면 상당히 빨리 사라질 수 있다. 또 다른 경우에는 발병

전 인지 기능 수준으로 회복하는 것이 오래 걸릴 수도 있다.

입원 동안이나 이후에 이러한 문제를 경험하는 사람들은 [그림 2-1]에 묘사된 연속선상에서 고위험군에 속한다. 모든 의료 전문가는 입원(때로는 장기요양시설)이 정신 기능에 영향을 미칠 수 있지만, 이러한 변화 중 일부는 회복이 가능하다는 것을 인식해야만 한다. 모든 노인, 특히 80세나 85세 이상의 노인에 대해서 전문가와 보호자는 노인이 더 이상 독립적으로 기능할 수 없고, 신체적 변화가 노인의 모든 영역에서 삶의 질을 변화시킬 것이라고 가정한다. 노인이 건강하게 늙을 수 있도록 돕기 위해서는 1차와 2차적 신체 변화가 질병과 입원에 따른 정신 상태의 일시적인 변화로 인해 노인이 완전히 의존적이 되지 않도록 주의해야 한다.

최적의 간호에 방해되는 요소

일부 헬스케어 전문가는 노인치료를 전공하고, 노인 고유의 의료적 필요를 충족하는 서비스를 제공한다. 이상적으로는 모든 노인은 노인 건강 문제를 다루는 데 있어 특별한 전문 지식을 갖춘 주요 진료 제공자가 있어야 한다. 안타깝게도 베이비붐 세대가 곧 노년층을 늘릴 것이라는 인식에도 불구하고, 전문가의 부족은 계속되고 있다. 노인의 특별한 건강관리 요구를 충족시키는 데 더욱 중점을 두지 않는다면, 연구 및 고유한 간호 임상을 통한 전문 분야의 향상이 제한적이 되고, 궁극적으로는 질적으로 약화될 수 있다.

핵심 내용

노년 인구의 증가와 전문가의 부족이 예상되는 가운데 모든 의료 서비스 제공자는 노년층의 건강을 증진하고 질병을 예방하는 데 계속해서 전문성을 갖추어야 한다. 언어재활사는 특히 건강한 노화 과정에 긍정적으로 영향을 미칠 수 있는 위치에 있다. 많은 2차적 노화 과정은 말하는 것과 의사소통 능력, 의료 체계를 이용할 수 있는 능력을 제한한다. 신체적 노화에 대한 이 장의 주제는 다음의 주요 내용을 포함하고 있다.

- 노인을 위한 의료 서비스의 제공은 독특하고, 때로는 복잡한 필요를 가진 사람들을 돌보기 위해 다양한 분야를 포함하는 복잡한 과정이다. 모든 의료 서비스 제공자는 이러한 도전 과제를 해결하기 위해 일정 수준의 교육과 기술을 보유하고 있어야 한다.
- 2차 노화로 인한 초기 변화는 언제든, 어디서든 발견할 수 있다. 따라서 모든 의료 서비스 제공자는 1차 또는 2차 노화로 인한 변화를 확인하고, 구별할 수 있어야 한다.
- 헬스케어 전문가는 노인의 건강을 위협할 수 있는 2차 변화를 확인하는 데 도움이 되는 선별검사를 알고 있어야 한다.
- 의료 서비스 제공자는 건강한 노화를 지속하는 건강한 생활 습관을 알고 장려할 수 있어야 한다.

참고문헌

American Association of Retired Persons. (2004, December). *Prescription drug use among midlife and older Americans.* Washington, DC: Author.

Aminzadeh, B., Byszewski, A., Dalziel, W. B., Wilson, M., Deane, N., & Papahariss-Wright, S. (2005). Effectiveness of outpatient geriatric assessment programs: Exploring caregiver needs, goals, and outcomes. *Journal of Gerontological Nursing, 31,* 19-25.

Beers, M. H., & Berkow, R. (2000). Comprehensive geriatric assessment. In *The Merck manual of geriatrics* (sec. 1, chap 4). Retrieved July 7, 2009, from http://www.merck.com/mkgr/mmg/sec1/ch4/ch4b.jsp

Centers for Disease Control and Prevention. (2008a, November). *Chronic disease overview.* Retrieved July 8, 2009, from http://www.cdc.gov/NCCdphp/overview.htm

Centers for Disease Control and Prevention, National Center for Injury Prevention and Control. (2008b). *10 leading causes of nonfatal injury* [Data file]. Available from Web-based Injury Statistics Query and Reporting System (WISQARS), www.cdc.gov/ncipc/wisqars

Centers for Disease Control and Prevention and The Merck Company Foundation. (2007). *The state of aging and health in America 2007.* Whitehouse Station, NJ: The Merck Company Foundation.

Curtis, L. H., Osbye, T., Sendersky, V., Hutchison, S., Dans, P., Wright, A., et al. (2004). Inappropriate prescribing for elderly Americans in a large outpatient population.

Archives of Internal Medicine, 164, 1621-1625.

Dowling-Castronova, A., Guadagno, L., & Fulmer, T. (2006). Violence and elder mistreatment. In P. Tabloski (Ed.), *Gerontological nursing* (pp. 271-291). New York: Prentice Hall.

Federal Interagency Forum on Aging-Related Statistics. (2008, March). *Older Americans 2008: Key indicators of well-being.* Washington, DC: U.S. Government Printing Office.

Fick, D. M., Cooper, J. W., Wade, W. E., Waller, J. L., Maclean, J. R., & Beers, M. H. (2003). Beers criteria for potentially inappropriate medications use in older adults. *Archives of Internal Medicine, 163,* 2716-2724.

Folstein, M. F., Folstein, S. E., & McHugh, P. R. (1975). "Mini-mental state": A practical method for grading the cognitive state of patients for the clinician. *Journal of Psychiatric Research, 12,* 189-198.

Geda, Y. E., Roberts, R. O., Knopman, D. S., Christianson, T. J. H., Pankratz, S., Ivnik, R. J., et al. (2010). Physical exercise, aging, and mild cognitive impairment. *Archives of Neurology, 67,* 80-86.

Hausdorff, J. M., Rios, D. A., & Edelber, H. K. (2001). Gait variability and fall risk in community-living older adults: A 1-year prospective study. *Archives of Physical Medicine and Rehabilitation, 82,* 1050-1056.

Healthcare Common Procedure Coding System. (n.d.). Retrieved July 7, 2009, from http://www.hcpcs.info/S_Codes/S0250.htm

Hornbrook, M. C., Stevens, V. J., Wingfield, D. J., Hollis, J. F., Greenlick, M. R., & Ory, M. G. (1994). Preventing falls among community-dwelling older persons: Results from a randomized trial. *The Gerontologist, 34,* 16-23.

Hublin, C., Partinen, M., Koskenvuo, M., & Kaprio, J. (2007). Sleep and mortality: A population-based 22-year follow-up study. *Sleep, 30,* 1245-1253.

Institute on Aging. (2009). *Elder abuse prevention.* Retrieved July 28, 2009, from http:// www.ioaging.org/services/elder_abuse/

Katz, S., Ford, A. B., Moskowitz, R. W., Jackson, B. A., & Jaffe, M. W. (1963). Studies of illness in the aged. The Index of ADL: A standardized measure of biological and psychosocial function. *Journal of the American Medical Association, 185,* 914-919.

Lautenschlager, N. T., Cox, K. L., Foster, J. K., van Bockxmeer, F. M., Xiao, J., et al. (2008). Effect of physical activity on cognitive function in older adults at risk for Alzheimer disease. *Journal of the American Medical Association, 300,* 1027-1037.

Lawton, M. P., & Brody, E. M. (1969). Assessment of older people: Self-maintaining and instrumental activities of daily living. *Gerontologist, 9,* 179-186.

Radloff, L. S. (1977). The CES-D scale: A self-report depression scale for research in the general population. *Applied Psychological Measurement, 1,* 385-401.

Schoen, D. C. (2006). Hip fractures. *Orthopaedic Nursing, 25,* 148-152.

Spalding, M. C., & Sebesta, S. C. (2008). Geriatric screening and preventative care. *American Family Physician, 78,* 206-215.

Stevens, J. A., & Sogolow, E. D. (2005). Gender differences for non-fatal unintentional fall related injuries among older adults. *Injury Prevention, 11,* 115-119.

Tinetti, M. E. (1986). Performance-oriented assessment of mobility problems in elderly patients. *Journal of the American Geriatrics Society, 34,* 119-126.

Yesavage, J. A., Brink, T. L., Rose, T. L., Lum, O., Huang, V., Adey, M. B., & Leirer, V. O. (1982~1983). Development and validation of a geriatric depression screening scale: A preliminary report. *Journal of Psychiatric Research 17,* 37-49.

부록 2-1 노년층의 일반적 질환 과정과 임상병리검사와의 관계

종합적 신진대사 패널	
포도당	고: 당뇨
	저: 저혈당증
칼슘	고: 부갑상선기능항진증, 암, 갑상선기능항진증, 유육종증
	저: 영양실조, 신부전증, 갑상선기능저하증, 비타민 D 결핍
단백질	
알부민	고: 탈수증
	저: 간질환, 신장질환, 영양실조, 염증
총 단백	고: 만성적 염증, 바이러스 감염
	저: 간 또는 신장병, 영양실조, 지방변증
전해질	
나트륨	고: 탈수증
	저: 이뇨제, 신장질환, 심부전
칼륨	고: 신장병, 당뇨, 탈수증, 감염
	저: 탈수증, 아세트아미노펜 과다 복용
이산화탄소	고: 구토, 폐질환
(중탄산염)	저: 신장질환, 당뇨병성 케톤산증, 아스피린 과다 복용
신장 검사	
혈액 요소 질소	고: 급성/만성 신장질활
	저: 저단백질 식이요법, 심각한 간 손상, 흡수 불량
크레아티닌	고: 초기 신장질환
	저: 근육 소모 상태
간 검사	
알칼리 포스파타제	고: 부갑상선기능항진증, 신생물, 간담도질환, 만성 염증성 장질환, 갑상선 중독증
	저: 심각하지 않을 수 있음. 갑상선기능저하증이 낮을 수 있음.
알라닌 아미노 트랜스퍼라제	고: 심근, 골격근, 간을 포함한 세포의 괴사

	저: 심각하지 않음
아스파르테이트	
아미노트랜스퍼라제	
빌리루빈	고: 간 손상, 담도 폐색
	저: 심각하지 않을 수 있음. 빈혈에서 나타날 수 있음.
전체 혈구 수	
백혈구 수	고: 감염, 염증, 암, 백혈병, 스테로이드 약물
	저: 일부 약물(예: 메토트렉세이트), 일부 자가 면역 상태, 골수 부전
적혈구 수	저: 빈혈 또는 체액 손실(설사 또는 탈수로 인해)
헤모글로빈	
헤마토크릿	
혈소판 수	고: 출혈, 전신성 홍반성 루푸스, 악성빈혈, 비장(비장에서 혈소판을 너무 많이 빼냄.), 백혈병 및 화학요법
평균 혈구 용적	고: B12와 엽산 결핍
	저: 철분 결핍과 지중해 빈혈
헤모글로빈	
갑상선	
갑상선자극호르몬	고: 갑상선기능저하증
	저: 갑상선기능항진증
티로닌(T3)	고: 갑상선기능항진증
티록신(T4)	고: 갑상선기능항진증
	저: 갑상선기능저하증
전립선	
전립선 특이 항원	고: 전립선 암 징후
당뇨	
공복 혈장 포도당	고: 진성 당뇨병
	저: 저혈당

노화로 인한 청력손실

_ Michael B. Gluth, Colin L. W. Driscoll and Amy Hunter

저자는 노화에 따른 청력손실에 관한 논의에 대해 의학과 청각학의 관점을 종합한다. 이 장에서는 주로 노인성 난청에 대해 다룬다. 대다수가 노인성 난청을 장애로서 생각하지만, 노인 인구에서 그 발생률은 청각기관의 1차 노화 중 하나로 생각한다. 이 장에서는 청각의 2차 장애에 대해 소개하고, 의사소통 맥락에서 청력의 3차 노화의 영향에 관해서도 설명한다. 이 장의 나머지 부분에서는 평가, 중재, 예방에 대해 다룬다. 마지막으로, 서비스와 보청기를 위한 재정적 지원을 얻는 데 있어서 방해 요인을 제시한다.

고령화 인구의 청력손실을 평가해야 할 필요성은 의사소통 과학 분야에서 일하는 전문가들이 피할 수 없는 임상 실무의 일부로 고려된다. 실제로 청력은 대부분의 개인에게 있어 말 지각, 말 산출, 환경의 청각적 단서에 대한 지각과 관련해서 의사소통의 주요 요소다. 따라서 노인의 청력손실은 사회적 복지, 전문 역량 및 전반적인 삶의 질과 관련하여 중요한 영향을 미칠 수 있다. 이 장에서는 임상 평가 및 치료와 관련된 의사소통에 있어서 시사하는 바를 강조하고 있다. 또한 노화와 관련된 청력손실의 특성과 노인 인구에서 빈번하게 관찰되는 귀 질환에 대해 다룬다.

1차 노화

청각기관의 1차 노화에는 귀 질환의 추가적인 영향 없이 일반 인구에서 보편적으로 발생하는 노화와 관련된 변화의 전형적인 스펙트럼이 포함된다. '노인성 난청(presbycusis)'이라는 용어는 노화와 관련된 자연스러운 청력 쇠퇴를 지칭하는 데 사용된다(Gates & Mills, 2005). 노년층의 '정상적인' 청각 상태는 어느 정도 병리적이고 기능적인 장애를 포함한다는 점에서, 의사소통 과학에 있어 다소 독특하다. 따라서 노인성 난청은 1차 노화의 일부로 간주된다. 노년층이 점진적으로 증가함에 따라 노인성 난청이 사회에 미치는 영향이 커지고 있다.

노화와 관련된 청력손실과 다른 청각장애의 특성을 이해하는 데는 우리가 어떻게 듣는지에 대한 지식이 필요하다. [그림 3-1]은 청각기관의 기본적인 해부도다. 청각 생리학에 대한 자세한 설명은 이 장의 범위를 벗어나지만 간단하게 설명하고자 한다. 음파와 외이도를 통과해서 고막에 닿고, 이후 중이에 있는 세 개의 이소골의 기계적인 진동을 일으킨다. 세 번째 뼈(등골)가 진동하면 음압이 내이(달팽이관) 안에 있는 액체로 전달된다. 내이 속 액체를 통과한 음파는 '모세포'라고 하는 고도로 특수화된 감각세포를 자극한다. 모세포는 '기저막'이라 불리는 동그랗게 말린 나

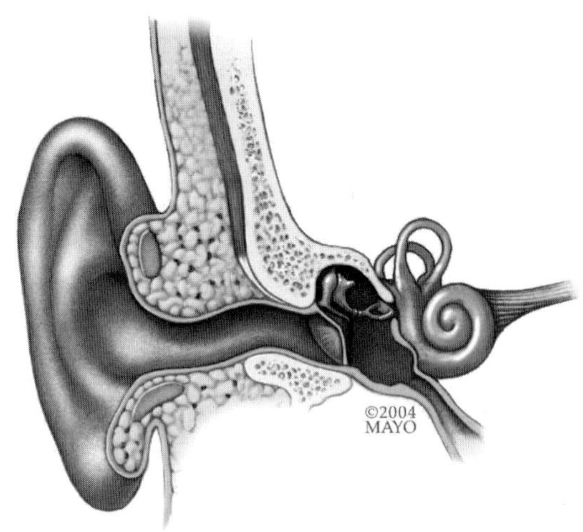

[그림 3-1] 귀 해부학

출처: Mayo Clinic. (2004). *Cochlear Implants at Mayo Clinic,* (MC 5377). [Brochure]. Rochester, MN: Author. Copyrighted by and used with permission of Mayo Foundation for Medical Education and Research. All rights reserved.

선형 구획에 분포된 내이 청각 감각기관(코르티관)의 주요 요소다. 기저막의 물리적 특성 및 그 부착물은 음파의 음도 특성에 기초하여 위치한 내이 모세포를 차별적으로 자극한다. 에너지 변환으로 불리는 과정에서, 내이 청각 감각기관은 기계적 액체 파동 자극을 인접한 청각 신경섬유('와우 신경'이라고도 함) 내의 전기 자극으로 변환한다. 이러한 자극은 결국 소리가 실제로 인식되는 뇌의 피질까지 중추 청각 경로를 따라 이동한다.

노화와 관련된 청력손실은 주로 내이의 청감각 또는 신경의 병리와 관련이 있다. 청각기관을 포함하는 다른 해부학적 구조의 대부분은 1차 노화와 관련된 변화에 비교적 영향을 받지 않는다. 외이도, 고막 및 이소골(중이 뼈)은 임상적으로 노화와 관련된 기능 상실을 겪지 않는다. 따라서 임상 현장에서 노인성 난청은 감각신경 또는 '내이' 난청, 즉 내이의 청감각 또는 신경 요소와 관련되어 나타난다.

인종 또는 성별과 관련된 노인성 난청의 발생률상의 큰 편차는 확실하게 조사되지는 않았다. 미국 내에서는 65세 이상의 노인 중 대략 40%가 일상 기능에 영향을 미치는 심각한 청각장애를 가지고 있는 것으로 추정된다(Cruickshanks et al., 1998; Ries, 1994). 다른 사회에서는 문제를 보이는 사람들의 비율이 소음 노출 정도에 따

라 다양하다(Goycoolea et al., 1986).

일반적으로 노인성 난청은 어음 변별상의 결함과 관련된 고주파수대(4000~8000Hz)의 동일한 청력손실을 보인다. 낮은 어음 변별력은 청각장애를 보이는 노인의 가장 일반적인 불편 사항일 것이다. 주요 어음주파수(500~4000Hz) 대역에도 손상이 있다면, 순음 손상이 어음 변별력에 더욱 심각한 영향을 미친다. 어음 변별력이 손상을 입었을 때 노인은 배경 소음이 있는 환경에서 좀 더 힘들어하는 것 같다. 이러한 어려움은 다른 인지와 의사소통상의 문제에 의해 더욱 악화될 수 있다. 또한 말초 청각신호가 손상되면 시간 해상도, 주파수 해상도, 강도와 공간 국소화(space localization)와 같은 특정 파라미터에 관한 중추 청각 처리에 영향을 미치기도 한다(Williott, 1991).

내이, 특히 맥관선조(stria vascularis)의 해부학적 변화와 노인성 난청과 관련해 일반적으로 알려진 청력손실의 형태와 연결시키려는 시도가 있어 왔다(Nelson & Hinojosa, 2003; Schuknecht & Gacek, 1993). 이러한 시도를 통해 노인성 난청의 네 가지 하위 유형이 만들어졌다(〈표 3-1〉 참조). 그중 감각 유형이 가장 빈번하다. 감각 노인성 난청과 관련된 대부분의 이(귀)과 병리학은 엄밀하게 노화와 관련된 변화와 반대되는 외부 독성 요인의 축적된 결과일 수 있다. 따라서 해부학과 생리학상에서 노화와 관련되고 후천적인 변화는 환경적 요소(소음, 귀 독성 물질 노출, 감염)와 1차 생물학적 요소(유전학적, 대사성)의 결과일 것이다(Destefano, Gates, Heard-Costa, Myers, & Baldwin, 2003). 특히 미토콘드리아 DNA의 이상이 노화와 관련된 내이의 쇠퇴 요소로서 주목받고 있다(Fischel-Ghodsian et al., 1997).

2차 노화

노인성 난청 외에 의사소통장애를 다루는 임상가가 잘 알아야만 하는, 노년층에게 흔한 많은 질병과 의학적 고려 사항들이 있다. 일반적인 특징을 보임에도 불구하고, 노인성 난청은 배제하는 방식으로 진단을 한다. 따라서 난청의 잠재적인 원인을 고려해야만 한다. 의학적인 특징에 중점을 두고 난청과 관련 질환의 보다 일반적인 유형에 대해 간단하게 논의하고자 한다.

전도성과 혼합성 난청

전도성 난청이나 잠재적인 감각신경성 난청과 함께 나타난 난청('혼합성 난청'으로 불림)은 노화 관련 변화만으로 설명될 수 없는 문제로 구성되어 있다. 전도성 난청은 음파가 외이도를 통해 고막과 중이와 중이 뼈에 전달되지 않게 된다. 따라서 소리는 내이 감각기관에 감지되지 못한다. 노년층에게 일반적인 전도성 또는 혼합성 난청의 원인에는 귀지가 꽉 들어찬 상태, 고막 충격, 고막의 손상된 운동성, 유스타키오관 문제, 중이 뼈 침식, 중이강 내의 액체(삼출성)와 이경화증(등골의 고정을 일으키는 질환)이 있다.

표 3-1 노인성 난청의 분류

유형	이과 병리학	청력계 결과
감각	달팽이관 감각기관(코르티관: 달팽이관 기저부가 가장 두드러짐)의 쇠퇴.	고주파수대의 급격한 하강. 다양한 어음 인지력, 천천히 진행됨.
신경	청신경 손실(달팽이신경절): 달팽이관 전체에 균등하게 분포.	모든 주파수 대역에서 상대적으로 완만하게 심각함.
대사성 (맥관선조의)	맥관선조의 쇠퇴.	모든 주파수 대역에서 상대적으로 완만하게 경도 수준. 어음 인지력 좋음. 초기에 시작해서 천천히 진행됨.
기계적인 (와우전도성)	달팽이관 기저부가 단단해짐. 달팽이관 기저부가 보다 심함.	고주파수 대역에서 점진적으로 하강. 어음 인지력 양호.

돌발성 감각신경성 난청

돌발성 감각신경성 난청(sudden sensorineural hearing loss: SSNHL)은 주로 한쪽 귀만 감각신경성 청력이 갑작스럽게 떨어지는 상태를 가리킨다. 공식적으로 이 조건은 3일 미만의 기간에 세 개의 연속 주파수에서 30데시벨의 하락으로 정의되지만, 덜 심각한 급격한 손실도 확실히 존재한다.

돌발성 감각신경성 난청의 원인을 확실하게 정의하는 것은 불가능하다. 가장 일반적으로 추측되는 원인에는 내이의 혈관 문제, 내이나 청신경계의 불특정 바이러스 감염, 숙주 면역체계(자가면역)와 관련된 내이 염증이 있다.

비대칭 또는 일측 감각신경성 난청

노인성 난청은 비슷한 속도로 양쪽 귀에 동시에 일어나는 과정으로 생각되기 때문에 감각신경성 난청이 한쪽 귀에만 일어나거나 뚜렷하게 불균형할 경우에는 주요한 이과적 또는 신경학적 질환의 가능성을 생각해 봐야 한다.

돌발성 감각신경성 난청의 원인으로 추정되는 요인들 외에 청신경에 생긴 종양, 자가면역 내이질환과 같은 이과적 질환, 메니에르병과 같은 다른 질환도 있다. 특히 어지럼증이나 다른 심각한 균형 장애를 보이는 경우에 이과적 질환의 가능성을 생각해 봐야 한다. 화기 방출(firearm discharge) 또는 작업 소음 노출과 같은 비대칭적 소음에의 노출도 비대칭 감각신경성 난청의 원인이 될 수 있다.

당뇨

당뇨는 노인 인구에서 빈번하게 발생하는 감각신경성 난청을 일으킬 수 있는 질환이다(Kakarlapudi, Sawyer, & Staecker, 2003). 당뇨의 부정적인 영향은 말초 혈관질환과 신경장애의 가능성을 포함한다. 이러한 혈관질환은 귀에 공급되는 주요 혈관과 내이 안의 미세한 순환 모두에 영향을 미칠 수 있다. 또한 당뇨성 신경장애는 청신경에도 영향을 미칠 가능성이 있다.

약물

노인들이 일반적으로 복용하는 여러 약물도 일시적 또는 영구적 난청을 일으킬 가능성이 있다. 그러한 약물에는 고용량 아스피린, 기타 비스테로이드성 항염증제(NSAIDs), 루프 이뇨제(푸로세미드), 특정 화학요법제, 퀴닌 유도체 및 특정 항생제(아미노글리코시드) 등이 포함된다.

이명

이명은 외부 소리가 없을 때 머리나 귀에 소리가 감지되는 상태다. 종종 '귀에서

울리는 소리'로 불리지만, 포효, 치찰음, 귀뚜라미 우는 소리, 휘파람 소리, 휘청거림 또는 딸깍 소리와 같은 다른 형태의 소리로도 묘사된다. 이명은 청력 상실의 원인은 아니지만 종종 노인성 난청을 동반하며, 난청 그 자체보다 노인에게 더 귀찮을 수 있다.

이명은 특정 질환이 아닌 증상이라는 것을 아는 것이 중요하다. 이명은 내이 내 손상, 마모 또는 중추청각로 내에서 비정상적인 과잉 활동의 부작용으로 여겨진다. 감각신경성 난청 외에 고혈압, 소음 노출, 특정 약물, 카페인, 알코올, 전도성 난청 등은 이명 증상을 일으키거나 악화시키는 요인 중 하나다. 심장박동 수와 관련 있는 맥박 이명(pulsatile tinnitus)은 세심한 의학적 평가가 필요한 혈관 문제나 종양이 있음을 나타내기도 한다.

3차 노화

노인성 난청은 한 개인의 인생에서 여러 면으로 영향을 미칠 수 있다. 예를 들면, 노인은 시각장애, 인지 저하, 음성 변화나 비구어 의사소통의 감퇴와 같이 노화와 관련된 다른 의사소통 능력을 보상하기 위해 청력에 특히 의존할 수 있다. 더욱이 감소된 청력은 노화와 관련된 인지 쇠퇴의 중요한 원인이 된다고 추측되어 왔다(Wingfield, Tun, & McCoy, 2005). 노화와 관련된 청력손실로 인해 불안, 자존감 저하, 좌절, 당황 및 사회적 고립감과 같은 심리적·사회적 문제를 보일 수 있다(Erdman, Crowley, & Gillespie, 1984). 또한 말을 이해하고 적절하게 응답하거나 무지한 것처럼 보이는 것에 대한 우려나 어려움이 있을 수도 있다(Joensen & Saunders, 1984). 이러한 문제는 사회 및 전문 영역에서 괴로움이나 걱정을 일으킬 수 있다.

노화와 관련된 청력손실의 잠재적인 부정적 영향에도 불구하고, 가벼운 손실을 보이는 일반적인 사람들은 심한 지각상의 문제를 보이지 않고, 잘 적응하고 의사소통하는 것처럼 보인다. 이러한 적응은 필요한 조율을 할 수 있게 하는 청력손실이 서서히 진행된 결과일 수 있다(Garstecki & Erler, 1996). 의사소통의 결함과 관련된 심리적·사회적 문제에 대처할 수 있는 능력은 개인의 환경, 생활 방식, 성격에 따라 달라질 수 있다.

평가

청각장애가 있는 노인 환자의 임상 평가에는 관련 있는 병력을 검토하고, 머리와 목 검사를 실시하며, 적절한 청력검사가 필요하다. 이러한 평가를 통해 청력손실의 시작, 특성, 심각도 및 진행에 대한 세부 사항을 알 수 있다. 이명, 현기증, 이완(통증), 이경(배출), 신경학적 결함 및 안면신경 기능장애와 같은 다른 관련 증상에 대한 질문도 필요하다. 귀지 압축, 귀 감염, 유스타키오관 기능장애나 귀 외상과 같은 과거 또는 진행 중인 귀장애에 대한 조사도 필요하다. 병력에 관해서도 과거 소음 노출 정도와 특징, 청력손실과 관련된 가족력, 과거 귀 수술, 당뇨, 귀 독성 약물 사용, 증폭기 사용 여부에 대한 정보도 중요하다. 마지막으로, 청력손실에 의해 영향을 받는 사회적 · 직업적 요인에 대해서 아는 것도 필요하다.

병력을 다 조사한 후에는 귀에 중점을 두고 머리와 목 검사를 실시한다. 이경 검사를 통해 귓바퀴, 이도, 고막, 이소골 및 중이 공간을 검사할 수 있다. 그렇게 함으로써 의료 전문가들은 이도 붕괴, 귀지 압축, 고막 천공 또는 중이 삼출의 증거를 확인할 수 있다. 노인성 난청이 있고, 다른 귀질환이 없는 노인 환자는 정상적인 귀 검사가 예상된다. 뇌 신경, 목소리, 안면의 힘 및 눈의 평가에 특히 주의를 기울여야 한다. 안구진탕증, 안면 약화 또는 뇌 신경 결함은 근본적인 신경계 또는 신경계 장애에 대한 의심을 해야 하고, 심화평가가 필요하다.

표준청능평가는 양쪽 귀에 기도와 골도 역치를 포함하는 순음평가와 어음 지각 역치 수준을 결정하는 어음 청력도, 낱말지각역치평가로 구성될 것이다. 고실측정법(tympanometry, 고막의 완전성과 순응 상태 및 중이 압력을 나타내는 귀관 용적의 동적 측정) 또는 음향반사평가(큰 소음 상황에서 중이의 등골근의 반사성 수축)와 같은 다른 검사도 임상적으로 필요할 때 실시할 수 있다.

표준청능평가가 개인의 청력손실의 특징을 파악하는 데 도움이 되기는 하나, 배경 소음과 다수의 화자와 같은 요인이 있는 실제 생활에서 어떻게 기능하는지에 대한 통찰력을 제공하는 데는 한계가 있다. 일반적으로 인공와우 이식 환자를 평가하기 위해 사용되는 표준 낱말과 어음지각검사(예: Hearing in Noise Test: HINT)(Nilsson, Soli, & Sullivan, 1994)는 보다 실제적인 검사 환경에서 실시한다.

감소된 청력으로 인해 의사소통 능력이 기능적으로 떨어질 때 '청각장애'라는 용어를 사용한다. 그러나 청각장애는 그러한 장애로 인해 실제로 발생하는 일상적인 의사소통상의 어려움이다. 청각장애를 측정하고 정량화하려는 시도로 인해 특정 도구가 개발되었다. 미국의학협회/미국 이비인후과학회(American Medical Association/American Academy of Otolaryngology)(Head & Neck Surgery, 1979)는 순음 역치 자료를 근로자 보상과 관련된 법적 문제에 자주 사용되는 청각장애의 백분율 추정치로 변환하는 공식을 개발하였다.

청각장애 계산

- **1단계**: 500Hz, 1000Hz, 2000Hz, 3000Hz에서 순음 역치를 사용하여 각 귀의 순음 평균(pure-tone average: PTA)을 계산한다.

  PTA = (500Hz + 1000Hz + 2000Hz + 3000Hz 순음 역치) / 4

- **2단계**: 각 귀의 귀 문제 비율(monaural percent impairment: MI)을 계산한다.

  MI = 1.5 (PTA − 25)

- **3단계**: 귀장애 비율(percent hearing handicap: HH)을 계산한다.

  HH = [(5 × MI 좋은 귀) + (MI 나쁜 귀)] / 6

"청력에 문제가 있습니까?"라는 간단한 질문을 하는 것은 놀랍게도 노인성 난청을 선별하기 위한 민감한 방법이다(Gates, Murphy, Rees, & Fraher, 2003). 다른 청각장애 자가평가 척도도 선별도구로서 사용하는 것이 타당하다. 이러한 검사도구에는 청각장애목록-노인선별검사형(Hearing Handicap Inventory for the Elderly-Screening Form: HHIE-S)(Ventry & Weinstein, 1982)과 의사소통 자가평가(Self-Assessment of Communication: SAC)(Schow & Nerbonne, 1982)가 있다. 마지막으로, 청각장애인의 의사소통 프로파일(Communication Profile of the Hearing Impaired: CPHI)(Demorest & Erdman, 1986)과 청력수행목록(Hearing Performance Inventory: HPI)(Lamb, Owens, & Schubert, 1983) 같은 검사도구도 청력 손상이 전체적인 의사소통에 미치는 영향과 다른 전반적인 결과를 평가하는 데 유용하다.

예방과 중재

소음 노출

노인성 난청의 예방은 현재 가능하지 않지만, 소음으로 인한 청력손실은 감소시킬 수 있다. 소음으로 인한 손상의 범위는 두 가지 요인, 즉 소음 강도와 노출 기간에 의해 결정된다. 영구적인 청력 손상은 한 번의 총상으로 일어나기도 하고, 낮은 수준의 소음에 반복적으로 노출되어 서서히 축적되어 일어날 수도 있다. 일부 사람들은 다른 사람들에 비해 소음으로 인한 청력 손상이 더 일어날 수 있다. 노인성 난청이 이미 문제가 되었을 때 소음 노출로 인한 추가적인 손상은 특히 중요하다. 소음으로 인한 청력 손상은 돌이킬 수 없지만 예방할 수는 있다. 그러한 이유로 짧은 소음 노출일지라도 소음 상황에서 귀마개나 플러그를 착용함으로써 청력을 보호할 수 있도록 환자에게 상담해 주는 것은 매우 중요하다.

행동 또는 청취 수정

의사소통에 어려움을 보이는 청각장애인은 말을 잘못 이해하고, 질문에 부적절하게 대답할 수 있다. 결국에 이러한 어려움은 대화 단절과 사회적 관계의 어려움을 초래할 수 있다. 이를 극복하기 위해 여러 행동 전략이 사용될 수 있다.

- 화자는 말하기 전에 청자가 집중하는지 확인한다.
- 화자와 청자는 말하는 동안 서로 마주 보고, 조명은 적당한지 확인한다.
- 청자는 필요하다면 안경을 쓴다.
- 화자와 청자는 90~150cm 이상으로 떨어져 있지 않도록 한다.
- 화자는 입을 가리거나 청자로부터 고개를 돌려서는 안 된다.
- 화자는 또박또박 천천히 발음해야 하고, 강도가 항상 명료함을 의미하는 것이 아니고 이해하기 어렵게 할 수 있기 때문에 고함을 쳐서는 안 된다.
- 화자는 똑같은 표현을 여러 번 반복하는 대신에 잘못 이해한 단어나 문장을 다

른 표현으로 바꾸어 이야기한다.

- 화자와 청자는 배경 소음(예: 텔레비전이나 라디오를 끄고, 소란한 식당 중앙에 앉지 말고, 열린 창문 옆에 앉지 않는다.)을 줄여야 한다.
- 청자는 화자의 보다 나은 귀 쪽에 앉도록 한다.
- 청각장애 청자는 그들이 이해한 바를 반복해서 말한다.
- 화자는 대화 주제나 핵심 사항을 글로 써 주는 것도 고려한다.
- 청자는 이해하지 못한 상황에서 고개를 끄덕이거나 이해했다는 표시를 해서는 안 된다.
- 화자는 대화를 좀 더 쉽게 하기 위해 어떠한 것을 할 수 있는지 청각장애 청자에게 질문한다.

보청기

노인성 난청이 있는 사람은 일반적으로 보청기로 혜택을 볼 수 있다. 그러나 보청기의 사용이 주는 부정적인 낙인 때문에 일반적으로 청각장애 성인은 보청기를 찾기까지 수년이 걸린다. 지난 몇 년 동안 더 정확하고 향상된 성능, 더 나은 맞춤 기술 및 후속 관리 개선으로 인해 보청기에 대한 수용이 증가했다.

보청기는 네 가지 기본 구조로 구성되어 있다. 마이크로폰은 환경으로부터 소리를 감지하고, 전기신호로 변환한다. 이 신호는 증폭기에 전달된다. 증폭기는 소리 크기를 증가시킨 후에 수신기에 보낸다. 그리고 수신기는 전기신호를 소리로 다시 변환하고, 귀에 전달한다. 배터리는 보청기에 전기를 제공한다.

오늘날 사용되는 보청기의 대부분은 과거의 아날로그 기술로 만들어진 보청기와 비교해서 향상된 프로그래밍과 처리 기술로 보다 깨끗한 음질을 제공하는 디지털 기술로 구성되어 있다. 디지털 보청기는 개인의 청력손실의 특징과 특정 듣기 환경에 따라 증폭음을 개별화하는 컴퓨터 칩을 사용한다.

보청기의 종류는 크기와 모양에 따라 고막형(completely in the canal: CIC), 귓속형(in the canal: ITC), 외이도형(in the ear: ITE), 귀걸이형(behind the ear: BTE)과 개방형 귀걸이형(open fit behind the ear)으로 분류할 수 있다. 각각의 종류는 장단점이 있다. 손 사용과 시각 문제는 보청기를 귀에 넣고, 빼고, 닦고, 배터리를 교체하는 것

과 같은 보청기 관리 능력에 영향을 미치기 때문에 보청기와 관련해서 노인 환자와 상담할 때는 환자의 손 사용과 시각 문제 등을 고려해야 한다.

경험상 평균 순음 청력 역치가 40dB일 때 보청기가 필요하다(Gates & Mills, 2005). 보청기 사용의 혜택에도 불구하고, 보청기가 필요한 대상자 중에 20%만이 실제 보청기를 구입한다(Popelka et al., 1998). 이러한 안타까운 현상을 자세히 연구하고, 그 이유를 다각적으로 살펴보았다. 그 결과, 낙인, 재정 상태, 사회적 지원, 자기조절감, 성별, 의사소통상의 문제를 지각하는 정도와 같은 심리적 · 인구통계학적 요인이 혼합되어 노년층의 보청기 구입과 사용에 영향을 미치는 것으로 나타났다(Garstecki & Erler, 1998).

보조 청취 장비(보장구)

보장구도 노인성 난청이 있는 사람들에게 적합하다. 그러한 장비로 포켓용 증폭기가 있는데, 휴대용 음악 플레이어처럼 착용할 수 있다. 이 장비는 마이크로폰과 볼륨 조절 스위치가 있는 상자에 이어폰이 있는 헤드셋으로 구성되어 있다. 포켓용 증폭기를 사용하는 사람과 의사소통할 때 화자는 마이크로폰을 향해 말하고, 이 소리가 증폭되어 헤드셋으로 간다.

보청기와 함께 연결하여 사용할 수 있는 또 다른 보장구에는 FM 시스템이 있다. 한 부분은 귓바퀴형 보청기에 연결되어 있고, 또 다른 부분은 마이크로폰과 송신기로 구성되어 있다. 마이크로폰과 송신기로부터 온 신호는 무선 FM 신호를 통해 수신기로 직접 전달되어 환경음으로부터 심각한 방해를 받지 않고 일방향으로 전달될 수 있다.

마지막으로, 비청각 경보장치를 사용하여 안전성과 독립성을 모두 향상할 수도 있다. 예를 들어, 누군가가 초인종을 누를 때 또는 전화가 울릴 때 작동하는 섬광등이 있다. 마찬가지로 변형된 연기 감지기에는 청각장애인에게 더 잘 경고하기 위해 섬광 전구가 장착될 수 있다.

인공와우 이식

인공와우 이식은 일반적인 보청기로 제한된 혜택을 받는 청각장애인이 선택적으로 사용할 수 있다. 인공와우는 청신경에 직접 전기 소리 신호를 전달함으로써 내이의 손상된 부위를 효과적으로 지나친다. [그림 3-2]에서처럼 인공와우는 외부 착용 부분(보청기와 비슷하게 생김)과 수술로 이식된 안쪽 부분으로 구성되어 있다. 외부 착용 부분은 마이크로폰, 말 처리기, 송신기로 구성되어 있다. 마이크로폰은 소리를 받아 말 처리기에 보내고, 그곳에서 소리가 다시 디지털 코드로 변환된다. 송신기는 디지털 신호를 피부를 통해 수신기와 전극으로 구성된, 이식된 내부 부분으로 전달된다. 이러한 신호의 수신과 변환은 전기 자극의 속도와 패턴을 조절하고, 와우 내에 배열된 전극을 자극하며, 청신경의 섬유를 직접 자극하게 된다. 시간을 가지고 재활을 하면서 인공와우 이식을 받은 사람들은 이러한 전기신호를 의미 있는 소리와 말로 해석하는 것을 학습하게 된다. 인공와우 이식은 대상자 기준이 지속적으로 향상되고 있기 때문에 노년층에 더욱더 보편화될 것이다.

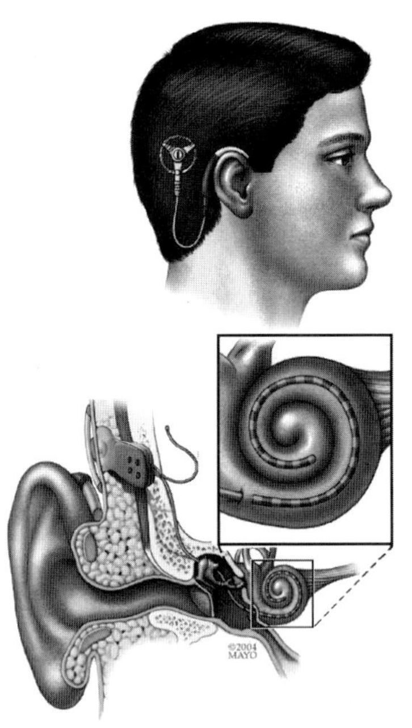

[그림 3-2] 인공와우

출처: Mayo Clinic. (2004). *Cochlear Implants at Mayo Clinic,* (MC 5377). [Brochure]. Rochester, MN: Author. Copyrighted by and used with permission of Mayo Foundation for Medical Education and Research. All rights reserved.

귀지

빈틈없이 꽉 들어찬 귀지는 노년층에게 흔한 문제다. 귀지는 정상적으로 외이도 입구를 향해 움직이고, 일반적으로 정상 세척으로 쉽게 제거된다. 하지만 좁은 외이도나 과도한 면봉 사용(외이도에서 고막 쪽으로 더 들어가게 됨) 또는 다른 뚜렷하지 않은 요인으로 인해 막힐 수가 있다.

과도할 정도로 막혔을 때는 청력의 감소나 귀가 막힌 것 같은 느낌을 경험하기도 한다. 보청기 사용자는 또한 보청기가 정상적으로 작동하지 않는 것 같다고 보고하기도 한다. 꽉 막힌 귀지는 세척 요법, 귀지 제거제 사용, 소파술(의료진이 큐렛을 이용하여 긁어 내는 방법)을 포함해서 다양한 방법으로 제거할 수 있다.

환급

대부분의 청능 서비스에 의사의 감독이 필요하지 않지만, 보험 회사와 메디케어로부터 비용을 환급받기 위해서는 의사가 절차를 지시해야 한다. 청능사는 청능평가, 보청기 평가와 피팅, 전정기관과 균형 평가, 인공와우 서비스와 청능재활을 포함한 다양한 절차에 상응되는 코드를 사용한다. 청능사는 귀지 관리도 청구할 수 있다. 몇 가지 예외가 있지만, 청능 서비스는 서비스 시간이 아닌 실시된 절차에 근거해서 청구한다.

청능평가 절차는 개별적인 절차를 지정하는 현행시술용어(Current Procedural Terminology: CPT)나 절차의 조합을 설명하는 포괄적인 코드에 의해 설명된다(American Medical Association: AMA)(2009a). 포괄적인 코드가 청구된다면, 개별적인 절차를 위한 코드는 보고되지 않아야 한다. 여러 절차의 조합을 설명하는 CPT 코드의 한 예는 전체적인 청력 측정 역치와 어음지각평가를 지정하는 데 사용하는 것이다. 이 코드는 기도와 골도 평가를 실시하고, 어음 청력 역치와 지각검사가 실시되었음을 나타낸다. 이러한 절차가 같은 날에 모두 완료되지 않는다면, 개별 절차를 나타내는 CPT 코드로 청구해야만 한다. 귀지 제거에 특정 코드가 사용되기는 하지만, 이 절차가 청능평가의 일부일 경우에는 개별적으로 청구될 수 없다.

또 다른 포괄적인 코드는 청능 이미턴스 평가에 적용된다. 이 코드는 중이검사, 음향반사 역치검사, 음향반사 쇠퇴(acoustic refiex decay testing)에 적용된다. 하지만 모든 절차가 한 번에 끝나지 않을 때는 개별 코드가 적용된다. 비슷하게 기본적인 전정기관 평가 코드는 자발적 안구진탕증검사, 위치 안구진탕증검사, 광역학 안구진탕증검사, 진동추적검사가 포함된다. 네 가지 절차를 모두 실시하지 않으면 개별 코드가 적용된다.

개별적인 CPT가 보고되면서 별도의 절차가 같은 날 진행될 수도 있다. 별도의 절차가 실시될 경우, 숫자로 된 수식어가 첨가되어야 한다. 예를 들어, 이명평가는 강도균형검사와 같은 날 청구될 수 있다. 한쪽 귀에만 실시된 청능검사와 같이 감소된 절차를 확인하기 위해서도 수식어가 사용될 수 있다.

보청기 평가와 피팅 절차는 모두 CPT 코드와 건강관리 일반시술 코드체계(Healthcare Common Procedure Code System: HCPCS)(AMA, 2009b)로 표시할 수 있다. 메디케어는 일상적인 청력검사를 보장하지 않는다. 그러나 진단을 위한 청력평가 비용의 비율은 메디케어 B 항목으로 보장한다. 민간 보험 회사마다 보장되는 청각 서비스가 다르지만, 대부분의 표준 건강 보험 플랜은 보청기에 대한 보상을 제공하지 않는다. 노인은 추가 비용을 지급하거나 추가 보험을 구입하여 보험 적용을 받을 수 있지만, 이러한 재정적인 제한으로 인해 노인이 적절한 평가와 중재를 받는 것이 어려울 수 있다.

청능재활을 위한 평가는 청능사나 언어재활사가 실시한다. 언어 습득 후 청력손실에 대한 청능재활 관련 코드가 있지만, 이 코드는 청능사를 위해서는 보장되지 않는다. 언어재활사는 말, 언어, 음성, 청각 처리 재활에 적용되는 코드를 사용한다.

핵심 내용

이 장에서는 노년층의 청력에 대한 의학적 · 청각학적 관점이 제시되었다. 주요한 내용은 다음과 같다.

- 노인성 난청은 청각의 다각적인 쇠퇴와 내이의 신경학적 요인에 의해 발생하는 일반적인 상태다.

- 노인성 난청과 관련된 청력손실의 패턴에는 일반적으로 높은 주파수(4000~8000Hz) 대역에 양측의 대칭적인, 하향 경사의 감각신경성 손실과 감소된 어음 변별력이 포함된다.
- 어음 지각력에 영향을 미칠 정도로 청력손실을 가진 노인들은 배경 소음이 있는 환경에서 특히 어려움을 겪는다.
- 노인성 난청은 배제된 진단이지만, 청력손실 또는 잠재적인 귀질환의 다른 가능성 있는 원인을 주의 깊게 검사하는 것이 중요하다.
- 노인성 난청의 치료 접근법은 음향 외상으로부터의 보호, 청취 행동 기술의 수정 및 보조 청취 장치, 보청기 또는 인공와우 이식과 같은 기계 장치의 사용이 있다.
- 청력평가와 보청기를 위한 현재의 재정 부족은 노인들이 적절한 서비스와 중재를 이용하는 데 제한을 줄 수도 있다.

참고문헌

American Medical Association. (2009a). Current procedural terminology (CPT) 2010. Chicago: Author.

American Medical Association. (2009b). *Healthcare common procedure coding system 2010: Level II*. Chicago: Author.

American Medical Association/American Academy of Otolaryngology. (1979). Guide for the evaluation of hearing handicap. *Journal of the American Medical Association, 241,* 2055-2059.

Cruickshanks, K. J., Wiley, T. L., Tweed, T. S., Klein, B. E. K., Klein, R., Mares-Perlman, J. A., et al. (1998). Prevalence of hearing loss in older adults in Beaver Dam, Wisconsin: The epidemiology of hearing loss study. *American Journal of Epidemiology, 148,* 879-886.

Demorest, M. E., & Erdman, S. A. (1986). Scale composition and item analysis of the Communication Profile for the Hearing Impaired. *Journal of Hearing and Speech Research, 29,* 515-535.

Destefano, A. L, Gates, G. A., Heard-Costa, N., Myers, R. H., & Baldwin, C. T. (2003). Genome-wide linkage analysis to presbycusis in the Framingham Heart study. *Archives of Otolaryngology-Head & Neck Surgery, 129,* 285-289.

Erdman, S. A., Crowley, J. M., & Gillespie, G. G. (1984). Considerations in counseling the hearing impaired. *Hearing Instruments, 35,* 50-58.

Fischel-Ghodsian, N., Bykovskaya, Y., Taylor, K., Kahen, T., Cantor, R., Ehrenman, K., et al. (1997). Temporal bone analysis of patients with presbycusis reveals high frequency of mitochondrial mutations. *Hearing Research, 110,* 147-154.

Garstecki, D. C., & Erler, S. F. (1996). Older adult performance on the Communication Profile for the Hearing Impaired. *Journal of Speech, Language, and Hearing Research, 39,* 28-42.

Garstecki, D. C., & Erler, S. F. (1998). Hearing loss, control, and demographic factors influencing hearing aid use among older adults. *Journal of Speech, Language, and Hearing Research, 41,* 527-538.

Gates, G. A., & Mills, J. H. (2005). *Presbycusis. Lancet, 366,* 1111-1120.

Gates, G. A., Murphy, M., Rees, T. S., & Fraher, A. (2003). Screening for handicapping hearing loss in the elderly. *Journal of Family Practice, 52,* 56-62.

Goycoolea, M. V., Goycoolea, H. G., Farfan, C. R., Rodriguez, L. G., Martinez, G. C., & Vidal, R. (1986). Effect of life in industrialized societies on hearing in natives of Easter Island. *Laryngoscope, 96,* 1391-1396.

Joensen, J. P., & Saunders, D. J. (1984). Psychological correlates of geriatric hearing loss: Understanding the emotional and behavioral consequences of impaired hearing. *The Hearing Journal, 45,* 47-54.

Kakarlapudi, V., Sawyer, R., & Staecker H. (2003). The effect of diabetes on sensorineural hearing loss. *Otology & Neurotology 24,* 382-386.

Lamb, S. H., Owens, E., & Schubert, E. D. (1983). The revised form of the Hearing Performance Inventory. *Ear and Hearing, 4,* 152-159.

Mayo Clinic. (2004). *Cochlear implants at Mayo Clinic* (MC 5377). [Brochure]. Rochester, MN: Author.

Nelson, E. G., & Hinojosa, R. (2003). Presbycusis: A human temporal bone study of individuals with flat audiometric patterns of hearing loss using a new method to quantify stria vascularis volume. *Laryngoscope, 113,* 1672-1686.

Nilsson, M., Soli, S., & Sullivan, J. (1994). Development of the Hearing in Noise Test for the measurement of speech reception thresholds in quiet and noise. *Journal of the Acoustical Society of America, 95,* 1085-1099.

Popelka, M. M., Cruickshanks, K. J., Wiley, T. L., Tweed, T. S., Klein, B. E., & Klein, R. (1998). Low prevalence of hearing aid use among older adults with hearing loss: The

epidemiology of hearing loss study. *Journal of the American Geriatrics Society, 46,* 1075-1078.

Ries, P. W. (1994). Prevalence and characteristics of persons with hearing trouble: United States, 1990-1991. *Vital Health Statistics, 188,* 1-75.

Schow, R. L., & Nerbonne, M. A. (1982). Communication screening profile: Use with elderly clients. *Ear and Hearing, 3,* 135-147.

Schuknecht, H. F., & Gacek, H. R. (1993). Cochlear pathology in presbycusis. *Annals of Otology Rhinology and Laryngology, 102,* 1-16.

Ventry, I., & Weinstein, B. (1982). The hearing handicap inventory for the elderly: A new tool. *Ear and Hearing, 3,* 128-134.

Williott, J. F. (1991). *Aging and the auditory system: Anatomy, physiology, and psychophysics.* San Diego, CA: Singular.

Wingfield, A., Tun, P. A., & McCoy, S. L. (2005). Hearing loss in older adulthood: What it is and how it interacts with cognitive performance. *Current Directions in Psychological Science, 14,* 144-148.

노인의 음성장애: 전문의의 관점

_ Michael B. Gluth and C. Blake Simpson

Gluth와 Simpson은 이 장에서 후두 기관의 1차, 2차, 3차 노화에 대한 의학적 관점을 제시한다. 후두 구조와 기능의 정상 및 병리학적 변화를 논의함에 있어, 저자들은 노인에게서 보이는 '나이 든 목소리(종종 노인성 음성장애로 불리는)'가 문제가 될 수 있는 시기를 결정할 때의 어려움을 강조한다. 2차 노화에 관한 부분에서는 후두질환에 대해서 설명한다. 또한 평가 방법 및 음성장애의 예방과 치료 방법에 대해서도 논의한다.

노인 환자의 말과 음성 문제를 평가하는 임상가는 관련된 잠재적인 병리학적 과정뿐만 아니라 일반적인 노화와 관련된 변화를 이해하는 데 어려움이 있다. 노화로 인해 음성 기능의 해부학적 및 생리학적 변화가 일정 부분 예상되지만, 이러한 과정이 정상적인 노화의 범위를 넘어 병리적인 범위로 들어서는 때를 결정하는 것은 임상가의 책임이다. 노년층에서 다른 관련 신체 기관에 영향을 미치는 질환뿐만 아니라 가장 보편적인 질환과 후두 자체에 내재된 다른 의학적 고려 사항에 대한 실무 지식을 갖추는 것이 반드시 필요하다. 의료 전문가는 신중하고 체계적인 임상 평가 및 분석을 통해 성공적인 의사소통을 위한 다학제적인 접근 방식으로 관리 및 치료를 적절하게 계획하여 개발하고 실행할 수 있다.

다학제적인 평가와 중재의 중요한 요소는 각 전문 영역의 서로 다른 관점을 이해하는 것이다. 이러한 필요를 충족하기 위해서 이 책의 두 장에서 말과 음성 장애에 대해 제시하고 있다. 그중 첫 번째인 이 장에서는 두 명의 이비인후과 의사의 견해를 제시하고, 해부학적 변화와 후두질환을 강조하였다. 제5장에서는 두 명의 언어재활사의 견해를 제시하고, 음성 문제를 일으키거나 가속화하는 음성 기능에 초점을 맞추었다. 또한 제5장은 다른 말 과정과 장애에 대한 보다 포괄적인 논의를 포함하였다.

1차 노화

말과 음성의 1차 노화는 일반적으로 정상적인 노화로 간주되는 범위 내에서의 변화를 가리킨다. 말과 음성 기관의 적절한 구조적 및 생리적 변화를 〈표 4-1〉에서 일부 해부학적 변화를 강조하면서 설명하고 있다. 이러한 변화의 현실에도 불구하고, 이 장의 시작 부분에서 대다수의 활동적인 노인은 의사소통 시 만족스러운 수준의 말과 음성의 질을 유지하고 있음을 주목해야만 한다.

문헌에서는 구조상의 이러한 집합적인 변화가 노화에 따른 기능상의 지각 가능한 변화와 관련이 있다는 것을 제안하고 있다. 그러나 이러한 변화의 정도와 결과는 노년층 내에서 상당히 다양하다는 점을 주목하는 것이 중요하다. 노화의 생물학적 과정은 생물학적 나이와 상관관계가 낮으면서, 개인마다 유의하게 다양하다. 일반적으로 건강한 노인은 기관이 신체적 또는 육체적 요인에 의해 스트레스를 받지 않는다면 성도의 해부학적 및 생리학적 변화에 심각한 말 기능상의 쇠퇴를 경험하지 않고 적응하게 된다(Hooper & Cralidis, 2009). 따라서 노인의 말 명료도에 중대한 변화가 있을 경우, 잠재적인 질환 과정을 의사에게 알려야 한다.

말의 다른 측면과 대조적으로 노화와 관련된 해부학적 변화는 음성과 관련해서 지각 가능한 결과가 더 많이 나타난다. 사실상, 청년층과 노년층 간의 발성상의 차이를 확인할 수 있는 능력은 훈련받지 않은 청자들조차도 일반적으로 가지고 있다. 이러한 변화에는 보통 거친 음성, 음도 변화, 떨림, 기식음 정도가 증가하는 것 등이 포함된다. 노년층의 정상적인 음성의 음향학적 지표에 대해서는 제5장에서 요약하였다. 그럼에도 불구하고, 노년층의 해부학과 생리학 사이의 몇 가지 상관관계는 더

표 4-1 노화와 관련된 구강 및 후두의 해부학적 변화

위치	해부학적 변화
구강	• 얇아진 점막 • 치아 손실 • 미세 침샘 감퇴 • 혀와 인두 근육 위축 • 감각과 운동신경 감퇴
후두	• 후두 연골의 골화 • 미세 침샘 감퇴 • 외부 후두 근육 위축 • 감각과 운동신경 감퇴 • 윤상피열 관절 부식
성문	• 얇아진 점막 • 성대근 위축/콜라겐으로 대체 • 성대 인대가 뻣뻣해지고 감퇴함 • 점막 고유층의 부종(여성) 또는 얇아짐(남성) • 점막 코팅층이 줄어들거나 두꺼워짐

욱 논의가 필요한데, 특히 윤상피열 관절의 쇠퇴와 노화에 따른 성대 변형에 관한 주제는 더 많은 논의가 필요하다.

후두 연골의 골화는 중년기에 시작되어 인생 후반부에도 지속되는 점진적인 과정이다. 남성(보통 30대에 시작)은 여성보다 대략 10년 정도 일찍 이 과정이 시작되지만, 남성과 여성 모두 이러한 과정으로 인해 영향을 받는다. 일부 임상가는 후두 연골의 골화 정도는 후두의 생물학적 나이를 나타낸다고 주장하지만, 다른 해부학적 또는 생리학적 변화의 정도가 정확하게 나이와 관계가 있는지는 불분명하다. 노화와 골화가 진행됨에 따라 후두 연골과 윤상피열 연골의 구조와 방향은 바뀔 수 있고 그 결과, 움직임의 범위가 감소한다. 이러한 변화는 관절 섬유증과 같은 다른 퇴행성 변화와 함께 궁극적으로 성문 폐쇄를 손상시키고, 기식음의 정도를 증가시킬 수 있다.

시간이 지나감에 따라 성대는 구조상의 뚜렷한 변화를 보인다. 성대근과 다른 내부 근육의 위축은 노화된 후두에서 일반적으로 관찰되는데, 사회적 고립감, 상대적으로 오랜 기간 발성하지 않는 것과 그로 인한 발성 탈조건화와 관련이 있다. 이러한 위축은 성대의 부피가 감소하고 얇아지거나 휘어지는 경향을 보이면서 모양을 변화시킨다. 따라서 성문의 모양과 폐쇄의 정도가 영향을 받고, 기식음으로 될 가능성이 있다.

성대의 점막 고유층의 변화는 노화와 함께 진행되며, 그 영향은 남성에게서 더 뚜렷하게 나타난다. 고유층의 표피층에서 엘라스틴은 불규칙하고 무질서해지는 반면에, 고유층의 심층은 콜라겐 섬유와 비슷한 변화를 보인다. 이러한 노화로 인한 변화의 조합에 따라 층 구조의 손실과 성대의 점탄성 및 두께의 감소가 일어난다. 반대로 여성은 점막 고유층의 부종(에스트로겐의 감소로 인한 호르몬의 영향 때문)이 발달하고, 진동 조직이 두꺼워지는 경향이 있다.

점액 분비가 진해지고 감소되는 것뿐만 아니라 고유층의 변화와 함께 후두 근육이 위축되는 것은 진동 특성에 부정적인 영향을 줄 수 있다. 일반적으로 연구에서 남성 노년층은 음도가 증가하고, 증가된 성대 부종 때문에 여성 노년층은 응도가 감소하는 경향을 보여 주고 있다. 신경근육 조절상의 감소와 함께 노화와 관련된 성대 변화는 성대 떨림과 거친 음성을 일으키고 발성을 유지하는 능력에 영향을 미칠 수 있다.

2차 노화

후두 구조와 기능이 영향을 받기는 하지만, 말 기능상의 심각한 변화는 정상적인 노화와는 관련이 없고, 건강상의 문제를 나타낸다. 노년층에서 말에 문제를 일으키는 질병 과정은 보통 신경학적인데 다양한 범위의 정적 및 진행성 상태를 보인다. 개인 특유의 말 특성은 병의 원인이나 손상 부위를 확인하는 데 도움이 되고, 일부 경우는 발 문제가 첫 번째 문제로 보고되기도 한다. 말장애와 관련된 수많은 신경장애에 대한 의학적 관점을 제시하는 것은 이 책의 범위를 넘어서는 것이다. 특정 말운동장애와 관련된 정보는 제5장에 포함되어 있다. 인지 및 언어 장애는 제8장과 제10장에서 다루었다.

많은 경우, 노인의 조음과 유창성 문제와 관련된 질환을 위한 의학적 중재는 개인의 의사소통에 큰 도움이 되지 못한다. 음성장애 분야는 의사가 제공하는 중재가 의사소통에 직접적으로 영향을 주는 경우가 적다.

요약한 바와 같이 1차 노화와 관련된 변화는 일반적으로 대부분의 사람들에게 병리적인 과정을 만들지는 않는다. 그러나 임상 의학의 기술은 이러한 변화가 1차 노화와 관련된 음성장애 영역의 정상 역치 수준을 벗어나는 시점을 결정하기 위해 개별 환자에 대한 맞춤형 표준 세트의 적용을 포함한다. 그러한 표준은 각 개인에게 고유한 사회적 측면 및 심리적 요인과 직업 관련 요구의 조합을 기반으로 한다. 예를 들어, '나이 든 목소리'에 대한 만족도는 개인마다 다를 수 있다. 또한 상대적으로 기식성이 있거나 약하거나 거친 음성의 결과는 특정 생활 방식의 요구에 따라 다르게 나타난다.

임상 영역에서는 이 용어가 병리적인 것을 의미한다는 주장도 있지만, 노인성 음성장애(presbyphonia)는 1차 노화와 관련된 음성장애를 지칭하는 데 사용된다. 성대 위축과 성대의 휨(bowing)과 같은 신체적 특징과 더불어 거칠고, 기식성 음성의 주관적 특징은 일반적으로 노인성 음성장애의 의학적 진단에 사용된다(Pontes, Brasolotto, & Behlau, 2005). [그림 4-1]은 노인성 음성장애를 특징짓는 성대가 얇아지고 휘어진 것을 보여 준다. 그러나 노인성 음성장애의 진단은 크게 주관적이고, ① 특정 음성 파라미터가 노화와 관련된 변화를 수용할 수 없는 수준이 되거나, ② 일반적인

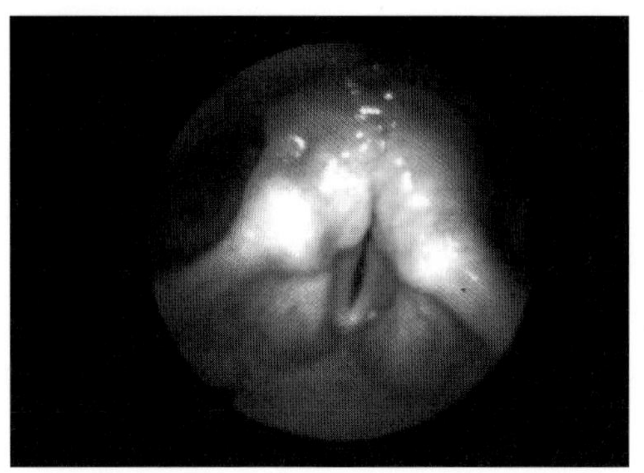

[그림 4-1] 노인의 후두(presbylaryngis)
※ 발성하는 동안 약간 오목한 모양과 불완전한 폐쇄를 일으키는 얇아진 성대에 주목하라.

미묘한 변화는 특정 환자의 삶의 질에 적합하지 않다고 판단할 때 진단할 수 있음을 임상가는 이해해야만 한다.

노인성 음성장애 외에도 노년층에게 발생할 수 있는 후두에 내재된 일련의 일반적인 질병 상태도 있다. 음성 문제를 호소하여 후두 평가를 받기 위해 온 대부분의 노인 환자들은 노인성 음성장애 이외의 다른 상태로 인해 주로 고통받고 있으므로, 임상가는 이러한 상태에 대해 잘 알아야만 한다(Woo, Casper, Colton, & Brewer, 1992). 이 장에서 후두질환에 대해 자세히 다루지는 않지만, 노년층에게 고유한 요소를 강조하면서 일부 병리적인 상태에 대해 개관을 제시하고자 한다.

성대 마비

성대 마비(paralysis, 완전 약화)나 국부 마비(paresis, 부분 마비)는 일반적으로 되돌이 후두신경의 잠재적 손상이나 기능 부전으로 인해 발생한다. 되돌이 후두신경은 윤상갑상근을 제외하고 모든 후두 내부 근육을 통제한다. 이러한 상태는 대부분 편측성이고, 일반적으로 약하거나 기식성 음성, 과도하게 노력하는 발성, 삼킴장애, 기침 또는 묽은 액체 섭취 시에 두드러지게 나타나는 흡인을 포함하여 성대 폐쇄 부전증의 신호와 증상이 나타난다. 대부분의 경우에 시작되는 순간이 뚜렷하다. 이러한 상태는 노년층에게 갑상선, 척추나 흉부와 관련된 수술 과정에서 우발적인 손상으로 인해 발생할 수 있다. 장기적 또는 외상성 기관 내 삽관, 둔기로 인한 목 또

는 흉부 외상, 바이러스 감염, 종양(두개골 바닥, 갑상선, 흉부) 및 뇌졸중이 또 다른 일반적인 원인이다.

상후두 신경 마비

상후두 신경은 윤상갑상근의 운동 지배와 상후두 부위의 감각 지배를 담당한다. 이 신경의 손상은 목 수술(경동맥, 경추와 갑상선)의 결과로 발생할 수 있으며, 바이러스 감염이나 뇌졸중과 관련이 있을 수도 있다. 상후두 신경 마비의 징후와 증상은 보통 성대 마비에서 관찰되는 것보다 더 미묘하다. 대부분의 경우 이러한 상태는 조기 음성 피로의 경향을 보이면서 높은 음도 범위에서 손상을 보이는 정상적인 대화 음성과 관련이 있다. 환자는 특히 묽은 액체에 대한 불편감을 느끼고, 삼킴장애 또는 기침을 보일 수 있다.

만성 후두염과 양성 성대 병변(손상)

만성 후두염은 만성 후두 자극 상태를 설명하는 데 사용되는 일반적인 임상 용어다. 대부분의 경우 만성 후두염은 흡연, 인후두 반사, 음성 남용, 자극 물질 흡인 노출, 건성 후두염, 알레르기 후유증의 조합으로 인해 발생하는 여러 요인과 관련된 상태다.

일반적으로 만성 후두염은 비감염성 상태다. 만성 후두염의 증상은 거친 음성 조기 음성 피로, 인후 불편, 기침, 과도한 인후 점액 또는 이물감(globus pharyngeus; 인두종괴감) 등이 있다. 만성적인 후두 자극 상태는 양성 또는 악성 후두 종양을 2차적으로 일으킬 수 있다.

성대 결절은 굳은살과 비슷하게 성대의 진동 부위의 표피층에 생긴 뚜렷한 덩어리다. 만성 후두염으로 인해 결절이 발생할 위험이 높아질 수 있지만, 음성 남용은 대부분의 결절 발생에 큰 원인을 제공하는 요소로 여겨진다. 노년층에서는 일반적으로 드물지만 결절은 나이 많은 가수나 과도하게 음성을 사용하는 사람에게서 발생한다. 성대 결절 증상으로는 거친 음성, 음성 피로, 제한된 음역, 기식음 등이 포함되고, 이러한 증상은 결절의 크기나 범위에 따라 다양하다.

성대 폴립은 성대 표피층 안에 생긴 반응성 염증의 종양으로 일반적으로 한쪽에만 생긴다. 만성적인 후두염의 결과로 발생할 가능성과 함께 일부 성대 폴립은 성대 출혈 또는 음성 오용에서 비롯될 수 있다. 크기와 위치에 따라 폴립은 거친 음성, 기식음 또는 흡기 시 천명(stridor)을 일으킬 수 있다.

육아종은 피열 연골의 성대 돌기 근처 성문 뒤쪽에 일반적으로 생기는 염증 성대 병변이다. 이러한 병변은 기관 내관과의 외상성 접촉의 결과로 발생한다. 그러나 조절되지 않는 후두 인두 반사 또는 음성 남용(만성 기침 및 목 가다듬기)도 육아종 형성을 초래할 수 있다. 육아종이 부피가 크면, 이 병변은 성문 폐쇄, 목 쉰 소리, 기침 또는 발성 시 가벼운 불편으로 인해 기식음을 초래할 수 있으나 종종 무증상이다.

라인케 부종

라인케 부종(polypoid corditis)은 흡연하는 중년 또는 노년의 여성에게서 자주 나타난다. [그림 4-2]는 이 상태가 성대에 미치는 영향을 보여 준다. 라인케 부종은 갑상선기능항진증이나 후두 자극의 다른 원인으로 인해서 드물게 나타날 수도 있지만, 성대 표피층 안에 비정상적인 타액의 축적을 일으키는 흡연자의 병으로 간주된다.

라인케 부종의 결과로서 환자는 음도가 낮은 거친 목소리, 경우에 따라 호흡 곤란이나 흡인 시 천명과 같이 부피가 크고 액체로 가득 차서 부은 성대로 인한 징후와 증상을 경험한다.

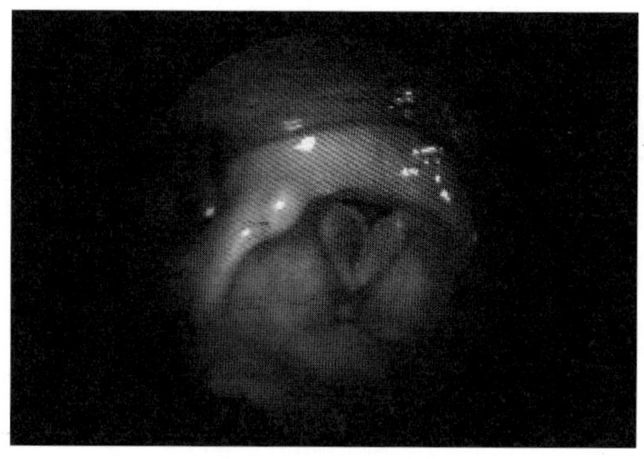

[그림 4-2] 라인케 부종

※ 피하 다발성 조직 및 부종의 침착으로 인한 성대의 볼록한 윤곽에 주목하라.

건성 후두염

건성 후두염은 건조와 불충분한 수분으로 인해 발생하는 성대 자극 상태를 가리키며, 노년층에는 일반적이다. 건강한 음성을 위해서는 성대가 지속적으로 촉촉한 상태이고, 얇은 물 점액으로 윤활되어 있어야 한다. 적절한 점액이 없는 경우 성대 진동 기능에 악영향을 미쳐, 정상적인 발성을 일으키는 데 필요한 작업량을 증가시킨다. 이러한 상태는 음성이 거칠어지고, 음도가 감소하며, 쉽게 피로해질 수 있다. 건성 후두염의 원인에는 과도한 알코올 또는 카페인 음료 섭취, 불충분한 수분 섭취, 만성적인 구강 호흡, 건조한 공기에의 노출, 특정 약물 복용(예: 이뇨제, 항히스타민, 항우울제) 등이 포함된다.

후인두 역류

후인두 역류(laryngopharyngeal reflux: LPR)는 위 안에 있던 내용물이 식도를 통해 인두와 후두로 비정상적으로 역류하는 일반적인 상태다. 후인두 역류의 일반적인 증상은 거친 음성, 빈번한 목 가다듬기, 목의 통증이나 불편함, 목 안의 이물감, 삼킴장애, 입안의 쓴맛, 기침, 천식과 같은 증상, 과도한 목 안의 분비물 등이 있다. 가슴 통증은 후인두 역류와 함께 나타날 수도 있기 때문에 일부 환자들이 이 질환을 진단받고 놀라거나 회의적인 태도를 보일 수 있음을 이해하는 것이 중요하다.

후두암

후두암은 여성과 젊은 환자에게서 나타나기도 하지만, 55세 이상의 남성에게서 가장 높게 나타난다. 현재까지 후두암을 일으키는 가장 중요한 위험 요인은 흡연이다. 다른 주요한 위험 요인에는 과도한 음주, 직업 현장에서의 위험 인자(예: 니켈, 황산, 석면) 흡인, 목 또는 폐암 병력, 심각한 통제 불능의 후인두 역류 등이 있다. 구체적으로 후두암은 거의 항상 상부 소화관의 외부 연조직 표피로부터 발생하는 편평 세포 암종이다. 이 암은 특히 거친 음성과 성대 병변을 일으킨다. 더 진행된 부피가 큰 병변은 객혈(hemoptysis), 삼킴장애, 삼킴 통증(odynophagia), 호흡 곤란 또는

후두신경까지 손상되면 성대 마비의 후유증까지 초래할 수 있다.

근긴장성 발성장애

성문 상부 후두의 과도한 근육 긴장은 쥐어짜는 음성, 음도 고정, 쉽게 피로해지는 음성에서 자주 관찰된다. 근긴장성 발성장애의 대부분의 경우는 노화와 관련된 성대 위축 또는 성대 마비로 인한 성대 문제를 보상하기 위한 결과로 나타난다. 후두 자극(예: 후인두 역류, 음성 남용, 흡연), 심리적 스트레스, 목과 어깨 근육의 긴장도 이 문제를 일으키는 데 기여한다. 근긴장 발성장애의 급성 변형은 급성 전염 후두염이 있는 가운데 음성을 과도하게 사용한 환자에게서 관찰되기도 한다.

비후두질환

일반적인 건강 문제가 노년층에게 잠재적으로 말과 음성 문제를 일으킬 수 있다(Sataloff, Rosen, Hawkshaw, & Spiegel, 1997). 특히 폐기종, 천식, 제한적인 폐질환과 같은 만성적 폐질환이 음성 산출에는 해로울 수 있다.

폐질환은 발성하는 동안 성도를 통과하는 공기량이 감소함으로써 발성에 필요한 노력을 높일 뿐만 아니라 음량에도 영향을 미칠 수 있다. 또한 만성 폐질환 치료에 일반적으로 사용되는 스테로이드 함유 흡입기는 곰팡이 후두염을 유발할 수 있다.

노년층의 신경계 질환은 의사소통에 부정적인 영향을 줄 수 있다. 더욱이 뇌졸중은 운동장애, 말, 호흡, 삼킴, 음성의 질과 효율성을 감소시키는 근신경 협응상의 문제, 상후두 소화관의 감각 문제를 일으킬 수 있다. 노년층에 말과 음성상의 문제를 일으키는 주요한 다른 신경장애로는 파킨슨병, 본태 떨림(essential tremor), 약물로 인한 떨림 등이 있다. 이 장애에 대해서는 제5장에서 다룬다.

마지막으로, 노화로 인한 청력손실(노인성 청각장애, presbycusis)은 음성 산출에 심각한 영향을 미치는 일반적이면서 자주 치료하지 않는 질환이다. 청력손실로 인해 보상적으로 음성을 남용하게 될 수 있고, 청각 피드백의 손상은 음도를 조절하거나 맞추는 것이 어려워질 수 있다.

3차 노화

말 또는 음성 장애 맥락에서 3차 노화는 노화와 관련된 기능 부전 이상의 전반적인 결과를 가리킨다. 구체적으로 말 또는 음성 장애는 장애나 불편함을 일으키고, 삶의 질에 영향을 미칠 수 있다(Verdonck-de Leeuw & Mahieu, 2004).

발성장애는 일상생활이나 사회생활, 전문적인 요구를 충족시키는 개인의 능력에 영향을 미치며, 이 모든 것이 정서적 건강과 자기 만족감에 부정적인 영향을 미칠 수 있다. 일반적으로 음성장애 환자를 대상으로 삶의 질에 대해 살펴본 연구에서, 음성장애는 다른 일반적인 만성질환과 비슷하게 감소된 점수를 보이는 것으로 나타났다.

평가

말 또는 음성 장애가 있는 노인 환자의 임상 평가는 세부적인 병력을 확보하고, 적절한 신체 평가를 실시하는 것이 필요하다. 먼저 발병 시기, 심각도, 시기, 진행 정도, 시도된 치료들, 관련 증상과 관련된 주된 호소에 대해 알아야 한다. 그다음으로 적절한 음성의 필수 조건, 사용 습관과 관련된 기대 사항에 대한 문의가 이루어져야 한다. 문의 시에는 사회적 또는 직업적 음성의 필수 사항과 노래 습관에 대한 이해를 포함해야만 한다.

음성장애가 있는 노인 환자의 사례력을 얻을 때 의사는 일반적인 병력과 수술력이 특히 관련이 있는지 알아야만 한다. 폐, 알레르기, 신경계, 코나 귀 질환이 있는지 살펴보는 것이 특히 중요하다. 여러 진행성 신경장애(예: 파킨슨병, 루게릭병, 본태떨림)는 노년층의 발성장애와 관련이 있을 수도 있다. 일부의 경우 이러한 질환 상태에 대한 주된 호소는 발성장애나 삼킴장애에 의한 것이다. 수술력을 살펴볼 때 임상가는 목이나 가슴에 실시된 절차나 기관 내 삽관 기간을 연장할 필요가 있는 다른 치료가 행해졌는지 특히 주목해야 한다. 사회력은 흡연, 카페인, 음주 정도를 살펴볼 필요가 있고, 환자의 생활 상태와 사회적 지원의 특성에 대해서도 살펴봐야 한

표 4-2 음성장애를 가진 노인 환자에 대한 신체 평가의 핵심 요소

기관	검사의 가장 중요한 측면
일반	영양실조, 비만, 비정상적인 감정 상태의 평가
귀	전도성 난청을 일으키는 외이 및 중이 질환 평가, 최소한 청력 선별검사 실시
코	구강 호흡을 일으키는 알레르기성 비염, 만성적인 비강 내 막힘, 만성 부비동염의 증상 평가
구강	점막 내 수분 정도, 혀 운동성, 속상수축(fasciculation) 존재 여부 평가, 치열 검사
구인두	감염 증후(삼출물 또는 곰팡이 요소), 만성 자극 증후 및 편도선 질환의 증후 평가
말	조음, 속도, 유창성 평가
음성	거친 음성, 기식음, 떨림, 음도 이상, 비정상적인 음성 피로의 여부 평가, 필요하다면 음향학적 평가도 고려
신경계	뇌신경 기능장애, 운동 결함과 떨림 여부의 평가
목	후두, 갑상선, 경부 근육을 만져 봄, 병리학적 림프절 병증의 평가, 경부 운동 범위를 철저히 평가
호흡	공기 흐름 및 호흡기 평가, 필요한 경우 폐 청진 및 폐활량 측정을 고려
하인두	감염 증후(삼출물 또는 곰팡이 요소), 만성 자극 증후, 분비물이 많고 종양이 있는지를 평가
후두	감염 증후(삼출물 또는 곰팡이 요소), 만성 자극 증후, 노인성 후두 증후와 종양이 있는지, 비정상적인 후두 움직임, 비정상적인 성대 폐쇄, 비정상적인 점막 파동(강도, 시간, 균형)과 근육 수축 패턴이 있는지를 평가

다. 마지막으로, 코르티코 스테로이드, 항히스타민제, 이뇨제, 호르몬 또는 항정신성 약물과 같이 음성 건강에 영향을 줄 수 있는 약물 목록을 조사해야 한다.

약물 기록을 살펴본 뒤에는 이비인후과 종합검사가 필요하다. 〈표 4-2〉에서는 음성장애가 있는 노인 환자를 위한 신체검사의 중요한 요소들을 정리하였다. 후두 검사는 적어도 간접적인 인두경 검사가 필요하다. 그러나 검사는 이상적으로 구부러지거나 고정된 인두경을 사용하는 것이 좋다. 현재 사용할 수 있는 인두 영상 기술은 개선된 가시성, 증가된 확대율, 비디오 재생 기능 및 성대 움직임의 스트로보스코피 평가를 제공할 수 있다.

〈표 4-3〉에서는 일반적인 음성장애를 보이는 노년층에서 발견되는 전형적인 후두 검사 결과를 정리하였다. 이러한 후두 검사 결과에도 불구하고, 많은 경우 세심한 음성 평가 자체가 진단과 후속 치료 계획에 가장 큰 도움이 된다는 것을 강조해야 한다.

표 4-3 노인 환자에게서 일반적으로 관찰되는 음성장애에 대한 전형적인 후두 검사 결과

질환	검사 결과
노인성 후두	얇고 휜 진성대, 피열 연골 움직임의 떨림, 불완전한 성문 폐쇄
성대 마비	피열 연골과 성대의 부동 또는 부분적인 움직임, 불완전한 성문 폐쇄 또는 뒤쫓는 듯한(chasing) 점막 파동
상후두 신경 마비	마비된 성대가 짧아지고 휨, 마비된 쪽으로 뒤쪽 성문이 향함, 비대칭적인 상후두 감각 기능, 성문 폐쇄 동안 성대가 가위 모양이 됨
만성 후두염	붉고 두껍고 부은 점막, 주입된 맥관 구조 및 두꺼운 후두 점막이 있는 부피가 큰 성대
성대 결절	진성대 앞쪽 1/3 접합점에 양쪽으로 위치한 작고 둥근 결절, 모래시계 모양의 성문
성대 폴립	성대 한쪽에 난 둥근 성대 병변, 눈에 띄는 혈관 구조를 가질 수 있고, 눈에 띄는 염증 변화가 반대쪽 성대에 병변 반응과 불완전한 성문 폐쇄를 일으킬 수도 있음
육아종	뒤 성문의 양쪽 또는 한쪽에 위치한 염증성 과다 혈관장애, 불완전한 성문 폐쇄를 일으킬 수도 있음
라인케 부종	부피가 크고 둥근 폴립 모양의 성대
건성 후두염	두껍고 오래가는 성대 점막 밴드
후인두 역류	붉고 두껍고 부은 점막-대부분 성문 뒤쪽, 피열 연골 사이와 성문하 부위, 울퉁불퉁한 인두벽에 두드러지게 나타남, 종양과도 관련 가능성이 있음
후두암	불규칙한 궤양성 판, 점막 감소 또는 부재, 부피가 큰 경우 성대 마비의 가능성 있음
근긴장성 발성장애	가성대의 과도한 측면 압박으로, 발성하는 동안 성대를 완전히 볼 수 없음

예방과 중재

지금까지 논의한 각각의 후두질환의 치료에 대한 종합적인 논의는 이 책의 범위를 넘어서는 것이다. 그러나 대부분의 음성장애를 다루는 일반적인 패러다임뿐만 아니라 노인성 발성장애의 치료와 관련된 전문적인 권고 사항도 기술하고자 한다. 노년층에서 흔히 발병하는 노인성 발성장애와 다른 음성장애의 중재는 이상적으로 적절한 음성 위생, 언어 및 음성치료, 의료적 처치나 수술을 포함한 다학제적 접근

법을 포함하고 있다.

음성 위생

음성 위생은 후두 건강을 향상하고, 음성 사용을 최적화하며, 만성적인 후두 자극의 원인을 감소시키고, 후두질환을 예방하기 위한 일반적인 음성 보호 가이드라인을 가리키는 용어다. 일반적인 음성 위생 가이드라인은 다음과 같다.

- 후두에 충분하게 수분을 공급하라.

  일반적으로 하루에 생수를 적어도 2*l* 정도 마실 것을 권장한다(심장 또는 신장 질환으로 인해 삼가야 하는 경우는 제외). 카페인 음료나 알코올음료는 후두를 건조하게 하므로 물을 넣어 희석하는 방식으로 적게 섭취해야 한다. 건조한 공기도 탈수를 일으킬 수 있다. 이러한 탈수는 비행기와 난방기, 습도가 낮은 곳에서 종종 일어난다. 가습기 사용은 이러한 상황에서 도움이 된다.
- 과도한 목 가다듬기를 피하라.

  과도한 목 가다듬기로 인한 외상과 자극으로 인해 후두가 손상될 수 있다. 이는 멈추기가 어려운 습관이 될 수도 있다. 외상을 덜 일으키는 목 가다듬기에 대한 교육과 만성 기관지염, 알레르기성 비염, 만성 부비동염 및 후인두 반사와 같은 잠재적 요인의 치료가 도움이 될 수 있다.
- 지나친 음성 사용을 피하라.

  너무 큰 소리로, 너무 오랫동안 또는 피곤한 상태에서 소리를 내면 음성이 문제를 일으킬 수 있다. 후두염이나 감기에 걸리면 음성에 무리가 갈 수 있다. 외상을 최소화하기 위해 과도한 발성이나 장시간 속삭임을 피하고, 시끄러운 환경에서 과도한 말을 하지 않으며, 부드러운 성대 진동의 시작으로 발성할 것을 권장한다. 또한 청력손실은 지나치게 크게 말하는 것을 유도하므로 적절하게 해결하는 것이 필요하다.
- 흡연에 노출하는 것을 최소화하라.

  담배 안의 암을 유발하는 화학물질과 타르는 성대의 염증과 성도의 건조를 일으킨다. 흡연가에게 정상적인 음성을 기대하는 것은 현실적이지 않다. 금연과

담배 연기가 가득한 환경을 피하는 것이 최적의 음성 건강을 위해 권고된다.

- 인후두 역류를 최소화하기 위한 평가를 하라.

  일반적으로 낮 동안에는 식후 30~60분간 역류 활동이 급증하는데, 야간에도 역류가 일어날 수 있다. 식사는 잠자리에 들기 전 적어도 2시간 전에 해야 하고, 꽉 붙는 옷을 피하며, 머리는 10~15cm 정도 높게 두고 잔다. 매운 음식, 민트, 초콜릿, 담배와 카페인 등은 위식도 역류를 일으키므로 피해야 한다. 과체중도 후인두 역류를 강하게 일으킬 수 있으므로 체중 감소도 권장된다.

- 오염된 공기에 장기간 노출되는 것을 피하라.

  먼지, 곰팡이나 화학물질이 많은 환경은 후두 건강에 악영향을 미칠 수 있다. 정원 작업, 목공 작업 및 집 청소를 수행할 때 마스크를 사용하면 도움이 될 수 있다.

언어치료

언어치료는 노년층에서 발생한 말 및 음성 장애를 다루는 데 필요한 치료 전략의 핵심이다. 특히 발성 운동은 노인성 발성장애를 치료 또는 예방하거나 삶의 질을 향상하는 데 매우 효과적일 수 있다(Berg, Hapner, Klein, & Johns, 2008). 언어치료에 대한 세부 내용은 제5장에서 다룬다.

의학적 치료

거담제의 사용은 분비물을 묽게 하고, 목 가다듬기를 감소시키는 이점이 있을 수 있다. 가장 널리 사용되는 거담제인 구아이페네신(guaifenesin)은 임상 효과를 얻기 위해서 적절하게 투여되어야 한다. 조절되지 않은 후인두 역류는 이상적으로 오래 지속되는 산 억제제 약물로 치료되며, 양성자 펌프 억제제 하위 유형이 가장 효과적이다. 임상 효과를 얻기 위해 하루 2회 적당량을 투약하는 것이 필요하다. 때때로 오래 지속된 상부 호흡기 감염과 관련된 일반적인 상부 호흡기 병원체를 치료하기 위해 항생제가 필요하다. 항생제는 일반적으로 오랜 기간 복용할 수 없으므로 신중하게 사용해야 한다. 알레르기 또는 폐질환과 같이 음성에 영향을 주는 상태를 치료

하기 위해 의학적 치료가 필요할 수도 있다.

수술

언어치료와 음성 운동으로도 노인성 음성장애를 적절하게 극복하지 못할 때는 수술적 중재가 필요할 수도 있다. 구체적으로 지방 또는 다른 생체 적합성 물질을 사용한 성대 주입은 얇은 성대에 부피를 추가하여 음높이 및 성대에 긍정적인 영향을 미치면서 성문 폐쇄를 개선하는 데 성공적으로 사용되었다. 이 절차와 관련된 수술 결과에 대한 데이터는 일반적으로 낮은 합병증 비율을 통해 긍정적인 결과를 제시하고 있다(Ford, 2004).

성대, 약물 및 언어 치료와 같은 비침습적 조치로 충분하게 해결되지 않는 양성 성대 병변에는 미세 외과적 성대 수술(phonosurgery)이 필요할 수도 있다. 소수의 양성 성대 병변만이 결국에는 제거가 필요하지만, 적절하게 실행된 새로운 미세 수술 기술은 병변을 제거하여 부정적인 영향을 최소화하고 성대 기능을 향상할 수 있다. 성대 마비도 마비된 성대를 중앙으로 위치시켜 불완전한 성대 폐쇄를 향상하기 위한 다양한 절차 중 하나를 사용하여 외과적으로 관리할 경우 높은 성공률을 보일 수 있다.

환급

성도를 평가할 때, 의사와 언어재활사는 서로 다른 이유로 같은 절차를 실시할 수 있다. 같은 날 두 명의 다른 전문가가 동일한 절차를 실시한 경우에는 한 명만이 환급받을 수 있다. 의사와 언어재활사 모두 간접 후두경, 연성(flexible) 혹은 강성(rigid) 후두경 또는 스트로보스코피를 실시할 수 있다. 두 전문직에서 사용하는 절차가 겹치더라도 일부 코드는 의사 코드로 간주되며, 언어재활사가 실시하더라도 의사 또는 의사가 지정한 환경에서 청구해야 한다. 말장애를 평가하고 치료하기 위해 언어재활사가 실시하는 절차와 관련된 환급 문제에 대한 논의는 제5장에서 제시하였다.

핵심 내용

이 장에서는 말 산출에 관여하는 구조상의 변화와 말에 직접적인 영향을 미치는 의학적 치료를 강조하면서 노화와 말에 대한 의사의 관점을 제시하였다. 핵심적인 내용은 다음과 같다.

- 후두는 말과 음성 기능에 영향을 미치는 생물학적 노화로 인해 구조적인 변화를 겪는다. 이러한 변화에도 불구하고 대부분의 건강한 노인은 걱정이나 심각한 장애 없이 효과적으로 의사소통할 수 있는 충분한 말과 음성의 질을 유지한다.
- 노인성 발성장애는 환자 개인의 사회적 · 직업적 필요를 충족하기에 성대 기능이 원활하지 않은 경우를 가리킨다.
- 음성장애로 임상 평가를 받으러 온 대부분의 노인 환자는 노화로 인한 변화를 넘어 그들의 증상을 설명할 수 있는 기저 질환을 가지고 있다.
- 임상 평가는 주의 깊은 신체검사와 함께 노화와 관련된 일반적인 요인에 기여할 수 있는 사항을 완전히 검토하는 것 외에도 각 환자의 특정한 음성 요구 및 기대 사항을 이해해야 한다.
- 노인 환자들의 말 또는 음성 장애 치료 시 음성 위생, 의학적 치료, 수술, 언어치료 등 적절한 요소를 포함한 맞춤형 다학제적 접근법이 포함된다.

참고문헌

Berg, E., Hapner, E., Klein, A., & Johns, M. (2008). Voice therapy improves quality of life in age-related dysphonia: A case-control study. *Journal of Voice, 22,* 70-74.

Ford, C. (2004). Voice restoration in presbyphonia. *Archives of Otolaryngology-Head & Neck Surgery, 130,* 1117.

Hooper, C. R., & Cralidis, A. (2009). Normal changes in the speech of older adults: You've still got what it takes; it just takes a little longer. *Perspectives on Gerontology, 14,* 47-56.

Pontes, P., Brasolotto, A., & Behlau, M. (2005). Glottic characteristics and voice complaint in the elderly. *Journal of Voice, 19,* 84-94.

Sataloff, R. T., Rosen, C. D., Hawkshaw, M., & Spiegel, J. R. (1997). The aging adult voice. *Journal of Voice, 11,* 156-160.

Verdonck-de Leeuw, I., & Mahieu, H. (2004). Vocal aging and the impact on daily life: A

longitudinal study. *Journal of Voice, 18,* 193-202.

Woo, P., Casper, J., Colton, R., & Brewer, D. (1992). Dysphonia in the aging: Physiology versus disease. *The Laryngoscope, 102,* 139-144.

말과 노화: 음성, 공명 및 조음

_ Leah Skladany and Mary Ann Toner

제4장에서 해부학적 변화를 강조한 것과는 다르게 이 장에서는 청지각적 관점에서 1차 노화가 호흡, 발성, 조음 기관에 미치는 영향에 대한 개관을 제시하고자 한다. 2차 노화에 관한 부분은 후두질환을 일으키거나 가속화하는 음성 기능과 습관을 설명함으로써 언어재활사와 이비인후과 의사의 서로 다른 역할에 대해 분명히 설명한다. 말장애에 관한 논의는 마비말장애와 말실행증을 포함한다. 이 장의 평가 부분에서는 기본적인 평가 절차와 중요한 결과에 대한 개관을 제시하고, 부가적인 절차와 규준은 표와 부록으로 제시하였다. 치료에 관해서는 각각의 구성 체계를 설명하고 보완대체 의사소통 도구의 사용 가능성을 둘러싼 쟁점에 대해 논의한다. 또한 언어재활사가 일을 하는 과정에서 보험 혜택(환급)을 받을 수 있는 조건에 대해서도 구체적으로 설명한다.

노화 과정은 같은 연령대의 개인들 간에도 차이를 보인다. 어떤 사람들은 다른 사람들보다 건강하게 늙는 데 성공했으며, 이것은 그들의 말에도 반영될 수 있다. 장애를 차별적으로 진단하고 관리하기 위해, 임상가는 정상적인 노화 과정과 관련된 말의 변화를 이해하는 것이 중요하다.

기본적인 말의 하위 체계에는 호흡, 발성, 공명, 조음 및 운율이 포함된다. 각 체계의 기능은 최종 말의 산출을 위해 서로 협응한다. 목소리의 변화는 '노인처럼 들리는 소리(sounding old)'와 가장 관련이 있는 말, 즉 산출상의 측면일 수 있다. 또한 목소리는 노인들에게 높은 빈도로 관찰되는 몇 가지 질환의 영향을 받는다. 이러한 이유로 음성은 일반적인 말 과정의 일부로서 그리고 별도의 질환 범주로서 다루어질 것이다.

1차 노화

노화로 인해 말 산출상의 변화가 일어나지만 일반적으로 의사소통상의 큰 문제는 일어나지 않는다. 많은 경우에 사람들은 어떠한 변화도 대체로 알지 못한다. 정상적인 변화와 비정상적인 변화를 식별하려면 각 말의 하위 체계를 평가하는 것이 중요하다. 하위 체계는 개별적으로 논의될 것이지만, 말을 산출하기 위해 각 체계가 상호작용하고, 하나의 체계상의 문제가 다른 체계 또는 전체에 변화를 일으킬 수 있음을 기억해야만 한다.

언어재활사는 호흡기 질환을 진단하거나 치료하지는 않지만, 말을 위해 동력을 제공하는 기능으로서 호흡을 다룬다. 호흡은 유성음과 무성음을 모두 지원하고, 발성과 운율상의 특징을 다양하게 조정한다. 1차 노화의 영향으로 폐활량이 줄어들지만, 건강한 노인은 호흡당 음절 수를 줄임으로써 자연스럽게 적응한다. 대부분은 이러한 변화를 인식하지 못한다. 그러나 전문적으로 음성을 계속 사용하는 가수 및 기

타 사람들은 이러한 변화를 인식할 수도 있다.

발성은 유성음의 소리의 근원으로서 기능하고, 음성의 음도, 음량, 음질로 설명된다. Woo, Casper, Colton과 Brewer(1992)의 연구에서는 노화로 인한 음성 변화의 시작은 70대와 90대 사이에 일어난다고 제안하였다. 폐경기 이후 여성의 음도는 떨어지고 남성의 음도는 올라간다. 대화 시 음량이 보다 변이적이면서 증가하며, 음도와 역동적인 음량의 범위는 모두 감소한다. 음성의 거친 정도도 증가하고, 변화율과 관련된 측정치(예: jitter and shimmer)는 증가한다. 이러한 변화는 개인마다 크게 다르고, 일부는 80대에도 젊은 목소리의 특징을 계속해서 보이기도 한다.

공명은 소리가 성도를 통과하면서 변화하는 것이다. 이것은 모음과 비자음 산출의 주요한 요소다. 제4장에서 설명했듯이 성도는 노화로 인해 여러 해부학적 변화를 보인다. 성도가 길어지거나 혀와 인두 근육의 위축과 감각-운동 기능상의 쇠퇴가 모음과 일부 자음 산출 시 포먼트(formant) 주파수상의 변화와 중앙화되는 경향과 관계가 있다(Linville & Rens, 2001).

조음은 음소 산출과 관련이 있으며, 개별 소리를 응집력 있는 말 단위로 조합하기 위해 빠른 움직임이 필요하다. 자음의 조음에서 각 하위 체계의 역할을 이해하기 위한 편리한 모델은 조음 방법, 위치, 발성 유형을 포함하는 전통적인 설명이다. 조음 방법은 기류를 조절하거나 보내는 방식(예: 마찰, 막음, 비음화)과 관계가 있으며, 조음 위치는 기류의 주요한 조절과 제한이 일어나는 성도 내 위치(예: 양순, 치조, 연구개)와 관련이 있고, 발성 유형은 성대 진동 여부에 따라 결정된다. 모음은 발성이나 방법에 따라 변하지 않지만 성도의 공명 특성에 영향을 미치는 요소들, 즉 혀의 위치(예: 고/저, 전/후), 입술 모양이나 긴장도와 같은 특성에 의해 설명된다.

음질에 대한 청자의 지각은 주로 모음을 기반으로 하지만, 말 명료도는 주로 자음의 적절한 산출에 달려 있다. 1차적 노화는 조음 정확도가 파열음의 발성 시작 시간이 변이적이면서 다소 감소한다(Linville & Rens, 2001; Torre & Barlow, 2009). 아마도 가장 일관성 있는 결과는 청년층에서 관찰되는 것보다 훨씬 더 유의하게 개인 간, 개인 내 변이성이 노년층에서 증가한다는 점이다.

운율도 말 하위 체계의 상호작용을 나타낸다. 운율은 말의 속도, 억양과 같은 요소에 의해 정의된다. 속도와 리듬은 화자의 유창성에 대한 청자의 지각에 영향을 미친다. 노년층은 대화에서 억양이 증가하고, 말 속도가 감소하는 경향이 있다

(Amerman & Parnell, 1992). 노화가 말 유창성에 미치는 영향에 대해서는 이견이 있지만, 고령의 화자조차도 정상적인 유창성 수준을 유지한다(Searl, Gabel, & Fulks, 2002). 그러나 노년층의 말에는 부드러운 흐름을 막는 간투사, 수정, 단어 반복이 자주 관찰된다. 이러한 변화는 신경 근육상의 기능뿐만 아니라 인지-언어상의 변화 때문일 수 있다. 인지-언어적 요소가 유창성에 미치는 영향에 대해서는 제9장에서 보다 자세히 설명한다.

2차 노화

노화는 말 또는 음성 장애를 일으키는 여러 질환의 가능성을 증가시킨다. 노년층에서 빈번하게 관찰되는 진단 분류에는 후두, 신경계, 폐질환과 약물의 영향, 알츠하이머와 관련된 치매, 심혈관 질환, 류마티스 관절염 및 내분비 기능장애(특히 갑상선) 등이 포함된다. 이러한 모든 질환이 의사소통에 영향을 미치지만 신경계 질환이 있는 사람들이 기능적인 의사소통 능력을 유지하기 위해서는 말-언어치료 서비스를 가장 필요로 한다. 노년층에서 말운동장애가 의사소통에 미치는 영향이 크므로, 이 장애 특성에 대해 논의하고자 한다.

말운동장애

중추 또는 말초신경계의 손상은 마비말장애와 말실행증으로 분류되는 말운동장애를 일으킬 수 있다. 마비말장애는 직접 활성화 경로와 간접 활성화 경로가 손상된다. 직접 활성화 경로는 자발적이고 정교한 움직임을 조절하고, 간접 활성화 경로는 정교한 움직임을 지원하는 자세와 톤 같은 특징을 조절하고, 방해하는 활성화를 제어한다. 마비말장애는 말의 속도, 범위, 정확성이 손상되고, 실질적으로 기능적인 의사소통을 제한할 수 있다. 다섯 가지 생리학적 말의 하위 체계(호흡, 발성, 조음, 공명, 운율)는 다양한 정도로 영향을 받는다. 증상은 신경계 손상 부위와 정도에 따라 다양하다.

말운동장애의 두 번째 유형인 말실행증은 뚜렷한 근육 약화 없이 정확하고 자발

적인 움직임을 실행하는 운동 요소의 중추 프로그래밍상의 문제가 주요한 특징이다. 가장 빈번하게 말실행증은 뚜렷한 음성, 공명, 호흡상의 문제 없이 말의 조음과 운율상의 문제를 보인다. 그러나 심각한 경우에는 자발적인 발성도 할 수 없어 실질적으로 말을 못 하게 된다.

마비말장애나 말실행증의 구체적인 증상은 신경계 손상 부위와 정도에 따라 다양하다. 손상의 원인과 구강 기관 검사 동안 관찰되는 신경 근육의 상태는 말운동장애의 유형에 대한 정보를 제공한다. 하지만 청지각적 특징이 언어재활사의 진단에 있어서 가장 중요하다. 이완형, 경직형, 실조형, 운동과잉형, 운동저하형, 혼합형 마비말장애와 관련된 청지각적 특징은 Darley, Aronson 및 Brown(1975)의 고전적인 연구에서 설명되어 있다. 상운동신경 마비말장애와 불특정은 나중에 제안된 분류다(Duffy, 2005). 말운동장애에 대한 자세한 논의는 이 책의 범위에서 벗어나기 때문에 주요 유형에 대해 간략히 요약만 제시하고자 한다. 〈표 5-1〉에서는 마비말장애의 여섯 가지 기본 유형과 말실행증에 대한 개관을 제시하였다.

이완형 마비말장애는 말초신경계의 손상이라는 점에서 독특하다. 손상은 뇌간의 운동신경의 시작부터 지배하는 근육까지 어디에서나 일어날 수 있다. 마비말장애의 다른 유형과 달리 이완형 증상은 하나의 근육 그룹에서 일어날 수도 있고, 다섯 가지 생리적 말 하위 체계 모두를 포함할 수도 있다. 약화와 긴장 저하(hypotonia)는 이완형 마비말장애의 두드러지는 특징이다. 말에 미치는 영향은 손상된 말초신경에 따라 다양하다. 되돌이 후두신경(recurrent laryngeal nerve)이나 상후두신경의 손상은 모두 음성과 삼킴상의 어려움과 관련이 있다. 이러한 장애는 이 장의 후두질환 부분에서 논의하겠다.

경직형 마비말장애와 편측상부 운동신경세포형 마비말장애는 모두 대뇌피질에서부터 뇌간까지 연속선을 따라 어디에서나 상운동신경로상의 손상과 관련이 있다. 경직형 마비말장애는 양측 손상으로 인해 일어나지만 편측상부 운동신경세포형 마비말장애는 일측 손상으로 인해 일어난다. 편측상부 운동신경세포형 마비말장애는 일반적으로 경직형 마비말장애와 비교해서 상대적으로 경미한 장애를 일으킨다. 마비말장애의 이러한 유형은 전두엽의 국소적인 손상으로 인해 실어증과 실행증과 함께 나타날 수도 있다. 따라서 실제적인 언어 산출상의 결함과 운동 프로그래밍상의 결함이 마비말장애를 덮을 수 있다.

표 5-1 말운동장애의 개관

말운동장애	병소	신체적 특징	주요 말 특징	가능한 원인
이완형	말초신경, 특히 뇌신경 5, 7, 9, 10, 12번	이완형 마비/약화, 잔떨림(fibrillation), 속상 수축(fasciculation), 위축, 감소된 톤, 반사가 사라짐	기식음, 들리는 흡기, 비누출을 동반한 과다비성	수술(신경계, 흉곽, 갑상선), 연수 ALS, 여러 기관의 위축, 중증 근무력증(myasthenia gravis), 종양, 뇌간 부위의 뇌졸중, 길랑-바레 증후군, 방사선 치료
경직형	피질연수로, 직접 활성화 경로, 간접 활성화 경로의 양측 손상	경직형 마비, 증가된 톤, 병리적 반사, 침 흘림, 가성 연수 감정(pseudobulbar affect)	쥐어짜는 음성, 느리지만 규칙적인 조음교대 운동속도(AMR)	원발성 측삭 경화증, 양측 대뇌피질의 뇌졸중, 외상성 뇌 손상
편측상부 운동신경세포형	피질연수로, 직접 활성화 경로, 간접 활성화 경로의 일측 손상	신체 한쪽에서만 증상을 보임, 증가된 톤, 얼굴 아랫부분의 일측 약화, 일측 혀 약화	심각도가 경함, 비정확한 조음, 불규칙한 조음반복운동, 거친 음성	일측 뇌혈관 사고 종양, 뇌수술
실조형	소뇌 조절 회로	불협응, 운동조정이상(dysmetria), 교호운동장애(dysdiadochokinesis), 의도성 진전(intention tremor)	불규칙한 조음 오류, 모음 왜곡, 음소 연장, 과도하고 동일한 강세	소뇌 위축증, 다발성 경화증, 소뇌 부위의 뇌졸중, 알코올 또는 약물 중독, 외상성 뇌 손상
운동저하형	기저핵 조절회로	휴지 시 떨림, 강직, 감소된 움직임, 무표정한 얼굴	빠른 말 속도, 감소된 강세, 단조로운 음도와 음량, 말 더듬과 같은 반복	파킨슨병, 대뇌 저산소증(cerebral hypoxia), 약물중독
운동과잉형	기저핵 조절회로	비정상적인 움직임(리드믹하거나 규칙적이거나 빠르거나 느린), 근긴장이상(dystonia)	행동이상 또는 근긴장이상증 동반 여부와 말 체계 손상 여부에 따라 매우 다양함	본태 떨림, 구강안면 움직임, 긴장 이상/떨림, 약물중독, 연축성 발성장애(spasmodic dysphonia), 헌팅턴 무도병, 뚜렛, 사경(torticollis)
말실행증	좌반구	없을 가능성 있음, 일측상부운동 증상이 일반적임	자동구어보다 의도적인 말의 손상이 큼, 음운 대치, 자가 수정과 모색행동을 보임	좌반구 내 뇌졸중, 치매, 뇌수술, 종양

운동저하형 마비말장애는 근육의 톤, 목표 지향적인 근육 활동, 자세 적응과 새로운 운동 학습을 조절하는 기저핵 조절회로상의 손상으로 인해 일어난다. 이 마비말장애는 일반적으로 50대와 60대에 시작하는 진행성 운동장애인 파킨슨병과 관계가 있다. 떨림, 종종걸음, 무표정한 얼굴, 강직 등은 보편적인 생리학적 증상이다. 이 마비말장애의 독특한 점은 빠른 말 속도다.

운동과잉형 마비말장애도 기저핵 조절회로와 간혹 소뇌의 손상과 관계가 있다. 주요한 특징은 수의적 움직임을 방해하는 불수의적 움직임이다. 말 산출의 전체, 일부 또는 한 단계상의 문제를 보일 수 있다. 임상적 증상은 운동장애(dyskinesia), 근경련(myoclonus), 틱, 무도병, 무정위운동증(athetosis), 근긴장이상(dystonia), 경련, 떨림 등을 포함한다. 불수의적 움직임의 유형과 결함을 보이는 말 체계 수준에 따라 말 특성은 광범위하게 다양하다. 연축성 발성장애와 본태 음성 떨림은 이 유형으로 분류되는데, 이 장의 후두질환 부분에서 논의할 것이다.

실조형 마비말장애는 소뇌 손상으로부터 일어난다. 소뇌는 운동 움직임을 정교하게 하고 협응한다. 소뇌상의 손상은 일반적으로 목표 지점보다 더 많이 가거나 적게 가는 움직임 범위상의 문제를 일으킨다. 움직임 협응상의 문제는 교대운동속도(alternate motion rate) 수행력상에서 관찰된다. 이러한 신경 근육상의 특징은 조음과 운율상의 문제를 일으킨다. 소뇌의 뇌졸중과 종양, 외상성 뇌 손상 또는 만성적인 알코올 남용이 이 마비말장애를 일으킨다.

혼합형 마비말장애는 신경계 손상 부위에 따라 관찰되는 증상이 다양하며, 매우 흔하다. 근위축성측삭경화증(amyotrophic lateral sclerosis) 및 진행성핵상성마비(progressive supranuclear palsy) 같은 퇴행성 신경계 질환 및 다발성 경화증과 같은 진행성 신경계 질환은 혼합성 마비말장애와 관련이 있다. 이 범주의 복잡성은 신경계의 여러 측면을 방해하는 다발적이고 동시적인 문제에서 비롯된다.

후천적 말실행증은 일반적으로 실어증과 함께 일어난다. 수의적인 움직임은 손상되지만, 반사적인 또는 자발적인 운동 움직임은 유지된다. 말실행증은 보통 조음 하위 체계와 관계가 있지만, 발성 실행증으로서 나타나기도 한다. 발성 실행증 환자는 발성을 자발적으로 시작할 수 없고, 지시에 따른 흡기와 호기상의 어려움을 보인다. 보다 더 보편적으로 관찰되는 말실행증의 특징은 비일관적인 조음 오류, 대치, 생략, 도치, 첨가, 시행착오적인 조음 움직임, 과다 휴지 등이다.

후두질환

음성장애는 보통 기능적 또는 구조적 장애로 분류되지만, 임상가는 이러한 용어가 독립된 유형보다는 연속선에서 설명된다는 것을 안다. 비슷하게 '과기능성'과 '과소기능성'이라는 용어도 발성장애를 분류하기 위해 사용되지만, 과기능성 행동은 과소기능성 음성을 일으킨다. 이 장에서는 이러한 용어를 사용하면서 장애를 분류하기보다는 생리학적 기반에 따라 음성장애에 관해 논의할 것이다.

노화 과정은 노인들에게 여러 유형의 음성장애에 취약하게 하고, 문제를 가속화하며 지속시키는 건강과 환경에 영향을 미칠 가능성이 높다. 이비인후과 의사는 후두 기관의 상태를 검사하고, 후두 병리를 진단해야 할 책임이 있다. 2차 노화와 관련된 후두의 변화 및 장애는 제4장에서 논의하였다. 언어재활사는 음성 산출의 비정상적인 파라미터와 음성 및 근본적 질환의 청지각적 특성 모두에 영향을 미치는 행동을 확인해야만 한다.

발성장애(dysphonia)는 연령에 상관없이 비정상적인 목소리 산출을 가리킨다. 노인 음성은 노인성 발성장애 또는 '늙은 목소리(old voice)'로 지칭될 수 있다. 노인성 발성장애의 후두는 휘어진 모양, 내부 근육의 부피 감소, 진동의 폐쇄 구간에 지속적으로 성문이 열린 모습을 보인다. 이것은 1차 노화와 관련된 것으로 간주되지만, 이러한 후두 변화는 보통 약하고, 기식성을 보이며, 제한된 음역대를 나타내면서 사람들마다 다양한 기능장애나 질환을 일으킬 수 있다.

되돌이 후두신경이나 상후두신경의 손상으로 인한 음성장애는 보통 이 범주에서 논의되지 않지만, 전문적으로 이완형 마비말장애에 해당한다. 되돌이 후두신경의 손상으로 인해 2차적으로 후두 내전근의 마비가 일어나서 약하고 기식성 음성을 일으킨다. 반면에 후두 긴장근에 영향을 미치는 상후두신경의 손상은 음성의 유연함과 범위를 감소시킨다. 두 경우 모두 흡인이 우려된다. 비슷하게 연축성 발성장애와 본태 떨림은 마비말장애 범주에 해당하나 일반적으로 음성장애로서 논의된다. 연축성 발성장애는 후두 내전근 또는 외전근에 영향을 미쳐 가장 일반적인 내전형은 쥐어짜는 음성을 보인다. 그러나 노래를 부르는 동안이나 가성 발성일 때나 감정적인 말을 하는 동안에는 음성이 좋아지기도 한다. 본태 떨림의 떨리는 음성은 노인성 음성장애와는 많이 다른 음성이지만 노화와 관련되어 있다고 잘못 연결 지을 수 있다. 음성 떨림은 음성에만 영향을 보일 때도 있지만, 신체 다른 부위의 떨림과 종종 동반되기도 한다. 본태 음성 떨림은 연장 모음 발성이 보다 뚜렷해지는 4~7Hz의 진동으로 주기적이다. 떨림은 알코올에 의해 일시적으로 감소할 수도 있다. 언어재활사는 연축성 발성장애와 본태 떨림을 근긴장 발성장애와 같은 다른 발성장애와 구별해야 한다.

많은 후두질환이 성대 부피에 변화를 일으킨다. 이들의 결과로 나타나는 발성장애는 비슷한 청지각적 특징을 보인다. 예를 들면, 성대 중앙 부위의 부피(결절, 폴립, 암 등)나 부종과 관련된 상태(반사, 반성석인 후두염 등)는 낮은 음도, 기식성 증가, 거친 음성을 일으킨다. 여러 음성장애를 일으키는 많은 후두질환도 장애를 일으키거나 가속화하거나 유지하는 기저 요인을 공통적으로 가지고 있다. 예를 들어, 상기도 감염으로 인해 잦은 목 가다듬기를 할 경우, 결절, 폴립, 후두염을 일으킬 수 있다.

발성장애는 좋지 않은 환경에서 말하거나 병으로 허약해진 기관을 보완하기 위한 노력으로 인해 발생할 수 있다. 예를 들어, 호흡기 감염이나 독감 이후에 음성 피로나 근긴장 발성장애를 보였다고 보고하는 것이 일반적이다.

노년층이 계속해서 말하기 위해 노력하더라도 청자의 반응은 의사소통 상황을 제한할 수 있다. 노인들은 일반적으로 거친 음성 이상의 음성 변화가 발생하는 것을 알고 있지만, 노화 과정에 따른 병리적 변화에 대해 의학적 평가나 음성 중재를 찾지 않는다(Turley & Cohen, 2009). 거친 음성과 암과의 관계에 대해서는 많은 이들이 알기 때문에 모든 연령대의 성인 환자는 다른 음성 증상보다 원인을 알 수 없는 거친 음성에 대해서는 의학적 평가를 더 많이 받는 경향이 있다. 그러나 악성이 아닌 경우에는 음성치료를 받지 않는 경우가 흔하다.

말에 있어서 3차 노화 요소

삶의 질은 노화와 질환이 진행될수록 떨어진다. 그러나 건강한 생활 습관을 유지하고, 규칙적으로 운동하며, 의사소통할 수 있는 노인들은 말 또는 음성에서의 노화 진행을 늦출 수 있다. '강하게 시작하는' 사람도 그럴 수 있다. 예를 들어, 가수 훈련을 받은 노인들은 말과 관련된 노화의 증상을 적게 보인다. 불행하게도 많은 노인은

노화가 말과 음성에 영향을 미칠 수 있는 여러 요소에 노출되어 있다. 사별, 독립성 상실, 통제 및 지원 상실, 소득 감소, 불안, 우울증, 장애 및 사회적·환경적 고립은 모두 노년층 삶의 만족도 감소와 불가분의 관계에 있다. 의사소통은 종종 환경 소음, 청각장애가 있는 동료 또는 무관심한 가족 구성원 및 시설 직원에 의해 제한된다. 집에 있거나 간호 시설에 갇혀 있으면 의사소통 기회가 제한되고, 고립감을 느끼며, 자존감이 확실히 떨어진다. 음성 및 말 문제가 있는 개인은 추가적인 문제를 가진다. 의사소통을 하기 위해서는 화자의 노력과 청자의 인내가 필요하다. 반복해야 할 필요성 때문에 의사소통이 좌절되기도 하며, 특히 권위자나 간병인과의 의사소통 시에 불안감을 느낄 수 있다.

평가

말 또는 음성 장애를 보이는 노년층의 임상 평가는 이상적으로는 다학제적이어야 한다. 말과 음성 평가는 모든 말 산출 하위 체계의 종합적인 고찰에 근거해야 한다. 주관적 혹은 도구에 기반한 객관적 방법은 말 또는 음성 장애의 특성과 결과를 결정하는 데 사용될 수 있다. 모든 의사소통장애를 삶의 질과 관련된 맥락에서 고찰해야 한다.

병력 고찰

환자와 면담하기 전에 의료 기록을 살펴보는 것은 매우 중요하다. 의료 기록은 진단, 수술, 현재 복용 중인 약물, 이전 검사와 결과, 현재 상태와 이전의 권고 사항에 대한 정보를 제공한다. 이러한 정보는 오랜 기간 아프고, 의료적으로 취약하며, 여러 질환을 앓고 있는 노년층을 평가할 때 특히 중요하다. 다양한 약물도 말과 음성에 영향을 줄 수 있다.

환자 면담

면담에서 얻은 정보는 진단과 치료 결정을 내릴 때 특히 중요하다. 의사소통의 향상은 친밀한 관계를 형성하는 것에서부터 시작된다. 간결하면서 직접적인 질문을 하고, 정보를 명확하게 하고 다시 설명하면서 최종적으로 확인하는 것을 권장한다. 운동성과 기억력 문제, 지원 요구 또는 선호로 인해 노인 환자는 배우자, 가족, 친구, 간병인과 함께 평가받기도 한다. 필요하다면 환자와 함께 온 사람들을 면담에 포함하기도 한다. 하지만 대부분의 질문은 환자에게 직접 하는 것이 중요하다. 면담에 적극적으로 참여하는 노인은 정보를 교류하는 정도나 주의력이 향상될 수 있다.

노인 환자를 면담할 때 과거와 현재의 의학적 진단, 수술력, 현재 복용 중인 약물을 살펴봐야 한다. 흡연과 알코올 기록, 일상생활에서의 의사소통 요구, 음성 남용(과도하게 큰 소리로 이야기하는 것), 노래하기, 직업과 관련된 위험 요소, 목 가다듬기를 포함하여 장애를 일으키거나 악화시킬 수 있는 습관이나 생활 방식을 확인한다. 또한 문제의 시작과 진행 과정뿐만 아니라 문제가 의사소통에 미치는 영향과 경험한 변화에 대한 정보를 얻어야만 한다. 나이가 들어 감에 따라 의사소통상의 요구가 더 이상 없다고 가정하지 말아야 한다. 누구든지 평생 지속적으로 전문적인 음성을 사용함으로써 즐거울 수 있다.

말과 음성의 주관적 · 지각적 평가

말을 위한 구조-기능을 평가하기 위해서는 휴지 시와 지속적인 자세 및 비구어와 구어 움직임 동안의 구강 기제를 평가해야 한다. 이 평가 방식은 임상가마다 다르지만 완전한 평가를 통해 모든 말의 하위 체계에 대한 관찰과 임상적 판단을 해야 한다. 프렌차이 마비말장애 평가-2판(Frenchay Dysarthria Assessment-Second Edition: FDA-2)(Enderby & Palmer, 2008)이나 도오킨-쿨라타 구강 기제 평가 및 치료체계(Dworkin-Culatta Oral Mechanism Exam and Treatment System: D-COME-T)(Dworkin & Culatta, 1996)와 같은 검사도구는 이러한 절차와 관찰을 임상가가 체계적으로 할 수 있도록 돕는다.

휴지 시와 지속적인 움직임 동안에 얼굴, 입술, 혀와 연구개의 관찰은 신경계 병

소 부위를 확인하는 데 도움이 될 수 있다. 휴지 시의 얼굴 근육을 관찰할 때 노인 환자의 정상 부위에는 주름이 있어야 한다. 마비된 쪽은 정상적인 얼굴선이 없고 매끄럽게 보인다. 한쪽 얼굴 전체가 처진 것과 아랫부분만 약화된 것은 중추신경계와 말초신경계의 손상을 구별하는 데 도움이 된다. 또한 근육 톤과 비정상적이거나 부적절한 움직임을 관찰해야 한다. 떨림이나 근육의 틱은 추체외로의 손상을 나타내지만, 속상 수축(fasciculations)은 말초신경계 손상을 나타낸다. 흉터나 다른 구조적 이상도 관찰해야 한다. 힘과 안정성은 기관을 일정한 위치로 유지하게 한 뒤에 평가할 수 있다. 더불어 먹기, 물기, 입술 반사와 같은 병리적인 반사가 있는지도 평가해야 한다.

비구어 움직임 상황에서 말 기관을 평가하기 위해서 입을 벌리고 다물기를 시키거나 혀를 앞으로 내밀거나 올리거나 옆에 대거나 뒤로 수축하게 할 수 있다. 또한 미소 짓게 하고, 입술을 오므리게 하고, 볼을 부풀리도록 요청한다. 이러한 과제를 수행하는 동안 움직임의 범위, 속도, 균형, 정확도, 힘과 협응력을 평가할 수 있다. 수의적인 움직임을 할 때 구조의 이상은 장애의 편측성을 확인하는 데 도움이 된다. 예를 들면, 혀를 내밀 때 약한 쪽을 향할 수 있다. 약화는 움직임의 제한된 범위와 느린 속도로 나타날 수도 있다. 협응성이 떨어지는 수의적인 움직임이나 부정확한 움직임은 소뇌상의 문제를 나타낸다.

다양한 말 과제를 하는 동안 청지각적 판단은 말장애를 확인하고, 중재를 계획하는 데 중요한 정보를 제공한다. 어떠한 말 과제를 선택할지는 관찰되는 증상에 따라 다양하다. 하나의 하위 체계만이 문제를 보이는 것이 뚜렷하다면, 해당 체계에 알맞은 과제를 선택할 수 있다. 최소한 대부분의 평가는 최대연장 발성시간, 조음반복 운동속도, 일련운동 속도와 문단 읽기와 같은 연결발화를 포함한다. 이러한 과제는 모든 하위 체계상의 문제를 확인하는 데 사용된다. 하위 체계에 대한 심화평가를 위해서 추가적인 과제를 선택할 수도 있다.

호흡

호흡은 다른 말 산출 과정의 기반이 된다. 따라서 다른 하위 체계상의 손상으로 인한 증상과 호흡 문제를 구별하는 것이 어렵다. 심호흡을 한 뒤에 /아/를 길게 연장하게 하는 최대연장발성 과제는 발성을 위한 호흡에 대한 정보를 제공한다.

이 측정치만으로 발성 문제로부터 폐질환을 구별할 수는 없지만, 잠재적인 호흡과 발성 문제를 대략적으로 측정할 수 있다(Kent, Kent, & Rosenbeck, 1987). 읽기나 대화에서 한 호흡당 산출하는 음절 수를 세는 것도 말을 위한 호흡 능력에 관한 정보를 제공한다. 중년 남녀의 경우 노년에도 지속되는 말 호흡상의 변화를 경험하기 시작하며, 호흡당 음절 수가 감소한다(규준 자료는 '부록 5-1' 참조).

발성

최대연장발성 과제, 연결발화와 음도범위 과제(pitch range tasks)를 하는 동안 음도, 음량, 거칠거나 쉰 정도, 기식성, 쥐어짜거나 노력하는 음성과 시작 특성에 대한 관찰은 발성 하위 체계의 온전함과 기능에 대한 정보를 제공한다. 다른 과정과 함께 발성 시작과 협응력은 연결발화뿐만 아니라 조음반복운동 속도와 조음교대운동속도 과제에서도 평가할 수 있다. 특정 발성장애 간의 구별을 위한 부가적인 과제는 유성 또는 무성 자음이 포함된 문장이나 구를 읽는 것이다. 이러한 과제는 연축성 발성장애, 본태 떨림, 근긴장 발성장애(실성증) 간의 구별에 도움이 된다(Roy, Mauszycki, Merrill, Gouse, & Smith, 2007). 임상가는 또한 후두의 위치와 근육의 긴장도 및 통증 위치를 평가하기 위해 후두 부위를 만질 수도 있다.

숙련된 임상가는 문제를 기술하기 위해 자신의 평정법을 사용한다. 물론 지각을 일관성 있게 기록하기 위해 사용되는 프로토콜이 있다. 이러한 프로토콜 중 the Consensus Auditory Perceptual Evaluation-Voice(CAPE-V)는 미국 말-언어-청각협회의 음성과 음성장애 전문 분야를 대표하는 모임이 고안하였다(ASHA, 2003). 임상가는 이 프로토콜의 시각적 아날로그 척도를 사용하여 전반적인 심각도, 거친음, 기식음, 쥐어짜는 음, 음도, 음량 등을 평정한다. 또 다른 프로토콜은 Grade, Roughness, Breathiness, Aesthenia, Strain Scale(GRBAS)(Hirano, 1981)로 음성 특성을 등간 척도를 사용하여 평가한다. 두 척도 모두 신뢰도 있는 임상 평정을 가능하게 한다(Karnell et al., 2007).

환자의 음성장애 인식 정도를 고려하는 것도 중요하다. 음성 관련 삶의 질(The Voice-Related Quality of Life: V-RQOL)(Hogikyan & Sethuraman, 1999)은 일상생활의 특정 영역에서 발성장애의 영향 정도를 측정하기 위해 고안된 10가지 문장에 환자가 척도로 반응하게 한다. 음성장애지수(The Voice Handicap Index: VHI)(Jacobson et

al., 1997)는 환자가 음성장애의 기능적 · 신체적 · 감정적 영향을 평정한다. 이 프로토콜 모두 등간 척도를 사용한다. 이러한 프로토콜을 치료 전후로 사용하면 음성 파라미터를 사용한 평가 이외에 중재 프로그램의 전반적인 성공에 대한 정보를 제공할 수 있다.

후두경은 이제 의사만 사용할 수 있는 영역이 아니라, 언어재활사의 임상 범위에 속한다. 강성 또는 연성 비내시경을 사용하여 성대를 관찰하는 것은 후두 구조와 기능에 대한 정보를 제공한다. 스트로보스코피도 내시경과 비슷하지만, 음성의 기본주파수와 동일하게 한 간헐적인 광원을 사용해 성대 진동의 '느린 동작' 착시를 제공하며, 점막파의 진동 특성, 개방 기간과 폐쇄 위상의 지속 시간 및 성대 모양을 관찰할 수 있다. 이 기술은 후두경 검사만으로 볼 수 있는 미묘한 질환, 성대 흉터 및 성대의 근무력증을 진단할 때 중요하다.

공명

공명 특성은 최대연장 발성시간과 연결발화 과제를 하는 동안 판단하지만, 과다비성과 비누출은 무성파열음을 사용한 교대운동 속도와 일련운동 속도 과제를 산출하는 동안 가장 두드러지게 나타날 수 있다. 표준 자극어(퍼터커)를 사용하여 일련운동 속도와 '모니카' 음절을 사용한 수행력과 비교할 때 다른 문제와 공명 문제를 구별하는 데 유용하다. 공명 문제가 전반적인 말 문제에 끼치는 영향 정도를 명확하게 살펴보기 위한 부가적인 과제에는 /이/ 연장 발화나 다양한 맥락에서 고압력 자음(예: 파열음, 파찰음, 마찰음)을 산출하는 동안 코를 막았다가 놓았다가 하는 과제가 있다. 연인두 기제의 기능은 비내시경으로 관찰하고 판단할 수 있다.

조음

조음 문제는 연결발화 샘플을 얻기 위해서 음성학적으로 균형적인 표준 문단을 사용한다. 표준조음검사를 추가로 평가하기도 하며, 말 명료도는 마비말장애 명료도 평가(Assessment of Intelligibility of Dysarthric Speech)(Yorkston & Beukelman, 1981)와 같은 도구를 사용하여 평가한다. 신경계 질환이 있다면 실행증 평가도 필요하다. 말실행증은 단순한 자동 구어부터 시작하여 음성 조건이 변하는 명제발화까지 구어 샘플을 유도하면서 평가한다. 실어증 또는 마비말장애의 동시 발생률은 실행증의 확인을 어렵게 한다. 하지만 말실행증은 과도하게 학습된 과제를 일반적인 방식으로 할 때와 거꾸로 할 때의 수행력을 비교하면 분명해진다. 예를 들어, 1에서부터 20까지 세기와 20에서부터 1까지 세는 과제를 비교하거나 요일을 차례로 말하는 것과 거꾸로 말하는 것을 비교한다. 일반적인 순서로 했을 때는 오류가 없다가 거꾸로 말할 때 실수가 관찰된다면 말실행증을 의미한다. 길이와 복잡성 정도가 다양한 부가적인 말 과제는 실행증의 특징을 좀 더 살펴보기 위해 사용할 수 있다.

운율

운율상의 문제는 다른 말 하위 체계를 평가하기 위해 실시하는 과제에서 일반적으로 분명하다. 말의 운율적 요소의 평가는 특히 대화하는 동안 말의 자연스러움의 지각적 · 시각적 특징을 살펴보는 것을 포함한다. 임상가는 속도, 리듬, 억양, 강세를 포함한 다양한 특징을 평가한다. 얼굴 표정과 제스처도 운율에 영향을 미치는 자연스러움의 중요한 요소다.

말과 음성의 객관적 · 도구적 평가

말 또는 음성 장애가 의사소통에 미치는 영향을 결정할 때 청자의 지각을 대신할 수는 없지만, 객관적인 측정치는 각 하위 체계의 기능에 대한 유용한 정보를 제공하고, 객관적으로 변화를 추적할 수 있게 한다. 도구는 환자 간의 비교, 개인적 기대, 환자와의 경험, 청자의 피로도 등에 영향을 받지 않는다. 모든 임상가가 도구를 사용할 수 있는 것은 아니지만, 컴퓨터 기술은 이러한 측정치의 사용을 증가시켰다. 규준 자료는 '부록 5-1'에 제시하였지만, 규준은 사용하는 도구나 측정하는 검사 샘플에 따라 변한다는 것을 명심해야 한다.

호흡

공기역학분석을 통해 폐용량과 폐활량, 공기 압력과 흐름, 지속시간과 관련해서 일반적인 호흡 기능을 정량적으로 평가할 수 있다. 정상적인 노화 과정에서 폐용량과 폐활량은 감소하고, 병리적인 노화와 좌식 생활 방식은 보다 큰 감소를 일으킨다. 호흡장애는 노화가 진행됨에 따라 음성과 말 모두에 부정적으로 영향을 미치기

때문에 진단이 매우 중요하다.

발성

음향 분석은 임상가의 지각적 평가를 보완한다. 기본 주파수, 최대발성 주파수 범위(maximum phonational frequency range), 음도 시그마(pitch sigma), 주파수 변동률(jitter), 진폭 변이율(shimmer), 습관적 음량, 역동적 음량 범위(intensity dynamic range), 소음대배음 비율(noise-to-harmonic ratio), 음성 떨림 주파수와 같은 측정치를 확인한다.

공명

호흡이나 음향학적 측정치만큼 광범위하게 사용되지는 않지만, 비음치는 비성 정도를 객관적으로 측정하기 위해 사용할 수 있다. 비음치는 환자가 표준 문단을 읽는 동안 계산된다. 비음치가 클수록 비성 정도가 높은 것을 의미하지만, 사용하는 문단에 따라 비음치 수준이 달라질 수 있다. 예를 들어, 보편적으로 사용하는 두 개의 동물원 문단과 무지개 문단을 서로 비교하면 동물원 문단이 무지개 문단보다 비음치가 낮다.

조음

다른 말 하위 체계와 조음을 분리하는 것은 어렵다. 예를 들면, 발성 시작 시간은 영어에서 유성음과 무성음을 구별하는 데 중요한 자질이지만, 이 자질은 정상적인 발성 체계를 기반으로 한다. 스펙트럼 에너지와 포먼트 전이를 확인하는 것은 조음 문제를 분명하게 하는 데 도움이 되지만, 스펙트럼 특징에 대한 해석은 상대적이며, 주관적이다. 아이오와 구강능력검사(Iowa Oral Performance Instrument: IOPI)는 혀와 입술의 힘을 측정하는 데 사용할 수 있지만, 힘의 음량과 명료한 말 간의 상관관계는 높지 않음을 기억해야 한다. 실제로 Neel, Palmer, Sprouls 및 Morrison(2006)은 혀의 힘이 약해진 사람들이 조음 정확도나 말 명료도상의 유의한 문제를 보이지 않음을 밝혀냈다.

운율

운율에 대한 객관적인 평가는 말 산출 시 주파수와 음량 변화율과 말 속도에 대한 객관적인 측정을 포함한다. 그러나 일반적으로 운율 평가는 연결발화에서 억양과 단어 강세와 같은 특징이 적절한지에 대한 청자의 주관적인 평가가 중요하다. 다양한 요소가 말의 운율과 운율 자질과 관련된 광범위한 용인도에 영향을 미치기 때문에 최종 말 산출에 어떠한 요소가 영향을 미치는지 객관적으로 평가하는 것이 어렵다.

치료

임상가는 은퇴 후에 경험하는 말과 음성 변화가 삶의 질에 중요한 영향을 미치지 않는다거나 치료가 긍정적인 효과를 보이지 않을 것이라고 예단해서는 안 된다. 50대 이후의 여성에게서 의사소통상의 만족도가 떨어질 때 삶의 질이 실제로 떨어진다고 보고되고 있다(Kerr, Engle, Schlesinger-Raab, Sauer, & Holzel, 2003). 60대 이상의 발성장애 환자는 음성치료 후에 삶의 질이 유의하게 개선되었다고 보고하였다(Berg, Hapner, Klein, & Johns, 2008).

모든 연령 집단에서 환자의 치료법에 대한 협조 정도가 중요하다. 진단과 중재의 필요성을 느끼지 못하면 치료에 잘 협조하지 않는데, 노년층은 치료에 대한 장애물에 직면하는 것 같다. 노인들은 생활 방식을 유지하기 위해 의사소통을 향상하는 데 동기를 부여받으며, 재활에 적극적으로 참여해야 한다는 것을 알고 있다. 그러나 이동성 문제, 교통 문제 및 제한된 재정 자원으로 인해 서비스를 받지 못하거나 약속을 이행하지 못할 수도 있다. 노인 환자들은 보다 광범위한 교육, 융통성 있는 약속 일정, 긍정적인 지원 환경, 필요한 참석 및 협조를 용이하게 하는 서면 약속 일정 및 과제를 통해 도움을 받아야 한다.

환자 교육은 다른 연령층보다 노년층에 훨씬 더 중요하다. 제7장에서 논의하는 바와 같이 노인은 치료의 필요성이 분명하고, 삶에 도움이 되는 결과를 얻는다는 확신이 있을 때 보다 더 주의를 기울이고 반응한다. 따라서 말과 음성 산출과 관련된 기본적인 구조와 기능을 설명하고, 환자가 진단받은 장애가 말과 음성 기능에 어떠한 영향을 미치는지 설명하는 것이 필요하다. 환자가 치료 선택 사항, 예후, 참여 정

도를 아는 것은 필수적이다. 그들은 새로운 행동을 배우고, 연습이 필요하다는 것을 이해해야만 한다.

마비말장애와 실행증을 위한 중재 목표는 가능한 한 자연스러우면서 명료한 말을 되찾는 것이다. 대부분의 음성치료의 목표는 건강한 발성 패턴을 사용해서 가능한 최상의 음성을 이루는 것이다. 많은 중재 전략은 특정 하위 체계를 목표로 하거나 특정 행동을 변화시키기 위해 고안되었다. 그런데 말의 하위 체계들은 서로 상호작용하며 긴밀한 관계를 이루고 있다. 따라서 대부분의 말과 음성 중재는 어느 정도는 모든 기본적인 하위 체계에 영향을 받을 것이다. 또한 가장 기본적인 하위 체계의 문제를 해결한다면, 다른 하위 체계의 문제는 직접적으로 치료하지 않아도 감소할 수 있다. 중재 전략은 과도한 노력이나 집중을 필요로 하지 않으며, 중재 이후의 말은 가능한 한 자연스러워야 한다.

호흡

호흡질환을 치료하는 것은 언어재활사의 임상 영역은 아니지만, 말 산출을 위해 호흡 행동을 다룰 수는 있다. 말 산출을 위해 호흡을 향상하는 전략은 한 가지 이상의 다른 하위 체계와 관계가 있다. 발성을 위한 적절한 기류를 제공하기 위해서 환자는 복식호흡과 심호흡을 촉진하는 자세를 유지해야 한다. 휴지는 약해진 호흡을 보상하기 위해 한 호흡에 말하는 단어의 수를 적게 하면서 호흡을 보충하는 방식이다. 말을 위한 적절한 호흡 지원을 이룰 수 없다면, 호기를 증가시키는 데 도움이 되는 다른 장치를 사용할 수도 있다.

발성

적절한 음성 위생은 모든 환자에게 중요하다. 중재를 통해 목 가다듬기와 같은 음성 남용을 감소시켜야 한다. 또한 전체적인 건강(예: 적당한 수분)에 영향을 미치는 기본적인 습관과 의사소통 환경(예: 크게 말하지 않기, 청자 가까이에서 이야기하기)을 개선하는 것을 포함한다. 음성 위생 프로그램의 모든 면을 동일하게 강조하는 것은 치료 협조의 가능성을 낮춘다. 환자에게 너무 많은 삶의 변화를 요구한다면, 하나도

바꾸지 않을 수도 있다. 음성에 가장 큰 영향을 미치는 한두 가지 요인을 구체적으로 확인하고 목표로 한다면, 치료에 대한 협조가 이루어질 것이다('부록 5-2'에 제시된 '음성 관리법' 참조).

음성을 과도하게 쥐어짠다면 후두 사용과 긴장을 감소시키는 전략을 사용한다. 이러한 전략에는 부드럽게 발성 시작하기, 하품-한숨, 씹기, 얼굴 전방 초점 기술이 있다. 음성이 약하고 기식성이 있다면 치료는 강하게 성대를 내전하여 시작하기, 음소 연장 발성과 음도 범위 과제와 같은 노력을 최대로 유도하는 과제를 포함한다. 많은 접근법이 노년층에서 관찰되는 발성 문제를 치료하기 위해 사용된다. 이러한 접근법 중 다섯 가지를 이 장에서 설명하고자 한다. 선택한 각각의 전략은 음성 기능의 생리학에 기반을 두고 다양한 음성장애 치료에 사용하는 데 적합하다.

- **음성 기능 운동** 호흡, 발성, 공명의 체계적인 강화와 재균형화를 위한 치료 프로그램이다. 운동에는 /이/를 최대로 연장한 다음에 'knoll' 또는 'whoop'를 낮은 음도에서부터 높은 음도로 한 뒤에 높은 음도에서 낮은 음도로 산출하는 것이 포함된다. 음성 초점은 앞으로 이동시키는 것이 좋다. 다음으로 음절 '올'을 사용하여 '도-레-미-파-솔' 음계를 길게 연장한다(Stemple, 1993).
- **비밀스러운 음성** 이 기술은 낮은 음량으로 부드럽고 편안하게 말을 시작하는 법을 가르친다. 이 접근법은 강하게 성대 폐쇄하는 것을 감소시킨다. '만질 수 있는 가까운 거리에 있지 않으면 말하지 마라.'와 같은 단서를 사용할 수도 있다. 가까운 거리는 비밀스러운 음성의 필요성을 강화한다. 이 기술은 음성 남용 및 오용으로 인해 2차적으로 생긴 결절, 폴립, 접촉성 육아종, 라인케 부종과 같은 후두 문제와 수술 후 환자에게 가장 유용하다.
- **공명음성치료(resonant voice therapy)** 공명음성치료(Verdolini, 2000)와 같은 음성 초점 전략은 음성 초점을 최적화하고, 후두 이완을 통해 편안하고 이완된 발성의 개념에 바탕을 두고 있다. 이 기술은 처음에는 한숨을 쉬듯이 한 다음에 속도와 음량을 변화시키면서 비자음-모음 음절을 산출하는 것으로 시작한다. 공명음성치료는 비자음이 들어간 문장을 단조로운 톤으로 읊조리는 것에서 시작해서 무성 파열음이 들어간 자극어로 진행한다.
- **손가락 조작법** 과기능장애는 후두 외부 근육의 과도한 긴장이 주요한 특성

이다. 많은 음성 문제가 씹기, 하품-한숨 기법, 얼굴 전방 초점과 같은 기술로 쉽게 치료되지만, 쉽게 변하지 않고 오래 지속되는 발성장애도 있다. 이러한 경우 후두 부위의 조작이 매우 급격하고 빠른 향상을 일으키기도 한다. Aronson(1990)과 Roy(1993)가 기술한 바와 같이, 설골에서 시작해서 갑상연골과 설골 사이 부위를 앞뒤로 마사지하는 것이다. 마사지는 점차 갑상연골 뒤의 경계선까지 내려가고 올라간 후두는 내린다. 후두 부위를 동그랗게 마사지하고, 후두를 재배치하는 것은 환자가 긴장 패턴을 인식하고 음성의 조절력을 얻게 하면서 비정상적인 후두 외부 근육의 긴장을 완화하는 기술이다.

- **리실버만 음성치료법**(Lee Silverman Voice Treatment®: LSVT) LSVT는 파킨슨병의 운동저하형 마비말장애의 치료법으로 고안되었으며, 최근에는 성대 마비와 다른 형태의 마비말장애 치료로 확대되어 사용되고 있다. 많은 연구가 이 접근법의 효과를 견고하게 보여 주고 있다(Pinto et al., 2004; Spielman, Ramig, Mahler, Halpern, & Gavin, 2007; Yorkston, Spencer, & Duffy, 2003). 이 치료법은 음성 크기를 증가시키는 것을 목표로 하지만, 모든 말 산출의 하위 체계의 노력 정도와 협응력을 전반적으로 향상한다. 전통적인 프로그램은 단기 집중 프로그램(4주간 주 4회기)이고, 연장모음 과제와 음역대운동, 점진적으로 자극어를 길게 산출하는 동안 발성과 호흡상의 노력을 증진하도록 학습시킨다. 환자에게 보다 크게 심호흡하고, 노력을 증진하고, 보다 강하게 공기를 내보내며, 크게 소리내도록("think shout") 가르친다. LSVT는 8주간 주당 2회기로 진행되는 LSVT X(Spielman, Ramig, Mahler, Halpern, & Gavin, 2007)라는 이름의 연장 프로그램 개발로 보다 확장되었다. 임상 현장에서 치료할 수 없는 환자를 위해서 LSVT®eLOUD는 웹캠을 이용한 프로그램을 제공하고 있다. 가상의 치료사 LSVT 프로그램도 개발되었다(Yan, 2008).

일부 음성장애의 경우, 의료적 중재가 가장 좋은 결과를 보여 준다. 성대 마비에 적용되는 성대 중앙화 절차와 연축성 발성장애를 위한 보톡스 주입법이 이에 해당된다. 이러한 절차를 받은 사람들도 여전히 음성치료로 효과를 볼 수 있다. 예를 들면, 음성치료가 보톡스 주입 간격을 연장하는 데 효과적이라는 연구 결과도 있다(Murry & Woodson, 1995).

공명

공명은 앞서 기술한 바와 같이 기능성 음성치료로 향상될 수 있다. 입을 크게 벌리거나 가볍게 조음하는 것은 입으로 기류를 나가게 하고, 구강 내 저항을 줄여 비성을 감소시키는 데 도움이 된다. 느린 속도로 정확하게 조음하는 것은 과다비성의 청지각적 정도를 감소시킨다. 근육의 긴장을 증가시키는 과제(예: 물건을 밀거나 잡아당기는 활동)는 연구개 근육의 생리적 움직임을 향상하기도 한다. 전문적으로 고안된 말 과제를 하는 동안 지속성 양압기(CPAP)의 사용은 연구개 근육의 기능을 향상한다(Kuehn, 1997). 대부분의 비구어 구강운동(예: 빨기, 볼 부풀리기, 불기)은 말에 유의한 효과가 없다(McCauley, Strand, Lof, Schooling, & Frymark, 2009; Powers & Starr, 1974). 말 과제를 통해서만 말에서의 공명이 향상된다. 과다비성으로 인해 말 명료도가 낮고 행동 전략으로 고칠 수 없다면, 구개거상기나 폐쇄기를 사용할 수도 있다. 모든 과다비성 환자가 보철 장비 사용에 적합하거나 도움을 받을 수 있는 것은 아니므로 신중하게 권고해야 한다.

조음

일부 조음장애의 중재는 움직임의 음량, 톤, 범위와 같은 기본적인 근육 기능과 관련된 전략을 포함한다. 그러나 마비말장애를 위한 구강강화운동의 효과는 연구를 통해 명확하게 입증되지는 않았다. 대다수의 노인이 보이는 조음장애는 말 속도 감소, 과장된 자음 산출, 음절 단위의 연습, 목표 음소에 대한 명확한 조음점 지도를 통해 곧잘 치료된다. 명료한 말을 하기 위해서 마비말장애 환자는 보상조음전략을 배우는 것이 필요할 수도 있다. 보상적인 조음이 필요하다면, 목표 음소의 방법은 그대로인 보상책이 가장 좋은 청각적 단서를 제공하고, 명료도를 향상한다.

보상책이 목표 음소처럼 '보인다면' 유용하다. 따라서 조음 위치를 가능한 한 비슷하게 하는 것이 시각적 단서를 주고, 말의 자연스러움을 증가시킨다. 혀의 음량과 움직임의 범위가 심하게 제한된다면 입천장을 낮추어 혀와 경구개 사이의 간격을 좁혀 조음 접촉을 할 수 있게 한다.

후천적 말실행증을 위한 대부분의 중재법은 자극어 수준을 신중하게 배치하여

체계적인 움직임과 집중적인 연습을 포함한다. 이러한 연습들은 여러 접근법에서 효과를 보고하고 있다. 상대적으로 강한 준거를 보여 준 접근법으로 소리산출치료법(sound production treatment: SPT)(Wambaugh, 2004)이 있다. 이 접근법은 말소리를 목표로 최소 대립쌍인 목표 낱말의 모방에서부터 시작해서 독립음 수준에서 목표 음소를 모방한 뒤에 다음 목표 음소로 넘어가는 것이다. 이 접근법은 반복, 모델링, 조음점 단서, 통합 자극과 같이 다른 실행증 프로그램에서 강조하는 내용을 포함한다. 이 접근법과 다른 접근법들은 구어 실행증을 개선하는 데 효과적이지만, 실어증이 함께 나타날 경우 모든 접근법의 효과는 떨어질 수 있다.

운율

느린 말 속도는 노년층이 보이는 거의 모든 말장애 치료에서 기본적인 요소다. 말 속도의 감소는 의식적인 계획과 새로운 학습 행동을 사용할 기회를 제공한다. 또한 낱말 간의 분명한 간격이 있다면 청자의 이해도도 향상될 것이다. 강세 대조 연습(contrastive stress practice)도 보다 자연스러운 운율로 향상한다.

보완대체 의사소통

명료하거나 들리는 말을 할 수 없을 때는 노인 환자들에게 보완대체 의사소통(augmentative and alternative communication: AAC) 도구를 의사소통 수단으로 제공할 수 있다. 이러한 도구는 의사소통의 유일한 수단이 되거나 말장애의 보완책으로 사용할 수 있다. 사용 가능한 도구는 고성능 음성출력 도구에서부터 단순한 그림 또는 문자판까지 다양하다. 모든 연령대의 성인은 이러한 도구, 적어도 기술적으로 정교한 장치의 사용을 꺼린다. 이러한 저항은 의사소통의 주요 수단으로 말을 되찾고자 하는 바람 때문일 수 있다. 실어증과 말운동장애가 함께 나타난다면 실어증으로 인한 언어 문제가 AAC상의 상징체계 사용에 대한 이해를 방해할 수 있다. 시험적으로 장치를 신중하게 평가하고 사용하면, 보다 성공적인 AAC 결과를 얻을 수 있다.

환급

언어치료 서비스는 메디케어, 메디케이드 또는 개인 건강보험에 의해 자주 환급된다. 전문의 추천 및 사전 승인은 일반적으로 언어치료 서비스에 필요하다. 치료가 의학적 필요성으로 간주되지 않는 경우, 많은 보험 플랜은 후천적 언어 또는 음성장애에 대한 환급을 제한한다. 예를 들어, 폴립에 대한 음성치료는 '행동'의 결과를 다루기 때문에 환급되지 않을 수 있으며, 성대에 대한 외과적 상해 후 치료는 승인된다. 언어재활사는 절차의 효능을 입증하는 참고문헌을 제시하면서 제공된 치료가 효과적이었음을 분명히 문서화해야 한다.

말, 언어, 음성, 의사소통, 청각 처리를 위한 중재는 현행시술용어(CPT) 코드로 처방된다(American Medical Association: AMA, 2009a). 말, 언어, 음성, 의사소통, 청각 처리에 대한 평가도 일반적인 하나의 코드로 처방된다. 하지만 특별한 평가 절차가 시행될 수도 있고, 개별 코드를 사용하여 청구될 수도 있다. 이러한 개별 절차에는 후두 기능 평가(예: 공기역학적 · 음향학적 평가), 후두 비디오 스트로보스코피와 음성 보철장비 사용을 위한 평가가 있다. 스트로보스코피 코드는 전문의의 코드로 간주된다. 따라서 전문의는 언어재활사가 이 절차를 시행했을 때 근처에 있어야 한다. 전문의도 같은 날 연성섬유경검사를 했다면 언어재활사는 스트로보스코피를 청구할 수 없다. 스트로보스코피, 언어 평가, 후두 평가는 같은 날에 시행되고 청구될 수도 있다. 그러나 일반적으로 절차를 나타내는 자격 증명을 포함해야 한다. 절차의 개별적이고 뚜렷한 특성이 문서에 증명되어야 한다. 임상의가 음향 분석을 실시했지만 공기역학적 평가를 완료하지 못한 경우, 후두기능검사 절차에 대한 감소된 서비스를 제공했음을 설명해야만 한다.

건강관리 일반시술코드체계(HCPCS)(AMA, 2009b) 코드는 CPT 코드가 보장하지 않는 도구와 기계를 포함한다. 확성기와 같은 말을 생성하는 기계(제10장 참조)는 이 코드로 보장한다. HCPCS 코드는 후두절개술과 기관절개술을 받은 환자에게 제공되는 기계도 보장한다.

핵심 내용

이 장의 주요 주제는 언어재활사가 직면하는 노인 환자와 관련된 문제다. 주요 내용은 다음과 같다.

- 말의 하위 체계의 1차 노화는 지각 가능한 장애나 문제를 일반적으로 일으키지 않는다.
- 노년층은 말 또는 음성 장애를 일으킬 수 있는 여러 건강 문제를 가질 가능성이 높고, 신경계 장애가 가장 유병률이 높다.
- 3차 노화 요인은 음성 남용의 가능성을 증가시키고, 말 또는 음성 장애를 보이는 노인 환자에게 의사소통상의 문제를 증가시킨다.
- 말에 대한 평가는 다섯 가지 말 하위 체계에 대한 주관적 · 지각적 평가 및 객관적 · 도구적 평가를 포함한다.
- 여러 중재 접근법의 효과가 입증되었지만, 다시 정상으로 돌아가는 것은 노인 환자에게 비현실적인 기대일 수 있다. 명료한 말은 대부분의 마비말장애 환자에게, 최적의 건강한 음성은 대부분의 노인 음성 환자에게 주요한 목표다.
- 언어치료 서비스는 의료적 필요성이 정립되고, 절차의 효과가 문서화된다면, 일반적으로 환급(보험 혜택)받을 수 있다.

참고문헌

American Medical Association. (2009a). *Current procedural terminology (CPT) 2010*. Chicago: Author.

American Medical Association. (2009b). *Healthcare common procedure coding system 2010: Level II*. Chicago: Author.

American Speech-Language-Hearing Association Special Interest Division 3. (2003). *Voice disorders: Consensus auditory-perceptual evaluation of voice (CAPE-V)*. Retrieved March 30, 2008, from http://www.asha.org/

Amerman, J., & Parnell, M., (1992). Speech timing strategies in elderly adults. *Journal of Phonetics, 20*, 65-76.

Aronson, A. (1990). *Clinical voice disorders* (3rd ed.). New York: Thieme Medical Publishers, Inc.

Berg, E., Hapner, E., Klein, A., & Johns, M. (2008). Voice therapy improves quality of life in age-related dysphonia. *Journal of Voice, 22,* 70-74.

Brown, W., Morris, R., Hicks, D., & Howell, E. (1993). Phonational profiles of femaleprofessional singers and nonsingers. *Journal of Voice, 7,* 219-226.

Darley, F., Aronson, A., & Brown, J. (1975). *Motor speech disorders.* Philadelphia: Saunders.

Duffy, J. (2005). *Motor speech disorders: Substrates, differential diagnosis, and management* (2nd ed.). St. Louis, MO: Elsevier Mosby.

Dworkin, J., & Culatta, R. (1996). *Dworkin-Culata oral mechanism exam and treatment system.* Farmington Hills, MI: Edgewood Press.

Enderby, P., & Palmer, R. (2008). *Frenchay dysarthria assessment* (2nd ed.). Austin, TX: PRO-ED.

Hirano, M. (1981). *Clinical examination of voice.* New York: Springer-Verlag.

Hogikyan, N., & Sethuraman, G. (1999). Validation of an instrument to measure voice-related quality of life (V-RQOL). *Journal of Voice, 13,* 557-569.

Hoit, J., & Hixon, T. (1987). Age and speech breathing. *Journal of Speech and Hearing Research, 30,* 351-366.

Hoit, J., Hixon, T., Altman, M., & Morgan, W. (1989). Speech breathing in women. *Journal of Speech and Hearing Research, 32,* 353-365.

Hollien, H., & Shipp, T. (1972). Speaking fundamental and advancing age in males. *Journal of Speech and Hearing Research, 15,* 155-159.

Karnell, M., Melton, S., Childes, J., Coleman, T., Dailey, S., & Hoffman, H. (2007). Reliability of clinician-based (GRBAS and CAPE-V) and patient-based (V-RQOL and IPVI) documentation of voice disorders. *Journal of Voice, 21,* 576-590.

Kelley, A. (1977). *Fundamental frequency measurements of female voices from twenty to ninety years of age.* Unpublished manuscript, University of North Carolina at Greensboro.

Kent, R., Kent, J., & Rosenbeck, J. (1987). Maximum performance tests of speech production. *Journal of Speech and Hearing Disorders, 52,* 367-387.

Kerr, J., Engle, J., Schlesinger-Raab, A., Sauer, H., & Holzel, D. (2003). Communication, quality of life and age: Results of a 5-year prospective study. *Annals of Oncology, 14,* 421-427.

Kuehn, D. (1997). The development of a new technique for treating hypernasality: CPAP.

American Journal of Speech-Language Pathology, 6, 5-8.

Jacobson, B., Johnson, A., Grywalski, C., Silbergleit, A., Jacobson, G., Benninger, M. S., et al. (1997). The voice handicap index (VIT): Development and validation. *American Journal of Speech-Language Pathology, 6,* 66-70.

Linville, S. E., & Rens, J. (2001). Vocal tract resonance analysis of aging voice using longterm average spectra. *Journal of Voice, 15,* 323-330.

Manning, L. A., Gluth, M. B., & Toner, M. A. (n.d.). *Caring for your voice* [Brochure]. Springdale, AR: Author.

McCauley, R. J., Strand, E., Lof, G. L., Schooling, T., & Frymark, T. (2009). Evidence-based systematic review: Effects of nonspeech oral motor exercises on speech. *American Journal of Speech-Language Pathology, 18,* 343-360.

Morris, R., Brown, W. S., Jr., Hicks, D. M., & Howell, E. (1995). Phonational profiles of male trained singers and nonsingers. *Journal of Voice, 9,* 142-148.

Murry T., & Woodson, G. (1995). Combined-modality treatment of adductor spasmodic dysphonia with botulinum toxin and voice therapy. *Journal of Voice, 9,* 460-465.

Mysak, E. (1959). Pitch and duration characteristics of older males. *Journal of Speech and Hearing Research, 2,* 46-54.

Neel, A., Palmer, P., Sprouls, G., & Morrison, L. (2006). Tongue strength and speech intelligibility in oculopharyngeal muscular dystrophy. *Journal of Medical Speech-Language Pathology, 14,* 273-277.

Pinto, S., Ozsancak, C., Tripoliti, E., Thobois, S., Limousin-Dowsey, P., & Auzou, P. (2004). Treatments for dysarthria in Parkinson's disease. *The Lancet, 3,* 547-556.

Powers, G. L., & Starr, C. D. (1974). The effects of muscle exercises on velopharyngeal gap and nasality. *Cleft Palate Journal, 11,* 28-35.

Ptacek, P., Sander, E., Maloney, W., & Jackson, C. (1966). Phonatory and other changes in advancing age. *Journal of Speech and Hearing Research, 9,* 353-360.

Roy, N. (1993). Effects of the manual laryngeal musculoskeletal tension reduction technique as a treatment for functional voice disorders: Perceptual and acoustic measures. *Journal of Voice,* 7(3), 242-249.

Roy, N., Mauszycki S., Merrill, R., Gouse M., & Smith, M. (2007). Toward improved differential diagnosis of adductor spasmodic dysphonia and muscle tension dysphonia. *Folia Phoniatrica et Logopaedica, 59,* 83-90.

Searl, J. P., Gabel, R. M., & Fulks, J. S. (2002). Speech dysfluency in centenarians. *Journal of Communication Disorders, 35,* 383-392.

Spielman, J., Ramig, L., Mahler, L., Halpern, A., & Gavin, W. (2007). Effects of an extended version of the Lee Silverman Voice Treatment on voice and speech in Parkinson's disease. *American Journal of Speech-Language Pathology, 16,* 95-107.

Stemple, J. (1993). *Voice therapy: Clinical studies.* St. Louis, MO: Mosby.

Stoicheff, M. (1981). Speaking fundamental frequency characteristics of non-smoking female adults. *Journal of Speech and Hearing Research, 24,* 437-441.

Torre, P., & Barlow, J. A. (2009). Age-related changes in acoustic characteristics of adult speech. *Journal of Communication Disorders, 42,* 324-333.

Turley, R., & Cohen S. (2009). Impact of voice and swallowing problems in the elderly. *Otolaryngology-Head and Neck Surgery, 140,* 33-36.

Verdolini, K. (2000). Resonant voice therapy. In J. C. Stemple (Ed.), *Voice therapy: Clinical studies,* (2nd ed., pp, 46-62). San Diego, CA: Singular.

Wambaugh, J. (2004). Stimulus generalization effects of sound production treatment for apraxia of speech. *Journal of Medical Speech-Language Pathology, 12,* 77-97.

Woo, P., Casper, J., Colton, R., & Brewer, D. (1992). Dysphonia in the aging: Physiology versus disease. *Laryngoscope, 102,* 139-144.

Yan, J. (2008). A 3-D pedagogical agent enhanced virtual therapy system for people with idiopathic Parkinson disease. *The International Journal of Virtual Reality, 7,* 59-61.

Yorkston, K., & Beukelman, D. (1981). Communication efficiency of dysarthric speakers as measured by sentence intelligibility and speaking rate. *Journal of Speech and Hearing Disorders, 46,* 296-301.

Yorkston, K., Spencer, K., & Duffy, J. (2003). Behavioral management of respiratory/phonatory dysfunction from dysarthria: A systematic review of the evidence. *Journal of Medical Speech-Language Pathology, 11,* 12-38.

부록 5-1 말과 음성을 위한 규준 자료

호흡 측정치		
	50세	75세
전체 폐용량-평균(표준편차)		단위: 리터
남성[a]	7.07 (1.07)	6.63 (.66)
여성[b]	5.31 (.66)	4.86 (.66)
폐활량-평균 (표준편차)		
남성[a]	5.09 (.80)	4.47 (.67)
여성[b]	3.60 (.39)	2.94 (.39)
한 호흡당 음절 수		
남성[a]	18	12.5
여성[b]	19	17

음성 측정치				
습관적인 음도-기본 주파수(Hz)				
	50~59세	60~69세	65~79세	80세 이상
남성	118[c]	112[c]	119.3[d]	146[c]
여성	214[e]	209[e]	196[f]	199.8[f]
최대 주파수 범위(semitones)				

	65세 이상 일반인	65세 이상 가수
남성	29.7[g]	36.4-36.5[g]
여성	33[h]	35-38[h]

조음 측정치				
65세 이상의 교대운동 속도/일련운동 속도: 초당 음절 수(표준편차)				
	퍼(pʌ)	터(tʌ)	커(kʌ)	퍼터커(pʌtʌkʌ)
남성[i]	5.4 (1.2)	5.3 (1.0)	4.9 (1.0)	4.4 (1.3)
여성[i]	5.0 (1.1)	4.8 (1.1)	4.4 (1.1)	3.6 (1.3)

※ AMR=alternate motion rate; SMR=sequential motion rate. [a]Hoit & Hixon, 1987. [b]Hoit, Hixon, Altman, & Morgan, 1989. [c]Hollien & Shipp, 1972. [d]Mysak, 1959. [e]Kelley, 1977. [f]Stoicheff, 1981. [g]Morris, Brown, Hicks, & Howell, 1995. [h]Brown, Morris, Hicks, & Howell, 1993. [i]Ptacek, Sander, Maloney, & Jackson, 1966.

부록 5-2 음성 관리법

서론

당신은 자신의 목소리를 당연하게 여기는가? 목소리의 질이 당신에게 중요한가? 당신의 목소리가 거칠게 들리거나 쉰 소리가 나오는가? 이러한 음성 증상은 음성을 잘못 사용 중이거나 음성 상자(후두)에 자극이 있음을 의미한다. 반복되는 목소리의 남용 또는 오용을 '음성 남용'이라고 한다.

음성 남용은 성대에 심각한 자극을 줄 수 있고, 목소리의 민첩성, 범위와 질을 떨어뜨리는 몇 가지 요인 중 하나다. 음성 상자를 오랫동안 자극하면 부종, 굳은살 또는 흉터와 같은 신체적 손상이 발생할 수도 있다. 어떤 경우에는 장기간 자극을 받은 후에 암 또는 암이 아닌 조직이 성대에 생길 수도 있다. 여기서는 음질을 떨어뜨리고, 목이나 음성 기관의 건강을 나쁘게 하는 요인 및 음성 건강을 위한 권고 사항을 제시할 것이다.

음성 자극 증상

다음의 증상은 음성 문제를 나타낸다.

- 거친 음성
- 쉰 음성
- 목의 심한 건조함
- 목 안의 이물감
- 목 안의 과도한 분비물
- 음성 사용 후 피로감
- 목 안의 자극 또는 통증
- 음역 감소(특히 높은 음역)
- 피를 토함

• 삼킴상의 어려움

※출처: "Caring for Your Voice", by Lance A. Manning, Michael B. Gluth, and M. A. Toner. Copyright by the Ear, Noise, and Throat Center of the Ozarks. Reprinted with permission.

음성 자극의 원인과 음성 관리를 위한 권고 사항

음성 남용의 원인을 확인하고, 각각의 특정 원인을 치료함으로써 음질은 최적화될 수 있다. 다음은 음성 남용과 자극의 가장 보편적인 원인이다.

인후 수분 부족

건강한 음성을 위해서는 물이 많은 점액으로 계속 촉촉하게 유지되는 성대가 중요하다. 인후의 얇고 수분이 많은 점액은 정상적이며 필요하다. 음성 산출 동안 성대는 서로 쉽게 접촉할 수 있다. 적절한 점액이 없으면 성대가 소리를 내기 위해 더 열심히 힘들게 움직여 성대 조직에 염증이나 부종이 생길 수 있다.

일반적으로 하루에 생수를 적어도 2*l* 마시는 것을 권장한다(심장이나 신장 문제로 다른 전문의가 자제할 것을 권하지 않는다면). 최적의 음성 위생을 위해서 충분한 양의 물과 과일 주스, 카페인 없는 음료가 좋다. 카페인과 알코올음료는 액체지만 목과 성대 조직을 건조하게 한다. 적은 양의 카페인과 알코올음료는 괜찮지만 물을 더 많이 마셔야 한다.

건조한 공기도 수분 부족을 일으킨다. 비행기 안, 난방기 근처나 습도가 낮은 곳은 공기가 건조하다. 건조하다면 침대 근처에 가습기를 사용하는 것이 좋다. 적절한 물의 섭취를 대체할 수는 없지만, 다음과 같은 방법을 사용하여 건조한 목을 완화할 수 있다.

• 소금 1/2tsp, 베이킹소다 1/2tsp, 옥수수 시럽 1/2tsp, 따뜻한 생수 170g을 섞는다.
• 2분 동안 부드럽게 가글한다.
• 헹구지 말고 필요하다면 자주 한다.

후인두 역류

위 내용물이 식도와 목으로 역류하는 것은 목을 자극하고, 음성을 악화시키는 일반적인 상태다. 이러한 증상에는 목의 갑갑함, 과도한 후두 분비물, 목의 잦은 통증(쓰라림), 빈번한 트림, 쉰 목소리, 입안의 신물, 가슴 통증 등이 있다. 그러나 이러한 질환을 가진 많은 사람이 가슴 통증을 거의 경험하지 않을 수 있다는 것을 기억해야 한다.

낮에는 역류가 식사 후 30~60분 정도에 일어날 수 있으며, 밤에도 일어날 수 있다. 식사 후에 바로 누우면 역류가 심해지며, 깨어 있을 때 서 있거나 똑바로 앉아 있어도 일어날 수 있다.

후인두 역류를 관리하기 위한 다음의 권고 사항을 지키는 것이 좋다. 잠자리에 들기 최소 2시간 전에 식사를 계획하고, 침대 머리를 최소 10~15cm 높이며, 느슨한 옷을 입는다. 매운 음식, 민트, 초콜릿, 담배 및 카페인은 상태를 악화시킨다. 과도한 체중은 후인두 역류를 강하게 촉진할 수 있다. 과체중인 경우 주치의와 상의하여 적절한 체중 감량 프로그램을 구성하는 것이 좋다. 의사는 위산 생성을 억제하여 인후두 및 음성 상자에 대한 자극을 줄이는 약물을 처방할 수 있다.

목 가다듬기

목 가듬기의 올바른 방법이 있다. 잘못하면 사람은 자동차 시동을 걸 때의 소리를 내기도 한다. 이것은 성대를 강하게 내전시키고, 자극을 일으킨다. 목을 올바르게 가다듬으면 성대가 강하게 내전하지 않는다.

〈목 가다듬기를 위한 팁〉

- 먼저 그것을 인식해야 한다. 그리고 누군가에게 도움을 요청해야 한다. 하루 중 언제 목을 가다듬었는지 말할 수 있어야 하며, 목을 가다듬고 싶은 충동이 느껴지면 다음과 같은 행동을 대신할 수 있다.
  - 물을 마시고 몇 초간 말하지 않는다.
  - 세게 삼킨다.
  - 코로 숨을 들이쉰 뒤 세게 삼킨다.
  - 목을 이완하기 위해 하품을 한다.

–조용히 기침을 한다. 깊게 숨을 들이쉰 뒤 'ㅎㅎㅎ' 소리와 함께 강하게 숨을 내쉰다.

- 목 가다듬기를 해야만 한다면, 조용히 부드럽게 한다.

가볍게 시작하는 것이 도움이 된다. 하루에 한 시간씩 목 가다듬기를 하지 않도록 하는 것으로 시작한다. 매일 이 시간을 조금씩 늘려라. 목 가다듬기를 많이 할수록 더 필요하다고 느낀다. 목 가다듬기를 덜 할수록 그 필요성도 덜 느끼게 된다.

만성 기관지염, 천식, 알레르기, 만성 부비동염, 축농증, 인후두 반사와 같은 코, 목, 폐에 영향을 미치는 질환은 목 안의 분비물의 농도와 양을 증가시킬 가능성이 있다. 이러한 질환의 적절한 치료를 통해 목 가다듬기를 완화해야 한다.

음성 긴장

피곤할 때 너무 크게 말하거나 길게 이야기하는 것은 목소리에 부담을 줄 수 있다. 음성의 긴장을 느낀다면 음성 사용을 자제하고, 노래 부르기, 긴 대화, 고함과 같은 과도한 사용을 줄여야 한다.

- 목소리를 과도하게 사용하거나 소곤거리지 마라. 과도하게 사용하거나 소곤거리는 것은 성대에 긴장을 준다.
- 시끄러운 환경에서 과하게 말하는 것을 피한다.
- '음–흠'을 말할 때와 같은 톤으로 말한다.
- 계속해서 말하지 말아야 한다.
- 노래를 부를 때는 음을 약간 낮춘다.
- 흥분했을 때 음량이나 음도를 높이지 않는다.
- 방을 가로질러 외치거나 큰 배경 소음이 있을 때 이야기하지 않는다.
- 대화할 때 가까이에서 한다.
- 말의 크기를 과도하게 높이게 되므로, 가능하다면 청력손실을 관리한다.
- 이완 기법과 심호흡을 연습한다.
- 필요하다면 언어재활사와 정기적으로 만나 목소리를 효율적으로 사용하는 방법을 배운다.

흡연

담배에서 암을 유발하는 화학물질과 타르는 성대 염증을 유발하고, 후두 부위를 건조하게 한다. 흡연을 하면서 좋은 음성을 기대하는 것은 현실적이지 않다. 성대의 얇은 조직은 결국에는 붓고, 두꺼워지며, 병소나 종양이 생긴다. 흡연을 한다면 끊어라. 연구는 인후암으로 발전된 대부분의 사람들이 흡연력을 가지고 있음을 제시하였다.

음주

알코올은 삼킴 기관을 자극하고 목을 건조하게 한다. 카페인이 많은 커피, 차, 탄산음료도 목의 수분을 감소시킨다. 성대 건강을 위해 알코올과 카페인 음료를 자제해야 한다.

약물

일부 약물은 목과 음성에 영향을 미칠 수 있다. 알레르기에 복용하는 항히스타민제, 이뇨제(물약) 및 프로게스테론, 그중에서도 주제 피임약이 포함된다. 마취제 스프레이는 장갑을 끼고 피아노를 연주하는 것과 같이 발성에 악영향을 줄 수 있다.

공기 오염

오염된 공기에 장기간 노출되는 것을 피해야 한다. 과도한 먼지, 곰팡이, 화학물질이 있는 환경은 목과 성대 건강에 악영향을 미칠 수 있다. 정원 일이나 집안일을 할 때 마스크를 착용하도록 한다. 고성능 공기 청정기의 사용도 도움이 된다.

감염

후두는 바이러스, 박테리아, 곰팡이 감염에 걸릴 수 있다. 대부분의 후두염은 상기 호흡도(코, 목, 기관지)에도 문제를 일으킬 수 있는 바이러스 감염이다. 바이러스 감염은 5~10일간 지속되고 항생제에도 반응이 없다. 바이러스 후두염을 관리하는 최상의 방법은 음성 휴식을 취하고, 따뜻한 물을 마시며, 자제하는 것이다. 손을 자주 씻고 손 소독제를 사용하는 것이 바이러스 감염 예방의 핵심이다.

후두의 곰팡이 감염은 당뇨병 환자나 스테로이드 흡입제 및 항생제를 장기간 사

용한 사람에게서 흔하게 발생한다.

수술적 치료

일반적으로 몇 달 또는 몇 년 동안 성대에 자극을 받으면 성대에 병변이 형성된다. 대부분의 병변은 호흡기 감염과 같은 최근의 사건과 후두를 자극하는 만성질환의 조합으로 발생한다. 예를 들어, 바이러스성 후두염이 있을 때 계속해서 노래를 부르는 경우가 그것이다. 성대에 영향을 미치는 대부분의 상태는 성대 위생이 우수하고 자극을 제거하면, 시간이 지남에 따라 개선된다. 그러나 영구적인 병변이나 종양은 외과적 제거가 필요하다. 수술로 인해 음성이 개선되는 경우가 종종 있지만, 후두의 정상적인 기능이 일시적으로 손상될 수 있다. 수술 후 음성을 회복하려면 시간과 휴식이 필요하다. 어떤 사람들은 수술 후 쉰 목소리, 자극, 흉터 또는 비정상적인 병변이 다시 자라는 것과 같은 문제가 계속되기도 한다.

결론

음성 자극을 치료하는 가장 좋은 방법은 예방이다. 목소리에 주의를 기울이고, 후두에 심각한 신체적 손상이 발생하기 전에 양호한 음성 위생을 유지해야 한다. 음성 자극의 초기 증상을 확인하고 음성을 관리함으로써 음성 문제를 피하거나 소거하도록 한다.

노화와 삼킴

_ Mary Ann Toner

이 장에서는 노년층에서 관찰되는 삼킴 문제가 정상적 노화 과정의 일부라고 생각하는 것에 주목하고, 삼킴에 영향을 미치는 관련 요인을 다룬다. 노화의 1차적 측면에서는 감각과 운동 변화, 타액 감소, 영양의 요구 사항이나 적응 행동을 설명한다. 2차적 측면에서는 삼킴장애와 관련이 있는 노년의 건강 상태를 다룬다. 3차적 측면에서는 삼킴과 연관된 다양한 문제를 확인한다. 평가 및 중재 단락에서는 말-언어학적 관점과 더불어 의학적으로 관련된 절차를 다룬다. 평가와 중재 절차에 대한 환급 요건은 마지막에 설명할 것이다.

노년기의 신체적 · 정신적 건강을 유지하기 위해서 섭식 능력은 중요하다. 나이를 불문하고 건강이 유지되는 한 안전하고 효과적으로 삼킬 수 있다. 그러나 정상적인 노화 과정에서도 변화가 나타날 수 있다. 정상 노화에서 관찰되는 삼킴은 '노인성 삼킴(presbyphagia)'이라 지칭한다. 이를 삼킴장애(dysphagia)로 볼 수는 없으나 부정적인 영향을 미치는 건강 요인이 있다면 삼킴 문제의 위험성이 증가한다. 노년층은 청년층보다 건강 관련 문제를 더 많이 겪는다. 삼킴장애의 유병률은 시설에 거주하는 노년층에서 높았으며, 시설에 거주하지 않는 노년층의 경우에도 약 1/3 정도의 노인이 삼킴 문제를 호소하였다(Roy, Stemple, Merrill, & Thomas, 2007).

노인들은 음성이나 삼킴 문제에 대해 인지하고 있지만, 이를 정상적인 노화 과정으로 치부하거나 치료에 대한 정보가 없기 때문에 치료를 받지 않는다(Turley & Cohen, 2009). 노년층의 삼킴장애에 대한 적절한 중재가 지연되면 추가적인 합병증이 발생할 수 있고, 치료 예후도 좋지 않다. 삼킴 문제가 있는 노인을 위한 최적의 서비스는 다양한 헬스케어 전문가 및 간병인의 관점과 더불어 가장 중요하게는 환자의 관점을 반영한다. 이들의 주요 관심사는 먹는 즐거움이나 건강을 위협하는 것에서부터 경제적 문제에 이르기까지 다양하다. 모든 관심사는 중요하므로 적절한 평가와 중재 방향을 설정하기 위해서는 이를 모두 고려해야 한다.

노화의 1차적 측면

노화의 영향을 이해하기 위해서는 청년층의 삼킴 특성을 알아야 한다. 음식이 입에 전달되면서 삼킴이 시작되고 구강, 인두 및 식도 단계를 포함한다. 구강 단계에서는 필요한 경우 음식을 씹어서 타액과 혼합하고, 덩이를 형성하여 인두 쪽으로 밀어낸다. 인두 단계에서는 음식 덩이가 후두덮개(epiglottis) 쪽으로 보내진 후 두 곳으로 나뉘는 측면 통로를 통해 조롱박굴(pyriform sinus)을 거쳐 하나로 모아지며, 상부식도 괄약근(upper esophageal sphincter: UES)을 통과한다. 이 단계에서는 음식물이 아래쪽으로 효과적으로 내려갈 수 있도록 연구개와 후두가 올라가며, 기도가 닫히고, 혀의 기저부가 인두벽에 접촉된다. 후두의 상승은 UES의 이완을 돕고, UES의 이완은 음식 덩이의 아래쪽에 부적 압력을 형성한다. 연인두 공간이 폐쇄되고, 혀 기저부에서 밀어내어 후두가 상승하면서 음식 덩이의 위쪽에 정적 압력이 형성된다. 이 압력 차이는 인두를 통해 식도 쪽으로 음식 덩이가 신속히 이동되도록 돕는다. 식도 단계에서는 음식 덩이가 위장 쪽으로 전달된다.

노년층은 운동 기능, 감각 기능, 타액 생성 및 영양의 요구 사항 측면에서 변화를 경험한다. 건강한 노인은 이러한 점진적 변화를 받아들여 적응할 수 있다. 그러나 이와 같은 변화와 적응 양상이 청년층에서 나타난다면 문제가 된다. 정상적인 변화를 장애로 잘못 진단하면 불필요한 식이 제한을 초래한다. 제한적 조치는 삼킴 문제의 예방 차원에서 진행될 수 있으나 신체적 · 정신적 파급 효과가 클 수 있다. 그러므로 헬스케어 전문가는 노인성 삼킴과 삼킴장애를 구분할 수 있어야 한다.

운동 기능

노화 과정에서는 입술, 혀, 상악-하악, 인두 및 후두의 강도와 긴장이 감소한다. 이러한 효과로 구강 단계에서는 구강 내 조작 및 이동 속도가 느려지고, 과도한 혀의 노력과 움직임이 요구되며, 씹는 힘과 혀의 힘이 감소한다. 인두 단계에서도 유사하게 인두 삼킴의 시작 지연, 빈번한 침습(penetration), 후두 상승이 나타나기 전 후두계곡(valleculae)의 음식물 고임, 삼킴 후 후두계곡과 조롱박굴에 음식물이 고인 상태에서 흡인이 일어나도 반응이 없는 양상 등을 보인다. Butler, Stuart, Markley와 Rees(2009)는 건강한 노년층의 삼킴에서 간헐적인 무증상 흡인을 관찰하였다.

안전한 구강 인두 삼킴을 위해서는 UES의 역할이 중요하다. 노인의 경우, UES 이완이 불완전하여 음식물 전달 시간이 느려지고 혀의 추진력도 감소한다. 불완전한 UES 이완은 삼킴 과정에서 음식 덩이가 효과적으로 이동하는 데 필요한 압력 차를 발생시키지 못한다. 또한 식도 단계에서도 노화 관련 변화가 관찰된다. 식도 근육 조직의 변화는 식도 연동운동의 약화(삼킴에 의해 유발) 및 2차성 연동운동 감소(식도의 팽창과 관련 있음)를 초래한다. 이러한 변화를 임상에서는 '노인성 식도(식도 노

화, presbyesophagus)'라고 부른다. 천천히 식도를 비우면 역류와 소화 불량이 더 흔하게 발생한다. 감소된 근 긴장도 및 기능으로 인해 장으로의 음식물 이동은 늦어지고 변비가 유발되기도 한다.

감각 기능

음식에 대한 감각적 경험은 건강한 식욕을 유지하는 기초가 된다. 음식의 맛과 냄새를 즐기는 것은 음식 섭취를 증가시킨다. 먹는 것에 대한 감각적 경험을 증가시킴으로써 영양실조와 체중 감소 위험을 줄인다. 노인은 식사와 관련한 감각의 변화를 경험할 수 있으므로 식사를 준비할 때 이것이 고려되어야 한다.

맛

노화에 따라 미뢰(taste buds)의 수가 줄어들기 때문에 미각 탐지 및 인식의 역치가 상승한다. 노인은 입안에서 '다른 맛'을 경험할 가능성이 더 높아서 음식에 대한 불만이 많아진다. 기타 감각(특히 후각)의 감소는 미각 지각에 중대한 영향을 미친다.

향

후각 점막, 내분비계, 후각 신경 및 뇌의 변화로 인해 후각 자극에 대한 탐지 및 인식의 역치가 상승한다. 노인이 냄새를 맡기 위해서는 보다 진한 향이 필요하다.

기타 감각

음식의 외형, 온도, 농도, 무게, 부피 및 '소리'는 맛에 대한 전반적인 인식에 영향을 준다. 이러한 요소는 맛과 냄새에 대한 감각이 감소함에 따라 더욱 중요해진다. 음식 덩이의 부피, 온도 및 점도는 구강인두 삼킴 기제에 영향을 미친다.

타액 분비의 감소

타액 감소는 감각 기능과 운동 기능에 모두 영향을 준다. 음식과 혼합된 타액이 적을수록 음식 덩이의 전달과 조절을 위해 더 많은 노력이 필요하다. 음식이 적절한 양의 침과 섞이지 않는다면, 미리 전체에 음식을 퍼뜨리거나 덩이로 만들기 어렵다. 구강 내에서 음식 덩이를 이동시키는 것이 어렵고, 입안에 잔여물이 남을 가능성이 높아진다.

영양적 요구 사항

영양 부족의 위험은 노년층의 활동 수준, 생활 방식, 건강, 치아, 경제 상황 및 사회 환경에 의해 증가한다. 이러한 요인들은 영양적 요구와 음식 신택에 영향을 준다. 예를 들어, 야외 활동을 줄이면 비타민 D 부족이 발생한다. 영양 결핍을 방지하기 위해 적절한 단백질, 칼슘 및 식이섬유가 포함된 식사를 유지해야 한다. 연어나 참치와 같이 단백질이 많은 식품은 비타민 B12의 좋은 공급원이 된다. 또한 식이섬유가 많이 포함된 음식은 콜레스테롤을 줄이는 데 도움이 된다. 노인을 위한 영양 지침은 수정된 마이피라미드(Modified MyPyramid)* (Lichtenstein, Rasmussen, Yu, Epstein, & Russell, 2008)에서 찾아볼 수 있다. 영양 지침에 대한 추가 설명은 제2장을 참조하기 바란다.

근육량과 활동 수준이 감소하면 칼로리 요구량이 낮아지고, 종종 체중 감소가 발생한다. 노인들은 췌장 리파아제(lipase)의 감소로 인해 많은 양의 지방을 분해할 수 없다. 이러한 변화의 병리적 영향은 소량씩 자주 먹고, 식사 초기에 고열량 식품을 섭취함으로써 그리고 매일 종합 비타민 보충제를 섭취하여 극복할 수 있다. 일부 건강한 노인들은 체중을 유지하기 위해 마시는 영양 보충제를 섭취한다. 보충제를 섭취하는 것이 균형 잡힌 식사를 계획하고 준비하는 데 도움을 줄 수는 있지만, 영양이 풍부한 음식을 대신해서는 안 된다.

일반적 적응

사람들은 식당에서 이른 아침에 제공되는 특가 음식을 먹기 위해서는 노인이 되

* 역자 주: 70세 이상의 노인을 위한 영양지침으로서 6대 건강식 종류와 더불어 노인이 각별히 많이 섭취해야 하는 음식 종류, 운동, 수분섭취, 칼슘, 비타민 D, 비타민 B12의 중요성을 피라미드 모형으로 도식화한 것.

어야 한다고 농담한다. 이른 시간에 식당에서 식사하는 것은 노화로 인한 결과에 적응할 수 있도록 돕는다. 일반적으로 낮에는 조명이 밝으므로 메뉴를 더 쉽게 볼 수 있다. 또한 조용한 시간이므로 식사를 함께 하기 위해 미리 기다리고 있는 사람의 목소리를 잘 들을 수 있다. 다음 사람을 위해서 빨리 먹어야 한다는 부담감 없이 조용한 환경에서 먹을 수도 있다. 또한 노인이 느리게 먹는 것에 조바심을 내며 빠르게 먹고 기다리는 젊은이들과 식사하지 않기 때문에 사회적 식사 경험을 향상할 수 있다.

운동 능력과 감각 기능의 저하에도 불구하고, 건강한 노인은 적응을 통해 안전하고 효율적인 삼킴 기능을 유지한다. 조금씩 먹고 더 많이 씹으면서 더 느리고 길게 식사를 하도록 한다. 노인은 새로운 맛과 음식을 선택할 때 더 강한 향과 맛을 선호하며, 씹기가 어렵거나 식도를 자극하거나 소화하기 어려운 음식을 피한다. 종종 음식에 소금과 설탕을 더 넣어서 맛감각 기능의 쇠퇴에 적응하기도 한다.

이러한 적응은 예비 용량(reserve capacity)의 예시가 된다. 예비 용량은 노인이 노화와 관련된 기능의 쇠퇴에 대처하도록 한다. 경우에 따라서는 예비 용량 자원을 사용하여 병이나 부상의 초기 징후를 피할 수 있다. 생리적 노화와 함께 예비 용량이 감소함에 따라 대처 능력도 감소한다. 예비 용량의 감소는 상해나 질병으로 인한 장애의 위험을 증가시키고, 노화의 결과에 적응하는 능력을 감소시킨다.

노화의 2차적 측면

1차 노화와 관련된 변화는 노년층에서 건강 악화로 인한 삼킴 문제를 증가시킨다. 노인들은 삼킴의 어려움에 기여하는 여러 건강 문제를 가질 가능성이 크다. 노인이 겪는 많은 만성적인 문제들은 식욕 부진(anorexia)에도 기여한다.

적절한 섭식 및 삼킴 평가와 효과적인 중재 방향을 결정하기 위하여 삼킴 치료사는 삼킴 문제를 야기하거나 악화시킬 수 있는 기존의 의학적 상태를 알아야 한다. 노인들은 종종 신경학적 증상으로 인한 삼킴장애를 보인다. 대뇌피질에 병소가 있다면, 인지장애나 구강 구조의 수의적 움직임을 통제하지 못하는 문제로 인해 구강 내 조작과 이동 문제 및 섭식 실행증을 보일 수 있다. 피질하 구조(예: 기저핵)의 병소는 진전(tremor)이나 혀의 부조화된 반복적 운동과 같은 비정상적인 움직임을 초래할 수 있다. 뇌간 또는 말초신경에 영향을 미치는 장애는 인두 단계에 영향을 주어 삼킴 반응이 일어나지 않거나 지연시킨다.

만성질환, 수술 또는 건강 문제를 치료하기 위한 기타 의료 절차로 인해 삼킴 문제를 경험하기도 한다. 이러한 요인들은 노인의 전반적인 기능을 극적으로 감소시키면서 삼킴 문제를 초래한다. 두경부 암의 방사선 치료는 침의 점도나 분비를 감소시켜 구강 건조(xerostomia)를 초래한다. 타액의 부족은 음식을 섞고, 맛을 자극하며, 음식 덩이를 응집시키는 구강 정화 능력에 영향을 미친다. 구조적 이상 또한 음식이 정지되어 있는 상태를 초래한다.

소화 체계는 상호작용하므로 어느 한 부분에 장애가 생길 경우, 종종 다른 부분의 기능에 영향을 준다. 예를 들어, 식도가 막히거나 운동 능력이 저하되는 장애는 인두에 음식이 정체되는 상태를 초래한다. 그러므로 임상가는 삼킴 과정에 영향을 미치는 장애를 확인해야 한다. 노년층에서 삼킴장애와 관련이 있는 질환들의 예를 〈표 6-1〉에 제시하였다.

노인에게 섭식과 삼킴 문제는 종종 심각한 건강상의 합병증을 유발한다. 폐렴, 탈수, 영양실조, 비정상적인 체중 감소, 뼈 상태의 변화가 가장 두드러진다. 이러한 상태는 삼킴 곤란의 결과일 뿐만 아니라 삼킴장애의 발생에 기여하기도 한다.

처방전에 따른 의약품이나 처방전 없이 구입할 수 있는 의약품의 증가로 여러 가지 약을 먹는 것은 노인에게 일반적이다. 일반적인 건강 문제를 치료하는 데 사용되는 약물이 삼킴장애 증상의 출현이나 악화의 주된 요인이 될 수 있다. 예를 들어, 통증, 고콜레스테롤, 심장질환, 당뇨병, 골다공증 및 신경근육장애를 치료하기 위해 처방된 약물이 타액 감소, 감각 기능 감소, 위장관 운동이나 반응의 감소와 같은 1차 노화로 인한 증상에 추가적인 영향을 미친다. 중추신경계의 기능에 영향을 미치는 약물은 근육 기능을 변화시키거나 인지 기능을 손상시킬 수 있다. 입, 인두, 식도의 점막에 손상을 주는 일부 약물은 삼킴장애를 야기한다. 조직을 손상시키는 약물의 위험이 타액의 감소나 음식 덩이의 이동 지연으로 인해 증가되기도 한다. 삼킴장애를 유발하는 약물의 예는 '부록 6-1'에 제시되어 있다.

삼킴장애의 직접적인 원인으로 생각되지는 않지만, 음식의 맛과 냄새를 바꾸거나 변비에 기여하는 약물은 관련성이 있다고 간주된다. 여러 건강 문제 또는 인지

표 6-1 노년층에서 삼킴장애를 유발하는 주요 원인

범주		예시
비진행성 신경학적 장애		• 뇌혈관 사고(뇌졸중) • 말초신경 손상(예: 상후두 신경마비)
진행성 신경학적 장애	신경운동	• 근위축성측삭경화증(ALS)–운동형 • 신경원질환 • 파킨슨병 • 중증 근무력증
	인지	• 알츠하이머병 • 루이체 치매 • 다발경색 치매
인두/윤상인두장애		• 윤상인두 이완불능증 • 경부 골증식체 • 종양 • 윤상연골후부막 • 젠커 게실(곁주머니)
위식도장애		• 바렛 식도 • 열공 헤르니아
식도 폐쇄		• 하부식도/점막성 환 • 경추질환 • 식도 협착 • 식도막 • 암
식도운동장애		• 식도이완불능증 • 확산적 식도경련
치아 상태		• 의치 • 치주질환
만성질환		• 당뇨병 • 만성폐쇄성 폐질환 • 갑상선질환 • 류마티스질환 • 신장병 • 쿠싱 증후군

장애가 있는 노인에게서 맛과 냄새의 감소는 삼킴 반응의 유발을 어렵게 하거나 음식 덩이의 존재를 인식할 수 없게 한다. 건강한 사람들에게서도 이러한 감각 변화는 선호하는 음식의 변화, 식욕 감퇴 및 음식 섭취의 감소를 초래할 수 있다. 맛과 냄새의 지각을 변경할 가능성이 있는 약물의 일반적인 예로는 안지오텐신 전환 효소(angiotensin-converting enzyme: ACE) 억제제, 항생제, 베타 차단제, 근육이완제 및 스타틴(statin) 계열의 콜레스테롤 저하제가 있다. 빈번한 변비도 노인의 식욕에 크게 영향을 미친다. 항콜린제(anticholinergics), 합성마취제(opioids) 및 골다공증 치료제(bisphosphonates)는 변비를 일으키는 약물이다. 특히 치매 환자는 불쾌감이나 식사 거부에 대한 이유를 설명할 수 없기 때문에 간병인이 이러한 약물의 잠재적 영향을 인식하는 것이 중요하다.

노화의 3차적 측면

노화의 3차적 측면은 삼킴장애의 유발에 기여하는 한편 삼킴장애의 결과가 될 수도 있다. 노인은 삼킴의 효율과 섭식 동기에 영향을 미치는 사회적 · 경제적 · 심리적 조건을 경험한다. Roy, Stemple, Merrill 및 Thomas(2007)는 활동에 제약이 있거나 먹는 데 더 많은 시간이 걸리고, 먹을 때 더 많은 노력이 필요하며, 당황한 경험 등을 보고한 노년층에서 삼킴 문제가 삶의 질에 유의한 영향을 미친다는 것을 보고하였다. 동기 저하와 식사의 즐거움을 감소시키는 요소는 삼킴장애와 영양실조의 가능성을 증가시킨다. 또한 노인이 삼키는 문제를 경험하기 시작하면 사회적 접촉을 피하게 된다.

노인의 사회적 네트워크는 퇴직, 배우자 또는 친구의 죽음, 거주지 변경, 거동 기능의 상실로 인해 변경된다. 재정 문제로 인해 영양 유지에 필요한 음식을 사 먹는 것이 어려울 수도 있다.

육체적인 제약은 적절한 식사 준비를 방해한다. 따라서 노년층에서 우울증이 흔히 발생하는 것은 놀라운 일이 아니다. 우울증은 식욕 상실, 음식 거부, 활동 수준 감소, 동요 및 동기 부족을 초래한다. 또한 우울증은 삼킴 시 통증(odynophagia), 인두에 음식이 걸린 듯한 느낌(globus pharyngeus) 및 피로와 관련이 있다.

평가

삼킴장애의 평가 절차는 노인의 생활 환경이나 의료 환경에 영향을 받는다. 독거 노인의 경우, 임상가는 환자, 가족 구성원 또는 주요 헬스케어 전문가에게 의존하여 삼킴장애의 징후를 감별한다. 급성 치료 환경에 있는 환자에게는 잠재적 삼킴 문제를 확인하기 위해 체계적 선별검사를 실시해야 한다. 장기요양원에서는 환자의 자가 보고가 불가능할 수 있다. 그러므로 간병인과 헬스케어 전문가가 삼킴장애의 초기 징후에 주의를 기울이는 것이 중요하다.

의학적 평가

노인은 비정상적인 삼킴 특성을 정상적인 노화 과정의 일부로 오인하여 헬스케어 전문가에게 보고하지 않을 수 있다. 따라서 초기에 노인을 만나는 헬스케어 전문가가 삼킴장애의 위험을 정기적으로 검사하는 것이 중요하다. 제4장의 〈표 4-2〉는 음성 문제를 호소하는 노인 환자의 신체를 검사할 때 필수적인 요소를 보여 준다. 이러한 절차와 관찰은 삼킴장애가 있는 노인 환자를 평가하는 데도 적합하다.

삼킴장애가 의심되면, 식욕 부진을 포함하여 음식 섭취나 삼킴의 불만에 더 많은 주의를 기울이게 된다. 환자는 문제를 일으키는 음식이나 액체의 종류, 구강이나 목에 달라붙는 음식의 느낌, 씹기의 어려움, 목에 걸린 듯한 느낌, 삼킴 시 통증, 식사 중 또는 식후 기침, 침 흘림, 비강 역류, 체중 감소, 가슴 통증 및 재발성 폐렴과 같은 문제의 빈도나 일관성에 주목해야 한다. 환자의 병력 검토 시에는 역류, 만성 폐색성 폐질환(chronic obstructive pulmonary disease: COPD), 뇌졸중, 신경근육 질환, 당뇨병, 갑상선 질환, 치매 및 암 등의 삼킴장애를 일으키는 잠재적 병인에 대해 검토해야 한다. 특히, 흡연이나 알코올 섭취 경험이 있는 경우 순환소화기계와 관련된 기관의 문제를 의심해야 한다. 삼킴, 식욕 및 위장 기능에 영향을 줄 수 있는 약물의 투약 여부도 확인해야 한다. 또한 환자가 섭취하는 영양 보충제와 비타민을 확인할 필요가 있다.

신체검사 중에 관찰된 문제들은 잠재적인 삼킴 문제를 확인하는 데 중요할 수 있다. 노인 환자에게 구취, 마비말장애, '젖은(wet)' 음질, 전반적인 약화 또는 영양실조가 두드러진다면 삼킴장애의 위험이 높다. 구강 검사 동안 임상가는 혀의 염증, 구내염 및 치은염 여부를 확인해야 한다. 이러한 상태는 필수 비타민 또는 미네랄의 부족을 의미한다. 또한 딱딱 끊어지는 소리(crackles), 끓는 소리(wheezing) 또는 기관지 내의 수포음(거칠고 덜컥거리는 소리, rhonchi)을 확인하기 위해 폐 청진을 시행해야 한다. 뇌 신경 기능을 검사해야 하며, (특히 V, VII, IX, X, XII번) 환자의 인지 상태를 평가해야 한다. 목을 수술한 적이 있는지도 확인해야 한다.

말-언어병리적 평가

언어재활사는 진단 절차와 중재 전략을 결정하기 위해 의료적 진단을 참고해야 한다. 삼킴장애가 있는 모든 환자가 건강 검진이나 의뢰를 통해 확인되는 것은 아니며, 선별검사를 통해 진단되기도 한다.

삼킴장애 선별검사

위험한 상태의 환자를 체계적으로 선별하는 것은 삼킴 문제를 조기에 발견하고, 관련된 건강 합병증을 감소시킨다(Hinchey et al., 2005). 일반인에게 '위험한 상태'란 예상치 못한 체중 감소를 경험하거나, 삼킴의 어려움을 보고하거나, 삼키는 문제를 일으킬 수 있는 신체 상태나 질환을 보이는 사람들을 말한다. 노년층에서의 '위험한 상태'는 신체가 약화된 상태에 있는 모든 노인을 포함하도록 확대하여 생각해야 한다.

삼킴장애 선별검사는 잠재적인 삼킴 문제가 있는지, 그렇다면 권장해야 할 진단 절차는 무엇인지를 결정하는 데 활용된다. 일부 선별검사에서는 음식물을 사용하지 않고, 대신 설문을 시행하거나 환자를 관찰하는 절차로 구성된다. 다른 선별검사에서는 다양한 음식물을 사용하고, 수동 촉진이나 청진을 통해 환자의 삼킴 상태를 모니터링한다. 또한 식사 중인 환자를 관찰하기도 한다. 다양한 선별검사를 통해 입안에 음식을 넣거나 구강 단계에서 발생하는 삼킴 문제를 확인할 수 있다. 인두 단계를 확인하는 검사를 통해 삼킴 반응이 시작되거나 흡인의 여부를 알 수 있다. 선별검사에서 가장 어려운 점은 무증상 흡인 여부를 확인하는 것이다.

선별검사는 환자의 특성과 필요에 따라 결정되어야 한다. 숙련된 전문가가 수행할 수 있는 선별검사의 예는 다음과 같다.

- **토론토 침상 삼킴 선별검사**(Toronto Bedside Swallowing Screening Test: TOR-BSST) Martino 등(2009)이 제안한 이 검사는 급성 및 재활 세팅의 뇌졸중 환자에게 적용하기에 적합하다. 훈련된 임상가는 10분 이내에 시행 가능하다. 혀 움직이기, 50ml 물 삼키기(5ml 용량으로 투여), 검사의 시작과 마지막에 음성 산출하기로 구성된다.
- **구깅 삼킴 선별검사**(Gugging Swallowing Screen: GUSS) 이 검사는 뇌졸중 환자의 흡인 위험을 평가하기 위해 고안되었다. Trapl 등(2007)에 따르면, GUSS에는 환자가 각성, 기침 또는 목 가다듬기, 타액 관리에 대하여 '예/아니요' 응답하기로 구성된 간접 평가가 포함된다. 직접 평가에는 액체, 반고체 및 고체 음식물 삼키기가 포함되며, 각 삼킴은 삼킴 반응 없음, 지연된 삼킴, 올바른 삼킴의 3점 척도로 채점된다. 기침, 침 흘림, 목소리 변화에 대해서도 점수가 매겨진다. 간접 및 직접 평가에 대한 총 점수를 계산한다.
- **기침 반응** 환자는 구연산 생리 식염수로 이루어진 습기를 일 분 동안 분무기를 통하여 구두로 흡입한다. 일 분 동안의 기침 횟수를 측정하고, 5회 이상의 기침을 보이면 정상으로 간주한다(Wakasugi et al., 2008).
- **물 삼키기** 선별검사에는 다양한 양의 물 삼키기가 포함된다. 이러한 프로토콜의 예는 다음과 같다.
  - **100ml 물 삼키기 검사**(Nathadwarawala, McGroary, & Wiles, 1994): 환자에게 가능한 한 빨리 100ml의 증류수를 마시도록 한다. 환자가 물을 다 마시기 전에 기침을 하면 마시기가 중단된다. 물을 다 마시도록 한 후 적어도 1분 동안 관찰하면서 기침이나 음성 변화 여부를 확인한다. 마시는 속도를 측정하여 10ml/s이면 비정상으로 간주된다. 이 검사는 청진이나 맥박 산소(산소 포화도) 측정과 동반하여 진행할 수 있다.
  - **수정된 물 삼키기 검사**(Tohara, Saitoh, Mays, Kuhlemeier, & Palmer, 2003): 환자에게 찬물 3ml를 삼키도록 한다. 환자가 어려움 없이 삼킬 수 있다면, 2회의 마른 삼킴(침 삼킴)을 시행한다. 환자가 마른 삼킴을 모두 시행하면, 전체 과

정을 2회 더 반복한다. 환자의 삼킴 능력, 삼키기 후 호흡 곤란, 삼키기 후 기침 또는 음성 변화를 채점한다. 환자가 마른 삼킴을 시도하면 한 번이나 두 번의 마른 삼킴에 대하여 채점한다.

–50ml 물 삼킴 시 산소 불포화도 측정(Lim et al., 2001): 환자에게 물 50ml를 마시게 하고 기침이나 질식 여부와 삼킴 후 목소리 변화를 확인한다. 10분 후에 산소 포화도를 측정하고, 비정상적인 삼킴이나 산소 포화도가 2% 이상 떨어지는지 확인하는 것이 중요하다.

- 맥길 섭취능력 평가(McGill Ingestive Skills Assessment: MISA)(Lambert, Abrahamowicz, Groher, Wood-Dauphinee & Gisel, 2005) MISA는 식사 기능 및 섭취 기술에 대해 평가한다. 환자의 식사를 관찰하면서 먹는 자세, 스스로 먹는 기술, 구두운동 기술 및 전반적인 안전에 대해 평가한다.이 평가는 42개 항목으로 구성되었으며, 3점 척도로 채점한다. MISA 점수는 장기요양보호 환경의 신경학적 삼킴장애를 앓는 노인 환자에게서 폐 감염 및 사망까지의 시간을 예측한다.
- 메이요 삼킴장애 설문(Mayo Dysphagia Questionnaire: MDQ)(Grudell et al., 2007) MDQ는 식도 관련 삼킴장애를 확인하기 위해 고안된 26개 항목으로 이루어진 설문이다. 항목에는 속 쓰림, 위산 역류 여부, 삼킴장애 발병 시기, 빈도 및 중증도에 대한 항목이 포함되어 있다. 삼킴장애에 영향을 미치는 음식물의 종류에 대해서도 평가한다.

노인의 잠재적 삼킴 문제를 확인하는 것 외에도 헬스케어 전문가는 영양 상태가 좋지 않다는 징후에 주의를 기울여야 한다. Wilson과 Morley(2004)는 노인의 영양 부족을 탐지하기 위해 다양한 임상 환경에서 사용할 수 있는 민감한 선별검사(SCALES)를 제안하였다. SCALES는 슬픔(sadness), 콜레스테롤 수치(cholesterol level), 알부민 수치(albumin level), 체중 저하(loss of weight), 식사 곤란(eating problems), 쇼핑/요리 능력(shopping/cooking ability)을 기준으로 영양의 위험 정도를 평가한다.

진단 절차

의사, 언어재활사 또는 다른 헬스케어 전문가를 통해 확인된 증상은 환자의 문제

를 가장 잘 나타내는 진단 절차를 선택하는 데 도움을 준다. 평가된 삼킴의 특성, 검사받을 수 있는 환경, 삼킴을 개선하는 요인에 따라 검사 절차가 달라질 수 있다.

바륨 식도조영술

식도의 구조적 문제가 의심될 때는 바륨 식도조영술(barium esophagram) 또는 공기대조 식도조영술이 권장된다. 액체가 아닌 고체를 삼키는 데 문제가 있다고 보고하는 환자에게 주로 이 검사를 시행한다. 바륨 식도조영술에서 환자는 액체 바륨을 한 컵 마셔야 하고, 조영기를 통해 바륨이 위로 내려가는 것을 확인한다. 해부학적으로 자세한 정보는 공기대조 식도조영술을 통해 확인할 수 있는데, 이는 바륨을 삼키기 전에 공기를 식도에 주입하기 때문이다. 언어재활사는 일반적으로 바륨삼킴검사나 식도장애의 치료에 관여하지 않는다. 그러나 식도 이상이 있는 일부 환자들은 구강인두 삼킴장애의 증상(예: 목 안에 음식이 걸려 있는 느낌)을 호소한다. 이러한 이유 때문에 언어재활사는 환자를 평가할 때 식도조영술의 결과를 고려해야 한다.

비디오투시 조영삼킴검사

비디오투시 조영삼킴검사(videofluoroscopic evaluation of swallowing: VFS)는 삼킴장애를 진단할 때 가장 널리 사용된다. 이 절차는 수정된 바륨삼킴(modified barium swallow)검사로도 불린다. 이 검사에서는 환자에게 다양한 종류의 음식물을 바륨과 혼합하여 제공한다. 비디오투시 조영기를 통해 환자가 삼키는 동안 모든 단계의 움직임을 확인하고 기록한다. 측면 보기에서는 흡인 여부를 확인하고, 전후면 보기에서는 삼킴 구조의 대칭성을 확인한다. 안전한 삼킴을 가능하게 하는 전략의 효과를 확인할 수도 있다. 그러나 모든 노인 환자에게 VFS를 시행할 수는 없다. 성대 폐쇄, 분비물 관리, 침습의 여부는 VFS를 통해 확인되지 않을 수도 있다. 또한 바륨은 혀에 코팅되기 때문에 혀의 힘이 감소한 환자에게 농도 등을 변경하지 않은 음식을 경험하게 하는 것 이상으로 더 큰 문제를 야기할 수도 있다(Steele & Lieshout, 2005).

연성내시경 삼킴검사

연성내시경 삼킴검사(flexible endoscopic evaluation of swallowing: FEES)와 광섬유내시경 감각확인 삼킴검사(fiberoptic endoscopic evaluation of swallowing with sensory testing: FEESST)는 다양한 환경에서 점점 더 많이 사용되고 있다. FEES는 유연한 내시경을 코로 삽입하므로 고체와 액체를 삼키는 것을 직접 볼 수 있게 한다. 이는 인두 삼킴과 관련된 구조 및 기능에 대한 정보를 제공한다. 인두 또는 후두의 감각 손상이 의심되는 경우에는 FEESST가 시행될 수 있다. 특수장비가 장착된 광섬유내시경은 후두 쪽으로 공기를 보내면서 기도 보호 반응이 있는지를 판단하기 위해 사용된다. FEES와 FEESST는 인두 또는 후두 점막에 국소 마취제를 도포하지 않고도 적용할 수 있다. 이 절차는 VFS와 동시에 수행할 수 있다. 광섬유내시경 평가도구는 VFS보다 휴대성이 뛰어나며, 환자를 방사선에 노출시키지 않고 바륨을 섞지 않은 음식(파란색 또는 녹색으로 음식을 변경하기는 하지만)의 사용이 가능하다. 또한 VFS보다 분비물이나 침습을 확인하기에 용이하다. 바륨이 혀에 잘 코팅되는 환자에게는 FEES가 더 유용하다. VFS에서처럼 보상 전략을 시도하고 평가할 수 있다. 그러나 FEES와 FEESST 기법에서 가장 효과적인 일부 환자는 내시경 사용을 거부하기도 한다.

인두계측검사

VFS나 FEES보다 자주 사용되지는 않지만, 인두계측검사(manometry)는 UES 기능 이상이 의심될 때 특히 유용하며, VFS 또는 FEES와 함께 수행될 수 있다. 상부 인두, 하부 인두, 상부식도 괄약근(UES) 및 식도에 센서를 부착하여 삼키는 동안 일어나는 압력과 타이밍을 평가함으로써 근본적인 문제에 대해 확인할 수 있다.

섬광조영검사

섬광조영검사(scintigraphy) 또한 노년층의 검사 시에 유용한 부분이 있다. 환자가 방사성 물질을 삼키면, 음식물의 움직임이 감마 카메라로 추적된다. 이것은 분비물의 무증상 흡인을 식별하고, 흡인되는 음식물의 양을 정량화할 수 있다. 또한 위식도 역류를 확인하고 정량화하는 것도 가능하다.

SWAL-QOL과 SWAL-CARE

환자가 삼킴 문제나 치료의 효과를 인식하는 것은 최적의 결과를 위해 고려해야 할 요소다. McHorney, Martin-Harris, Robbins 및 Rosenbeck(2006)은 삼킴 기능

의 정량적 개선이 환자의 삶의 질이나 치료 만족도와는 관련이 크지 않다고 보고하였다. SWAL-QOL 및 SWAL-CARE는 이러한 영역을 평가하도록 고안되었다. SWAL-QOL은 부담, 식이 지속 기간, 식욕, 경험한 증상, 음식 선택, 의사소통, 식사 또는 삼키는 것에 대한 두려움, 피로감, 문제의 사회적 영향 및 정신 건강 수면과 같이 삶의 질을 평가하는 44개 항목으로 구성된다. SWAL-CARE는 먹거나 피해야 할 음식과 음료에 대한 조언, 치료 옵션, 삼키는 전략, 비상시 전략, 치료 목표 및 제공된 치료에 대한 환자의 만족도를 포함하여 전반적인 치료의 질을 평가한다.

모든 도구 평가가 가지는 문제는 정식 검사 조건에서 관찰된 환자의 삼킴 특성이 평소 식사 시의 삼킴 기능을 반영하지 않는다는 것이다. SWAL-QOL, SWAL-CARE 또는 MISA 결과에서는 식사 중에 심각한 문제를 호소하지만, 검사 상황에서는 삼킴 문제를 보상하기도 한다. 이러한 환자에게서 삼킴장애를 확인하는 것이 다소 힘들지라도 환자와 간병인이 삼킴 곤란을 호소할 때 임상가는 삼킴장애가 실제로 존재할 가능성을 고려해야 한다.

예방과 중재

전문가 팀은 삼킴장애 환자 치료에 참여해야 한다. 여기에는 1차 진료 의사, 방사선과 의사, 이비인후과 의사, 소화기내과 의사, 신경과 의사, 작업치료사, 물리치료사, 영양사, 언어재활사 및 간호사가 포함된다.

의학적 치료

위식도 역류질환(gastroesophageal reflux disease: GERD)은 노인에게 매우 흔하며, 증상을 조절하기 위해 처방전에 따라 또는 처방전 없이 약을 구입할 수 있다. 경도-중등도 GERD 치료를 위해 히스타민 수용체 길항제(예: Zantac, Pepcid)가 권장되기도 한다. 이러한 약물은 위산의 생산을 줄이지만 완전히 차단하지는 않는다. 불행히도 일부 환자는 히스타민 수용체 길항제 투약 시 효과가 없다. 더 심한 경우에는 양성자 펌프 억제제(예: Nexium, Prevacid)가 처방된다. 이러한 약물은 위산 분비의 메커니즘을 무력화한다. 또한 위식도 경계를 조이거나 두껍게 함으로써 치료할 수 있다. 니센 위접합부 추벽성형술(nissen fundoplication)은 하부 식도를 감싸서 위식도 역류를 줄인다. 다른 혁신적인 기술은 흉터를 만들거나 이식 가능한 장치를 삽입하여 상부 및 하부 식도 괄약근의 기능을 보강한다. 예를 들어, 현재 연구 중인 치료법 중 하나인 링스 역류관리 시스템(LINX™ Reflux Management System)은 하부 식도 괄약근 주위에 자기 구슬장치를 배치한다(USC News, 2009). 그러면 자석의 힘으로 괄약근을 닫아 위산 역류를 방지하면서 음식물이 내려갈 때는 열리도록 한다.

UES 이완불능(윤상인두 이완불능증, cricopharyngeal achalsia)은 종종 노인이 경험하는 연하 곤란증의 원인이다. 이 문제는 윤상인두근 절제술(cricopharyngeal myotomy) 또는 확장(dilation)과 같은 침습적 치료가 필요하다. 이러한 치료는 UES의 수축을 줄임으로써 음식 덩이가 식도로 더 잘 통과할 수 있게 한다. 환자는 이 시술이 위험하고 일시적인 효과만 있을 수 있음을 알아야 한다. 성공률은 환자의 유형에 따라 다르다. 예를 들어, 두경부 방사선 치료를 받은 환자의 윤상인두근 절제술의 성공률은 상대적으로 낮다(Jacobs et al., 1999). 젠커 게실(곁주머니)(Zenker's diverticulum) 또한 침습적 치료가 필요하다. 게실에 걸린 일부 사람들은 심각한 문제를 경험하지 않는다. 그러나 증상이 과도한 경우에는 내시경을 사용하여 수술해야 하고 합병증이 생길 확률도 낮다(Scher & Richtsmeier, 1998).

구강 섭취를 통해 안전한 삼키기가 이루어지지 않거나 적절한 영양 섭취가 유지될 수 없다면, 다른 영양 요법을 고려해야 한다. 단기간의 경우라면 비위관(nasogastric, NG) 튜브가 권장될 수 있다. 장기간이라면 피부경유내시경창냄술 절제술(percutaneous endoscopic gastrostomy: PEG) 또는 빈창자창냄술(jejuneostomy, J-tube)이 필요하다. 소화기관이 활동하지 않거나 장벽에 막힌 곳이 있으면 일시적으로 전체 비경구 영양(total parenteral nutrition: TPN) 요법에 의존해야 한다. 삼킴장애가 심각한 만성 흡인을 동반하는 경우에는(특히 신경 근육 질환에서) 다른 치료 방법에서 효과를 얻지 못하므로 기관 절제 튜브의 삽입이 필요하다. 기관 절제가 흡인을 막지는 못하지만, 적어도 음식물의 일부가 커프 튜브 주위로 유출되기 때문에 기도의 점액과 분비물을 제거하는 데 용이하다.

다시 말하지만, 이러한 중재는 합병증의 위험이 있고 삼킴과 영양 문제를 모두 해결하지는 못한다. 구강으로 섭취하지 않을 때도 치주질환이나 구강 분비물의 박테

리아가 흡인되는 합병증을 줄이기 위해 구강을 관리해야 한다. 누워 있는 환자나 건강 상태가 좋지 않은 환자는 비위관을 사용하더라도 폐렴을 유발할 위험이 있다(Nakajoh et al., 2001). 비위관을 사용한다고 해서 구강 섭취가 금지되는 것은 아니므로 이러한 부분에 주의를 기울여야 한다.

삼킴장애 노인에게 약물이 처방될 때는 적절한 관리가 필수적이다. 환자가 알약을 통째로 삼키지 못한다면, 약을 씹거나 부셔서 먹을 때 약효가 저하되거나 위험성이 있는지를 먼저 확인해야 한다. 예를 들어, 특정 약물이 부서지면 약효가 소멸될 수 있다(예를 들어, 시간이 어느 정도 지난 후에 녹으면서 약효가 나타나야 하는 경우). 또한 삼킴장애 환자가 액체로 된 약물을 마시는 것이 적절한지를 결정하는 것도 중요하다. 약물이 너무 적다면 농도를 조절하기 위해 점증제를 사용하는 것이 어려울 수 있다. 약사는 환자의 필요에 따라 주의하여 적절한 지침을 제공해야 한다.

예방

예방 조치는 노인의 예비 용량을 늘리고 유지하는 데 도움이 될 수 있다. 건강 상태를 개선함으로써 일반적인 질환에 의해 삼킴 기능이 크게 손상되지 않고 유지될 수 있다. 그러나 이러한 전략을 권고하기 전에 환자에게 영향을 줄 수 있는 건강 요소를 고려해야 한다.

건강한 구강 기능을 촉진하기 위해서는 구강 위생을 유지하는 것이 중요하다. 구강 관리를 소홀히 하면 치주질환과 식사 문제에 영향을 줄 뿐만 아니라 전반적인 건강을 위협한다. 예를 들어, 박테리아가 함유된 구강 분비물이 흡입되면 폐렴을 유발할 위험이 높아진다. 적절한 수분 공급은 구강 관리에 특히 중요하다. 타액이 감소하면 타액 대용품, 타액 자극제 또는 치주 항균제 치약과 같이 입안을 촉촉하게 해 주는 제품이 도움이 된다. 혀 저항운동은 혀의 힘을 유지하는 데 도움이 되는 것으로 밝혀졌다(Robbins et al., 2005). 아이오와 구강능력검사(Iowa Oral Performance Instrument: IOPI) 또는 설압자를 활용하여 훈련할 수도 있다.

인두 단계의 삼킴은 혀 기저부의 기능 증진, 후두 상승 및 UES 개방을 촉진하는 운동을 통하여 유지될 수 있다. 이러한 운동에는 쉐이커 운동, 멘델슨 매뉴버, 혀 들기 운동, 가글 운동, 혀 내밀기 및 당기기가 포함된다. 삼키는 능력을 유지하는 것

외에도, 쉐이커 운동은 음성 개선에 기여한다(Easterling, 2008). 특정 운동을 권장하기 전에 관절염, 경추경부융합술(cervical neck fusion) 또는 순환기 질환 여부를 고려해야 한다.

소량의 식사, 식이 조절 및 식후의 직립 자세 유지를 통해 식도 문제의 위험을 줄일 수 있다. GERD 조절은 심각한 식도질환을 예방하는 주요 요인이다. GERD와 후인두 역류(laryngopharyngeal reflux: LPR) 환자에게 제공할 수 있는 유인물은 '부록 6-2'에 나와 있다.

삼킴장애 중재

삼킴장애에 대한 중재는 재활 전략이나 보상 전략의 형태로 나뉜다. 재활치료는 삼킴의 특정 측면의 회복을 촉진한다. 쉐이커 운동과 멘델슨 매뉴버를 통해 후두 상승과 UES 개방이 증진된다. 인두 단계의 효율을 향상하기 위해 혀 기저부 운동(예: 가글, 혀 내밀기 및 당기기)을 권장할 수도 있다. 리실버만 음성치료(Lee Silverman Voice Treatment: LSVT) 기법이 일부 환자에서 삼킴 기능을 개선하기도 하였다(Sharkawi et al., 2002).

심부 인두신경근육 자극(deep pharyngeal neuromuscular stimulation: DPNS)과 삼킴 근육의 신경근육 전기자극(neuromuscular electrical stimulation: NMES)도 재활 전략에 속한다. DPNS의 일반적 적용에 대한 연구는 부족하다. NMES는 뇌졸중 후 구강 및 인두 삼킴장애 치료에 효과적이라고 보고되지만, 전통적인 삼키기 치료법보다 더 나은지는 밝혀지지 않았다(Bülow, Speyer, Baijens, Woisard, & Ekberg, 2008; Kiger, Brown, & Watkins, 2006). 또한 NMES에 대한 연구는 동일한 환자에게 동일한 치료 절차에 따라 시행된 것이 아니었다(Crary, Carnaby-Mann, & Faunce, 2007). 비침습적 바이오피드백(biofeedback) 방법 또한 재활 전략의 학습을 촉진한다. 삼킴 능력 증진을 위한 바이오피드백 훈련은 근육 활동에 대한 표면근전도검사(Crary, Carnaby, Groher, & Helseth, 2004), 후두 운동 측정을 위한 가속도계(Reddy et al., 2000) 및 경부 변환기를 통해 목의 운동성 변화를 측정한 연구(Coulas, Smith, Qadri, & Martin, 2009) 결과를 통해 그 성공 사례가 보고되었다.

재활치료는 일반적으로 보상 전략을 수반하지만, 경우에 따라 보상 전략만 권장

된다. 보상 전략은 적절한 영양 섭취를 허용하고, 삼킴 시 식이를 최적화하도록 고안되며, 자세 잡기, 음식물 변경 및 섭취 방법 수정이 포함된다. 보상 전략은 신중하게 선택되어야 하며, 그 효과는 모니터링되어야 한다. 이러한 전략은 안전한 삼킴을 촉진할 수도 있지만, 건강에 부정적인 영향을 주기도 한다. 예를 들어, 점증제를 첨가한 액체는 흡인 위험을 줄일 수 있지만, 탈수 증상이 발생할 수도 있다. 먹어도 되는 음식을 줄이거나 식사 시 극단적으로 주의하면서 먹도록 권고하기 전에 환자의 행복을 방해하지 않을 수 있는 전략이 있는가를 고려해야 한다.

임상가는 환자와 가족 모두를 압박하지 않으면서 환자 개인에게 가장 효과적인 방법을 선택하는 것이 중요하다. 예를 들어, 윤상인두근 기능부전(cricopharyngeal dysfunction)을 가진 노인 환자에게 쉐이커 운동, 높은음으로 /i/ 소리 내기, 멘델슨 매뉴버, 마사코/혀 물기 방법, 노력 삼킴을 시키면서 전기적 자극치료를 하고, 동시에 특정 음식물을 제한하는 것이다. 일부 환자는 이러한 여러 권장 사항을 받아들일 수 있지만 치료의 효과를 보장할 수 없고, 환자의 동기와 협조가 저하될 수 있다. 이러한 치료는 노인에게 특히 부담이 될 수 있다.

재활 및 보상 전략의 예는 〈표 6-2〉에 나와 있다. 일부 전략에 대한 설명은 '부록 6-3'에 나와 있다. 경구 섭취가 허용되지 않으면, 노인 환자의 신체 상태가 급속히 악화되면서 기능적 삼킴 기능의 회복 가능성이 감소될 수 있다. 묽은 액체를 금지하면 탈수가 일어날 수 있다. 최근 보고서에 따르면, 경구 섭취를 하지 않는 상태의 환자에게 프레이저 액체 프로토콜(Frazier Water Protocol)이 적절하게 사용되면 건강상 합병증을 증가시키지 않고 조기 퇴원에 일조한다고 보고되었다(Becker, Tewes, & Lemke, 2008; Bronson-Lowe et al., 2008). 이 프로토콜은 경구 섭취를 하지 않는 상태의 환자가 필요할 때마다 물 또는 얼음 칩을 먹게 하고, 묽은 액체를 제한하는 식이 요법 환자는 식사 전후에 물을 마시게 한다. 구강 위생을 유지하는 것은 필수적이다. 묽은 액체에 대한 반응으로 극심한 기침을 보이는 환자는 프레이저 액체 프로토콜의 적절한 대상이 아니다.

표 6-2 삼킴장애 환자를 위한 중재 전략

	전략	장애
운동	• 쉐이커 기법 • 가성 산출 • 마사코/혀 물기 • 혀 저항 • 혀 기저부 훈련 • 노력성 빨기 • 내전 운동	• UES 기능부전 • 후두 상승의 저하 • 구강 기능 약화 • 지연된 인두 단계 • 혀, 뺨, 연구개 기능 약화 • 성문 닫힘/기도 보호 불가
신체 자세	• 눕기/기대기 • 강한 쪽으로 몸 기울이기 • 식후 바로 앉아 있기	• 구강 전달 기능 약화 • 편측 약화 • 역류
머리 위치	• 턱 당기기 • 턱 올리기 • 약한 쪽으로 고개 돌리기 • 강한 쪽으로 고개 기울이기 • 약한 쪽 뺨 누르기	• 기도 보호 기능 저하 • 혀 기저부 운동 기능 감소 • 구강 전달 기능 약화 • 편측 인두 약화로 인한 기도 보호 저하 • 편측 약화 • 음식 덩이 조절 기능 약화 • 음식 덩이 고임
음식물	• 액체의 점도 증가시키기 • 음식 덩이 응집시키기 • 부드러운 음식 • 맛이나 향 증가	• 미숙 유출 • 느린 인두삼킴 반응 • 조화되지 않은 조작 • 힘의 감소, 치아 문제 • 인지장애 • 느린 인두삼킴 반응
섭식 전략	• 농도 변경 • 액체 추적기 • 음식 덩이 배치 • 음식 덩이 크기 통제	• 잔여물/음식 덩이 정지 • 느린 인두삼킴 반응 • 잔여물/음식 덩이 정지 • 흉터 • 약화 • 혀 내밀기 양상 • 약화 • 구강 단계 저하 • 인지장애

<table>
<tr><td>감각 증진</td><td>• 탄산/신 음식
• 차가운 액체
• 숟가락으로 누르기</td><td>• 느린 인두삼킴 반응
• 느린 인두삼킴 반응
• 저하된 구강 반응</td></tr>
<tr><td>안전한 삼킴 전략</td><td>• 성문 위삼킴
• 최대성문 위삼킴
• 노력삼킴
• 멘델슨 기법
• 여러 번 삼키기</td><td>• 기도 보호 저하
• 약화
• 잔여물/음식 덩이 정지</td></tr>
<tr><td>섭식 도구</td><td>• 무거운 도구/컵
• 빨대-제어를 위한 일방향</td><td>• 떨림
• 마시면서 공기 흡입
• 컵으로 마시기 불가</td></tr>
</table>

논리적으로 가장 좋은 삼킴 치료법은 삼키는 연습을 하는 것이다. 프레이저 액체 프로토콜을 적절하게 사용하면 환자가 수분과 구강 건강을 증진하면서 삼키는 연습을 할 수 있다.

보상 전략을 장기 적용할 때의 효과는 환자나 간병인에 의해 좌우된다. 환자의 삼킴장애 상태뿐만 아니라 진료 환경이나 환자의 인지 상태에 따라 전략이 달라진다. 삼킴장애 환자가 누군가와 함께 식사를 하는 것이 좋지만, 삼킴 전략을 주의하여 활용할 수 있도록 식사 환경이 조용해야 한다. 대부분의 장기요양 보호 환경에서, 삼킴장애 환자는 시끄러운 식당이나 방에서 식사를 한다. 이러한 환경은 매우 혼란스러울 뿐만 아니라, 식사를 돕는 간병인이 주의 사항을 알려 주거나 보상 전략의 모니터링을 어렵게 한다. 이 경우, 환자의 방에서 식사를 하거나 덜 혼잡한 시간에 다른 환자와 함께 식사하도록 한다. 간병인은 피해야 하는 음식뿐만 아니라 환자가 먹을 수 있는 음식 목록 또한 제공해야 한다. 성공적인 치료는 실제로 식사에 사용된 삼킴 전략뿐만 아니라 식사 환경이나 식사의 신중한 계획 및 식후의 적절한 관리에 달려 있다. 〈표 6-3〉에는 가정이나 장기요양 보호시설의 간병인에게 도움이 되는 권고 사항이 정리되어 있다.

표 6-3 간병인을 위한 전략

식사 전	
식사 계획 및 준비	1. 매일 같은 시간에 소량으로 빈번하게 식사하도록 하거나 간식을 제공하십시오. 식사마다 45분에서 한 시간 정도 걸립니다. 신체 운동 직후에는 식사를 시키지 마십시오. 2. 식사가 가장 용이한 시간에는 최대 칼로리를 제공하십시오. 3. 식기류가 필요 없는 음식을 제공하여 스스로 먹는 행동을 장려하십시오. 가능하다면 사람들이 일반적으로 먹는 농도나 질감의 음식을 제공하십시오. 4. 향기나 시각적 형태, 온도, 맛 등을 향상한 음식을 제공하십시오. 5. 타액이 부족한 경우 침과 잘 결합하는 식품(예: 유제품, 오렌지 주스, 초콜릿), 건조한 빵이나 과도한 씹기가 필요한 음식은 피하십시오. 수프를 첨가하거나 찐 음식을 제공하여 수분을 증가시킵니다.
환자 준비	1. 의치, 안경, 보청기 등을 하고 있는지 확인하십시오. 화장실에 가서 손을 씻음으로써 편안함을 느끼도록 합니다. 2. 허용되는 경우, 식사 전에 소량의 와인으로 식욕을 자극하십시오. 3. 식사 전에 구강 청결로 '다른 맛'이 느껴지는 것을 줄이십시오. 필요한 경우 인공 타액을 제공하십시오. 4. 걱정이 많은 환자에게는 먹기 힘들거나 뜨겁거나 독이 있거나 질식의 위험이 없다고 확신시키십시오. 편집증이 있는 환자에게는 식사 준비를 지켜보도록 하십시오.
식사 도중	
환경 준비	1. 산만함을 줄이거나(텔레비전 또는 음악을 끔) 테이블에서 불필요한 물체를 제거하고, 단색 테이블과 접시를 사용하십시오. 2. 누군가 환자와 함께 식사하고, 소수의 식사 그룹을 구성하거나 환자를 별도의 방에서 식사하게 하십시오. 3. 편안한 환경(예: 적절한 온도, 안락한 조명)을 제공하십시오. 4. 식사를 용이하게 하는 기구, 컵, 그릇 및 식탁 매트를 제공하십시오. 플라스틱 기구를 피하십시오.
환자 준비	1. 환자의 머리를 편하게 앞으로 세워서 적절한 자세를 취하도록 하십시오. 2. 처음에는 소량씩 제공하십시오. 3. 식사 중 쉬는 것을 허용하십시오.

섭식 방법	1. 환자를 앉힌 후 5~10분 내로 음식을 제공하십시오. 2. 인지장애가 있는 환자에게는 구두 및 신체적 단서를 제공하고, 시연하여 보여 주십시오. 3. 칼로리가 높은 음식을 먼저 제공하고, 음식의 수를 줄이고, 농도를 변경하고, 음식 섭취 사이사이에 차거나 달콤한 음식을 제공함으로써 영양 섭취와 최적의 삼킴을 촉진하십시오. 4. 환자의 이름을 부르거나 조미료를 사용하거나 흘리는 것을 닦아 주면서 격려하십시오.
식사 후	
구강 위생	1. 먹은 후 환자의 입을 닦아서 찌꺼기를 제거하십시오. 2. 입안에 남은 음식이 없는지 확인하십시오
역류 예방	1. 식사 후 30분 동안 직립 자세를 유지하도록 하십시오. 2. 머리를 올리고 잘 수 있도록 하십시오.

환자의 집에서 성공적인 섭식 및 삼킴 프로그램의 유지를 위해 임상가는 조리법, 권장되는 식품 목록과 함께 영양소 목록을 다루는 체계적인 간병인 교육을 시행해야 한다. 또한 간병인 서비스에 관한 정보를 제공하고, 간병인 지원을 위한 후속 조치 일정을 계획하는 것이 도움이 된다.

장기요양시설에서의 다학제적인 협조는 더 나은 중재 결과로 이어진다. 각 환자에 대한 개별 계획을 설계하고, 수행력을 주기적으로 재평가해야 한다. 더 나은 협조를 제공하고, 불필요한 오해를 방지하기 위해 직원과 환자 가족 모두는 섭식 및 삼킴 권장 사항과 절차에 대해 잘 알고 있어야 한다. 불행히도 많은 장기요양시설에서 훈련된 직원의 이직률이 높고, 계획을 수행하기에 충분한 직원이 부족하기 때문에 중재 효과가 감소하는 경향이 있다.

환급

의사는 삼킴 평가를 위한 의뢰서를 작성해야 한다. 주치의가 평가 방법에 대해 기술하거나 증빙해야 하는 사항은 주(지역)마다 다르다. 도구적 평가에 대한 환급을 받기 위해서는, 의심되는 흡인 증상을 확인하기 위한 절차가 필요하다거나 임상 검사에서 확인이 어려운 삼킴장애를 정확히 진단하기 위해 필요하다는 임상가의 문서가 필요하다. 평가 과정에서 장애가 확인되지 않는다면 비용이 환급되지 않을 수 있다. 그럼에도 불구하고 초기 진단 기록에는 평가를 시행하는 이유를 기술해야만 한다.

안타깝게도 예방을 위한 치료 비용은 환급되지 않는다. 의료보험이나 개인 보험회사로부터 환급을 받기 위해서는 중재가 합리적으로 필요하다고 간주되어야 한다. 이 기준을 충족하기 위해서는 자격을 갖춘 치료사가 서비스를 제공하거나 자격을 갖춘 치료사의 감독하에 서비스를 제공해야 한다는 것이 분명해야 한다. 합리적인 기간 내에 서비스가 환자의 기능을 향상시키는 데 효과적임을 입증하는 것도 중요하다. 환자가 치료에 참여할 수 있는 안정적인 상태임을 확인하는 문서를 제출해야 할 수도 있다. 예를 들어, 환자의 각성 수준, 협조 능력, 새로운 학습이 가능함을 증명할 수 있는 증빙이 필요하다.

치료 계획에는 권장되는 중재의 기간이나 빈도가 명시되어야 한다(예: 30분씩 주 4회를 권장함). 진전 보고서에는 능력이 감퇴하거나 정체기에 도달했는지에 대한 진전의 객관적 증거가 명시되어야 한다. 환자의 상태가 잘 관리되고, 주기적으로 프로그램의 효과를 재평가할 필요성을 보여 준다면 유지 프로그램을 위한 환급이 허용될 수 있다. 예를 들어, 환자의 예후가 좋지 않을 것으로 예상되는 경우, 언어치료가 필요하지 않은 것으로 간주되어 환급이 거부된다. 중재 서비스로 인해 환자의 상태가 개선되지 않았다고 판단되면 환급 비용이 적어질 수 있다. 반복적인 평가나 간병인이 감당할 수 있는 기술에 대한 치료를 계획한다면 환급이 거절된다.

현행시술용어(Current Procedural Terminology: CPT)(American Medical Association, AMA, 2009a) 코드는 의료 서비스 및 언어병리 서비스에 사용할 수 있다. 예를 들어, 수정된 삼킴검사 코드는 방사선 전문의가 사용할 수 있고 언어재활사는 청구할 수 없다. 삼킴 치료, 삼킴 기능 평가, 운동적 투시조영/삼킴, FEES 및 FEEST를 위한 별도의 절차 코드가 있다. 각 지역의 지침에 따르면, 감독하는 의사가 있는 경우에만 언어재활사가 내시경 검사와 같은 침습적 검사를 수행하는 것을 허용한다. 외래 환자를 보는 환경에서는 임상가가 추가되어야 하고, 서비스가 언어재활사에 의해 제공되었음을 명시해야 한다. 언어재활사 또한 일부 절차 코드들은 상호 배타적인 것으로 간주되며, 같은 날 청구되는 경우 환급이 승인되지 않음을 명심해야 한다. 두

언어재활사가 같은 날 서로 다른 검사나 치료를 시행했음을 명시하고, 절차에 대한 적절한 문서를 제시하는 경우에는 두 절차에 대한 환급이 가능하다. 삼킴과 관련된 건강관리 일반시술코드체계(Healthcare Common Procedure Coding System: HCPCS)는 삼킴장애 치료를 위한 코드를 포함한다(AMA, 2009b).

임상가는 하루에 여러 번의 치료를 할 수 있다. 그러나 삼킴장애 치료 코드는 시간을 기반으로 하는 코드가 아니므로 매일 1회만 청구할 수 있다. 전기자극치료에 대한 별도의 CPT 코드가 있지만 모든 보험사가 이를 승인하는 것은 아니다. 이러한 경우 임상가는 일반 삼킴장애 치료 코드를 사용하여 전통적인 삼킴장애 치료와 병행하면서 전기자극치료를 할 수 있다. 환급받기 위해서 임상가는 각 회기 동안 사용한 전통적인 치료 방법을 명시해야 한다. 전통적 치료와 전기자극치료가 모두 승인된다고 해도 각각의 코드를 같은 날에 청구할 수는 없다.

핵심 내용

이 장에서는 여러 전문가로 구성된 팀이 노년층에서 관찰되는 섭식 및 삼킴 문제를 확인하고, 치료할 때 직면할 수 있는 어려움에 대해 서술하였다. 주요 내용은 다음과 같다.

- 안전하고 효과적으로 삼킬 수 있도록 한다.
- 정상적인 노화로 인한 변화는 보상 능력을 저하시키고, 질환으로 인한 삼킴장애의 위험성을 증가시킨다.
- 운동은 예비 용량을 증가시키고, 삼킴 문제를 예방한다.
- 체계적인 선별검사는 삼킴장애를 조기 발견하고, 삼킴 문제로 인한 부차적 합병증을 감소시킨다.
- 중재 전략은 일반 성인에게 적용되는 것과 동일하지만, 노년층의 신체적 제약이 일부 전략의 적용을 제한할 수 있다.
- 재활 전략은 삼킴 기능의 회복을 증진한다.
- 보상 전략은 안전한 삼킴을 촉진하며, 삼킴 문제를 보이는 노년층의 중재에서 널리 활용된다.
- 간병인은 삼킴 전, 삼키는 동안, 삼킴 후의 전략에 대해 알아야 한다.

참고문헌

American Medical Association. (2009a). *Current procedural terminology* (CPT) 2010. Chicago: Author.

American Medical Association. (2009b). *Healthcare common procedure coding system 2010: Level II*. Chicago: Author.

Becker, D., Tewes, L., & Lemke, J. (2008, November). *An oral water protocol in rehabilitation patients with dysphagia for liquids*. Paper presented at the American Speech-Language-Hearing National Convention, Chicago, IL.

Bronson-Lowe, C., Leising, K., Bronson-Lowe, D., Lanham, S., Hayes, S., Ronquillo, A., et al. (2008, November). *Effects of a free water protocol for patients with dysphagia*. Paper presented at the American Speech-Language-Hearing National Convention, Chicago, IL.

Bülow, M., Speyer, R., Baijens, L., Woisard, V., & Ekberg, O. (2008). Neuromuscular electrical stimulation (NMES) in stroke patients with oral and pharyngeal dysfunction. *Dysphagia, 23,* 302-309.

Butler, S. G., Stuart, A., Markley, L., & Rees, C. (2009). Penetration and aspiration in healthy older adults as assessed during endoscopic evaluation of swallowing. *Annals of Otology, Rhinology & Laryngology, 118*, 190-198.

Coulas, V., Smith R., Qadri, S., & Martin, R. (2009). Differentiating effortful and noneffortful swallowing with a neck force transducer: Implications for the development of a clinical feedback system. *Dysphagia, 24,* 7-12.

Crary, M., Carnaby, G., Groher, M., & Helseth, E. (2004). Functional benefits of dysphagia therapy using adjunctive sEMG biofeedback. *Dysphagia 19*, 160-164.

Crary, M., Carnaby-Mann, G., & Faunce, A. (2007). Electrical stimulation therapy for dysphagia: Descriptive results of two surveys. *Dysphagia, 22,* 165-173.

Easterling, C. (2008). Does an exercise aimed at improving swallow function have an effect on vocal function in the healthy elderly? *Dysphagia, 23,* 317-326.

Grudell, A., Alexander, J., Enders, F., Pacifico, R., Fredericksen, M., Wise, J., et al. (2007). Validation of the Mayo dysphagia questionnaire. *Diseases of the Esophagus, 20,* 202-205.

Hinchey, J., Shephard, T., Furie, K., Smith, D., Wang, D., & Tonn, S. (2005). *Formal dysphagia screening protocols prevent pneumonia*. *Stroke, 36,* 1972-1976.

Jacobs, J., Logemann, J., Pajak, T., Pauloski, B., Collins, S., Casiano, R., et al. (1999). Failure of cricopharyngeal myotomy to improve dysphagia following head and neck cancer surgery. *Archives of Otolaryngology-Head and Neck Surgery, 125,* 942-946.

Kiger, M., Brown, C., & Watkins L. (2006). Dysphagia management: An analysis of patient outcomes using VitalStim therapy compared to traditional swallow therapy. *Dysphagia, 21,* 243-253.

Lambert, H., Abrahamowicz, M., Groher, M., Wood-Dauphinee, S., & Gisel, E. (2005). The McGill Ingestive Skills Assessment predicts time to death in elderly population with neurogenic dysphagia: Preliminary evidence. *Dysphagia, 20,* 123-132.

Lichtenstein, A. H., Rasmussen, H., Yu, W. W., Epstein, S., & Russell, R. M. (2008). Modified MyPyramid for older adults. *Journal of Nutrition, 138,* 78-82.

Lim. S. H. B., Lieu, P. K., Phua, S. Y., Seshadri, R., Venketasubramanian, N., Lee, S. H., et al. (2001). Accuracy of bedside clinical methods compared with fiberoptic endoscopic examination of swallowing (FEES) in determining the risk of aspiration in acute stroke patients. *Dysphagia, 16,* 1-6.

Manning, L. A., & Gluth, M. B. (n.d.). Laryngopharyngeal Reflux (LPR). [Brochure]. Springdale, AR: Author.

Martino, R., Silver, F., Teasell, R., Baylet, M., Nicholson, G., Streiner, D., et al. (2009). The Toronto Bedside Swallowing Screening Test (TOR-BSST): Development and validation of a dysphagia screening tool for patients with stroke. *Stroke, 40,* 555-561.

McHorney, C., Martin-Harris, B., Robbins, J., & Rosenbeck, J. (2006). Clinical validity of the SWAL-QOL and SWAL-CARE outcome tools with respect to bolus flow measures. *Dysphagia, 21,* 140-148.

Nakajoh, K., Nakagawa, T., Sekizawa, K., Matsui, T., Arai, H., & Sasaki, H. (2001). Relation between incidence of pneumonia and protective reflexes in post-stroke patients with oral or tube feeding. *Journal of Internal Medicine, 247,* 39-42.

Nathadwarawala, K. M., McGroary A., & Wiles C. M. (1994). Swallowing in neurological outpatients. *Dysphagia, 9,* 120-129.

Reddy, N. P., Simcox, D. L., Gupta, V., Motta, G. E., Coppenger, J., Das, A., et al. (2000). Biofeedback therapy using accelerometry for treating dysphagic patients with poor laryngeal elevation: Case studies. *Journal of Rehabilitation Research and Development, 37*(3), 361-372.

Robbins, J., Gangnon, R., Theis, S., Kays, S., Hewitt, A., & Hind, J. (2005). The effects of lingual exercise on swallowing in older adults. *Journal of American Geriatrics Society, 53,* 1483-1489.

Roy, N., Stemple, J., Merrill, R., & Thomas, L. (2007). Dysphagia in the elderly: Preliminary evidence of prevalence, risk factors, and socioemotional effects. *Annals of Otology, Rhinology & Laryngology, 116,* 858-865.

Scher, R. L., & Richtsmeier, W. J. (1998). Long-term experience with endoscopic staple-assisted esophagodiverticulostomy for Zenker's diverticulum. *Laryngoscope, 108,* 200-205.

Sharkawi, A., Ramig, L., Logemann, J., Pauloski, B., Rademaker, A., Smith, C., et al. (2002). Swallowing and voice effects of Lee Silverman Voice Treatment (LSVT®): A pilot study. *Journal of Neurology Neurosurgery and Psychiatry, 72,* 31-36.

Steele, C., & Lieshout, P. (2005). Does barium influence tongue behavior during swallowing? *American Journal of Speech-Language Pathology, 14,* 27-39.

Tohara, H., Saitoh, E., Mays, K., Kuhlemeier, K., & Palmer, J. (2003). Three tests for predicting aspiration without videofluorography. *Dysphagia, 18,* 126-134.

Trapl, M., Enderle, M., Teuschl, Y., Matz, K., Dachenhausen, A., & Brainin, M. (2007). Dysphagia bedside screening of acute-stroke patients: The Gugging Swallowing Screen. *Stroke, 38,* 2948-2952.

Turley, R., & Cohen, S. (2009). Impact of voice and swallowing problems in the elderly. *Otolaryngology-Head and Neck Surgery, 140,* 33-36.

USC News. (2009). *Keck School surgeons develop new technology to treat gastroesophageal reflux.* Retrieved July 20, 2009, from http://www.usc.edu/uscnews/stories/16383.html

Wakasugi, Y., Tohara, H., Hattori, F., Motohashi, Y., Nakane, A., Goto, S., et al. (2008). Screening test for silent aspiration at the bedside. *Dysphagia, 23,* 364-370.

Wilson, M., & Morley, J. (2004). Nutritional assessment and support in chronic disease management. In C. W. Bales & E. S. Ritchie (Eds.), *Handbook of clinical nutrition and aging* (pp. 77-101). Towata, NJ: Humana Press.

부록 6-1 삼킴 기능에 영향을 미치는 약물

삼킴 증상	약물 종류	예시
구강건조증		
음식 덩이 이동 저하	심장 부정맥 (비정상적인 심장 리듬)	• Procainamide(Procan) • Disopyramide(Norpace)
느린 구강 및 인두 전달 기능 잔여물 증가	항우울제 (기분 안정화)	• Fluoxetine(Prozac) • Paroxetine(Paxil) • Seraline(Zoloft) • Venlafaxine(Effexor)
미각 변화	구토방지제 (메스꺼움)	• Meclizine(Antivert) • Metoclopramide(Reglan) • Scopolamine(Transderm Scop)
	항히스타민제 (알레르기)	• Chlorpheniarmine(Chlor Trimeton) • Diphenhydramine(Benadryl)
	항고혈압제 (혈압 통제)	• Captopril(Capoten) • Lisinopril(Prinivil, Zestril)
	항정신성/신경이완제 (정신질환)	• Chorpormazine(Thorazine) • Closapine(Clozaril) • Haloperidol(Haldol) • Lithium • Risperidone(Risperdal)
	칼슘 채널 차단 (심혈관 질환)	• Amlodipine(Norvasc)
점막 손상		
구강 섭취 저하	항균제	• Erthromycin(E−mycin) • Clindamycin(Cleocin) • Doxycycline(Vibramycin)
식사 시 불편감 및 통증	항바이러스제	• Zidovudine(Retrovir)
선호하는 음식의 변화	골다공증 약물	• Alendronate(Fosamax)
	화학요법 약물	• Fluorouracil • Methotrexate

	비스테로이드성 항염증 약물	• Aspirin • Ibuprofen(Advil, Motrin) • Naproxen(Aleve, Naprosyn)
	비타민 보충제	• Iron(Feratab) • Potassium chloride(K-Dur) • Vitamin C
중추신경계 우울증 및 근육 협응력 감소 및 조절		
흡인 질식	항우울제(기분 안정)	• Alprazolam(Xanax) • Clonazepam(Klonopin) • Diazepam(Valium) • Lorazepam(Ativan)
기침탈수	항경련제(발작)	• Carbamazepine(Tegretol) • Gabapentin(Neurontin) • Phenobarbital • Phenytoin(Dilantin) • Valproic acid(Depakote)
	근육이완제 (근경련, 근긴장이상)	• Baclofen(Lioresal) • Benzatropine(Cogentin) • Cyclobenzaprine(Flexeril) • Oxybutynin(Ditropan) • Tolterodine(Detrol)
	마취제(통증)	• Codeine sulfate • Fentanyl(Duragesic) • Propoxyphene(Darvon)

부록 6-2 후인두 역류

후인두 역류(LPR)란 무엇인가

음식을 먹으면 식도라 불리는 근육질 튜브를 타고 음식물이 위로 내려간다. 음식물이 위장에 도달하면 위산과 펩신(소화효소)이 추가되어 소화가 일어난다. 식도에는 두 개의 괄약근(관을 닫는 밸브 역할을 하는 근육 섬유의 띠)이 있다. 이 괄약근은 위 안의 음식물을 유지하는 데 도움이 된다. 괄약근은 식도의 상부(목과 식도가 만나는 부분)에 하나가 있으며, 식도의 하부(식도와 위가 만나는 부분)에도 있다. 괄약근이 제대로 작동하지 않으면 '거꾸로 거슬러 올라가는' 역류 현상이 발생한다. 이는 식도를 통해 목(인두)이나 음성산출기관(후두)으로 위의 내용물이 역류하는 것을 말한다.

위식도 역류질환과 후인두 역류의 차이점은 무엇인가

위식도 역류질환(GERD)은 하부식도 괄약근이 열리며 위의 내용물이 비정상적으로 역류하여 식도로 올라가는 것을 말한다. 이것이 과도하면 식도가 손상되고 가슴 통증을 보이기도 한다. 상부식도 괄약근이 열리면서 위의 내용물이 역류하면 목(인두)이나 음성산출기관(후두)을 자극할 수 있다. 이를 '후인두 역류(LPR)'라고 한다. 인두는 식도보다 위산과 소화효소에 훨씬 더 민감하므로 약간의 역류만으로도 심각한 손상이나 자극을 유발할 수 있다. GERD와 LPR은 서로 연관이 있지만, 원인, 증상 및 치료에 있어 구별되어야 하는 질환이다. GERD와 LPR은 개별적으로 나타날 수 있고, 함께 나타날 수도 있다.

• 주: "Laryngopharyngeal Refiux (LPR)" Lance A. Manning & Michael B. Gluth. Copyright by the Ear, Nose, and Throat Center of the Ozarks. Reprinted with permission.

속 쓰림이 없는 이유는 무엇인가

"제가 속 쓰림이 없는 이유는 무엇인가요?" LPR 환자는 종종 이러한 궁금증을 가진다. 속 쓰림은 일반적으로 GERD와 관련이 있지만, LPR에서는 속 쓰림이 나타나기도 하고 그렇지 않기도 하다. 대체로 LPR 환자는 심한 속 쓰림을 경험하지 않는다. 속 쓰림은 식도의 조직이 자극받을 때 발생한다. LPR 환자의 절반 이상에서는 위산이 식도를 자극하여 속 쓰림을 일으킬 정도로 식도에 오래 머물러 있지 않기 때문에 이러한 증상을 경험하지 않는다. 후두와 인두의 조직은 식도보다 훨씬 민감해서 식도가 느끼지 못할 때도 이 조직들은 자극받을 수 있다.

식도가 자극되어야 속 쓰림이 발생한다. 인두 및 후두의 자극은 다른 증상을 일으킨다. 인두 및 후두의 손상을 유발하는 대부분의 LPR 증상에 대해 환자는 인식하지 못하기도 한다.

〈LPR의 공통된 증상〉

- 목 쉰 소리
- 빈번한 목 가다듬기
- 목의 통증 및 불편감
- 목 안에 무엇인가 걸린 느낌
- 삼킴 시 문제
- 입안에서 쓴맛이 느껴짐(특히 아침에)
- 만성적 기침
- 천식 같은 증상
- 과도한 후비루 및 가래

LPR의 증상 중 일부는 위 안의 내용물이 인두나 후두의 조직과 직접 접촉하는 것과 관련이 있으며, 다른 증상들로는 목 가다듬기나 기침 등이 있다. LPR로부터 몸을 보호하려는 시도가 증상을 유발할 수도 있는데, 예를 들면 가래가 많아지거나 상부 식도 괄약근의 근육 경련(인두의 혹과 같은 구조물이나 삼킴장애의 결과로) 등이 있다.

LPR은 언제 발생하는가

LPR은 식사 후 2시간 이내에 발생하고 낮에 두드러지지만, 밤에도 발생한다. GERD는 저녁이나 밤(특히 자는 동안)에 두드러진다. LPR은 자세와는 상관이 없다(앉아 있거나 똑바로 서 있는 동안에도 흔히 관찰됨). 그러나 식사 후에 바로 눕는다면 증상이 더욱 악화될 수 있다.

LPR의 진단

의사는 인두와 후두를 검사하면서 LPR의 다양한 징후를 식별할 수 있다. 다음 징후들은 LPR을 시사하는 강력한 지표가 된다.

- 특정 부위의 홍반, 자극 및 후두의 부어오름
- 작은 궤양 또는 육아종, 용종 또는 결절
- 성대 부어오름

어떤 경우에는 진정제 투여 또는 전신 마취로 수행되는 별도의 절차를 통해서 식도나 후두를 시각화하는 추가적 검사가 필요할 수도 있다.

증상이 GERD인지 혹은 LPR인지 의심된다면 식도의 산성도 변화를 평가한다. 24시간 pH 모니터링 테스트는 LPR과 관련된 증상을 모니터링하기 위한 표준검사다. 이 검사는 역류되는 위산의 양과 종류를 모니터링하기 위해 24시간 동안 코를 통해 식도로 작은 관을 삽입한다. LPR이 염려되는 경우, GERD 검사에 사용되는 일반적인 방법과 도구로 인두와 후두의 산성도를 측정할 수 있는 '두 개의 측정 도구'로 약간 변형하여 사용한다.

LPRD 치료

음식

당신의 몸이 다양한 식품에 어떠한 반응을 보이는지 주의 깊게 살펴야 한다. 우리는 어떤 음식이 역류를 증가시키는지 알 수 있다. 다음은 많은 사람에게 역류를 일으키는 음식들이다.

- 맵고 시거나 멕시코, 이탈리아 요리와 같이 토마토를 함유한 음식
- 오렌지 주스, 포도 주스, 크랜베리 주스와 같이 산이 많이 들어간 과일 주스
- 술(와인 포함)
- 패스트푸드 및 지방이 많이 함유된 음식
- 카페인이 든 음료(커피, 차, 탄산음료)
- 초콜릿
- 민트

식사 시간

- 식사 시간에 본인을 괴롭히지 않기
- 식사는 잠자리에 들기 몇 시간 전에 하기
- 잠자리에서 간식 금지하기
- 식사하자마자 운동하지 않기

스트레스

스트레스 수준을 낮추는 활동을 하기 위해 시간표를 만들라. 중등도의 스트레스로도 역류가 급격히 증가할 수 있다.

몸무게

과도한 체중은 역류와 관련된 가장 중요한 요소 중 하나다. 과체중인 경우, 장기간에 걸쳐 체중을 줄이기 위한 현실적이고 건강한 프로그램을 시행하라. 이때 주치의의 도움을 받는 것이 좋다.

수면 중 역류

밤에 증상이 두드러진다면 10~15cm 정도의 책, 벽돌 혹은 나무 도막 등을 활용하여 약 10도 정도 머리 쪽을 올린 상태로 수면하는 것이 좋다. 여분의 베개를 몸 아래 두지 않도록 한다.

꽉 끼는 옷

꽉 조이는 벨트나 옷은 피하도록 한다.

흡연

흡연을 하고 있다면 당장 금연하라. 흡연은 역류뿐만 아니라 목과 성대에 해를 끼친다.

LPR을 치료하기 위한 약물

처방전 없이 살 수 있는 대부분의 제산제(Rolaids®, Tums®, Gaviscon®, Mylanta® 등)는 위장에서 산을 중화한다. 이 약물은 경련 증상을 지속적으로 경감하거나 만성적인 인후통을 완화하지는 못한다. 즉각적인 증상 완화, 속 쓰림 또는 소화불량을 치료하기 위해 필요한 경우에 식사 중 또는 취침 시에 한 번 복용하라(라벨에 권장된 대로).

다른 약물들(Prilosec®, Prevacid®, Nexium®, Zantac®, Pepcid®)은 위산 생성을 장기간(수 시간에 걸쳐) 감소시킨다. 이 약물들이 적절하게 투여된다면 LPR의 많은 증상이 회복될 수 있지만 즉각적인 효과는 없다. 이러한 약물 중 일부는 처방전 없이 구입할 수 있지만, 일반적으로 이와 같은 약이나 가장 효과적인 약물(양성자 펌프 억제제)의 복용을 위해서는 처방전이 필요하다.

LPR 치료를 시작한 경우, 의사는 강력하고 빈번한 치료 처방을 한 후에 점차적으로 치료를 줄이게 된다. 약물치료가 유익한지의 여부를 결정하기 전에 적어도 4~6주 동안 처방된 약물 요법을 엄격히 준수해야 한다.

대부분의 양성자 펌프 억제제 약물(Prilosec®, Prevacid®, Nexium®, Protonix®)은 적어도 아침과 오후의 식전에 복용해야 한다. H2 차단제 산 환원 약물(Zantac®, Pepcid®, Tagamet®)은 취침 전에 복용한다. 의사가 처방한 대로 약물 복용 시간에 주의를 기울여야 한다.

부록 6-3 삼킴 촉진 전략

- **노력삼킴** 환자에게 삼킴 시 혀에 힘을 주며 음식 덩이를 쥐어짜듯이 삼키도록 한다.
- **마사코/혀물기 기법** 혀를 내밀어 앞니로 혀를 문 상태로 삼키도록 한다. 이 운동은 음식이나 액체를 삼키고 있는 동안에는 하지 않도록 한다.
- **멘델슨 매뉴버** 환자가 삼킬 때 근육을 긴장시켜서 몇 초 동안 후두를 높은 위치에 유지하도록 요청한다.
- **쉐이커 운동** 등을 대고 누워서 어깨를 들어 올리지 않고, 발가락을 볼 수 있을 때까지 머리를 들어 올리도록 하여 일 분 동안 유지한 후에 일 분간 휴식하도록 한다. 이를 3세트 시행한다. 그 후 머리를 들어 올렸다가 즉시 내리기를 30번 시행한다. 일 분 동안 머리를 들어 올리지 못하는 환자에게는 수정된 방법을 시행해야 한다.
- **성문위삼킴** 숨을 참고 삼키도록 한 후 기침하기를 통해 기도를 보호하고 깨끗하게 한다. 최대 성문위삼킴 기법은 이와 유사하나 환자가 좀 더 강하게 압력을 주면서 숨을 참고 시행하기가 요구된다.
- **혀 기저부 운동** 혀를 내밀었다가 가능한 한 뒤로 곧게 당기도록 하거나 가글이나 하품을 하는 것처럼 혀를 유지한다.

인지와 노화: 1차 및 3차 노화 요인

_ Karee E. Dunn

이 장에서는 인지적 노화를 여러 관점에서 설명할 수 있음을 인정하고, Piaget와 Schaie의 연구에 기반하여 발달적 측면에서 이를 다룬다. 본문의 전반부에서는 기본적인 인지 능력에 대한 설명과 유동성 대 결정성 지능에 대한 이론을 참조하여 인지적 노화의 1차적 측면을 설명한다. 본문은 인지의 정보처리모델을 중심으로 서술되며, 노화로 인한 두뇌 구조 및 활성화의 변화를 먼저 다룬다. 또한 정보처리모델의 구성 요소 및 인지 능력의 감퇴에 대하여 설명한다. 인지적 노화이론에 대해서는 관찰된 변화와 관련하여 간단히 다루기로 한다. 후반부에서는 인지를 유지하고 손실을 방지하는 방법과 인지 능력의 성장 및 잠재력에 대하여 설명한다.

노화에 대한 공통적인 통념은 노인들의 인지 능력, 특히 기억력이 저하된다는 것이다. 그러나 인지적 노화의 실상은 통념과는 다르다. 인지는 많은 기술을 필요로 한다. 노년층은 다른 연령대와 마찬가지로 기술의 성장 또는 감소와 함께 안정화된다. 또한 노화가 인지 능력의 변화에 미치는 양상은 개인마다 다르다. 개인차는 교육, 정신 활동 수준, 감정 상태 및 신체 건강과 같은 요소에 의해 영향을 받는다. 따라서 노년층에서 인지 능력의 변화가 관찰되는 시기나 양상을 유추하는 것은 어렵다.

인지는 모든 의사소통 활동에서 중요하다. 정상 인지 능력을 이해하는 것이 노화로 인한 인지 감퇴를 이해하고, 정상적인 1차 노화와 병리적인 2차 노화를 구별하기 위한 전제 조건이다. 과거에는 아동기를 성장의 시기, 성인기는 안정의 시기, 노년기는 죽음으로 향하는 상실의 시기로 보았다. 최근에는 인지적 노화를 '늙는 것이 아니라 나아지는 것'이라는 입장으로 보고, 이를 발달의 과정으로 설명한다.

인지적 노화는 여러 관점으로 설명된다. 발달적 측면에서는 이를 생각하는 방식이나 지능의 변화로 본다. 또 다른 관점은 정보처리모델(information processing model)의 틀 안에서 기억, 지각, 주의력과 같은 구성 요소들 중 어떠한 부분은 저하되고, 어떠한 부분은 유지되는지를 탐구한다. 뇌의 구조 및 경로의 변화나 인지적 노화이론은 정보처리모델 안에서 설명될 수 있다. 이 장에서는 이러한 관점들을 논의하면서 노년기의 인지 성장과 잠재력에 대해서도 서술하고자 한다.

인지 발달

인지적 노화를 바라보는 한 가지 방법은 우리가 나이가 들어 감에 따라 인지 처리 전략과 목표가 어떻게 변화하는지를 확인하는 것이다. 이는 일생 축적된 지식과 경험을 고려한다. 이에 대한 두 가지 관점에 대하여 다음에서 간략히 설명하고자 한다.

청소년기의 인지 발달: 후형식적 조작기

인지 발달에 대한 관점은 성인기에 대한 관심보다는 아동기부터 청소년기에 초점을 맞추는 경향이 있다. 예를 들어, Piaget는 초기 아동기에서 성인기까지 사고의 질이 어떻게 변화하는지를 검토함으로써 지능 발달단계를 설명하였다(Piaget & Inhelder, 1969). 이는 11세 전후로 시작되는 형식적 조작기에서 끝이 난다. 형식적 조작기의 사고는 합리적이고 논리적이며 연역적이다. 그러나 이는 현실에서 발생하는 문제나 의사 결정에서 감정의 역할을 반영하지 못한다.

Piaget의 초기 연구 이후, 많은 연구자들은 성인 이후의 후형식적 조작기 단계가 있다고 제안하였다. 이 단계에서는 지식이 일시적이며, 변화 가능성이 있고, 절대적이지 않음을 이해하면서 더 친밀하고, 융통성 있으며, 적용 가능성이 있는 추론적 사고를 하게 된다고 주장한다(Labouvie-Vief, 1984). 후형식적 조작기의 사고는 지식 습득보다는 관련 문제에 대해 반응하고 활용하는 것에 중점을 둔다. 이 단계는 삶의 경험이나 고등 교육의 영향을 받기 때문에 모든 노인이 반드시 후형식적 사고에 도달하는 것은 아니다.

정상 노년층에서, 이러한 사고의 변화는 특히 문제 해결 영역에서 일상적인 인지 능력에 영향을 준다. 삶의 변화에 직면했을 때, 후형식적 조작기에 도달한 성인은 형식적 조작기에 머물러 있는 변화를 확인하고, 더 효과적으로 다룰 수 있다. 이들은 새로운 정보에 더 개방적이며, 정보를 바탕으로 세계관을 바꿀 수도 있다. 교육이 후형식적 조작기술의 습득에 기여한다는 사실은 인지적 노화에 있어서 교육이 얼마나 중요한 요소인지를 부분적으로 설명할 수 있다.

Schaie의 후형식적 인지 발달에 대한 전생애적 모델

인지 발달의 변화를 바라보는 또 다른 방식은 다양한 삶의 단계에서 목표의 변화가 인지 행동에 동기를 부여하는 방법을 관찰하는 것이다. Schaie와 Willis(2000)는 인간의 인지가 삶의 특정 시점에서 사회적 약속과 요구의 결과가 되는지를 설명하는 7단계 모델을 제안하였다. 이 단계를 거치면서 삶의 목표는 지식과 기술의 습득에서부터 지식과 기술의 실용적 동화(알고 있는 것의 응용)와 의미나 목적을 추구하

는 것('왜 알아야 하는가?')에 이르기까지 변화한다. 후기의 단계들은 노년기에 더 전형적으로 관찰되며, 후형식적 사고를 반영한다. 각 단계에 대한 예는 다음과 같다.

- 1단계: 습득 단계(청소년기까지) 개인은 자신의 목적으로 또는 사회적 참여의 준비를 위해 정보와 기술을 습득한다.
- 2단계: 성취 단계(10대 후반부터 30대 초반까지) 습득한 정보와 기술은 목표를 추구하는 데 사용된다. 더 이상 학습을 위해 배우지 않는다.
- 3단계: 책임 단계(30대 후반부터 60대 초반까지) 개인은 직원 또는 가족 구성원과 같은 다른 사람들에 대한 책임과 관련된 실질적인 문제를 해결한다.
- 4단계: 집행 단계(30대부터 중년까지) 이 단계는 성취 단계 및 책임 단계와 중복될 수 있다. 이 단계에서 개인은 사회 체계(정부 또는 기업) 또는 사회적 운동을 담당한다. 또한 여러 상황에서 복잡한 관계를 다룬다.
- 5단계: 재조직 단계(중년의 후반부터 노년기까지, 후형식적 사고) 퇴직자는 자신의 삶을 재구성하고, 경제적 활동 대신 의미 있는 목표를 추구하는 데 인지적 에너지를 쏟는다.
- 6단계: 재통합 단계(노년기, 후형식적 사고) 개인이 참여할 수 있는 일을 선택하는 데 있어 특정 작업에 필요한 에너지의 양을 고려하게 되고, 생물학적 및 인지적 변화가 이러한 선택에 영향을 미친다. 노인은 자신에게 가장 의미 있는 일에 힘을 집중한다.
- 7단계: 유산-창조 단계(노년기 후반, 후형식적 사고) 노인은 죽음을 준비하면서 유산 처분, 장례식 준비, 일생에 대한 저술이나 구술 작업을 한다.

모두가 Schaie가 제안한 모든 단계를 겪는 것은 아니며, 그 시기도 고정된 것은 아니다. 높은 수준의 교육을 받고, 정신적으로, 육체적으로, 사회적으로 활발하게 활동하는 노인들은 더 높은 단계로 나아갈 가능성이 크다. Schaie의 관점에서 인지적 노화를 보면, 어떠한 인지적 활동이 노인 대상자에게 우선순위가 되어야 하는지 알 수 있다.

지능

지능은 인지 능력의 기초로 간주된다. 이는 노화의 1차적 인지 변화를 탐색하기 위한 바탕을 제공하며, 지난 50년 동안 이에 관한 논쟁이 있어 왔다. 이 장에서는 지능을 정의하기 위한 여러 이론들을 요약하였다. 중요한 쟁점은 지능이 연령에 따라 감소하는지 여부다. 각 이론들은 나이가 드는 것이 지능의 감소를 의미하는 것은 아님을 분명히 한다.

기초 정신 능력

기초 정신 능력은 공간 분석, 지각 속도, 수치 능력, 언어 능력, 어휘 능력, 기억력 및 귀납적 추리 능력 등을 포함한 핵심 인지 기술을 설명하는 데 사용되는 용어다(Thurstone, 1938). Schaie(2005)는 성인기 동안 이루어지는 기초 정신 능력의 발달을 조사하였다. 그는 21년간의 연구를 통해 노년층은 70대 중반까지 경미하지만 중요한 기초 정신 능력의 감퇴를 경험하지만, 80대까지는 구어 능력에는 거의 변화가 없고 젊은 성인의 평균 수행력보다 저하되지 않았다는 것을 발견하였다. 노년기에는 전반적인 감소 추세가 있었지만, 일부 기초 정신 능력에서는 수행력이 가장 높아지는 양상도 관찰되었다. Schaie의 자료는 인지가 복잡하고 다차원적이며 다양한 인지 기술과 연령 사이에는 역동적인 상호작용이 있다는 전제를 지지한다.

Schaie의 자료는 노화(60~70대) 과정에서 불가역적이고 생물학적인 감퇴는 불가피하다는 믿음을 뒷받침한다. 그러나 여기에는 사회적 · 문화적 환경, 삶의 경험 및 초기(젊은 성인기)의 언어 기술을 비롯하여 다른 요소가 영향을 미치거나 노년기의 인지 수준을 예측할 수 있다. 운동은 인지 능력 저하를 예방하거나 개선하며, 연령보다 개인차가 인지 기능에 더 영향을 미친다. 기초 정신 능력은 동일하게 감퇴하지 않는다. 따라서 중재는 개인의 현재 능력에 대한 이해를 바탕으로 고안되어야 하며, 인지 능력 저하에 대한 고정관념에서 벗어나야 한다.

유동성 지능과 결정성 지능

노년층의 지능을 검사하는 또 다른 방법은 유동성 및 결정성 지능에 관한 Cattell-Horn 모델을 사용하는 것이다. 유동성 지능은 추상적 추론 및 문제 해결을 포함하며, 습득한 지식, 교육 및 문화적 적응과는 독립된다. 유동성 지적 능력은 개인의 생각과 행동의 바탕이 되고, 새로운 문제를 해결하며, 단기 기억력을 다룬다. 결정성 지능은 과거 경험, 문화적 적응 및 습득한 지식을 반영한다. 이것은 시험을 보고, 언어나 습득한 기술을 사용하는 활동들의 근간이 된다. 청소년기에는 지능 지수가 최고조에 이른 후 감소하고, 결정성 지능은 성인기까지 계속 증가한다. 이러한 경향은 부분적으로는 결정성 지능이 성격과 동기뿐만 아니라 교육 및 문화적 기회에 의해 영향을 받기 때문이며, 유동성 지능에 영향을 미치는 생리적 변화에 의해서도 간접적으로 영향을 받기 때문이다(Horn, 1978; Horn & Cattell, 1967). 성인은 결정성 지능에 더 의존하면서 자신의 활동과 기술을 숙련시킨다. 결정성 지능은 더 높은 수준의 추론을 뒷받침하기 때문에 "나이가 들면 지혜로워진다."라는 속담의 근거가 되기도 한다.

정보처리

앞의 단락에서는 인지적 노화를 인지 처리 및 지적 능력의 발달단계 측면에서 접근하였다. 세 번째 접근법에서는 정보처리이론을 사용하여 노화에 영향을 받거나 받지 않는 특정 기술에 대하여 논의하고자 한다. 정보처리 전문가들은 인간의 마음이 컴퓨터와 유사한 방식으로 기능한다고 주장한다. 컴퓨터처럼, 마음(mind)에는 주어진 시간에 처리할 수 있는 정보의 유형과 양이 제한되어 있다. 또한 두뇌는 정보를 관리하기 위해 기계적으로 처리한다. 인간의 두뇌가 노화함에 따라 다양한 정보처리 기술의 변화도 예상할 수 있다. 노화의 영향을 이해하기 위해 이러한 기술을 검토해야 한다. 그러기 위해서는 먼저 노화된 뇌의 구조와 기능에 이용할 수 있는 자원이 무엇인지를 확인해야 한다.

노화 관련 신경 구조 및 기능의 변화

뇌의 가소성은 성인기까지 이어지지만, 뇌는 노화에 따른 다양한 변화를 겪는다. 30대 초반부터 뇌의 부피가 줄어들기 시작하며 60대, 70대 및 그 이상의 연령대에서는 이러한 변화가 더욱 뚜렷해진다. 이는 신경원(뉴런) 수축, 수초화의 손실, 수상돌기의 감소를 포함하는 신경의 변화에 따른 것이다. 뇌 부피 변화의 비율은 뇌의 영역에 따라 상당한 차이가 있다. 전두엽의 부피가 가장 급격히 감소하며, 두정엽과 측두엽이 그 뒤를 잇는다. 일차운동 또는 감각피질 영역에서는 거의 감소가 없다. 이러한 감퇴는 매우 뚜렷한데, 예를 들어 내측 측두엽에서는 70세 이후부터 매년 뇌 부피의 2% 정도씩 감소가 관찰된다(Christensen, Anstey, Leach, & Mackinnon, 2008; Wingfield, Prentice, Koh, & Little, 2000).

백질의 손실 정도는 회백질보다 훨씬 크며, 70대 초반에 가장 명백하다. 백질 손실은 특히 전전두엽과 관련된 인지 능력의 저하와 관련이 있다. 또한 도파민과 같은 중요한 신경전달물질의 손실과 함께 뇌 혈류 및 대사 활동도 감소한다. 이러한 모든 변화는 인지 기능의 손상과 관련이 있다(Christensen et al., 2008; Wingfield et al., 2000).

뇌 기능과 관련된 다른 변화들은 인지적 노화를 이해하는 데 중요하며, 이러한 변화들은 대뇌피질의 부위에 따른 기능을 확인할 수 있도록 한다.

일반적으로 대뇌피질의 기능 저하는 뇌의 앞쪽보다는 뒤쪽에서 더 많이 발생한다(노화로 인해 후방에서 전방으로 이동함). 그래서 나이가 들면서 후두엽의 활동이 감소하고, 전두엽의 활동이 증가한다. 노인은 또한 언어 및 인지 과제를 수행할 때 양측 전두엽 피질(대칭적)의 활성화를 보인다. 이 현상은 노년층의 비대칭적 피질 활성화의 감소(hemispheric asymmetry reduction in older adults: HAROLD)라고 불린다(Dennis & Cabeza, 2008). 이는 보상적인 활동으로 양측 반구의 활성화를 보이는 노인들은 인지 과제의 수행력이 더 높다.

인지 노화의 핵심은 노인의 뇌가 젊은 사람의 뇌와는 다르게 작동한다는 것이다. 그렇다면 정보처리 체계의 다양한 구성 요소는 각기 차별화된 방식으로 노화에 대응할 것이다. 인지 기술에서 어떠한 변화가 일어나는지 이해하기 위해서는 먼저 정보처리 체계의 구성 요소를 살펴볼 필요가 있다.

기초 정보처리 기술

인지의 정보처리모델(Atkinson & Shiffrin, 1968)은 마음이 환경으로부터 정보를 받아들이고(입력), 분석하고, 내적으로 또는 외적으로 반응(출력)하는 과정을 보여 준다. 정보처리 모델은 [그림 7-1]에 제시되어 있다. 첫째, 외부 정보(자극)가 시각, 소리, 냄새, 맛 또는 촉감을 통해 감각기억 단계로 들어간다. 감각기억 단계는 감각 정보를 뇌가 인식할 수 있을 정도까지만 보관하는 매우 제한된 단기 저장 공간이다. 감각기억의 정보는 주의되거나 무시될 수 있다. 무시되는 경우에는 정보가 처리과정에서 없어지면서 손실된다. 주의되는 경우에는 정보가 추가로 처리되어 단기기억이나 작업기억으로 도달한다.

'단기기억'이라는 용어는 여러 방법으로 사용되는데, 노화에 민감한 단기기억을 가리킬 때 작업기억이라는 용어를 사용하였다. 작업기억은 일종의 정신 작업 공간이다. 이는 개인이 의식적으로 또는 무의식적으로 다양한 인지 활동에 필요한 정보를 조작하는 곳이다. 감각 정보는 추후 처리 및 분석을 위해 작업기억에 머물면서 잊히거나 반복되고 정교화되며 부호화된 후 장기기억으로 보내진다. 장기기억에서 정보는 영구적으로 저장되거나 인출되고, 추가적인 작업을 위해 작업기억으로 다시 이동될 수 있다. 작업기억의 용량은 제한되어 있지만, 장기기억의 용량은 알려지지 않았으며 무한한 것으로 추정된다.

정보처리모델

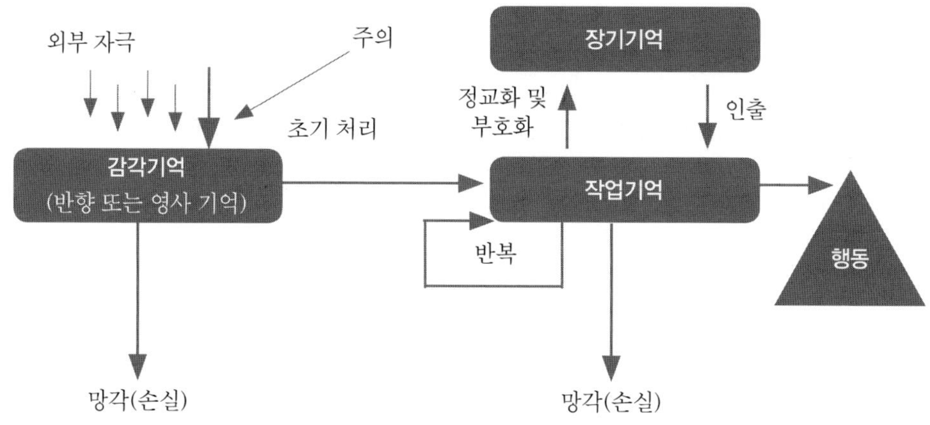

[그림 7-1] 정보처리 모델

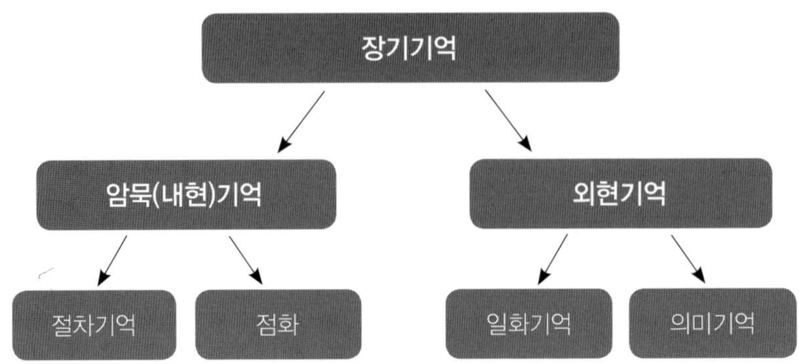

[그림 7-2] 장기기억의 유형

장기기억은 종종 두 개의 주요 구성 요소로 분류되며, 각 구성 요소는 [그림 7-2]와 같이 세분화될 수 있다. 이 요소들은 차별적으로 노화의 영향을 받기 때문에 이를 이해하는 것이 중요하다.

암묵(내현)기억 또는 비서술기억은 무의식적인 기억이며, 언어로 서술되기 어렵다. 암묵기억의 두 하위 유형은 절차기억과 점화다. 절차기억은 우리가 과제를 수행할 때 그 방법에 대한 의식적인 회상이 필요하지 않은 기억이다. 이는 '어떻게 하는지'에 대한 기억이다. 점화는 경험에 의해 확립되고, 촉발된 기억이다. 정보에 대한 친숙함과 경험은 그 정보와 연결된 신경 경로를 활성화한다. 이러한 점화 효과는 일부 응답의 가능성을 높이면서 다른 응답의 가능성을 줄여 준다. 점화 처리과정은 이름 대기 과제 수행 시 특히 중요하다. 만약 '글자 M으로 시작하는 미국의 주의 이름을 말해 보라.'는 요청을 받으면 한 번도 가 보지 않았던 '메인(Maine)'보다 자주 가 보았던 '미주리(Missouri)'를 말할 가능성이 더 크다.

외현기억 또는 서술기억은 정보를 상기하기 위한 의식적인 사고와 노력이 필요하다. 대부분의 사람들이 기억을 지칭할 때 이 용어를 사용한다. 외현기억의 두 하위 유형은 일화기억과 의미기억이다. 일화기억은 개인의 경험에 대한 자전적 형식의 기억이다. 이는 '우리가 처음 만난 날'이나 '아이가 태어난 날'을 기억하는 데 도움을 준다. 그리고 의미기억은 세상에 대한 사실이나 교과서를 통한 학습을 반영한다. 외현기억의 인출에 대한 요구는 회상(적극적인 인출을 요구)에서 친숙한 느낌이 드는지 판단하는 정도(약한 정도의 인출을 요구)에 이르기까지 다양하다. 또한 인출하는 빈도와 학습의 맥락에 의해 좌우된다. 만약 첫 번째 데이트에서 어떤 영화를

보았다면 그 영화의 내용을 훨씬 잘 기억하게 된다.

정보와 관련된 행동의 유형

정보처리모델은 다양한 인지 행동을 포함한다. 받아들이거나 저장한 정보를 가지고 하는 일이 '행동'이다. 특히 학습, 메타인지, 집행 기능 및 문제 해결과 같은 고차원 인지 과정에서 행동은 중요하다. 이러한 과정은 정상적인 노화 과정에서 구조와 기능적 변화가 많이 관찰되는 전전두엽 피질의 기능과 관련이 있다.

노화와 관련된 특수한 변화

다음에서는 정보처리모델의 구성 요소가 어떻게 노화의 영향을 받는지를 설명한다. 〈표 7-1〉은 노화 관련 영역의 변화의 방향(기술의 향상, 유지 또는 감소)과 노화로 인한 변화를 수용하는 방법에 대한 개요를 제시한다.

감각기억

건강한 노인에게서 관찰되는 첫 번째 노화 관련 변화는 청각 및 시각 감각 기능의 변화다. 내부의 시각적 복사본을 '영사기억(iconic memory)'이라 부르며, 내부 청각 복사본을 '반향기억(echoic memory)'이라 한다. 시력과 청력은 초기 노화 단계에서부터 변화하기 때문에 감각기억의 변화를 보인다. 나이를 먹으면 감각 정보를 등록하는 데 시간이 더 오래 걸리고, 자극 탐지를 위한 역치가 증가하며, 감각 정보가 등록 후 더 빨리 사라지거나 잊힌다(Fozard, 1990).

비록 건강한 노인에게는 감각상실이 경미할 수 있지만, 감각상실로 인한 영향력은 측정된 감각 능력의 상실보다 클 수 있다. Lindenberger와 Baltes(1994)의 연구에서 70~100세 집단의 시력과 청력은 인지 점수의 변화를 50% 정도 설명하는 변수로 보고되었다. 이는 작은 변화가 전반적인 인지 기능의 변화를 야기할 수 있음을 시사하는데, 그 이유는 감각 입력의 관리나 자극의 처리에 추가적인 노력이 요구되기 때문이다. 노력의 양에 대해서는 추후 인지노화이론을 다루는 단락에서 논의하겠다.

표 7-1 정보처리모델의 특정 영역: 노화와 관련된 영역의 변화 및 변화 수용 방법

영역		노화로 인한 변화	수용 방법
감각기억	영사기억	감퇴	• 약품 및 기타 인쇄물에 대한 설명서는 큰 인쇄물을 사용하기 • 희미한 빛을 밝게 하기
	반향기억	감퇴	• 크게 천천히 말하기 • 배경 소음을 줄이기
주의	선택적 주의	감퇴	• 배경 소음을 줄여서 혼란을 줄이기(예: 텔레비전을 끄거나 복도 문을 닫아 복도의 소음을 줄이기) • 고객과 일하거나 중요한 정보나 지침을 제공할 때 방해 자극이 없는 방에서 하기 • 노인의 행동을 면밀히 관찰하면서 방해가 되는지 확인하기 • 작업의 의미와 개인적 연관성 높이기 • 목표와 치료 활동과의 관련성을 설명하기
	배분적 주의	감퇴	• 복잡한 작업을 완료하도록 요구할 때 작업의 개인적 관련성을 강조하고, 눈에 띄는 특성에 주의를 기울이기 • 노년층에게 흥미롭고 다소 도전적이며(너무 어렵지 않은) 명확하고 관련성 있는 작업을 고안하기
지각 처리의 속도와 정확성		감퇴	• 과제 복잡성을 통제하기 • 복잡한 과제에는 더 많은 시간과 지원을 제공하기
작업기억		감퇴	• 각 개인에게 중요한 작업기억의 우선순위를 확인하기 • 결과를 관리하기 위한 전략 세우기(예: 화장실과 같이 정기적으로 방문하는 장소에 알림 메모 두기)
장기기억	절차(암묵)	유지	
	점화(암묵)	유지	
	의미(외현)	유지 및 증대	
	일화(외현)	감퇴	• 시각화 및 다감각 정보로의 부호화를 통해 기억 전략 훈련하기 • 새로운 경험을 과거의 경험과 관련짓도록 가르치기
고등인지 처리 • 학습 • 문제 해결 • 메타인지 • 집행 기능		일부 감퇴, 전략의 일부 변화	• 작업과 행동의 우선순위를 정하도록 돕기 • 정보를 독특하고 두드러지게 만드는 학습을 위해 제시되는 자극을 변경하기 • 문제 해결을 위해 노인에게 제공되는 정보의 양을 줄이기

주의 및 지각 처리

주의력은 정보가 처리 과정을 거칠지, 처리 과정에서 벗어날지를 결정하는 데 중요한 역할을 한다. 이는 정보처리를 지원하는 제한된 인지 에너지이며(Kok, 2000), 종종 노화의 영향을 받는다. 주의의 하위 유형에는 여러 가지가 있지만, 중요한 두 가지 유형은 선택적 주의와 배분적 주의다. 선택적 주의는 특정 정보와 관련 없는 정보를 구별하고, 특정 자극에만 초점을 맞추는 능력이다. 놀이터에서 놀고 있는 아이들의 소음을 차단하면서 공원에서 책을 읽는 것이 그 예가 된다. 나이가 들어 감에 따라 선택적 주의가 감퇴되므로, 노인은 업무가 복잡할 때 젊은 성인보다 어려움을 겪는다. 양로원과 같은 환경은 산만함으로부터 자유롭지 못하므로 부적절한 자극을 줄이기 위한 장소가 더 좋다.

선택적 주의는 다른 정보를 배제하고 한 가지 일에 자신의 인지 에너지를 선택적으로 집중시키는 것이다. 노인은 장기간의 노력이 필요한 업무에 보다 적극적으로 참여하고, 의미 있고 개인적으로 관련이 있으며 정서적으로 중요한 업무에만 에너지를 사용함으로써 선택적 주의를 유지한다. 따라서 이러한 요소는 건강관리의 상호 관계에서 고려되어야 한다.

배분적 주의는 한 번에 둘 이상의 정보를 처리할 수 있는 능력이다. 그 예로는 전화 통화를 하면서 텔레비전을 보거나, 운전을 하면서 도로 표지판을 보는 것이다. 배분적 주의 과제가 간단하고 단순한 경우, 노년층과 청년층의 수행력은 유사하다(Wickens, Braune, & Stokes, 1987). 두 연령 집단 모두 과제가 복잡해지면 수행력이 저하되지만, 노년층이 과제 복잡성에 더 영향을 받는다(Madden, 1986; McDowd & Craik, 1988).

노화에 따른 지각 처리 속도와 효율성은 감퇴한다. 속도는 신호 수신과 초기 지각처리에 필요한 시간을 나타낸다. 처리 속도는 기억 과제 수행에서 연령과 관련된 변화를 80% 이상 설명한다. 느린 수행 속도는 운동 속도의 저하에만 기인하는 것이 아니다. 청년층에서도 과제의 복잡성이 증가할 때 반응시간이 증가한다는 것은 수행력의 변화에 영향을 주는 다른 요소가 있음을 시사한다. 즉, 노인을 위한 지시 사항이나 과제의 복잡성을 통제하고, 과제 복잡성이 증가함에 따라 더 많은 시간과 도움을 주는 것이 중요하다.

기억

기억은 정보를 저장하고, 유지하고, 회상하는 것이다. 기억 문제는 정보의 저장을 적절히 하지 못하거나 보유하지 못하거나(잊어 버림) 정보를 인출하지 못하는 것을 포함한다. 점진적인 기억상실이 항상 노년층에서만 관찰되는 것은 아니며(Jennings & Jacoby, 2003), 개인차가 존재한다. 특히 중요한 것은 정상(1차) 노화 과정에서 관찰되는 작업기억과 장기기억의 변화인데, 기억이 얼마나 오래 지속될 것으로 예상되는지에 따라서 이 둘을 구분한다. 2차 인지적 노화에 따른 기억장애는 다음 장에서 논의하겠다.

- **작업기억** 정보처리모델 내에서 작업기억은 노화에 가장 큰 영향을 받는다. 일부 학자들은 이것이 언어 처리와 산출을 포함한 인지적 조작의 주요 쇠퇴 원인이라고 믿는다. 이는 제9장과 제10장에서 다시 논의하기로 한다.

  작업기억의 감퇴는 건강관리와 관련된 복잡한 지침을 처리하거나, 집으로 가는 방향을 이해하고 기억하는 등의 일상적인 기능에 영향을 미친다. 작업기억의 정도는 심혈관계 건강, 약물치료, 교육 등 여러 요인에 의해 영향을 받는다. 일부 작업기억 과제는 노인에게 다른 과제보다 더 어렵다. 예를 들어, 숫자를 순서대로 회상하는 과제(숫자 따라 외우기)가 문자를 순서대로 회상하는 과제(문자 따라 외우기)보다 더 어렵다. 일반적으로, 언어적 작업기억보다 공간적(비언어적) 작업기억에서 연령에 따른 차이가 크게 나타난다. 작업기억을 검사하는 방법과 기억 과제와의 관련성은 연령차에 따른 결과나 해석에 영향을 준다. 노인이 숫자나 문자의 순서를 기억하는 것이 과연 얼마나 중요한가?

  특정 실험에 국한된 작업기억 검사로 실제의 기능 저하를 항상 확인할 수 있는 것은 아니다. 따라서 자연주의적 관찰은 일상의 기능에 영향을 미치는 작업기억에서 실제적인 손상을 확인하는 가장 좋은 방법이다. 가족과 친구들도 작업기억 손상으로 인한 기능 제한에 대한 정보를 제공할 수 있다. 일상에서 활용되는 일부 전략은 작업기억 손실의 영향을 최소화하는 데 유용하다(〈표 7-1〉 참조).

- **장기기억** 연령에 따른 장기기억의 변화는 흔히 관찰된다. 그러나 이러한 변화의 정도는 과제(예: 조직화 대 의미론적 정교화 대 상상)에 필요한 처리 과정

에 따라 다르다. 이전에 설명한 네 가지 유형의 장기기억(절차, 점화, 의미 및 일화) 중에서 일화기억을 제외한 모든 것이 안정적으로 유지되고, 의미기억의 경우 향상된다. 일화기억의 감퇴는 새로 처리된 정보를 기억하거나(Johnson, Reeder, Raye, & Mitchell, 2002) 정보의 출처를 기억하는 것(Johnson, Hashtroudi, & Lindsay, 1993)에서 관찰된다.

노인은 일화기억의 손실을 줄이거나 극복하거나 심지어 예방할 수 있는 전략과 기법을 사용할 수 있다. 이러한 전략 중 상당수는 새로운 정보를 보다 능동적으로 부호화할 수 있는 활동을 배우는 것과 관련이 있다. 한 연구에서 새로운 정보를 조직하도록 지시받은 노인은 지시받지 않거나 스스로 그렇게 하지 않은 노인보다 수행력이 높았다(Backman, Mantyla, & Herlitz, 1990). 뇌의 생물학적 변화로 인한 부정적인 측면도(특히, 장기기억과 관련된 해마의 변화) 정신 운동을 통해 개선될 수 있다(Park, Polk, Mikels, Taylor, & Marshuetz, 2001; Schacter, Savage, Apert, Rauch, & Albert, 1996). 건강한 노인의 일화기억은 주로 장기간의 기억이 아닌 새로운 경험에 의해 영향을 받는다. 이는 노인들이 70년 전의 어린 시절에 대해서는 상세히 이야기할 수 있지만, 아침에 받은 전화 내용은 기억하지 못하는 것을 설명해 준다.

• **고등인지 처리** 앞에서 설명한 모든 구성 요소는 학습, 문제 해결, 메타인지 및 집행 기능과 같은 고등인지 처리 과정에서 중요한 역할을 한다. 물론 여기서도 개인차가 영향을 미친다. 노인은 계속해서 새로운 정보를 배우고 사용할 수 있지만, 그렇게 하기 위한 전략은 항상 젊은 성인의 경우만큼 효과적이지 않다. 자극이 독특하고 기대와 다르거나 일관성이 없을 때 학습과 기억 능력이 향상된다. 문제 해결 능력의 변화는 앞에서 설명한 바와 같이 인생 단계를 거치면서 향상된다. 통제된 실험실 연구에서 노인은 젊은 성인보다 수행력이 저하되었고, 질적으로는 다소 차이가 있었지만 실생활에 대한 문제 해결 능력이 유지되었다.

이러한 모든 고등인지 기능은 집행 기능의 일부로 간주될 수 있으며, 노화에 따라 다양한 집행 기능을 수행하는 데 있어 차이가 있을 수 있다. 앞에서 설명했듯이, 노인의 뇌는 뒤쪽보다는 앞쪽에서 더 많이 활성화되고, 좌측 전전두엽에서 관리되는 집행 기능은 나이가 들수록 우측 반구로 옮겨 가는 경향이 있다. 일부 연구자들은 인지적으로 잘 노화될 때 이러한 전이가 보상적 작용으로 나타나는 것이라고 설명하였다. 일생 집행 기능에 대한 더 많은 정보가 필요하지만, 노인은 일상의 활동이나 작업을 구성할 때 우선순위를 매기는 등의 활동을 통해 이러한 기능을 향상할 수 있다.

〈표 7-1〉에서는 정보처리모델에서 노화와 관련된 특정 영역의 변화와 이러한 변화를 개선하는 방법을 제시하였다.

인지적 노화이론

개인차는 인지적 노화의 이질성을 설명한다. 사람의 인지 능력에 영향을 미치는 요소에는 사회적 네트워크, 지원 시스템, 관계성, 성과를 유지하거나 최대화하기 위한 동기부여, 성격, 건강, 감정적 전망, 인생 경험, 개인 목표 및 문화적 영향이 포함된다. 인지 능력은 노인이 자신의 인지 능력을 어떻게 보는지와 노화에 대한 부정적인 사회적 기대 및 노화에 대한 고정관념에 의해 현저하게 영향을 받는다. 개인적 신념과 사회적 인식은 기억과 관련된 과제의 수행 결과를 혼란시키는 변수다(Levy, 2003). 각 개인의 삶의 경험은 뇌를 변화시킴으로써 인지 기능을 변화시킨다. 인간은 변화에 적응할 수 있기 때문에, 뇌 자체나 생활환경에 변화가 있더라도 기능 수준을 유지한다.

이러한 변화의 근본적인 기제가 무엇인지는 여전히 의문으로 남아 있다. 이 질문에 대답하기 위해 인지적 노화에 대한 많은 이론이 제안되었다. 각 개인이 경험하는 특수성을 설명할 수 있는 이론은 없지만, 개개인의 인지적 노화의 수명이나 특수성을 통해 관찰된 인지 능력의 변화를 설명할 수는 있다. 또한 이론을 통해 치매를 더 잘 이해하고, 보다 효과적인 중재를 개발하는 데 이것이 중요한 역할을 한다.

인지적 노화이론과 임상적 적용에 대한 자세한 사항은 제9장에서 다루기로 한다. 이 장에서는 가장 일반적으로 논의되는 노화 관련 인지 변화의 세 가지 개요—자원이나 예비 용량(reserve capacity)의 제한, 느린 인지 처리 속도, 정상적인 억제 처리 과정의 손상—만 설명하였다.

예비용량이론

인지적 노화에 대한 거의 모든 이론은 인지 활동을 위한 신경 또는 처리 자원의 유한한 범위가 있음에 동의한다(Burke & Shafto, 2008; Wingfield et al., 2000). 나이가 들어 감에 따라 자원(예비 용량)은 감소한다. 더 복잡한 작업을 처리하기 위해서는 더 많은 자원이 필요하므로 기능이 저하될 가능성도 높아진다. 이러한 자원이 무엇인지에 대해서는 다양한 의견이 있으며, 자원은 실제로 뇌 구조 자체일 수도 있다. 더 많은 신경원(neuron)과 큰 뇌를 가진 사람(체중 기준)은 알츠하이머병과 같은 장애에 저항할 수 있는 많은 자원을 가진다. 뇌 예비 용량은 교육이나 지능과 관련이 있으며, 두 가지 모두 뇌 손상 회복에 대한 예후를 향상하고, 인지적 노화에 대한 완충제로 작용한다. 자원은 작업기억 용량과 같은 특정 요소로 기술될 수 있으며, 뇌의 예비 용량이나 인지적 수행력에 대한 삶의 변화 또는 스트레스의 영향을 반영하기 위해 광범위하게 해석될 수 있다(Burke & Shafto, 2008).

처리 속도

중년부터 인지나 지각 처리 속도가 느려지며, 그 이후에는 더욱더 두드러지게 나타난다. 노화와 관련하여 보다 명백한 변화 중 하나는 연령이 증가함에 따라 반응시간이 증가한다는 것이다. 말 신호의 처리 과정은 모든 인지행동 중 가장 민감하게 반응속도에 영향을 받는다. 말 처리를 완료하는 데 시간이 오래 걸릴수록 신호가 소실되고, 후속 행동이 부정확해질 가능성이 커진다(Salthouse, 2000).

억제결함 가설

인지적 노화에 대한 세 번째 이론은 나이가 들어 감에 따라 관련 정보와 경쟁 활동을 방해하는 뇌의 능력이 변화하고, 자극이나 사고 과정의 혼란을 경험한다는 것이다(Hasher & Zacks, 1998). 하나의 자극이나 활동에 주의를 집중하기 위해서는 다른 자극에 대한 주의를 억제해야 한다. 문제 해결을 위해서는 유용하지 않은 정보는 무시하고, 더 적절한 조치를 하기 위해 생각을 제한할 수 있어야 한다. 인지적 노화

에 대한 억제결함 가설은 단어 인출의 어려움을 설명하는 데 특히 유용하다.

인지적 유지와 손실 예방

미국의 방송 매체는 노화를 인지 기능이 저하하는 이미지로 어둡게 묘사한다(Carstensen, 2007). 우리가 사고, 기억, 문제 해결 또는 의사 결정 능력의 손상을 경험하거나 미래에 노화와 관련된 문제를 걱정하는 것은 당연하다. 그러나 건강한 생활 습관을 가진 사람들은 거의 인지 능력의 손상을 보이지 않는다(Carstensen, 2007; Tyas, Snowdon, Desrosiers, Riley, & Markesbery, 2007). 인지 손상은 마음(예: 우울증, 알츠하이머병)이나 신체(예: 대사장애, 동맥경화, 만성 간 또는 신부전) 모두에 영향을 미치는 기저 질환을 반영할 가능성이 높다.

인지적 손상은 인지 체계를 계속 사용하는 정신 운동을 통해 감소될 수 있다. 즉, '사용하지 않으면 잃어버린다.'는 말은 노화에 있어서 신체 기능과 인지 능력에 모두 적용된다. 시애틀 종단연구(Seattle Longitudinal Study)에서는 인지 능력 저하를 경험한 참가자에게 귀납적 추론과 공간지남력을 개선하기 위한 훈련을 한 시간씩 5회에 걸쳐 연속적으로 실시하였다. 참가자의 절반 이상은 상당한 인지 능력의 개선을 보였다. 이러한 결과는 인지적 손상의 원인이 사용하지 않는 것에 있고, 더 중요하게는 손상을 되돌릴 수 있음을 보여 준다(Schaie, 1983).

이러한 결과는 공식적인 인지 중재의 필요성을 보여 주지만, 모든 연령의 사람들은 정신적으로 자극을 주는 일상 활동에 참여하여 두뇌를 활성화할 수 있다. 다음은 정신 운동을 위한 일상 활동의 예시들이다.

- **회상하기** 사야 할 식료품 목록, 할 일 또는 마음에 새길 만한 어떠한 문구를 암기해 보라. 한 시간 정도 후에 가능한 한 많은 항목을 회상해 보라. 자극을 극대화하기 위하여 암기할 항목을 최대한 어렵게 만들어 보라.
- **기억해서 지도 그려 보기** 새로운 장소에서 집으로 돌아올 때, 머릿속으로 지도를 그려 본다 새로운 장소를 방문할 때마다 이 운동을 반복한다.
- **암산하기** 계산기나 연필과 종이 없이 암산을 해 보자. 걸으면서 암산을 하는

것으로 난이도를 높여 본다.

- **요리 강좌 듣기** 새로운 요리 방법을 배워 보자. 요리는 다양한 감각을 사용하며, 이 감각들은 뇌의 다양한 부분을 활용한다.
- **단어 떠올리기** 한 단어의 철자를 머릿속으로 떠올려 본 후에 단어의 첫 두 글자나 마지막 두 글자와 동일한 단어를 떠올려 본다.
- **손과 눈 협응하기** 코바늘 뜨기나 그림 그리기, 직소 퍼즐과 같이 미세한 손의 움직임을 활용하는 기술을 배워 본다.
- **새로운 스포츠 배우기** 무리하지 않는 선에서 의사가 허락한 새로운 운동을 배워 보자.
- **외국어 배우기** 새로운 언어를 배우는 것은 뇌의 여러 영역, 특히 듣기, 청각 및 이해와 관련된 영역을 자극한다.
- **악기 연주법이나 음악 공부하기** 음악은 다양한 방면으로 뇌를 자극한다(Melone, 2008).

노년기가 반드시 노화로 인해 정신과 육체가 파괴되는 시기는 아니다. 오히려 인지 기능이 안정되고, 지혜와 창조력이 트이는 시간이 될 수 있다.

인지적 성장과 잠재성

노년기는 평생 이루어진 풍부한 개인적 경험과 지식이 축적되는 시기다. 그 결과로 노인은 새로운 관심사, 사고방식 및 지혜를 계발할 수 있다. Maslow(1970)는 이 과정을 '자아실현(self-actualization)'이라 하였는데, 이는 인간의 요구에 대한 위계에서 가장 높은 단계에 해당한다. 자아실현은 개인의 미적 능력, 창조 능력, 문제 해결력, 철학 및 도덕적 이해가 높아질 때 가능해진다. 이 단계는 청년층보다는 노년층이 더 쉽게 도달할 수 있다. 이와 유사하게, Erikson, Erikson과 Kivnick(1986)은 노인이 삶에 대한 사회적 증인이며, 한 세대에서 다음 세대로의 상호 연결이나 상호 의존에 대한 지혜를 더 많이 가지고 있다고 하였다.

예술가

나이가 들수록 자연과 미학의 진가를 알게 된다. 일부 노인들은 원예, 들새 관찰, 여행, 그림 그리기, 피아노 연주와 같은 새로운 활동을 한다. 노인에 대한 일반적인 오해는 잘할 수 있는 것이 없기 때문에 이러한 활동에만 몰두한다는 것이다. 그러나 젊었을 때 이러한 활동을 할 시간이 없었다고 하더라도 노년기에 접어든다고 해서 갑자기 창조적 재능이 증가하지는 않는다. 다만, 그 재능을 표현하고자 하는 욕구가 증가하는 것처럼 보인다. 인생을 통해 창의적인 재능을 발휘하는 사람에게 있어서 노년기는 영감이 다시 깨어나는 시기다.

창조성이 특출난 사람들에 대한 연구(Csiksentmihalyi, 1996)에서, 일부 대상자들은 자신의 창의력, 목표 또는 작업의 질이 나이가 들면서 저하된다는 느낌을 보고하였다. 그들은 시간, 에너지, 힘이 감소함을 인식하면서 작업과 관련하여 급박감을 느꼈다고도 보고하였다. 인생의 후반기에 위대한 예술적 성공을 경험한 노인의 사례로는 80세의 나이에 아카데미 상을 수상한 George Burns(미국의 배우), 93세에 연극을 집필한 George Bernard Shaw(아일랜드의 극작가), 100세의 나이에 여전히 그림을 그리는 Grandma Moses(미국의 화가) 등이 있다.

철학자

나이가 들면서 우리는 세상을 바라보는 방식에서 근본적인 변화를 경험한다. 어떠한 이들은 남아 있는 시간을 고대하는 대신 지나간 시간을 되돌아본다. 그렇게 함으로써 전반적인 맥락에서 삶의 실패와 성공을 평가하기도 한다. Butler(1963)는 이를 '삶의 검토'라고 명명하면서 개인의 성격을 최종적으로 재구성하고 통합하는 것으로 묘사하였다. 그리고 죽음을 준비하기 위해 삶의 초기에 생겨났던 갈등을 해결하고 받아들이는 것을 배우는 마지막 기회라고 설명하였다.

Erikson(1959)은 이와 유사한 단계가 성격 발달의 8단계 중 가장 마지막 단계에 해당한다고 기술하였다. 각 단계는 해결해야 할 특정 정신적 · 사회적 문제로 대변된다. 최종 단계는 완성감 대 절망감(integrity versus despair)인데, 이 단계에서는 개인의 삶을 돌아보는 과정이 수반된다. 자신의 삶이 잘 완성되어 왔음을 아는 노인은

죽음을 받아들일 준비가 되어 있을 것이다. 그러나 그러지 못했다고 생각하면, 절망감을 느끼면서 죽음을 받아들이는 과정도 어렵게 느껴질 것이다. 삶에 대한 반추를 한다 하더라도 항상 인식할 수 있는 수준에 다다르는 것은 아니다. 모든 노인이 적극적이고 의식적으로 삶을 검토하거나 정신적 · 사회적 문제를 해결하려고 시도하지는 않는다.

경우에 따라서 삶의 검토는 노인의 정신 건강을 자연적으로 치유할 수 있는 회고, 그리움 또는 이야기의 형태로 나타나기도 한다(Butler, Lewis, & Sunderland, 1998). 회고의 중요성은 장기요양 보호시설에서 '추억하기 집단'이라는 프로그램을 구성하는 근거가 된다. 이 프로그램은 삶을 검토하는 노인들에게 좀 더 공식적인 회고 형식을 제공하기 위해 고안되었다.

나이가 들어 감에 따라 인간이 경험하는 내성과 반사성이 증가하면서 역사적, 사회적, 문화적으로 삶의 관점을 확장하려는 시도가 이루어지거나 강화될 수 있다. 역사가, 철학자 및 기타 학자들의 생산성은 보통 60대 또는 70대에 이르러 절정에 도달한다. 예를 들어, Cervantes는 68세의 나이로 『돈키호테(Don Quixote)』를, Will과 Ariel Durant는 80대의 나이에 『역사의 교훈(The Lessons of History)』과 『삶의 해석(Interpretations of Life)』을 출간하였다. 이 작품들은 나이가 들더라도 지속적으로 인지가 발달할 수 있고, 특히 삶을 검토하는 자세에 따라 손실이 아닌 인지적 성취가 가능함을 보여 준다.

현자(현명한 사람)

나이가 드는 것에 대한 긍정적인 결과 중 하나는 지혜로워지는 것이다. 지혜에 관한 많은 정의가 있는데, 대부분은 인간에 대한 통찰이나 자신의 삶을 살아가기 위한 최선의 방법에 대한 지식을 의미한다(Baltes & Staudinger, 2000). 지혜는 철학적 지혜와 실용적 지혜의 두 가지 유형으로 나눌 수 있다(Dittmann-Kohli & Baltes, 1990). 철학적 지혜는 자기 자신과 타인 사이에 존재하는 추상적인 관계에 대한 이해를 반영한다. 실용적 지혜는 삶에 대한 실용과 관련된 전문 지식, 우월한 판단 및 뛰어난 통찰력을 반영한다(Baltes & Staudinger, 1993). 종합적으로, 지혜는 지식, 이해 및 경험의 상호작용과 함께 이러한 자질을 문제 해결에 적용할 수 있는 역량을 포함한다.

이 장의 앞부분에서는 노인의 인지를 개념화하기 위한 다양한 접근법을 소개하였다. 지금 소개되는 마지막 접근법은 Baltes와 Smith(1990)의 노화와 관련된 지혜의 변화에 대한 연구다. 그들은 마음이 두 가지 기본 차원, 즉 마음의 구조와 마음의 활용으로 구성되어 있다고 보았다. 마음의 구조는 앞서 논의한 정보처리 과정(정신적 하드웨어)의 조작을 포함한다. 이 차원에서는 노화로 인한 손실이 가장 일반적으로 관찰된다. 마음의 활용은 삶의 전반에 걸쳐 수집된 사실적이고 전략적인 지식뿐만 아니라, 정보를 인출하여 현실적인 문제를 해결하는 데 적용하는 능력인 정신적 소프트웨어를 지칭한다. 마음의 활용은 동기와 감정도 반영한다. 지혜는 마음의 활용 차원과 관련이 있으며, 일상생활의 주요한 장애물과 사소한 장애물을 탐색하는 전략으로 정의된다.

생물학적 요소보다는 문화와 경험이 마음의 활용에 영향을 미치기 때문에 노화는 지혜의 감퇴나 침체가 아닌 성장과 관련이 있다(Harppe, Winner, & Brownell, 1998; Rybash, Roodin, & Hoyer, 1995). 그러나 생물학적으로 나이를 먹는다고 해서 지혜가 생기는 것은 아니며, 모든 노인을 현명하다고 생각하는 것은 고정관념이다. 성격과 관련된 성향(예: 새로운 경험이나 생성에 대한 개방성)이나 삶의 경험(예: 훈련, 좋은 지침 또는 삶의 도전을 다루는 멘토링)들은 지혜를 쌓는 데 도움을 준다(Baltes & Staudinger, 1993).

전반적으로 노년기의 인지적 구조는 청년층의 인지만큼 효과적으로 작동하지 않을 수 있지만, 정신적 처리 과정은 노년기에 보다 창의적이고 순응적이며 적절할 수 있다. 한 걸음 나아갈 때 노인은 예술가, 철학자 및 현자로서의 새로운 역할을 수행하는 데 필요한 경험을 하게 된다. 그리고 이는 결과적으로 그들 각각의 사회를 형성하는 데 많은 도움이 된다. 새로운 인지적 역할에 대한 참여는 인지 발달이 다방향적으로 일어나며, 일부 능력은 감소할 수 있지만 다른 능력들은 노년기에도 성장한다는 사실을 뒷받침한다.

핵심 내용

이 장에서는 두 가지 주요 요소를 강조하였다. 즉, 인지적 노화는 매우 복잡하며, 상실하는 것 이상의 의미를 포함한다는 점이다. 인지적 노화에 대한 요점은 다음과 같다.

- 인지적 노화의 1차적 측면은 인지 능력의 손실과 성장을 모두 포함한다.
- 노인의 지능은 70대 중반까지는 감소하지 않지만, 80대에는 감퇴가 두드러진다.
- 의미적 지식은 상대적으로 보전된다.
- 성인이 나이가 들어 감에 따라 정보가 어떻게 처리되는지, 특히 작업기억, 일화기억, 감각 처리 및 주의의 측면에서 가장 변화가 크게 나타난다.
- 뇌 구조와 기능의 변화는 인지적 노화에 기여한다.
- 제한된 자원, 느림 또는 억제력 손실과 같은 기저의 요소도 인지에 영향을 미친다.
- 노인의 수행력은 예비 용량의 감소, 처리 속도의 지연, 억제 능력의 상실에 의해 영향을 받는다.
- 인지적으로 자극하는 활동과 전략 훈련에 참여하면, 기술을 유지하고 감퇴를 줄이는 데 도움이 될 수 있다.
- 삶의 전반에 걸쳐 성장하는 인지 능력으로는 습득한 지식, 창의력 및 지혜의 적용 능력 등이 있다.
- 생물학적 요소가 아닌 문화가 지혜를 결정한다.
- 노년기는 다른 삶의 단계와 마찬가지로 잠재력이 있고, 취약해지기도 하는 시기다. 노인은 그간 잘 보내 왔던 삶에 대한 긍정적인 시각이나 삶을 헛되게 보냈다는 부정적인 시각으로 인생을 마치게 된다.

참고문헌

Atkinson, R. C., & Shiffrin, R. M. (1968). Human memory: A proposed system and its control processes. In K. W. Spence & J. T. Spence (Eds.), *The psychology of learning and motivation* (Vol. 2, pp. 89-195). New York: Academic Press.

Backman, L., Mantyla, T., & Herlitz, A. (1990). Psychological perspectives on successful aging: The optimization of episodic remembering in old age. In P. B. Baltes & M. M. Baltes (Eds.), *Successful aging* (pp. 118-163). New York: Cambridge University Press.

Baltes, P. B., & Smith, J. (1990). Towards a psychology of wisdom and its ontogenesis. In R. J. Sternberg (Ed.), *Wisdom: Its nature, origins, and development*. Cambridge, UK: Cambridge University Press.

Baltes, P. B., & Staudinger, U. M. (1993). The search for a psychology of wisdom. *Current Directions in Psychological Science, 2,* 75-80.

Baltes, P. B., & Staudinger, U. M. (2000). Wisdom: A metaheuristic (pragmatic) to orchestrate mind and virtue toward excellence. *American Psychologist, 55,* 122-136.

Burke, D. M., & Shafto, M. A. (2008). Language and aging. In F. I. M. Craik & T. A. Salthouse (Eds.), *The handbook of aging and cognition* (3rd ed., pp. 373-443). New York: Psychology Press.

Butler, R. N. (1963). The life review: An interpretation of reminiscence in the aged. *Psychiatry, 26,* 65-75.

Butler, R. N., Lewis, M., & Sunderland, T. (1998). *Aging and mental health: Positive psychological and biomedical approaches* (5th ed.). Austin, TX: PRO-ED.

Carstensen, L. L. (2007). Growing old or living long: Take your pick: Research to undertand the psychological and emotional process of aging is essential to creating a society in which the elderly can thrive. *Science and Technology, 23,* 41-54.

Christensen, H., Anstey, K. J., Leach, L. S., & Mackinnon, A. J. (2008). Intelligence, education and occupation as indices of brain reserve. In F. I. M. Craik & T. A. Salthouse (Eds.), *The handbook of aging and cognition* (3rd ed., pp. 133-189). New York: Psychology Press.

Csiksentmihalyi, M. (1996). *Creativity*. New York: Harper Collins.

Dennis, N. A., & Cabeza, R. (2008). Neuroimaging of healthy cognitive aging. In F. I. M. Craik & T. A. Salthouse (Eds.), *The handbook of aging and cognition* (3rd ed., pp. 1-54). New York: Psychology Press.

Dittmann-Kohli, F., & Baltes, P. B. (1990). Toward a neo-functionalist conception of adult intellectual development: Wisdom as a prototypical case of intellectual growth. In C. N. Alexander & E. J. Langer (Eds.), *Higher stages of human development* (pp. 54-78). New York: Oxford University Press.

Erikson, E. H. (1959). Identity and the life cycle: Selected papers. *Psychological Issues, 1,* 50-100.

Erikson, E. H., Erikson, J. M., & Kivnick, H. Q. (1986). *Vital involvement in old age*. New

York: Norton.

Fozard, J. L. (1990). The significance of work friends in late life. [Special issue: Process, change and social support]. *Journal of Aging Studies, 4,* 123-129.

Hasher, L., & Zacks, R. T. (1998). Working memory, comprehension and aging: A review and a new view. *The Psychology of Learning and Motivation, 22,* 193-225.

Harppe, F. G. E., Winner, E., & Brownell, H. (1998). The getting of wisdom: Theory of mind in old age. *Developmental Psychology, 34,* 358-362.

Horn, J. L. (1978). Human abilities: A review of research and theory in the early 1970s. *Annual Review of Psychology, 27,* 437-486.

Horn, J. L, & Cattell, R. B. (1967). Age differences in fluid and crystallized intelligence. *Acta Psychologica, 26,* 107-129.

Jennings, J. M., & Jacoby, L. L. (2003). Improving memory in older adults: Training recollection. *Neuropsychological Rehabilitation, 13,* 417-440.

Johnson, M. K., Hashtroudi, S., & Lindsay, D. S. (1993). Source monitoring. *Psychological Bulletin, 114,* 3-28.

Johnson, M. K., Reeder, J. A., Raye, C. L., & Mitchell, K. J. (2002). Second thoughts versus second looks: An age-related deficit in selectively refreshing just-active information. *Psychological Science, 13,* 64-67.

Kok, A. (2000). Age-related changes in involuntary and voluntary attention as reflected in components of the event-related potential (ERP). *Biological Psychology, 54,* 107-143.

Labouvie-Vief, G. (1984). Logic and self-regulation from youth to maturity: A model. In M. L. Commons, F. A. Richards, & C. Armon (Eds.), *Beyond formal operations* (pp. 52-83). Cambridge, UK: Cambridge University Press.

Levy, B. R. (2003). Mind matters: Cognitive and physical effects of aging self-stereotypes. *The Journals of Gerontology, 58B,* P203-P211.

Lindenberger, U., & Baltes, P. B. (1994). Sensory functioning and intelligence in old age: A strong connection. *Psychology and Aging, 9,* 339-355.

Madden, D. J. (1986). Adult age differences in the attentional capacity demands of visual search. *Cognitive Development, 1,* 335-363.

Maslow, A. H. (1970). *Motivation and personality* (2nd ed.). Princeton, NJ: Van Nostrand.

McDowd, J. M., & Craik, F. I. M. (1988). Effects of aging and task difficulty on divided attention performance. *Journal of Experimental Psychology: Human Perception and*

Performance, 14, 267-280.

Melone, L. (2008). Brain exercises that boost memory and may fight Alzheimer's. *Everyday Health.* Retrieved May 4, 2008, from http://www.everydayhealth.com/longevity/mental-fitness/brain-exercises-for-memory.aspx

Park, D. C., Polk, T. A., Mikels, J. A., Taylor, S. F., & Marshuetz, C. (2001). Cerebral aging: Brain and behavioral models of cognitive function. *Dialogues in Clinical Neuroscience, 3,* 151-165.

Piaget, J., & Inhelder, B. (1969). *The psychology of the child.* New York: Basic Books.

Rybash, J. M., Roodin, P. A., & Hoyer, W. J. (1995). *Adult development and aging* (3rd ed.). Dubuque, IA: Brown and Benchmark.

Salthouse, T. A. (2000). Steps towards the explanation of adult age differences in cognition. In T. Perfect & E. Maylor (Eds.), *Models of cognitive aging* (pp. 19-49). Oxford, UK: Oxford University Press.

Schacter, D. L., Savage, C. R., Apert, N. M., Rauch, S. L., & Albert, M. S. (1996). The role of the hippocampus and frontal cortex in age-related memory changes: A PET study. *Neuroreport, 7,* 1165-1169.

Schaie, K. W. (1983). The Seattle Longitudinal Study. A twenty-one year investigation of psychometric intelligence. In K. W. Schaie (Ed.), *Longitudinal studies of adult psychological development.* New York: Guilford.

Schaie, K. W. (2005). *Developmental influences on adult intelligence: The Seattle Longitudinal Study* (2nd ed.). Oxford, UK: Oxford University Press.

Schaie, K. W., & Willis, S. L. (2000). A stage theory model of adult cognitive development revisited. In B. Rubinstein, M. Moss, & M. Kleban (Eds.), *The many dimensions of aging: Essays in honor of M. Powell Lawton* (pp. 175-193). New York: Springer.

Thurstone, L. L. (1938). *Primary mental abilities.* Chicago: University of Chicago Press.

Tyas, S. L., Snowdon, D. A., Desrosiers, M. F., Riley, K. P., & Markesbery, W. R. (2007). Healthy ageing in the Nun Study: Definition and neuropathologic correlates. *Age and Ageing, 36,* 650-655.

Wickens, C. D., Braune, R., & Stokes, A. (1987). Age differences in the speed and capacity of information processing: A dual-task approach. *Psychology of Aging, 2,* 70-78.

Wingfield, A., Prentice, K., Koh, C. K., & Little, D. (2000). Neural change, cognitive reserve and behavioral compensation in rapid encoding and memory for spoken language

in adult aging. In L. T. Connor & L. K. Obler (Eds.), *Neurobehavior of language and cognition: Studies of normal aging and brain damage honoring Martin L. Albert* (pp. 3-21). Boston, MA: Kluwer Academic.

인지적 노화: 2차 노화 요인

노년기 인지-의사소통장애

_ Gina L. Youmans and Scott R. Youmans

Youmans와 Youmans는 제7장에서 언급된 인지적 노화의 1차적 관점에 기초하여 이 장에서는 말-언어병리적 관점에서 인지-의사소통장애로 간주되는 2차적 인지장애를 다룬다. 여기에는 치매, 우반구 손상, 외상성 뇌손상이 포함된다. 검사 측면에서는 환자 중심의 기능적 평가의 필요성을 강조한다. 치료 측면에서는 2차 노화와 관련이 있는 인지-의사소통장애 중재 접근법에서의 차이점과 유사점에 대해 강조한다. 마지막으로는 환급과 관련된 문제를 다룬다.

이전 장에서 논의하였듯이, 폭넓은 삶의 경험, 향상된 지혜, 문화적 이해 및 창의성을 포함하여 인지와 관련된 노화의 긍정적인 측면이 존재한다. 그러나 대부분의 노인들은 감각 처리, 기억 및 정보 처리의 효율성과 같은 인지 기능이 다소 저하되는 것을 경험한다. 이러한 1차적 노화는 미세하게 일어나므로 일상 활동에 참여하는 능력에는 영향을 미치지 않는다.

불행하게도, 사람은 나이가 들수록 2차 인지장애를 경험할 가능성이 더욱 높아진다. 일부는 치매로 알려진 진행성 뇌질환으로 인지 기능이 점차 퇴화된다. 또한 뇌졸중이나 외상성 뇌손상에 의해 갑작스러운 뇌손상을 입기도 한다. 이러한 유형의 2차 노화 장애를 가진 사람은 종종 다음과 같은 인지-의사소통장애(기억장애, 주의, 집행 기능 및 정신 처리 속도와 관련한 2차적 의사소통장애)를 보인다.

이 장에서는 노인 인구에서 유병률이 높은 치매를 주요하게 다룬다. 또한 노년층에서 위험이 증가할 수 있는 우반구 손상 및 외상성 뇌손상에 대한 개요를 제공한다. 또한 노인 친화적이고 기능적인 평가에 중점을 둔 진단 원리와 기술에 대해서도 논의하며, 치료 목표와 접근법에 대한 요약으로 마무리한다. 뇌의 언어 중추에만 결함이 생기는 실어증은 제10장에서 설명할 것이다.

치매

경도인지장애

정상 노화 과정에서 관찰되는 인지 기능 저하는 치매의 초기 단계와 구별하기가 매우 어려운 경우가 많다. 그러나 이 미묘한 형태의 2차 인지 노화를 가능한 한 빨리 식별하는 것이 중요하다. 경도인지장애(mild cognitive impairment)는 정상 노화 과정에서 예상되는 것보다 인지장애가 더욱 심각하지만, 치매로 진단하기에는 충분하지 않은 경우를 말한다. 이는 1차 및 2차 노화로 구분되지 않는 경계선상에 있다. 경도인지장애 환자들은 정상적인 노화로 인한 감퇴를 보이거나 인지 검사에서 낮은 수준의 수행력을 보인다. 경도인지장애 환자 중 일부는 치매의 초기 단계일 수 있다(Smith & Rush, 2006). 따라서 노인을 돌보는 모든 의학 전문가는 인지적 또는 행동 감퇴를 보이는 경도인지장애 환자를 모니터링해야 한다.

경도인지장애로 진단하기 위해서는 기초적인 인지 기능이 정상이어야 하고, 일상생활에 문제가 없으면서 치매로 진단되지 않아야 한다. 반면, 적어도 하나 이상의 인지 영역(기억력, 주의력, 언어 능력, 집행 기능, 시공간적 기능)에서 어려움을 보여야 한다(Petersen et al., 2001). 두 가지 인지 기능에서 저하를 보이더라도 일상생활 기능이 유지된다면 경도인지장애로 진단한다.

치매의 정의

치매는 만성적이고 퇴행적인 뇌질환으로 발생하는 증상을 지칭하는 용어로서 경도에서 심도의 장애에 이르기까지 점진적으로 진행되는 것을 말한다. 그러나 치매의 병인에 따라 인지, 행동, 운동 장애의 정도나 유형은 다양하다. 특정 치매의 경우 명확하게 진단하기 어려울 수 있다. 알츠하이머성 치매나 전두측두치매와 같은 유형은 부검을 통해서 진단이 가능하다. 미국정신과협회(The American Psychiatric Association: APA, 2000)에서는『정신질환 진단 및 통계 편람(Diagnostic and Statistical Manual of Mental Disorders: DSM-IV-TR)』을 통해 엄격한 치매 진단 기준을 제시하였다. 여기서는 기억력 장애를 반드시 포함하면서 언어나 집행 기능과 같은 인지 영역에서 적어도 하나의 장애를 보이는 경우가 기준이 된다. 이러한 인지장애는 진행되어야 하며, 일시적이어서는 안 된다.

치매 진단 기준은 경도인지장애 진단 기준보다 더 포괄적이고 엄격하다. 두드러지는 차이는 치매로 진단되려면 개인의 사회적 및 직업적 기능에서 어려움을 보여야 한다는 점이다. 그리고 의료진은 치매를 진단하고 치매의 원인이 되는 특정 신경퇴행성 질환의 생리적 · 인지적 증거를 확립하기 위해 약물 남용, 정신병, 뇌손상 등의 다양한 기전들을 체계적으로 감별할 수 있어야 한다.

치매의 의학적 및 신경인지학적 평가 방법

치매를 감별 진단하는 것은 복잡하며, 다양한 의학 전문가들이 협동해야 한다. 기억력이나 인지 기능에 경미한 장애가 있는 사람들은 그들의 결함을 부인하거나 보상하려고 시도하기 때문에 진단을 어렵게 만든다. 결국, 장애가 지속되거나 악화되면 본인이나 가족들이 주치의, 신경학자, 정신건강 전문가 혹은 언어재활사 등의 도움을 청하게 된다. 때로는 지역사회에서 기억력 선별검사를 받는 것이 첫 시도가 되기도 한다.

만약 초기 평가에서 치매의 가능성이 관찰된다면 종합적인 의학 및 인지검사를 의뢰하여야 한다(추가적인 정보는 Bourgeois & Hickey, 2009를 참고 바람). 진단은 두 가지 목표를 가져야 한다. 첫째, 치매가 있는지 확인하는 것이다. 둘째, 치매가 의심되는 경우에 원인이 되는 신경퇴행성 질환이 무엇인지를 확인하는 것이다.

의학적 검사에서, 의사는 점진적이고 진행적인 인지장애의 기전을 파악하고, 신경학적 평가를 시행하며, 가족력이나 개인의 병력을 수집해야 한다. 의사는 치매로 오인될 수 있으며, 인지장애를 유발하는 의학적 원인(예: 간 및 신장 질환, 요로 감염)과 정동장애(예: 우울증, 불안증)들을 감별해야 한다. 유전적인 치매의 위험 요소들도 확인해야 한다. 혈액검사와 투약 정보, 약물의 부작용 등에 대한 정보를 확인할 뿐만 아니라 자기공명영상(MRI)이나 컴퓨터 단층촬영(CT) 등과 같은 뇌영상 검사들도 시행해야 한다.

신경심리학자에 의해 시행되는 신경인지검사는 환자의 인지적 · 행동적 · 사회정서적 기능에 대한 종합적인 평가 결과를 보여 준다. 인지 영역(주의력, 기억력, 공간계획 능력, 언어, 집행 기능)별 수행력은 연령 규준과 비교되어야 한다. 철저한 검사자라면 사회적, 교육적, 노화 관련 요인들에 대한 검토를 통해 정상 노화로 인한 인지 기능 감퇴와 경도인지장애 및 치매 의심 소견을 구별할 수 있다. 검사자는 또한 장애 양상을 관찰함으로써 치매의 특정 유형으로 구별할 수 있다.

치매가 의심되는 사람을 위한 평가는 적절하고 필요한 것으로 간주되는 사항을 포함해야 한다. 그러나 치매와 유사한 행동을 보이는 많은 사람이 모두 철저하게 검사받는 것은 아니다. 일반적으로 가족 및 재정적 지원이 제한된 노인들은 가정의학과 의사에 의해 기본적인 평가만을 받게 된다. 이들은 '기억력 손실'이나 '혼동'과 같은 용어로 진단되며, 추가 검사를 위해 의뢰되지 않는다.

치매의 유형

다양한 신경계 질환은 만성적이며 진행하는 치매를 유발한다. 다음에서는 가장 빈번한 치매 유형과 말-언어중재가 필요한 인지-의사소통장애의 인지-행동 양상, 임상적 진행 과정, 발병 통계 그리고 진단적 정보를 다룬다.

알츠하이머성 치매

- **발병률 및 위험 인자** 알츠하이머성 치매(Alzheimer's dementia)는 치매의 50~60%를 차지하며, 85세 이상 노인의 약 40~60%가 이를 앓고 있다(National Institute of Aging, 2003). 알츠하이머성 치매는 일반적으로 65세 이상의 노년기에 나타난다. 이 질환의 위험 요소로는 높은 연령, 낮은 교육 수준, 낮은 사회경제적 수준, 독거나 미혼, 가족력이 있는 경우, 뇌손상 과거력 등이 있다. 알루미늄, 살충제, 납과 같은 독소나 음주 등도 위험 요소와 관련이 있는 것으로 알려져 왔으나 최근의 연구 결과에서는 이를 확증하지는 못하였다(Munoz, Ganapathy, Eliasziw, & Hachinski, 2000; Richter, 2004).
- **진단 및 뇌 병리** 의학 및 신경인지 평가를 바탕으로 개인은 알츠하이머성 치매의 가능성이 있다고 진단받는다. 병리적 부검을 통해서 측두엽의 앞쪽과 내측에서 알츠하이머병을 확증할 수 있는 증거인 베타 A4아밀로이드 단백질의 신경반과 신경섬유다발을 관찰한다.
- **인지 프로파일** 기억력 장애는 이들의 초기 증상이자 주요 증상이다. 알츠하이머성 치매의 초기 단계에서는 기억력 장애로 인해 단어 찾기 장애와 일화기억에서 약간의 어려움을 경험한다. 감각기억(특히 시각기억)은 초기에 어려움을 보이며, 시간이 진행됨에 따라 악화된다. 시지각의 어려움은 알츠하이머성 치매에서 흔히 관찰되는 시공간장애의 원인이며, 병의 후반부에는 익숙한 사람이나 물건을 알아보지 못한다(시각 실인증). 단기기억 혹은 작업기억도 저하된다.병이 진행되면서 새로운 정보나 일화를 입력하는 데 어려움을 보인다.

반면에, 장기기억은 상대적으로 병의 후반부까지 보존된다. 예를 들어, 알츠하이머성 치매 환자는 아침에 먹은 음식이 무엇이었는지, 심지어 아침을 먹었는지조차 기억하지 못하는 반면에, 어린 시절에 대해서는 정확하게 이야기한다. 그들은 매일 보는 임상가나 의사를 알아보지 못하지만, 오래된 친구나 친척들은 알아볼 수 있다. 그들은 최근의 일을 회상하거나 새로운 정보를 입력하는 데 어려움을 보이므로 반복적으로 묻거나 불안해하거나 배회하는 양상을 보이기도 한다. '아들이 언제 도착하는지'와 같이 본인이 질문한 것을 기억하지 못하는 경우에는 반복해서 질문할 가능성이 높다. 사람이 자신의 주변 환경을 인식하지 못하면 긴장하고 불안해하며 방향감각을 잃을 수 있다. 또한 친숙한 환경을 찾기 위해 방황하거나 두려워하면서 싸우기도 한다.

언어 능력은 상대적으로 병의 후반부까지 보존된다. 표현언어는 대체로 유창하고, 구문적으로 정확한 편이며, 조음의 어려움도 없다. 병의 초기에는 정상적으로 소리를 내고 대화하는 능력이 있으므로 기억력 저하가 드러나지 않을 수 있다. 게다가, 읽기, 쓰기, 대화하기 및 적절한 주제 유지 등의 화용적 능력 또한 병의 후반부까지는 상대적으로 보존된다(Bourgeois & Hickey, 2009).

그러나 단어 찾기 장애는 병의 초기부터 시작되어 악화된다. 이는 처음에는 발화 산출에 경미하게 영향을 준다. 대화를 통한 검사에서 특정 내용어나 정보가 부족하고, 대명사를 많이 사용하며, 상대방이 말한 단어를 반복하는 등의 빈구어가 드러난다. 게다가, 알츠하이머성 치매 환자는 추상적 언어나 복잡한 대화의 내용을 이해하는 데 어려움을 보인다. 이러한 어려움은 언어 능력의 문제라기보다는 기억력 저하와 관련이 있고, 장기기억 내에 저장된 의미 정보의 퇴화에 기인한다(Hodges & Patterson, 1995). 알츠하이머성 치매의 후반부에는 언어 문제가 확대되면서 반향어, 비자발적 언어, 함묵증이 나타난다(Bourgeois & Hickey, 2009).

고차원적인 집행 기능은 기억력 장애가 두드러지는 것과 비교하여 보존된다. 그러나 경미한 어려움이 병의 초기부터 드러나기도 한다. 부적절한 반응이나 행동을 억제하지 못하거나 문제 해결의 융통성과 조합 능력이 저하되면서 화용적으로 부적절해지기도 한다. 언어나 기억력과 함께 병의 중반부와 후반부에 집행 기능 또한 상당히 저하된다. 주의력 저하는 정보처리, 집행 기능, 기억력에 영향을 미치고, 대화 상황에서 화용 문제로 이어진다.

이러한 인지장애들에 더하여 환자들은 의사소통에 영향을 미치는 행동 문제를 보인다. 병의 초기에 환자들은 우울하고 불안해하며 쉽게 동요된다. 병이 진행되면서, 목적 없이 배회하거나 욕설을 하고, 반복적인 질문이나 발성, 환각이나 망상과 같은 정신장애가 종종 관찰된다. 이러한 행동 양상은 일몰증후군(sundowners' syndrome)으로 알려진 것처럼 밤에 나타난다.

전두측두치매

- **발병률 및 위험 인자** 전두측두치매(frontotemporal dementia)는 알츠하이머성 치매보다는 덜 빈번하나 진행성 치매의 8~20%를 차지한다(Gustafson, Brun, & Passant, 1992). 전두측두치매는 알츠하이머성 치매보다 낮은 연령에서 나타나는데, 주로 40대와 50대에서 시작된다. 그러나 35세 정도의 나이에서 증상이 시작되는 경우도 있다(Franczak, Kerwin, & Antuono, 2004). 연구자들은 전두측두치매의 25~40%에 해당하는 사례에서 유전적 영향이 있었으며, 남자가 더 취약함을 보고하였다(Bird et al., 2003).
- **진단 및 뇌 병리** 전두측두치매의 인지 및 행동 프로파일이 관찰되더라도 부검 전까지는 잠정적인 진단명이다. 앞쪽 전두엽과 측두엽을 부검했을 때 알츠하이머성 치매에서 나타나는 신경반과 신경섬유다발은 관찰되지 않아야 한다. 전두측두치매의 특정 원인 질환인 픽병(Pick's disease)의 경우, 앞쪽 전두엽과 측두엽에 픽 몸체(Pick bodies)가 관찰된다(Dickson, 2001; Morris, 2003).
- **인지 프로파일** 전두측두치매는 행동의 억제, 융통성, 판단, 관망, 추론, 계획, 자기 모니터링 등과 같은 집행 기능을 담당하는 전두엽 앞쪽 부위의 퇴화로부터 시작된다. 이들은 초기부터 성격 변화와 부적절한 행동이 나타나는데, 강박적인 거짓말, 부적절한 유머, 성적 표현, 배려심 부족, 무감동, 우울감 등을 보인다. 의사소통에서는 병의 초기 단계에서부터 본인의 말을 억제하거나 모니터하고, 풍자나 유머를 적절하게 사용하지 못하며, 대화 상대방의 지식, 믿음, 감정 등이 본인과 다를 수 있음을 이해하지 못하는 등 화용적 어려움을 보인다. 병이 진행되면서, 기억력, 집중력, 언어 능력의 저하가 관찰되며, 이로 인해

의사소통 능력이 더욱더 악화된다. 기억력 저하는 개인차가 있으며, 지속적 주의력과 선택적 주의력이 특히 저하된다. 언어 산출 능력에 비하여 언어 이해력과 이름 대기 능력은 병의 후반까지 유지된다. 반복적이고 반향적인 말을 산출하며, 함묵증을 보이기도 한다(Franczak et al., 2004).

루이소체 치매

- **발병률 및 위험 인자** 루이소체 치매(dementia with Lewy bodies)는 만성의 진행성 치매에서 두 번째로 많이 발생하며, 전체 치매의 20~30%을 차지한다. 70대 이상의 남성이 가장 흔하게 진단된다(Barber, Newby, & McKeith, 2004).
- **진단 및 뇌 병리** 루이소체 치매는 인지, 행동, 운동 악화의 특성에 기초하여 잠정적으로 진단된다. 뇌 부검 시에 루이소체가 관찰되면 확진할 수 있다.
- **인지 프로파일** 루이소체 치매 환자는 초기부터 주의력이나 추론, 문제 해결력과 같은 집행 기능, 시공간적 능력에서 어려움을 보인다. 인지-의사소통장애는 이러한 집행 기능의 결함에 기인하며, 전두측두치매 환자와 유사한 양상을 보인다. 언어와 기억력은 상대적으로 보존된다. 그러나 장기 일화기억과 대화나 단어 유창성 과제에서 단어 찾기 장애를 보인다. 인지장애와 정신 처리 속도는 시간이 지남에 따라 크게 변화한다. 이러한 인지장애와 더불어 루이소체 치매 환자는 떨림이나 보행장애와 같은 운동장애 및 기분 변화, 우울감, 망상과 같은 정신장애를 보인다(Galasko, Salmon, Lineweaver, Hansen, & Thal, 1998).

파킨슨병 치매

- **발병률 및 위험 인자** 파킨슨병(Parkinson's disease)은 흑질의 신경전달물질인 도파민의 부족으로 발생하는 퇴행성 운동장애다. 파킨슨병 환자는 떨림, 강직, 운동 개시의 어려움, 운동 능력의 전반적인 결함을 보인다. 언어재활사는 운동저하형 마비말장애로 인한 말 명료도의 저하를 관찰할 수 있다. 주로 50~79세의 백인 남성에서 나타나며, 인구의 1.5~2.5%를 차지한다. 그리고 환자의 18~30%는 치매로 진단된다(Cummings, 2003). 소수의 사례에서 유전적인 양상이

관찰되었고, 살충제 및 제초제에 노출되면 파킨슨병의 발생 위험이 높아진다(Warner & Schapira, 2003).

- **진단 및 뇌 병리** 파킨슨병은 운동, 인지, 행동 양상에 기초하여 진단한다. 병리적 소견은 다른 신경 퇴행성 질환에서도 관찰될 수 있는 루이소체, 신경섬유다발, 흑질의 색소 침착 감소에 기인한다. 그러므로 부검의 조직학적 증거가 파킨슨병의 임상적 특성과 함께 관찰되는 경우에만 확진할 수 있다(Cummings, 2003).
- **인지 프로파일** 파킨슨병과 관련된 치매는 흑질과 연결되는 전두엽 피질이나 피질하 구조물에서 퇴행을 보인다. 전두엽과 관련된 인지장애를 보이며, 인지 처리 속도의 느림, 집행 기능 결함, 음성이나 얼굴 표정과 같이 감정적 정보를 처리하는 것에서 어려움을 보인다. 언어와 기억력은 상대적으로 보존되지만, 단기기억력과 화용언어에서 어려움을 보인다(Litvan et al., 1991). 환자는 행동 변화를 보이며, 환각, 동요, 우울감 등을 호소한다(Cummings, 2003).

혈관성 치매

- **발병률 및 위험 인자** 혈관성 치매(vascular dementia)는 '다경색 치매'로도 불리며, 만성 치매의 약 20%를 차지한다(O'Brien et al., 2003). 여러 개의 작은 뇌혈관 사고에 기인하거나 뇌졸중이 일어나고, 시간이 경과된 후에 발생하기도 한다. 혈관성 치매의 위험 인자는 뇌졸중이나 심장질환과 유사하다. 고혈압, 흡연, 높은 콜레스테롤 수치, 당뇨, 뇌졸중이나 심장질환에 대한 가족력 등이 있다.
- **진단 및 뇌 병리** 혈관성 치매는 만성적이고 점진적인 인지장애를 유발하나 서서히 시작되는 다른 치매와는 달리 갑자기 발병한다. 일반적으로 대부분의 다른 만성 치매에서 나타나는 점진적인 악화보다는 약간의 회복이 간헐적으로 진행되는 단계적 양상을 보인다. 뇌졸중으로 인해 작은 영역에 뇌손상이 생긴 환자들은 시간이 진행되면서 이러한 소견을 보인다. 혈관성 치매는 이러한 양상이 관찰된 후 그 진행이 확인될 때 진단된다. 또한 대부분의 환자는 편마비나 편측안면 약화와 같이 뇌혈관 사고의 명백한 징후를 보인다. 그리고 CT나 MRI 영상은 반복되는 뇌혈관 사고로 인한 작은 뇌 병변을 보여 준다. 매우 작

은 병변은 관찰되지 않을 수도 있다. 혈압을 조절하고 혈전을 예방하는 약물은 혈관성 치매의 진행을 예방하거나 감소시킨다. 그러므로 혈관성 치매를 제대로 진단하는 것이 중요하다.

- **인지 프로파일** 혈관성 치매의 인지 프로파일은 환자가 가진 국소적 병소 부위에 따라 다양하다. 그러나 특정 피질병소는 알츠하이머성 치매 증상과 같은 기억력 장애, 단어 찾기 장애, 지남력 저하를 야기한다. 우울감, 동요, 불안과 같은 징후들은 알츠하이머성 치매 환자들의 특성과도 유사하다. 병이 진행되어 진단될 때까지 알츠하이머성 치매와 쉽게 혼동되기도 한다(Nagaratnam, Phan, Barnett, & Ibrahim, 2002).

우반구 손상

우반구 손상(right-hemisphere disorder)은 대뇌의 비우세반구(주로 우반구)의 손상으로 인해 발생하는 후천성 인지-의사소통장애다. 뇌 외상, 감염, 종양과 같은 대뇌피질 손상으로 인해 발생한다. 노년층의 뇌졸중 발병률이 높으므로, 노인들은 우반구 손상으로 인한 2차적 노화의 위험을 가진다. 70세 이상의 노인 100명 중 한 명은 뇌졸중 또는 뇌혈관 사고를 겪으며, 뇌졸중 환자의 75%는 65세 이상의 노인들이다(National Stroke Association, 2002). 우반구 손상은 뇌혈관 사고의 결과로 나타난다. 노인들은 청년층에 비하여 상당한 수준의 인지장애가 영구적으로 남으며, 인지기능의 회복이 더디다. 게다가 노인은 청년들보다 노화와 관련된 인지 감퇴를 경험할 가능성이 크며, 우반구 손상으로 인하여 인지-의사소통장애가 악화될 수 있다(Brookshire, 2007).

우반구 손상은 개인의 인지, 행동, 지각, 의사소통에 변화를 가져오며, 말장애(마비말장애)와 삼킴장애 등을 야기하기도 한다. 우반구 손상의 특성은 중증도에 따라 다르게 나타난다. 또한 개인의 특수한 성격, 배경 및 경험, 가족이나 사회의 지지, 정상적인 노화로 인한 인지 기능 등에 따라 다르게 나타날 수 있다.

우반구 손상 환자의 인지장애

환자가 보이는 주의력 결함은 다른 문제에 영향을 주는 기본 요소가 된다. 이러한 문제 중 하나는 치료 과정을 어렵게 만드는 병을 거부하거나 무시하는 질병 불각증이다. 주의력 손상으로 발생할 수 있는 또 다른 문제는 공간의 왼쪽을 무시하는 것이다. 좌측 무시를 보이는 환자는 오른쪽에 있는 음식만을 먹거나 책의 왼쪽을 무시하고 오른쪽만 읽을 수 있으며, 세상의 왼쪽이 존재하지 않는다고 믿는다. 무시증은 시각 실명 때문이 아니라 주의를 기울이지 않는 것에서 기인한다. 이들에게는 추론, 문제 해결 및 판단과 같은 집행 기능과 기억력 관련 문제 등의 인지 결함이 나타난다. 또한 인지적 유연성이 떨어지고, 정보를 통합하는 것과 관련하여 어려움을 보인다(Brookshire, 2007; Davis, 2000; Haynes & Pindzola, 1998). 이러한 인지장애는 우반구 손상 환자가 보이는 의사소통장애의 근원이 된다.

우반구 손상 환자의 행동장애

행동 증상은 개시의 부재나 동기의 저하를 포함한다. 그 결과, 우반구 손상 환자들은 병전보다 야망과 활력이 없어 보인다. 그들은 충동적으로 되고, 자기 모니터링 능력이 저하된다. 어떤 환자들은 타인에게 무관심하고 감정, 얼굴 표정, 제스처 및 다른 비구어적 단서 등에 대해 둔감해진다. 이러한 결함들은 주의력 장애의 부산물이기도 하다(Brookshire, 2007; Davis, 2000; Haynes & Pindzola, 1998).

우반구 손상 환자의 지각장애

이들은 청지각이나 특히 시지각에 어려움을 보인다. 청지각장애는 음악, 소리의 재인이나 음도와 음량을 구별하는 것을 말한다. 시지각 결함은 사물, 얼굴, 지형적 위치, 구성, 시공간적 과제, 색채나 깊이 등을 인식하는 것을 어렵게 한다(Davis, 2000; Murray & Clark, 2006). 이러한 지각적 결함은 기저의 주의력장애의 결과일 수 있다. 그러나 뇌졸중 또한 시각 통로에 손상을 줄 수 있고, 하나 이상의 시각 사분면에서 시야를 제한하거나 실명을 야기할 수 있다. 노인은 1차적 노화로 인하여 이미

시지각이나 청지각상의 변화를 경험하기 때문에 우반구 손상 장애가 간과될 수 있다. 따라서 평가를 통하여 정상 노화와 우반구 손상으로 인한 지각 결함이 감별되어야 한다.

우반구 손상 환자의 인지-의사소통장애

뇌의 언어 영역의 손상에 기인한 실어증과는 다르게 우반구 손상 환자는 인지장애로 인해 복잡한 수준의 언어 이해와 산출에서 문제를 보인다. 이미 언급하였듯이 의사소통장애는 행동장애나 지각장애와 관련이 있다.

환자는 운율의 산출과 이해에서 어려움을 보인다. 이들의 말은 단조롭고 자연스러운 음도와 음량의 변화를 보이지 않는다. 따라서 운율을 통해 전달되어야 하는 정보를 전달할 수 없다. 이러한 운율 결함은 언어 이해력에 영향을 준다(Brookshire, 2007).

언어 산출의 측면에서, 환자는 대화를 유지하는 데 어려움을 보인다. 말의 통합이 어려워지면서 산만하고, 반복적이며, 과도한 담화를 산출한다. 그들은 부적절한 생각과 함께 충동적으로 대답하고, 관련된 정보가 아니라 불필요한 부분을 자세하게 말한다. 그리고 대화 상대를 고려하거나 타인의 행동이나 관점에 대하여 이해하는 능력(조망 수용, perspective-taking)이 저하된다. 눈 맞춤이 저하되고, 대화 차례를 지키지 못하며, 비구어 단서를 활용하지 못한다(Brookshire, 2007; Davis, 2000).

언어 이해력 또한 산출과 마찬가지로 어려움을 보인다. 문자에 의존하고, 비유 언어, 유머, 풍자와 같이 구어나 문어에서의 미묘한 차이를 이해하지 못한다(이는 운율의 결함 때문이기도 하다). 일부에서는 사실이나 서술의 적절성에 대하여 판단하지 못한다. 그들의 판단력은 충동적이고, 의사를 결정한 후에는 그것을 변경하는 데 어려움을 보인다. 마지막으로, 이야기의 주제나 교훈 등을 추론하는 것에서도 문제를 보인다(Brookshire, 2007; Davis, 2000).

실어증의 언어장애나 치매의 기억력이나 행동장애와 비교하여 우반구 손상의 주의력, 화용 능력, 통합 능력 등의 문제는 비교적 경미하게 치부된다. 그러나 우반구 손상은 삶의 질을 떨어뜨리고, 직업이나 사회적 관계를 망가뜨리기도 한다. 우반구 손상은 치매와 같은 질환으로 발전되기도 하고, 삶의 질을 저하시키므로 노인에게는 매우 위험할 수 있다(Bourgeois & Hickey, 2009). 경도의 환자들은 초기 치매 환자들처럼 정확하게 진단하기 어려울 뿐만 아니라 정상 노화 과정으로 오인되기도 한다.

외상성 뇌손상

외상성 뇌손상(traumatic brain injury: TBI)은 급격하고 외부적인 충격에 의해 뇌가 손상되는 것을 말한다. 이는 총상과 같은 개방성 두부 손상이나 뇌에 급격한 충격을 주는 차 사고와 같은 폐쇄성 두부 손상으로 나뉜다.

폐쇄성 두부 손상에서, 사람의 뇌는 두개골 내에서 앞뒤로 부딪히며 밀고 뒤트는 힘으로 신경 축삭에 손상을 일으킨다. 이러한 힘은 뇌 전반에 손상을 일으키며, 다양한 인지 및 행동 장애를 야기한다. 게다가, 뇌는 두개골의 앞과 뒤에서 충돌하면서 국소적인 손상을 보이기도 한다. 전두엽의 앞쪽 부분과 측두극은 국소적 손상에 특히 취약하며, 이는 후두엽도 마찬가지다. 외상성 뇌손상의 결과물인 대뇌 내출혈, 부기, 뇌수종(hydrocephalus)은 뇌손상을 더욱 심각하게 만든다. 이러한 변화가 고정된 두개골의 공간 내에서 발생하면 뇌 조직에 압력이 가해진다. 그로 인해 허혈(산소 부족으로 인해 뇌세포가 사멸되는 것)이 흔하게 일어난다. 이러한 조건들은 외상성 뇌손상의 산발적이고 복잡한 특성에 기여한다(Brookshire, 2007). 그러므로 외상성 뇌손상 환자는 실어증, 우반구 손상, 마비말장애, 삼킴장애, 인지장애 혹은 이러한 장애들의 결합 증상을 보일 수 있다.

60세 이상의 환자들이 폐쇄성 두부 손상(젊은 남성 다음으로)을 두 번째로 많이 보이는 대상자들이다. 젊은 사람들과 비교하여 노인들은 낙상의 발생률이 높고, 뇌출혈의 위험이 증가하며, 낙상 후에 신경학적 회복이 더디다(Brookshire, 2007; Murray & Clark, 2006). 경도의 외상성 뇌손상을 보이는 노인들은 단어 유창성, 구어 기억력, 시각 기억력에서 문제를 보이고, 추론과 같은 고차원적인 언어 기능에서 어려움을 보인다(Goldstein et al., 1994). 이전에 가지고 있던 뇌졸중, 당뇨, 치매와 같은 질환들이 뇌손상으로 인한 결함을 악화시킨다. 많은 노인은 인지-의사소통장애를 경미하게 보이며, 이는 정상 노화로 인한 변화와 구분하기 어렵다.

인지-의사소통장애 사이에는 상당히 중복되는 부분이 있으므로, 여기서는 외상

성 뇌손상의 고유한 특성들만을 논의하고자 한다. 두부 손상의 회복은 손상의 본질 및 정도뿐만 아니라, 선천적 지능 및 인지 능력, 가족 지원 및 연령과 같은 다른 개인적 및 환경적 요인에 따라 달라진다. 회복의 시작 지점은 환자마다 다르지만, 회복의 일부 단계는 유사하다. 모든 환자가 이러한 회복 단계를 동일한 순서나 속도로 밟는 것은 아니다. 외상성 뇌손상 이후 전체 생존율은 노인에서 더 낮으며, 전반적으로 회복 속도가 느리고, 어려움이 장기적으로 남게 된다. 많은 환자는 독립이 가능한 기능 수준으로 회복하지 못한다.

외상성 뇌손상의 회복 단계에서 가장 초기에 생명을 위협하는 단계는 혼수상태이거나 무의식 상태다. 혼수상태에 있는 환자인 경우, 혼수상태의 기간은 손상의 중증도나 예후와 대략적인 상관관계가 있다. 이후, 환자가 깨어 있지만 반응이 없는 반 혼수상태나 좀 더 반응하는 상태로 회복된다. 환자는 종종 초기에 흥분하고 산만하고 불안하며 충동적인 단계를 거친 후에 더 적절한 단계로 진입하게 된다. 지남력이 개선되고 보다 독립적이 되지만, 여전히 문제가 남아 있을 수 있다(Murray & Clark, 2006). 다시 말해서, 환자는 예측 가능한 시간의 틀 안에서 예측 가능한 단계의 순서를 따르지 않으며, 대부분 지속적으로 인지 및 의사소통상의 문제를 보이게 된다.

외상성 뇌손상 환자의 인지장애

외상성 뇌손상 환자들은 일반적으로 기억력과 주의력이 손상된다. 환자는 뇌손상 전후에 발생한 기억을 잊어버리게 되어 상당한 기억상실을 경험할 수 있다. 이들은 완전히 기억을 상실하지는 않지만, 기억력 문제는 외상성 뇌손상의 전형적이고 오래 지속되는 휴유증이다. 새로운 정보를 기억할 수 없다는 것(전향적 기억상실, anterograde amnesia)은 치료를 어렵게 만든다. 우반구 손상과 마찬가지로, 외상성 뇌손상과 관련된 주의력 손상은 질병 불각증과 같은 추가 결함을 유발한다. 또한 우반구 손상과 마찬가지로 외상성 뇌손상 환자들은 추론, 문제 해결 및 판단력의 저하를 보인다(Davis, 2000). 노인 환자의 회복은 느리고, 장기적인 결함은 더욱 심하게 남는다. 외상성 뇌손상과 관련된 많은 인지 문제는 치매에서 보이는 것과 유사하므로 평가 및 진단을 어렵게 만든다.

외상성 뇌손상 환자의 행동장애

외상성 뇌손상의 단계와 중증도에 따라 행동 양상은 매우 다양하게 나타난다. 우반구 손상 환자와 마찬가지로 외상성 뇌손상 환자는 개시의 어려움을 보이고, 동기가 저하된다. 이들의 공통된 증상에는 충동 및 탈억제(성적으로 또는 사회적으로 부적절할 수 있음)가 포함된다. 환자는 공격적이거나 불안하거나 산만할 수 있으며, 다른 사람들의 감정에 대해 둔감해질 수 있다. 회복하는 도중에 환자들은 혼란과 혼동을 보이기도 한다. 실제로 외상성 뇌손상과 관련된 행동장애는 때때로 치료에 중대한 장애물이 된다.

외상성 뇌손상 환자의 지각장애

우반구 손상 환자와 마찬가지로 외상성 뇌손상 환자에서도 종종 지각 결함이 나타난다. 노화로 인하여 저하된 시각 감각과 더불어 후두엽의 국소적 손상은 실명, 시야 결함 또는 시력과 관계없이 시각적인 자극을 해석하거나 인식하는 데 어려움을 야기한다.

외상성 뇌손상 환자의 인지-의사소통장애

외상성 뇌손상 환자가 마비말장애, 실어증 또는 다른 관련 장애를 보이지 않는다면, 인지장애와 직접적으로 관련된 의사소통 문제를 보이기 쉽다. 외상성 뇌손상 환자들이 종종 더 심각한 기억장애를 보이지만, 이러한 일반적인 인지-의사소통장애들은 우반구 손상 환자들에게서 관찰된 것들과 유사하다. 이들은 눈 맞춤, 대화 차례 지키기, 주제 유지 관리와 같은 화용적 기술뿐만 아니라 운율을 이해하고 사용하는 데 장애를 보인다. 또한 과도하고, 비조직적이며, 관련성이 없는 언어를 산출한다. 외상성 뇌손상의 일부 단계에서는 종종 기억력 결함을 보상하기 위해서 이야기를 조작하거나 지어 내는 작화증(confabulation)을 보인다. 이들은 또 충동 때문에 대화에서 신중하게 대답하지 못한다.

실어증이나 다른 병전 또는 후유증 장애가 없는 경우, 외상성 뇌손상 환자는 기억

력 문제로 인해 언어 이해력이 더욱 저하되기는 하지만, 이들의 언어 이해력은 우반구 손상 환자의 언어 이해력과 유사하다. 환자들은 복잡하고 추상적인 구어 및 문어를 이해하지 못하기 때문에 병전과 비교하여 더 구체적이고 덜 섬세한 양상을 보인다. 정보의 정확성에 대한 판단력 저하, 결론으로 성급하게 도달하는 경향 그리고 정보를 추론하는 능력의 부족은 복잡한 정보를 이해하는 것을 어렵게 만든다.

인지-의사소통장애의 평가

초기에서 중기의 치매 환자, 외상성 뇌손상 및 우반구 손상 환자의 음운적 능력은 상대적으로 정상 범주에 속한다. 이들의 발음은 명확하며, 유창성이 유지되므로 일상의 의사소통 상황에서 기억력, 주의력, 집행 기능의 저하가 가려질 수 있다. 전 연령대의 건강한 성인도 짧은 주의력을 보이기도 하고, 대화에서 구체적이거나 다소 애매한 양상을 보이기도 한다. 노인의 이러한 행동 양상은 정상 노화의 결과로 간주된다. 그러므로 경도의 인지-의사소통장애를 진단하는 것은 어렵다.

노년층에서의 인지-의사소통장애 평가

노인의 인지-의사소통장애 평가 방법은 청년층의 평가와 유사하다. 의사소통장애 평가 상황에서 임상가는 인지-언어장애 프로파일, 기능적 의사소통 능력, 기초선 자료, 치료에 대한 자극 반응도를 확인해야 한다. 치매 환자에게서 임상가는 의사소통이나 일상 기능에 영향을 주는 문제행동들을 확인하고, 특정 치료 접근법에 대한 자극 반응도를 검증하며, 전략을 수정할 수 있어야 한다. Bourgeois와 Hickey(2009)는 치매 환자를 위해 보상 가능한 인지 중재 계획 단계를 설정할 수 있도록 평가를 조절하였다.

개인 중심 평가

완전하고 활동적인 생활 기능의 상실을 경험하는 노인은 특히 자신의 약점을 파악하기 위한 평가를 받을 때 스트레스를 받을 수 있다. 그들은 또한 젊은 사람들보다 스스로를 옹호할 가능성이 적으며, 젊음을 지향하는 사회에서 이미 가치가 떨어졌을 가능성이 있다. 표준화된 시험에 대한 경험이 많은 청년들에 비해 노인들은 시험에 대한 불안이 더 크다. 이러한 두려움과 좌절을 완화하는 한 가지 방법은 대상자 중심의 평가를 진행하는 것이다. 임상가는 환자의 장애뿐만 아니라 환자 자체에 관심이 있다는 것을 분명히 전달해야 한다. 환자의 직업, 취미 또는 업적에 관심을 기울이는 것으로 이러한 의도를 전달할 수 있다. 환자가 음악가로서의 경력이나 원예에 대한 애정과 지식을 이야기할 때 의사소통 장애가 아닌 경험이 풍부한 특별한 사람으로 환자를 대하는 임상가의 능력에 더 많은 확신을 가질 수 있다.

노인 대상자는 인지장애가 발견될 때 고민이 덜할 수도 있고, 자신의 인지장애를 보상하기 위해 만든 과거의 방어를 알아채는 임상가를 신뢰할 수 있게 된다. 또한 지혜와 삶의 경험에 대한 대상자 중심의 평가는 나이가 들어 감에 따라 증가하는 것으로 여겨지는 결정성 지능의 힘을 활용할 수 있다(제7장 참조).

개인 중심의 접근법에서는 각 활동과 검사에 대한 이유를 대상자에게 설명한다. 단순히 평가받게 하기보다는 검사상의 약점과 강점에 대하여 계속 대화하고, 본인의 수행력에 대한 의견을 확인하면서 평가에 직접 참여하게 할 수 있다. 그리고 대상자의 어려움이나 통찰력에 대하여 정보를 얻을 수 있다.

개인 중심 평가는 검사 전반에 걸쳐 대상자의 편안함과 행복에 중점을 둔다. 과제가 어려운 경우, 임상가는 환자가 성공할 수 있도록 격려해야 한다. 또한 특정 시험을 반드시 완료하거나 점수를 획득해야 하는 경우는 거의 없다는 점을 명심해야 한다. 평가나 과제를 마치는 것이 임상가 앞에 앉아 있는 사람보다 더 중요하게 여겨져서는 안 된다.

적응

인지적 노화를 다룬 장에서 언급하였듯이, 정상 노화 과정의 노인들도 주의력, 기억력, 감각 및 정보처리 능력의 감퇴를 경험한다. 임상가는 실제 장애 정도와 정상적 변화를 정확하게 판별해야 한다. 진단 과정에 대상자를 참여시키고, 검사 항목과 실제 활동 및 기능을 연관시키며, 흥미로운 주제에 대하여 대화하면서 대상자의 초점이나 흥미를 유지할 수 있다. 정상 범위의 인지적 노화에서도 선택적 주의력의 감퇴가 나타날 수 있으므로, 조용하고 밝고 방해 자극이 없는 곳에서 검사를 시행하는

것이 좋다. 검사의 지시 사항은 명확하고 간단해야 하며, 대상자가 지시 사항을 이해했는지 확인하도록 한다.

정상 노화 과정에서는 시각 변화도 나타난다. 또한 임상가는 정상적인 노화에서 망막의 황변이 인지장애와는 관계없이 색 식별의 어려움을 유발할 수 있음을 알아야 한다. 그러므로 대상자의 시각 및 청각 상태와 시각적 무시증의 유무를 알고 있어야 한다. 대상자가 안경을 착용하거나 보청기를 사용한다면 검사 중에 안경을 착용하도록 해야 한다. 또한 인쇄물이나 그림을 확대해서 검사 정확도를 높일 수 있다. 시각 능력에 관한 정보를 얻을 수 없다면, 청능사, 안과 전문의 또는 신경심리사에게 협진을 의뢰해야 한다. 신뢰할 만한 진단을 위해 임상가는 이러한 전문가들이 후천성 신경학적 장애가 있는 환자에 대한 경험이 있는지 확인하도록 한다.

노인의 인지를 평가할 때는 피로 효과도 고려해야 한다. 대상자가 피곤할 때 인지장애가 더욱 악화될 수 있으며, 노인은 인지 요구가 많은 활동을 하는 동안 더 빨리 피로해진다. 대상자에게 기분이 어떠한지 물어보는 것이 좋으며, 이를 통해 피로도나 질환을 확인할 수도 있다. 늦은 시간에 인지행동장애가 악화되는 치매 환자의 경우 검사 결과에 영향을 줄 수도 있으므로, 검사가 진행되는 시간을 고려해야 한다.

검사 자료

검사 자료는 연령에 적절하게 준비되어야 한다. 검사나 활동이 대상자의 능력에 적합하더라도 어린이를 대상으로 하는 자료는 노인에게 적합하지 않다. 노인을 적절하게 대우하는 것은 그들의 능력을 정확하게 평가하고, 생산적인 치료 관계를 형성하는 데 필수적이다. 가능하면 대상자와 개인적으로 관련이 있거나 관심이 있는 자료를 사용하는 것이 좋다. 인지-의사소통장애가 있는 많은 노인 환자들은 새로운 정보를 입력하는 데 어려움이 있으므로 임상가는 명확하게 볼 수 있고, 큰 글자로 된 이름표를 착용하는 것이 좋다. 임상가의 이름이 명확하게 인쇄된 이름표는 치매 환자에게 도움이 된다.

표준화 인지-의사소통장애 평가

인지-의사소통장애에 대한 검사는 기억력, 주의력, 집행 기능, 지남력, 언어 능력, 대화-화용 능력을 확인해야 하고, 문제행동과 치료 접근법 등을 확인할 수 있어야 한다. 공식적인 표준화 검사는 인지-의사소통장애의 진단과 치료 계획을 수립하는 데 도움을 준다. 선별검사는 기초적인 인지 및 언어 능력을 확인할 수 있고, 추가적인 검사가 필요할지 알려 주며, 평가 계획을 세울 수 있게 한다. 통합검사 도구는 외상성 뇌손상, 우반구 손상 및 치매로 인한 다양한 인지 및 언어 기능의 변화를 검사한다. 표준화된 활동 중심의 평가를 통해 기능적 맥락에서 인지-의사소통 능력을 확인할 수 있다. 표준화된 특정 영역에 대한 평가에서는 단어 찾기나 기억력과 같은 단독의 인지 및 언어 행동을 심화하여 검사한다.

표준화된 검사는 진단 과정에서 사용되지만, 대상자를 항상 적절하게 평가하는 것은 아니다. 많은 검사도구는 80세 이상에 대한 규준이 제시되어 있지 않으며, 70세에 대한 규준이 없는 것도 있다. 인지 능력은 종종 나이가 듦에 따라 감소하기 때문에, 노인들의 검사 결과를 젊은 연령 그룹의 규준과 비교하면 장애가 있는 것으로 잘못 진단될 수 있다. 또한 대부분의 표준화된 검사는 문화와 사회적·경제적 수준 전반에 걸친 광범위한 규준을 제공하지 않으며, 이중언어 사용자 및 비영어권의 원어민을 올바르게 평가하지 못한다. 표준화된 종합평가 도구는 상당히 길며, 신경학적 장애 환자는 검사를 견디기가 어려울 수 있다. '부록 8-1'에는 연령에 적합하게 표준화된 선별검사, 종합평가 도구, 기능적 활동 검사 및 영역별 심화검사가 제시되어 있다.

비표준화 인지-의사소통장애 평가

표준화된 평가는 대상자의 결과를 대상자 집단과 비교하고, 재평가를 통해 시간이 지남에 따라 대상자의 능력을 공식적으로 추적할 수 있기 때문에 유용하다. 대조적으로, 비표준화 및 동적 평가는 보다 유연하고, 대상자 맞춤형이며, 기능적인 것에 초점을 둔다. 또한 기능적 치료 계획을 수립하기 위한 추가 정보를 제공한다. 그러나 동적 평가는 규준에 대한 비교를 하지 못하므로 임상가의 편견이 개입될 여지가 많으며, 시간이 지남에 따라 능력의 변화를 쉽게 추적하기 어렵다.

동적 평가에는 표준화되지 않은 진단 활동 또는 표준화된 도구의 사용이 포함될 수 있다. 임상가는 동적 평가 접근 방식을 통해 인지-의사소통장애의 근본 원인을 조사하고, 대상자의 수행력을 향상하는 전략을 적극적으로 파악할 수 있다. 동적 평가는 각 개인에 맞게 조정되므로, 임상가는 의뢰인이나 관련된 다른 사람들과 협력

하여 반복적인 질문 또는 분노 폭발과 같은 문제행동을 식별하고, 이러한 문제를 해결하는 데 도움이 되는 전략을 조사할 수 있다.

비표준화 평가에는 일반적으로 도움이 되거나 해로운 의사소통 전략이나 행동을 식별하고, 다양한 유형과 주변인의 지원 수준의 영향을 평가할 수 있도록 하는 대화가 포함된다. 대상자의 전문 분야에서 조언을 구하는 것은 특히 중증의 치매를 가진 환자를 평가에 참여시키고, 대화의 정보를 증가시키는 데 유용하다(Dijkstra, Bourgeois, Youmans, & Hancock, 2004). 치료에 사용하기 위한 초기 자료를 얻고, 대화하기, 눈 맞춤 및 의사소통 제스처와 같은 행동을 보다 쉽고 객관적으로 관찰하려면 대화 장면을 비디오로 녹화하는 것이 좋다.

인지-의사소통장애의 치료

치매 환자가 겪는 많은 문제는 근본적으로는 기억력 손상 때문이다. 주의력과 집행 기능의 문제 또한 의사소통의 어려움을 야기한다. 이러한 인지 영역은 외상성 뇌손상 및 우반구 손상과 관련된 인지-의사소통장애에도 동일한 영향을 준다. 따라서 1차 신경학적 진단의 차이에도 불구하고, 이 세 질환 모두에 사용된 치료 접근법에는 중복되는 부분이 있다(Tompkins, 1995). 치매는 우반구 손상이나 외상성 뇌손상과는 다르게 기능이 점차 저하되는 특성을 보인다. 따라서 치매 치료는 각 개인에게 기능적으로 맞춤화된 방식으로 선호하는 환경에서의 사회적 참여, 대인관계, 의사소통 및 독립적인 기능을 유지하는 데 중점을 두어야 한다(Bourgeois & Hickey, 2009).

기억력 중재

환경 수정

대상자의 생활을 체계적이고, 친숙한 환경에서 발생하는 예측 가능한 순서로 구성하며, 두드러지는 기억의 단서를 제공함으로써 기억력 손상을 보상할 수 있다. 예를 들어, 라벨을 사용하여 서랍과 찬장의 내용물을 구별하도록 한다. 어느 정도 치매가 진전된 환자조차도 여전히 문자를 통해 도움을 받을 수 있으며, 한 단어로 이루어진 라벨을 만드는 것이 좋다. 열쇠나 기타 필요한 품목은 동일한 장소에 일관되게 보관해야 한다. 목록, 달력, 시계, 알약 상자 및 일정표를 눈에 잘 띄는 장소에 두고 깔끔하게 정리하는 것은 기억력 문제를 보완할 수 있다. 밝은색의 꽃이나 좋아하는 사진과 같은 단서를 대상자의 새로운 방이나 욕실과 같은 특정한 곳에 위치시켜 의도적으로 연관시킬 수 있게 한다. 진행성 치매로 인해 기억력 장애가 발생하는 경우, 가능한 한 빨리 환경적인 기억 단서를 배치하여 이러한 단서들을 활용할 수 있도록 한다.

기억 공책

기억 공책이나 지갑은 대상자의 기억력을 보조하는 데 매우 유용하게 사용될 수 있으며, 기억력 장애를 보이는 개인의 의사소통 능력과 사회적 능력을 향상할 수 있다. 기억 공책은 개인에 맞게 조정되므로, 그림과 문자의 크기, 복잡성, 공책 자체의 크기와 공책을 만들 때 대상자가 참여하는 정도는 개인마다 달라진다. 기억 공책과 지갑은 치매 환자에게 특히 효과적이다. 이들의 기억 공책은 일반적으로 결혼, 휴가, 과거 집의 사진, 현재와 과거의 애완동물, 가족과 같은 인생사를 담는 데 중점을 둔다. 공책은 치매 환자의 보존된 장기기억을 활용하며, 이 사진과 함께 제공되는 간단한 설명은 상대적으로 보존된 읽기 능력을 활용하게 된다.

치매 환자에게 기억 공책을 사용하는 것의 이점으로는 특정 대화 정보의 증가 및 대화 상호작용의 시작, 빈구어 및 반복의 감소, 사회적 상호작용의 양과 질이 증가하는 것이 포함된다(Bourgeois, Dijkstra, Burgio, & Allen-Burge, 2001). 이전에 대화에 관심이 없었던 치매 환자는 자신의 기억 공책을 사용하여 도우미(간병인, 간호사 등)나 다른 환자들과 대화에 적극적으로 참여할 수 있다. 종종 사진을 가리키고, 간단한 설명을 큰 소리로 읽은 다음 사진에 대한 추가적인 설명을 하면서 상호작용이 증가한다. 이 글에서 지적한 바와 같이 사회적 고립은 인지 기능에 해롭다. 사회적 참여는 노인, 특히 인지장애가 있는 사람들에게 매우 중요하다. 단순히 치매 환자를 위한 기억 공책을 만드는 것만으로는 충분하지 않다. 도우미(간병인, 간호사 등), 가족 및 환자가 시간차 회상기법을 통해 이 공책을 인식하고 대화를 지원하는 연습을 하지 않는다면, 공책은 손실되거나 무용해질 것이다.

우반구 손상과 외상성 뇌손상 환자 또한 잘 정리된 개인 관련 정보를 활용하는 기억 공책과 지갑을 만드는 데 적극적으로 참여할 수 있다. 이들에게 기억 공책은 전략으로서 많은 도움을 준다. 이 집단에서 일부 환자들은 물리적 기억 보조제 사용에 반대한다는 점도 유의해야 한다. 이러한 이유에서 기억력 보조장치의 외부적 개발은 각 대상자에 맞게 적용되어야 한다.

시간차 회상기법

지난 10년간 시간차 회상기법에 대한 연구들을 통해 치매 환자는 새로운 정보를 습득할 수 있다는 것을 확인하였다(Bourgeois et al., 2003). 시간차 회상기법은 대상자에게 새로운 기능적 전략을 회상하고 사용하도록 가르치는 데 활용되었다(Bourgeois & Hickey, 2009). 또한 외상성 뇌손상으로 인한 2차적 기억장애가 있는 환자에게서도 성공적으로 사용되었다(Bourgeois & Melton, 2005). 시간차 회상기법은 임상가가 회상 이전의 시간 간격을 체계적으로 조절하면서 대상자로부터 특정 목표 반응을 이끌어 내는 공식적인 기억 훈련 절차다. 반응의 정확성에 따라 시간 간격을 증가시키거나 감소시키며, 오류 없는 반응을 보일 때까지 진행된다. 일단 성공적으로 훈련되면, 훈련된 자극 단서에 응답할 때 이 전략이 자동적으로 사용되기 때문에 의식적으로 활용할 필요가 없게 된다.

이 기술은 문제행동을 줄이거나 기억상실이 심각한 사람의 독립성과 삶의 질을 높이기 위한 기능적 전략을 수립하는 데 활용될 때 매우 효과적이다. 화가 났을 때 숨을 멈추고 심호흡하는 법, 손자 이름을 다시 배우거나 방 번호를 인식하는 전략 등이 포함된다. 예를 들어, 반복적인 질문을 하면서 직원(간병인이나 간호사)을 방해하는 치매 환자는 질문에 대한 답변이 작성된 단서 카드를 참조하도록 훈련받는다. 이 경우 임상가는 '아내가 당신을 언제 데리러 올지 알아야 할 때 무엇을 해야 합니까?'와 같은 동일한 질문을 반복적으로 하고, 치매 환자에게 '카드를 찾아야 한다.'고 대답하도록 한다. 그리고 카드를 큰 소리로 읽게 한 후에 그 내용대로 실제로 행동하도록 한다. 치매를 앓고 있는 환자들은 매번 카드를 스스로 찾고 읽는 것을 배우고, 중요한 질문에 대한 답변을 읽으면서 행동을 습득하게 된다. 결과적으로 직원들은 좌절감을 덜 느끼고 환자들은 불안감을 덜게 된다.

내적 기억 전략

기억력 문제를 스스로 모니터링하고, 회복 전략 또는 정보 입력 전략을 의식적으로 적용할 수 있는 대상자는 하나 또는 여러 기억 관련 전략을 활용할 수 있다. 반복되는 정보의 반복(리허설) 또는 정보의 항목을 두드러진 단서에 연결하는 등의 입력 전략이 도움이 될 수 있으며, 치료에 활용될 수 있다. 일부 고객은 눈을 감고 미래 상황에서 기억해야 할 행동을 정신적으로 시각화하는 것에서 이점을 얻는다. 또한 정보를 회상하는 데 도움을 주기 위해 눈을 감고 과거 일화를 시각화할 수 있으며, 일부 환자들은 첫 글자나 단어의 전체적인 모양을 시각화하는 것에서 도움을 받는다. 각운(rhymes)이나 두문자어(acronyms)와 같은 암기법(mnemonics)도 치료법에서 기억 기술로 일반적으로 활용된다. 이러한 기술은 대부분의 사람들에게 친숙하기 때문에 너무 단순하거나 명백한 것으로 간과되기 쉽다. 그러나 많은 환자가 철저한 교육과 연습을 통해 이러한 기술을 기능적으로 사용하게 된다. 경도의 치매 환자도 이러한 내부 전략을 적용할 능력이 없을 수 있으며, 외부 환경 단서가 더욱 적절할 수도 있다(Bourgeois & Hickey, 2009).

주의력과 참여

환경 수정

치매를 앓고 있는 환자들은 종종 자신의 환경에 의해 쉽게 산만해진다. 이러한 어려움은 종종 사회적 참여를 제한한다. 이들은 환경을 단순화하고 정리해야 하며, 환경적 단서와 지지가 추가되는 것에 주의할 필요가 있다. 언어병리학자는 가정 간병인 또는 거주 직원과 협력하여 특히 요양원의 조명을 최적화할 수 있다. 조명이 종종 불충분한 경우가 있다(Bourgeois & Hickey, 2009). 그러나 지나치게 밝은 조명은 이들의 제한된 주의 및 지각 자원을 압도하기도 한다. 우반구 손상 및 외상성 뇌손상 환자들과 마찬가지로 치매 환자들은 청각적 방해 자극을 제거할 때 좀 더 집중할 수 있다. 조용하고 차분한 공간으로 환자를 이동시키면 사회적 참여 및 의사소통 참여가 증가한다. 언어재활사는 주의를 흩트리는 요소를 제거할 뿐만 아니라, 직원이나 간병인과 협력하여 적극적인 참여 기회를 만들어 낼 수 있다. 요양원에서 종종 치매 환자는 나란히 앉기보다는 서로 마주 보며 앉게 된다. 집중적인 관심과 참여를

돕기 위해 개인의 물건이나 그림을 중앙 테이블에 놓을 수 있다. 또한 동요되거나 쉽게 산만해지는 치매 환자는 동전 분류 또는 수건 접기와 같이 주의를 집중시키는 간단한 기능적 활동을 함으로써 도움을 받는다. 그 활동이 의도적이고 과거의 관심사나 직종을 반영한다면 이상적인 활동이 된다(Bourgeois & Hickey, 2009).

직접적 주의력 치료

우반구 손상 및 외상성 뇌손상 환자에게는 주의력 향상을 위한 직접적인 개입이 적절하다. 뇌졸중이나 뇌손상을 입은 노인의 주의력, 지각 능력 및 감각기억이 정상 노화로 인해 이미 손상되었을 수도 있으므로, 주의력 문제를 다루는 것은 특히 중요하다. 이미 존재하고 있는 인지 영역의 결함은 환경에 수반되는 문제를 악화시킬 수 있다. 초점, 선택, 교대, 배분 등 주의력의 각 하위 유형에 대한 다양한 과제를 활용할 수 있다.

Sohlberg와 Mateer(2001)는 다양한 유형의 주의력을 다루는 활동을 제안하였다. 대상자에게 이야기를 듣고 특정 단어가 언급된 시점을 표시하도록 요청함으로써 초점적 주의력을 향상할 수 있다. 문단 이해 과제 또한 초점 주의력을 향상할 수 있으며, 그 내용은 종종 개인의 관심사에 맞게 쉽게 조정할 수 있다. 선택적 주의력은 방해 자극(경쟁적 자극)이 나타나는 동안 환자에게 활동에 참여하도록 요청함으로써 향상한다. 교대적 주의력의 경우에는 두 활동에 대해 번갈아 가면서 주의를 기울이도록 요청한다. 치매 환자와 마찬가지로 문자 미리 알림 또는 지침과 같은 시각적 보조 도구는 환자의 지남력을 유지해 주고, 대화 중 주요 주제에 집중하며, 대화 전략을 사용할 수 있도록 한다. 또한 산만함을 줄이기 위해 방해 자극의 수를 줄이도록 환경을 수정할 수 있다. 앞서 논의한 바와 같이, 개인과 관련된 주제와 활동에 보다 초점을 맞추고, 추상적이고 덜 명백한 활동의 이유를 명확하게 설명하는 것이 특히 중요하다.

집행 기능

추론과 추상적 사고

비유 언어, 비일관성, 유머 및 암시적 의미를 이해하는 능력을 포함하여 추론에서

의 어려움은 근본적으로 집행 기능 장애, 특히 타인의 행동이나 관점을 이해하는 능력(조망 수용, perspective taking)의 부족으로 인해 발생한다. 이는 전두측두치매, 픽병, 우반구 손상, 외상성 뇌손상 및 경증에서 중등도의 알츠하이머성 치매를 가진 환자에게서 전형적으로 나타난다.

Brookshire(2007)는 추론 문제를 치료하기 위한 여러 가지 치료 가능성을 제시하였다. 유머의 경우 농담을 들려주고 왜 재미있는지 설명하도록 하거나 선택지가 제시되는 문항에서 가장 재미있는 문항을 고르도록 요청한다. 은유와 관용구 또한 대상자에게 뜻을 설명하도록 하거나 문항지에서 그 의미를 고르도록 한다. 우반구 손상 및 외상성 뇌손상뿐만 아니라 경증에서 중등도 치매 환자는 조망 수용 능력의 결함으로 인해 대화에 어려움을 보인다. 환자에게 대화 상대자의 믿음, 감정, 의도 및 사전 지식에 대해 구체적으로 말해 줌으로써 대화를 원활하게 도울 수 있다.

추론, 판단 및 문제 해결 능력

임상가는 문제 해결 및 추론 능력을 치료하기 위해 가상의 상황을 만들고, 환자에게 무엇을 해야 하는지 물어볼 수 있다. 또한 환자에게 개인적으로 관심이 있는 복잡한 활동의 단계를 나열하고 순서를 정하도록 한다. 충동적인 답변을 피하기 위해 체계적인 문제 해결 방법을 가르치는 것이 유익하다. 예를 들어, 충동 제어가 필요한 실제 상황을 구현하고, 다른 사람들과의 역할 놀이 활동에 환자를 참여시킨다. 활동을 계획하고 시간을 관리하는 활동을 통해 추론과 판단 능력을 증진한다(Brookshire, 2007; Sohlberg & Mateer, 2001). 문제 해결 활동 중 일부는 환자가 직면할 수 있는 실제 상황에 대해 적절한 반응을 연습하는 것이다.

충동 조절에 문제가 있는 환자는 자신의 행동의 결과를 고려하지 않고 부적절하게 행동한다. 진행 중이거나 빈번한 상황에 대한 해결책을 생각하고, 환자가 스스로 어떻게 처리해야 할지 모르는 특정 상황을 다루기 위한 전략을 세울 수 있다. 환자는 문제가 발생할 때 사용할 수 있는 문제 해결 전략에 대한 체크리스트를 암송하면서 어려운 상황에서 '자신과 대화하기'를 배울 수 있다(Sohlberg & Mateer, 2001). 예를 들어, 외상성 뇌손상 환자가 긴장이 풀렸을 때 자주 흥분하고 공격적이 되면, 불안이 시작되는 것을 확인하고 그 상황에서 빠져나오거나 심호흡을 하거나 다른 스트레스 완화 전략을 사용하도록 도울 수 있다.

인지-의사소통장애 환자의 치료 시 추가 고려 사항

질병 불각증

인지-의사소통장애를 가진 환자의 치료에서 특히 방해가 되는 공통적인 문제는 장애를 거부하거나 최소화하는 '질병 불각증'이다. 어려움을 부인하거나 자신의 한계에 대한 통찰력이 부족한 환자의 경우, 치료해야 할 문제가 있음을 '증명'해야 할 때가 있다. 이러한 과정은 완만하고 환자를 자극하지 않는 방식으로 이루어져야 하며, 이를 통해 환자는 자신의 장애를 받아들여야 한다. 이때 환자와 함께 비디오를 보며 분석하는 것이 효과적이다.

장애에 대한 현실적인 직시가 없거나 추상적 사고에 어려움이 있는 환자의 경우에는 기억력과 주의력을 직접적으로 치료하는 것이 처음에는 너무 추상적으로 느껴질 수 있다. 환자가 치료 여부를 판단하는 데 도움을 주기 위해 임상가는 먼저 환자 자신에게 문제가 있다고 느끼는 것을 식별하게 한다. 예를 들어, 장애를 부인하는 환자도 배우자와 대화한 후에는 어려움을 인정하기도 한다. 이때 임상가가 대화 상황에서 언어 이해에 초점을 맞추면서 치료의 장점을 보여 줄 수 있다. 일단 신뢰 관계가 확립되면, 환자는 본인과 관련이 적어 보이는 치료 활동도 받아들이는 동기가 된다.

화용장애

화용 문제와 비효율적인 대화 전략은 비디오 녹화 및 대화 분석을 통해 가장 잘 치료된다. 이 방법을 사용하면 계속 대화를 중단하거나 해체하지 않고 자연스럽게 대화할 수 있다. 임상가는 환자가 잘한 부분과 개선이 필요한 부분을 구체적으로 보여 줄 수 있다. 몇 번씩 되감고 다시 보기 기능을 통해 대화를 보다 포괄적으로 분석할 수 있다. 때로는 비슷한 문제가 있는 다른 사람들의 녹화 자료를 분석하는 것도 좋다. 대화가 활발하게 이루어지는 토크쇼 프로그램의 경우에 화용장애를 다루는 치료 방법의 하나로 사용된다.

시지각장애

환자의 시지각 문제는 단순하거나 복잡한 그림을 보고 그려 보도록 하거나 알고 있는 것을 그려 보도록 하는 것으로 확인할 수 있다. 시각적 처리 및 무시를 확인하기 위해 시각적 스캔 활동을 시켜 볼 수 있다. 근본적인 주의력 손상을 치료하는 것 외에도, 환자는 자신의 무시증을 인식하고, 이를 보상하기 위한 전략을 배워야 한다. 예를 들어, 환자는 체계적으로 시각적 공간의 양쪽에 집중하거나 구절의 왼쪽 여백을 찾을 때까지 줄글을 따라 손가락을 왼쪽으로 이동해 보게 한다. 보다 두드러진 단서로는 글의 왼쪽에 빨간색 선을 표시하고, 이 빨간색 표시를 찾은 후에만 글을 읽도록 교육한다.

간병인 관련 사항

간병인은 사랑하는 사람을 돕고 싶어 하며, 환자에게 과제를 하고 전략을 따르도록 격려한다. 또한 환자가 호소하는 문제를 식별하는 데 도움을 줄 수 있으며, 사랑하는 사람을 위한 의사소통 상대자로서 도움이 되는 전략을 배울 수도 있다. 치료 과정에서 주변인들의 참여는 환자의 행복과 회복에 강력한 도움을 준다. 그러나 간병인의 참여가 유익하지 않은 경우가 있다. 일부 환자는 친구나 가족이 치료에 참여하지 않기를 바라며, 개인의 사생활이 보호되기를 원한다. 또한 치료에 배우자나 자녀를 참여시키는 것은 가족 내에서 환자의 전통적인 역할을 위협하기도 한다. 이는 환자로 하여금 노화로 인해 이미 경험하고 있는 독립성 및 정체성의 상실감을 악화시킨다.

무엇보다도 인지-의사소통장애를 가진 사람들을 돌보는 간병인들이 스트레스에 노출된다는 사실을 알아야 한다. 질병이 점차 악화되고 성격과 행동의 변화를 보이는 치매 환자를 돌보는 사람들에게는 특히 그렇다. 이러한 경우에 환자를 돌보고 지원하는 간병인의 고통을 덜어 주는 것이 필요하다. 이를 잘 알고 있는 임상가는 간병인의 요구를 인식하고, 이들을 노인센터 치매 프로그램, 성인 보육 및 간병인 지원 그룹과 같이 이용 가능한 지역사회로 연결시켜 준다.

집단치료

집단치료는 인지-의사소통장애가 있는 환자, 특히 사회적 상호작용이 제한된 노

년층에 매우 유익하다. 집단치료에서는 정오를 판단하고, 점수를 측정하지 않는 환경에서 전략을 연습할 수 있는 기회를 제공하여 의사소통 능력을 향상한다. 집단치료의 사회적 · 정서적 이점도 있다. 노인이 뇌졸중으로 인한 갑작스러운 능력의 상실에 대처하거나 점진적인 감퇴, 우울증, 사회적 배제를 당하는 것은 흔한 일이다. 비슷한 상황에 있는 다른 사람들과의 집단치료는 위로감, 사회화, 정보 자료 및 공감해 주는 친구들을 선사한다. 집단치료는 우반구 손상 및 치매와 같은 다양한 진단 이력이 있는 환자들을 모아서 시행하거나 특정 질환 환자들로 국한하여 시행할 수 있다.

우반구 손상 및 외상성 뇌손상 환자의 의사소통 및 문제 해결 능력에 대한 집단치료의 이점은 널리 인식되고 있다. 그러나 치매 환자의 집단치료에 대해서는 잘 알려지지 않았다. 이러한 집단 활동 중 하나인 '읽기로 질문하고 대답하기'는 현재 상황에 대한 문장 및 단서카드를 활용하는 토론을 통해 사회적 참여, 독해 및 의사소통 능력을 촉진한다(Stevens, King, & Camp, 1993). 시를 활용한 집단치료에서는 집단의 대표가 치매 환자의 주제별 의견과 느낌을 기록한 다음 시를 읽는 것처럼 집단의 작품을 큰 소리로 읽으면서 환자의 자부심과 직원 및 가족과의 의사소통을 강화하였다(Hagens, Beaman, & Ryan, 2003). 또 다른 집단치료 접근법은 아침 식사 집단치료(Boczko, 1994)인데, 이는 감각적 자극과 체계적이고 반복적인 일상을 활용하여 시설에서의 식사 시간을 긍정적인 사회적 상호작용과 의사소통 증진의 시간으로 만든다. 치매 환자는 우반구 손상 및 외상성 뇌손상 집단치료에서 활용되는 음악 빙고, 글자 맞히기, 시간 제한 토론, 범주 이름 지정 및 개인 사진 공유 등을 포함하는 다양한 문제 해결 및 의사소통 활동을 적용할 수 있다. 그러나 치매 환자의 참여를 위해서는 보다 개별화된 지원이 필요하다.

환급

메디케어(Medicare)는 숙련된 서비스를 제공하는 언어병리학자에게만 환급을 해준다. 임상가는 모든 평가 및 치료 활동에 대한 숙련된 훈련이 필요하다는 것을 증명해야 한다. 말-언어 훈련을 받지 않은 사람은 서비스를 제공할 수 없다. 인지-의사소통 치료에 대한 환급을 위해서는 고객의 의사소통(기억력이나 주의력 문제가 아닌)에 문제가 있고, 중재가 필요하다는 문서가 필요하다. 이는 임상가가 근본적인 인지장애가 환자의 기능적 의사소통에 직접적인 영향을 미치는 방식을 정확하게 문서화해야 한다는 것을 의미한다. 과거에는 치매 환자에게 행해진 인지-의사소통 치료비가 환급되지 않았다.

그러나 1987년의 「연방요양원개혁법(Federal Nursing Home Reform Act)」은 의사소통 중재가 필요한 치매 환자들에게 의사소통 치료를 제공할 것을 의무화했고, 의료보험제도는 이에 따라 환급을 한다. 임상가는 숙련된 의사소통 중재의 필요성을 주의 깊게 문서화하고, 치료를 목표로 하는 구체적이고 측정 가능한 행동과 전략에 대한 초기 평가 자료를 제공해야 한다. 치료는 기능적 의사소통과 참여를 직접적으로 향상하거나 의사소통을 촉진하는 전략을 포함해야 한다. 그리고 환자의 치료 진행 상황을 명확하게 문서화한다. 진행성 질환이 있는 환자에게는 인지 기능의 개선 또는 회복이 목표가 되지 않으며, 기능의 유지와 최적의 전략적 촉진이 적절한 목표가 된다.

미국 의료보험제도의 A파트에서는 급성 및 재활병원 환경, 가정 간호 환경 및 전문간호시설의 입원 환자 의료 서비스를 다룬다. 환급은 재활의학과에서 보고된 초기 예후, 치료 목표 및 고객이 치료 목표를 달성하는 데 필요한 예상 시간에 따라 자금이 조달되는 예비 지불 시스템을 기반으로 한다. B파트에서는 병원, 의원 및 장기요양시설의 외래환자 치료를 보장한다. 상환 자금은 현재 물리치료 및 말-언어치료를 합쳐서 환자당 1,780달러로 제한되어 있다. 그러나 임상가가 환자의 증상이 복잡하거나 의학적으로 필요하고 정당하다는 것을 입증할 수 있다면 이 한도를 초과할 수 있다. Bourgeois와 Hickey(2009)는 이러한 환급 문제에 대해 더 논의하고, 미국 의료보험제도 체계에 대한 실질적인 조언을 하였다.

국제질병분류(International Classification of Diseases)-임상적 수정, 9차 개정판(ICD-9-CM)의 코드는 환자의 질병, 부상, 증상 및 상태를 설명한다(National Center for Health Statistics: NCHS, 2009). 중추신경계 또는 뇌혈관 질환의 유전성 및 퇴행성 질환에 대한 ICD-9-CM 코드는 일반적으로 인지-의사소통장애가 있는 환자의 일반적인 의학적 진단을 제공한다. 평가, 치료 계획, 일일 치료 보고서 등의 모든 문서에는 적절한 ICD-9-CM 코드가 명시되어야 한다. 미국 의료보험제도는 이 코드의

확장 및 업데이트된 10차 개정판(NCHS, 2010)을 2013년 10월 13일부터 의무적으로 사용하고 있다.

핵심 내용

이 장에서는 노년층에서 흔하게 관찰되는 인지장애를 다루었으며, 이들에게 적절한 평가와 중재 전략에 대해 설명하였다. 핵심 내용은 다음과 같다.

- 노인들은 치매, 우반구 손상 및 외상성 뇌손상과 관련된 인지-의사소통장애를 경험할 가능성이 높다.
- 이러한 장애가 경미하다면 정상 노화로 인한 인지 변화와 감별하기 어렵다.
- 노인을 위한 인지-의사소통 평가는 인지, 감각 및 신체 건강상의 1차 노화와 관련된 변화를 포함해야 한다.
- 노인 환자의 평가와 치료를 다룰 때는 개개인의 삶의 경험을 고려하는 것이 필요하다.
- 환경적 수정과 기억 공책은 기억장애를 겪는 노인들의 기능적 치료에 매우 효과적이다.
- 적절한 전략의 사용은 추론, 판단, 화용 및 행동장애를 보이는 노인에게 도움을 주고, 시간 차 회상기법은 기억장애를 보이는 환자에게 효과적이다.
- 기억력, 주의력, 집행 기능과 관련된 인지장애의 직접적 치료는 기능적으로 관련이 있도록 구성되어야 한다.
- 간병인이 치료에 참여하는 것은 유익하다. 그러나 이들에게 상당한 부담을 줄 수 있고, 치료사로서의 역할을 수행하지 못할 수도 있다.
- 환급 가능한 서비스는 숙련되고, 의사소통 중심적이며, 명확하게 문서화되어야 한다. 진행성 질환 환자의 치료는 인지 기능의 회복보다는 기능적 의사소통 및 전략 훈련에 중점을 두어야 한다.

참고문헌

American Psychiatric Association. (2000). *Diagnostic and statistical manual of mental disorders* (4th ed., text rev.). Washington, DC: Author.

Baines, K. A., Martin, A. W., & Heeringa, H. M. (1999). *Assessment of language-related functional activities.* Austin, TX: PRO-ED.

Barber, R., Newby, J., & McKeith, I. (2004). Lewy body disease. In R. Richter & B. Richter (Eds.), *Alzheimer's disease: A physician's guide to practical management* (pp. 127-135). Totowa, NJ: Humana Press.

Bayles, K. A., & Tomoeda, C. K. (1994). *Functional linguistic communication inventory.* Tucson, AZ: Canyonlands Publishing.

Bernstein, J. H., & Waber, D. (1994). *Rey-Osterrieth complex figure.* Lutz, FL: Psychological Assessment Resources.

Bird, T., Knopman, D., VanSwieten, J., Rosso, S., Feldman, H., & Tanabe, H. (2003). Epidemiology and genetics of frontotemporal dementia/Pick's disease. *Annals of Neurology, 54,* S29-S31.

Boczko, F. (1994). The breakfast club: A multi-modal language stimulation program for nursing home residents with Alzheimer's disease. *The American Journal of Alzheimer's Care and Related Disorders and Research, 9,* 35-38.

Bourgeois, M., Camp, C., Rose, M., White, B., Malone, M., Carr, J., et al. (2003). A comparison of training strategies to enhance use of external aids by persons with dementia. *Journal of Communication Disorders, 36,* 361-378.

Bourgeois, M., Dijkstra, K., Burgio, L., & Allen-Burge, R. (2001). Memory aids as an AAC strategy for nursing home residents with dementia. *Augmentative and Alternative Communication, 17,* 196-210.

Bourgeois, M., & Hickey E. (2009). *Dementia: From diagnosis to management—A functional approach.* New York: Taylor & Francis.

Bourgeois, M., & Melton, A. (2005). Training compensatory memory strategies via the telephone for persons with TBI. *Aphasiology, 19,* 353-364.

Brookshire, R. H. (2007). *Introduction to neurogenic communication disorders* (7th ed.). St Louis, MO: Mosby-Year Book.

Bucks, R. S., Willison, J. R., & Byrne, L. M. T. (2000). *Location learning test.* Bury St. Edmunds, Suffolk, England: Thames Valley Test Company.

Cummings, J. L. (2003). *The neuropsychiatry of Alzheimer's disease and related dementias.* London: Martin Dunitz.

Davis, G. A. (2000). *Aphasiology: Disorders and clinical practice.* Needham Heights, MA: Allyn & Bacon.

Delis, D. C., Kaplan, E., & Kramer, J. H. (2001). *Delis-Kaplan executive function system.* San Antonio, TX: Psychological Corp.

Dickson, D. W. (2001). Neuropathology of Pick's disease. *Neurology, 56* (Suppl. 4), S16-S20.

Dijkstra, K., Bourgeois, M., Youmans, G., & Hancock, A. (2006). Implications of an advice-giving and teacher role on language production in adults with dementia. *The Gerontologist, 46,* 357-366.

Folstein, M. F., Folstein, S. E., & McHugh, P. R. (1975). "Mini-mental state": A practical method for grading the cognitive state of clients for the clinician. *Journal of Psychiatry Research, 12,* 189-198.

Franczak, M., Kerwin, D., & Antuono, P. (2004). Frontotemporal lobe dementia. In R. Richter & B. Richter (Eds.), *Alzheimer's disease: A physician's guide to practical management* (pp. 137-143). Totowa, NJ: Humana Press.

Galasko, D., Salmon, D. P., Lineweaver, T., Hansen, L., & Thal, L. J. (1998). Neuropsychological measures distinguish patients with Lewy body variant from those with Alzheimer's disease. *Neurology, 50,* A181.

Goldstein, F. C., Levin, H. S., Presley, R. M., Searcy, J., Colohan, A. R. T., Eisenberg, et al. (1994). Neurobehavioural consequences of closed head injury in older adults. *Journal of Neurology, Neurosurgery and Psychiatry, 57,* 961-966.

Gustafson, L., Brun, A., & Passant, U. (1992). Frontal lobe degeneration of non-Alzheimer type. In M. Rossor (Ed.), *Unusual dementias* (pp. 559-582). London: Balliere Tindall.

Hagens, C., Beaman, A., & Ryan, E. (2003). Reminiscing, poetry writing, and remembering boxes: Personhood-centered communication with cognitively impaired older adults. *Activities, Adaptation, and Aging, 27,* 97-112.

Haynes, W.O., & Pindzola, R. H. (1998). *Diagnosis and evaluation in speech pathology* (5th ed.). Needham Heights, MA: Allyn & Bacon.

Helm-Estabrooks, N. (2001). *Cognitive linguistic quick test. San Antonio,* TX: Psychological Corp.

Hodges, J. R., & Patterson, K. (1995). Is semantic memory consistently impaired early in the course of Alzheimer's disease? Neuroanatomical and diagnostic implications. *Neuropsychologia, 33,* 441-459.

Holland, A., Frattali, C., & Fromm, D. (1999). *Communicative activities of daily living* (2nd ed.). Austin, TX: PRO-ED.

Litvan, I., Mohr, E., Williams, J., Williams, J., Gomez, C., & Chase, T. (1991). Differential memory and executive functions in demented patients with Parkinson's and Alzheimer's disease. *Journal of Neurology, Neurosurgery, & Psychiatry, 54,* 25-29.

Mattis, S. (2001). *Dementia rating scale* (2nd ed.). Lutz, FL: Psychological Assessment Resources.

Morris, J. C. (2003). Dementia update 2003. *Alzheimer Disease and Associated Disorders, 17,* 245-258.

Munoz, D. G., Ganapathy, G. R., Eliasziw, M., & Hachinski, V. (2000). Educational attainment and SES in patients with autopsy-confirmed AD. *Archives of Neurology, 57,* 85-89.

Murray, L. L., & Clark, H. M. (2006). *Neurogenic disorders of language: Theory driven clinical practice.* Clifton Park, NY: Thompson Delmar.Learning.

Nagaratnam, N., Phan, T. A., Barnett, C., & Ibrahim, N. (2002). Angular gyrus syndrome mimicking depressive pseudodementia. *Journal of Psychiatry and Neuroscience, 27,* 364-368.

National Center for Health Statistics. (2009). *International classification of diseases* (9th Rev., clinical modification) Retrieved June 20, 2010, from http://www.cdc.gov/nchs/icd/icd9cm.htm

National Center for Health Statistics. (2010). *International classification of diseases* (10th Rev., clinical modification). Retrieved June 20, 2010, from http://www.cdc.gov/nchs/icd/icd10cm.htm

National Institute of Aging. (2003). *Alzheimer's disease progress report 2001-2002* (NIH Publication No. 03-5333). Washington, DC: U.S. Department of Health and Human Services.

National Stroke Association. (2002). *All about stroke.* Retrieved June 20, 2010, from: http//www.stroke.org

O'Brien, J. T., Erkinjuntti, T., Reisberg, B., Roman, G., Sawada, T., & Pantoni, L. (2003). Vascular cognitive impairment. *The Lancet: Neurology, 2,* 89-98.

Petersen, R., Stevens, J., Ganguli, M., Tangalos, Cummings, J., & DeKosky, S. (2001). Practice

parameter: Early detection of dementia: Mild cognitive impairment (an evidence-based review). Report of the Quality Standards Subcommittee of the American Academy of Neurology. *Neurology, 56,* 1133-1142.

Randolph, C. (1998). *Repeatable battery for the assessment of neuropsychological status.* San Antonio, TX: Psychological Corp.

Richter, B. Z. (2004). Potential and established risk factors for Alzheimer's disease. In R. Richter & B. Richter (Eds.), *Alzheimer's disease: A physician's guide to practical management* (pp. 65-71). Totowa, NJ: Humana Press.

Robertson, I. H., Ward, T., Ridgeway, V., & Nimmo-Smith, I. (1994). *The test of everyday attention.* Gaylord, MI: Northern Speech Services.

Ross-Swain, D., & Fogle, P. (1996). *Ross information processing assessment-geriatric.* Austin, TX: PRO-ED.

Schretlen, D. (1997). *Brief test of attention.* Lutz, FL: Psychological Assessment Resources.

Smith, G., & Rush, B. (2006). Normal aging and mild cognitive impairment. In D. Attix and K. Welsh-Bohmer (Eds.), *Geriatric neuropsychology: Assessment and intervention* (pp. 27-55). New York: Guilford Press.

Sohlberg, M. M., & Mateer, C. A. (2001). *Cognitive rehabilitation: An integrative neuro-psychological approach.* New York: Guilford Press.

Stern, R. A., & White, T. (2003). *Neuropsychological assessment battery: Administration, scoring and interpretation manual.* Lutz, FL: Psychological Assessment Resources.

Stevens, A., King, C., & Camp, C. (1993). Improving prose memory and social interaction using question asking reading with adult day care clients. *Educational Gerontology, 19,* 651-662.

Tompkins, C. A. (1995). *Right hemisphere communication disorders: Theory and management.* San Diego, CA: Singular.

Warner, T. T., & Schapira, A. H. V. (2003). Genetic and environmental factors in the cause of Parkinson's disease. *Annals of Neurology, 53,* S16-S25.

Wechsler, D. (1997). *Wechsler adult intelligence scales* (3rd ed.). San Antonio, TX: Psychological Corp.

Wiig, E. H., Nielsen, N. P., Minthon, L., & Warkentin, S. (2002). *Alzheimer's quick test: Assessment of parietal function.* San Antonio, TX: Psych Corp.

Wilson, B. A., Alderman, N., Burgress, P., Emslei, H., & Evans, J. J. (1996). *Behavioural assessment of the dys executive syndrome* (BADS). Bury St. Edmunds, Suffolk, England: Thames Valley Test Company.

Wilson, B. A., Cockburn, J., & Baddeley, A. (2003). *The Rivermead behavioural memory test* (2nd ed.). Bury St. Edmunds, Suffolk, England: Thames Valley Test Company.

부록 8-1 **인지-의사소통장애를 위한 평가 도구**

도구	정상규준의 연령 범위	내용/하위검사	소요 시간/적용 집단
전반적 인지 능력에 대한 선별검사 도구			
Mini-mental State Examination(MMSE; Folstein, Folstein, & McHugh, 1975)	18~85	지남력, 주의력, 계산 능력, 즉각기억, 지연기억, 시공간 구성	10분/전반적으로 적용 가능
Modified Mini-mental State Examination(3MS; Jones et al., 2002)	60~84	지남력, 주의력, 계산 능력, 즉각기억, 지연기억, 시공간 구성, 사물 연관성	10분/전반적으로 적용 가능
The Alzheimer's Quick Test (AQT; Wiig, Nielsen, Minthon, & Warkentin, 2002)	15~72	시간제한이 있는 이름 대기 과제, 반응의 정확도 및 반응 시간을 측정함	10분/알츠하이머성 치매
Cognitive Linguistic Quick Test(CLQT; Helm-Estabrooks, 2001)	18~89	지남력, 주의력, 구어 기억, 시각기억, 이름 대기, 청각적 이해력, 집행 기능	30분/전반적으로 적용 가능
종합평가 도구			
Dementia Rating Scale-2 (DRS-2; Mattis, 2001)	56~105	주의력, 개시-보속, 구성, 개념화, 기억 회상, 기억 재인	45~60분/치매
Repeatable Battery for the Assessment of Neuropsychological Status (RBANS; Randolph, 1998)	20~89	즉각기억, 시공간 구성, 언어, 주의력, 지연기억	30~45분/전반적으로 적용 가능하나 치매를 위해 고안되었음
Ross Information Processing Assessment-Geriatric (RIPA-G; Ross-Swain & Fogle, 1996)	65~98	지남력, 단기기억, 장기기억, 청각적 이해력, 추론	40~60분/전반적으로 적용 가능, 노인
Neuropsychological Assessment Battery(NAB; Stern & White, 2003)	18~97	주의력, 언어, 기억력, 시공간 능력, 집행 기능, 기능적 활동	4시간, 각 하위검사는 개별적으로 사용 가능/전반적으로 적용 가능
Wechsler Adult Intelligence Scales-III(WAIS-III; Wechsler, 1997)	16~89	언어 이해력, 어휘, 청각적 구어 기억, 시공간 구성, 집행 기능	90분/전반적으로 적용 가능

기능적 의사소통 활동에 기반한 평가				
Communicative Activities of Daily Living-2(CADL-2; Holland, Frattali, & Fromm, 1999)		26~90	읽기, 쓰기, 숫자 사용, 사회적 상호작용, 다양한 의사소통 능력, 맥락적 의사소통 능력, 일련의 관계성, 유머/은유/불합리성	30~40분/ 우반구 손상, 외상성 뇌손상
Functional Linguistic Communication Inventory(FLCI; Bayles & Tomoeda, 1994)		Not specified	인사하기 및 이름 대기, 쓰기, 명령 따르기, 제스처, 기호 및 그림 이해, 단어 읽기, 질문에 답하기, 회상하기, 대화	30~40분/ 치매
Assessment of Language-Related Functional Activities(ALFA; Baines, Martin, & Heeringa, 1999)		16~95	시계 보기, 체크리스트 및 기억기술, 봉투에 주소 쓰기, 수학, 약병 라벨 읽기, 달력 보기, 전화하기, 메모하기	30~90분
특정 영역을 측정하는 검사				
기억력	Rey-Osterrieth Complex Figure Test(Bernstein & Waber, 1994)	6~93	비구어기억, 시공간 구성, 전략 사용, 조직화	10분/ 회상 지연되는 것을 제외하는 경우/ 전반적으로 적용 가능
기억력	Rivermead Behavioural Memory Test-II(RBMT-II; Wilson, Cockburn, & Baddeley, 2003)	11~94	장기기억, 재인, 즉각회상, 지연회상, 지남력	25~60분/ 전반적으로 적용 가능
기억력	Location Learning Test (Bucks, Willison, & Byrne, 2000)	50~96	기능적 비구어기억, 시공간 회상, 시지각 능력	25분/치매
집행기능	Behavioural Assessment of the Dysexecutive Syndrome (BADS; Wilson, Alderman, Burgress, Emslei, & Evans, 1996)	16~87	정신적 유연성, 억제, 작업기억, 조직화 및 계획, 전략 활용, 추상적 사고, 무감동, 사회적 규범에 대한 무관심	30~40분/ 전반적으로 적용 가능
집행기능	Delis-Kaplan Executive Function System(D-KEFS; Delis, Kaplan, & Kramer, 2001)	8~89	구어 및 비구어 유창성, 억제, 정신적 유연성, 문제 해결, 범주화, 연역적 추론, 계획, 규칙 활용, 은유	90분/ 전반적으로 적용 가능

Test of Everyday Attention (Robertson, Ward, Ridgeway, & Nimmo-Smith, 1994)	18~84	선택적 주의력, 주의 전환, 지속적 주의력, 배분적 주의력, 작업기억	45~60분
Brief Test of Attention (Schretlen, 1997)	17~84	알파벳 목록을 활용한 간단한 주의력 선별(기억력, 시각 주시, 운동장애로 인한 통제하기 위하여)	5~10분/ 전반적으로 적용 가능

언어와 노화: 1차 및 3차 노화 요인

_ Barbara B. Shadden

이 장에서 Shadden은 언어 체계에 영향을 주는 1차 및 3차 노화 요인들에 대한 개요를 제시한다. 이 장의 전반부는 노년층 언어의 지각에 대한 논의로부터 시작하여 의미론 및 구문론과 같은 언어 체계에서 보이는 노화와 관련된 변화에 대해 설명한다. 중반부에서는 정상적인 노년층의 담화 이해 및 산출에 대해 설명한다. 다음으로 담화 행동(즉, 담화 목표 및 정서적 내용)에 영향을 미치는 일반적인 요인들을 알아보고, 담화 수행을 측정하는 핵심적인 평가 방법과 노인에게 나타날 수 있는 담화, 읽기 및 쓰기의 변화들에 대해서 요약한다. 언어 체계에서 나타나는 1차적인 변화는 인지적 노화 모델과 관련이 있다. 후반부에서는 정상적인 노년층의 언어 수행에 영향을 미치는 3차 요인과 언어 및 의사소통 기술의 유지를 위해 고안된 예방적 접근법에 대한 논의로 끝맺는다.

언어는 일상적인 의사소통에서 핵심적인 역할을 한다. 언어에 기반을 둔 기억력 및 문제해결력과 같은 인지적 기술은 언어가 없으면 적절하게 기능할 수 없다. 언어와 인지는 뚜렷하게 구분되는 과정이라고 논의되어 왔지만, 실제로 언어는 인지의 한 구성 요소이고, 우리에게 알려진 인지 노화의 많은 부분은 언어 관련 연구로부터 나온 것들이다. 인지와 마찬가지로 언어는 매우 복잡하며 평생 다양한 변화를 보인다. 이러한 변화 가운데 일부는 예상한 대로 노화 과정과 관련이 있지만, 나머지는 지능과 인지적 기술, 교육력, 신체 건강, 성격, 인생 경험, 현재 상황을 포함한 개개인의 고유한 특성에 따라 달라진다.

언어 기술은 살아가는 동안 계속해서 변화한다. 어떤 사람들은 특출한 언어 능력을 가지고 있는 반면에, 평균에 한참 못 미치는 수준의 능력을 보이는 사람들도 있다. 대부분의 노인은 언어를 효과적으로 계속해서 사용하는 데 문제가 없지만, 언어 사용에 제한이 있는 노인은 뇌 구조 및 기능상의 변화를 극복할 만한 자원이 충분하지 않다. 그렇기 때문에 연령이 높아질수록 더 많은 어려움을 겪는다.

정상 노인의 언어에 대한 연구는 대규모로 진행되어 왔다. 일부 연구에서는 이 장에서 설명될 1차적인 노화 가운데 구문론 혹은 의미론과 같은 특정 언어 체계를 다룬다. 그러나 진정한 의사소통은 담화를 통해 이루어진다. 담화 행동은 이전에 자세히 다루었던 다른 인지 체계에서 나타나는 1차적인 노화를 포함한 많은 변수에 의해 민감하게 영향을 받는다. 그러나 언어 측면에서 정상적인 노화에 대해 살펴보기 전에, 임상가들은 노인과 노인의 대화 상대자의 지각을 고려해야만 한다. 이러한 지각은 의사소통적 상호작용이 성공하기 위해서 중요하다.

언어 체계에서의 1차 노화

1차 노화: 언어 지각

노년층은 청년층만큼 혹은 그 이상으로 의사소통에 가치를 둔다. 가족이나 친구와 연락하고, 최신 뉴스를 접하고, 사회활동에 참여하는 것은 일상생활에서 중요한 부분이다. 읽기와 쓰기는 청년층보다 노년층에게 더 가치가 있는 것으로 알려져 있다. 많은 노인이 인터넷 및 관련 정보를 활용하고, 이메일로 의사소통한다. 노인 대부분의 의사소통 문제는 시력 저하, 청력손실, 음질의 변화, 청각장애 등과 같은 다른 측면에서의 노화에 따른 것이다.

노인의 목소리는 이전보다 더 노인처럼 들릴 것이고, 청력손실 또한 쉽게 확인할 수 있다. 하지만 언어 능력의 1차 노화로 인한 변화는 다른 측면에 비해 노인 자신이나 의사소통 상대자 모두에게 분명하지 않다. 변화에 대해 납득할 만한 수준 또는 정상이라 간주되는 범위 자체가 매우 광범위하기 때문에 노화에 따른 변화들은 덜 명확하다. 게다가 일반적으로 우리는 누군가가 말하는 것을 들었을 때 그들이 사용하는 문법이나 어휘의 적절성에 대해 판단하지는 않는다. 일상생활 속에서, 언어 측면에서 1차 노화의 영향은 눈에 띄지도, 특별한 손상이 있는 것도 아니다. 주로 고령층(즉, 85세 이상)의 언어는 약간 다른 것으로 알려져 있다.

정상적인 노화가 감지되었을 때, 그것은 주로 단어 인출, 담화 이해 및 산출의 문제와 관련이 있다. 이러한 변화를 해석하는 방법은 다양한 요인에 따라 달라진다. 의사소통 상대자의 경우, 노인과의 관계(예: 가족 구성원, 친구, 헬스케어 전문가)에 따라 노화에 대한 인식이 영향을 받는다. 가족 중에서 성인 자녀들은 노화가 진행된 부모의 언어 및 의사소통상의 작은 변화까지도 알아차릴 가능성이 있다. 이러한 변화들은 치매와 같은 인지적 장애의 출현 징후라고 생각되기 때문에 성인 자녀들은 부모의 변화를 지각하면서 고통스러워할지도 모른다. 또한 자녀 자신들이 부모의 간병인이 되었을 때 일어날 수 있는 역기능에 대해 인정하고 수용하기 어렵다는 것도 깨닫게 될 것이다.

의사소통 상대자의 지각에 영향을 주는 또 다른 요인들에는 이전에 노인과 함께

했던 경험, 특정 나이대 노인과의 대화 및 대화 내용이 포함된다. 의사소통 상대자는 의사소통의 내용, 방식 그리고 전반적인 의사소통 효율성에 더 집중하기 쉽다. 예를 들어, 노인은 대화 시 자기중심적이거나 한정적인 대화 내용으로 다소 장황하고 지배적인 경향이 있다고 느껴질 수 있다. 노인의 의사소통 효율성에 대한 대부분의 판단은 노년층에 대한 태도와 고정관념에 의해 강하게 영향을 받는다. 만약 노인들을 무능하다고 여긴다면 언어 및 의사소통에서 나타나는 변화 또한 무능함을 확인하는 것으로 간주될 수 있다. 노인들을 무능하다고 인식하는 것은, 제12장에서 논의될 '노인언어(elderspeak)'와 같이 잠재적으로 노인을 비하하는 언어를 사용하게 만든다.

노인들이 자신의 언어 문제를 인지할 때 변화의 영향에 대해서 무척이나 두려워할 수도 있다. 예를 들어, 나이가 들면서 노인들은 말하고자 하는 특정한 단어나 이름을 찾는 데 어려움을 겪는 일상적인 일들에 더욱 민감해진다. 65세에 가까워질수록 이러한 걱정은 더 커진다. 실제로 30세쯤에는 웃어넘길 만한 실수 정도로 생각했던 것이 55세쯤 되면 정신 능력 감퇴의 가능성이 있다고 여겨진다. 노인들은 기억력이 부족한 것에 대해 인지 능력이 감퇴되는 신호로 받아들이고 걱정할지도 모른다.

게다가 일부 노인들은 말이나 서면으로 제시된 복잡한 정보를 이해해야 할 때 더 많은 어려움을 겪는다고 느낀다. 예를 들어, 노인들은 중요한 진료 예약을 앞두고 의사의 말을 이해하고 기억할 수 있을지 걱정할지도 모른다. 진료가 끝난 후에 노인은 의사가 제공한 정보들에 대해 혼란스럽거나 압도된 감정을 느낄 수 있다. 복잡한 지시가 매우 빠르게 주어질 때도 마찬가지다. 노인들이 자세한 정보를 처리하는 데 어려움을 보이는 이 같은 예를 통해 인지 결함의 징후를 알 수 있다.

결국, 정상 노화를 보이는 노인은 앞에서 언급한 바와 같이 의사소통 상대자의 행동과 태도에 영향을 받아 자신의 의사소통 능력에 대한 지각을 확인하게 될 수도 있다. 의사소통 상대자가 건강한 노인에게 반말을 하는 것은 노인의 수행력을 낮게 본다는 것을 의미한다. 노인들이 항상 이처럼 무능하다는 메시지를 자각하고 있는 것은 아니지만, 이 같은 경우에 때때로 자신의 의사소통이 가치가 없다고 생각할 수 있다.

언어 행동에 대한 앞선 걱정들을 인지 감퇴의 징후로 고려해 볼 때, 1차 노화로 인해 실제로 어떠한 행동들이 나타나는지 조사하는 것이 중요하다. 앞으로 설명될 언어 행동의 변화는 최적의 의사소통 상태에서는 기능상으로 크게 영향을 미치지 않는다. 그러나 노인들이 의사소통하기 어려운 상황이나 더 많은 압박이 있는 상황에서는 한층 중요해진다. 임상적으로 어떻게 노화가 언어 행동을 변화시키는지, 왜 변화가 발생하는지, 1차 노화 관련 언어 행동이 실어증 같은 2차 노화 관련 질병과 어떻게 구분될 수 있는지를 아는 것은 무척이나 중요하다. 이 장에서는 구문론과 의미론에서의 정상적인 변화를 먼저 설명한 후에 담화 이해 및 산출에 대한 논의를 다루고자 한다. 〈표 9-1〉에서는 언어 행동에 영향을 미치는 요인과 특정 언어 체계에서의 변화들에 대한 개요를 제시하였다.

1차 노화: 의미론

'의미론'이라는 용어는 언어의 의미 측면을 말한다. 의미론은 어휘의 재인(recognition)과 지식, 새로운 의미적 정보를 기억하기 위한 전략, 단어 인출의 속도와 정확성이 포함된다. 1차적인 노화와 관련된 어휘 및 의미론적 변화는 노인들이 경험하는 대부분의 의사소통장애에서 관찰되기 때문에 임상가에게 중요하게 여겨진다.

어휘력, 어휘 재인과 이해

기본적인 어휘 지식과 어휘 재인은 나이가 들어도 비교적 손상을 입지 않는다. 이러한 기술들은 종종 '수동적 어휘(passive vocabulary)*'라고 불린다. 단어 수준에서, 수동적 어휘는 70세 또는 76세 이후에 감소하는 경향을 보이기는 하나 평생 증가한다(Verhaeghen, 2003). 예를 들어, 선택지가 주어지면 노인은 그림에 맞는 정확한 단어를 고르고, 단어를 정의하며, 단어의 동의어와 반의어를 변별할 수 있다. 문장 수준의 의미 이해 또한 향상된다(Burke & Shafto, 2008; Thornton & Light, 2006).

단어와 문장의 재인 및 이해에서 노화로 인한 감퇴가 있지만, 문제는 단어의 의미적 수준에서 감퇴가 발생하는 것이 아니다. 언어 과제를 수행하는 동안의 뇌 활성화 연구에 따르면, 발화의 초기 지각 처리 지연은 실제 단어의 의미적 처리가 아니라

---

* 역자 주: 수동적 어휘(passive vocabulary)란, 글을 읽거나 말을 들을 때 이해할 수 있는 어휘들을 말한다. 대조적으로 능동적 어휘(active vocabulary)는 언어를 산출하는 상황에서 사용할 수 있는 어휘들을 말한다.

표 9-1 1차 노화와 관련된 의미 및 구문 수행의 변화

언어 영역	노화 관련(1차) 변화	언어 수행에 미치는 영향
어휘 및 의미 관련 기술		
재인 및 이해	• 70세 이상까지 수동적 어휘(passive vocabulary) 및 문장 수준 이해가 향상됨	• 코호트 일생 경험 • 교육 수준(교육력)↑
새로운 정보 입력(부호화), 기억	• 적은 단어 입력: 연상, 수정, 구조화가 낮아짐 • 의미적 입력(부호화) 전략에 의존	• 시간 압박↓ • 방해 자극↓
능동적 단어 인출		
이름 대기 과제	• 단어 찾기 감퇴 • 점화 단서 제공 시 청년들과 다른 반응을 보임	• 단어 유형(예: 고유명사 vs. 보통명사) • 시각 자극의 복잡성↓ • 단어 빈도↓ • 추상 개념(추상어)↓ • 방해 자극↓ • 목표 단어와의 높은 밀도↓
구어 유창성	• 단어 목록 생성이 지연됨 • 범주 사용이 적음 • 실생활 관련 범주는 감퇴가 적음 • 문자를 사용한 유창성 과제는 덜 약화됨	• 범주 유형 • 단어 유형
설단 현상(TOT)	• 설단 현상이 빈번함 • 명칭과 고유명사의 사용이 어려움	• 단어 유형 • 다른 단어와 연결이 적은 경우↑
실언	• 많은 실언 • 청년보다 생략이 많음	• 빠른 말 속도↑
구문 처리	• 일반적으로 보존됨(기본 구문) • 복문에서 더 어려움을 겪음	• 구문 모호성↓ • 어휘 맥락 정보의 사용 가능성↑ • 방해 자극 여부↓ • 설명의 빠른 속도↓
구문 산출	• 문장 길이가 짧아짐 • 복문 사용이 줄어듦 • 복문 산출 시 오류	• 어휘력 감소(발화 길이)↓ • 작업기억 요구↓ • 교육 수준↑ • 인지 상태↑ • 신체 기능↑

주: 개인적 그리고 과제 변수를 제시하였음. 영향의 방향을 나타내는 화살표는 ↑(수행 증진), ↓(수행 감퇴). 변화가 없는 경우 화살표가 없음.

더 높은 수준의 문장 이해와 관련이 있다(Federmeier, Van Petten, Schwartz, & Kuras, 2003). 분명히 감각과 지각 처리는 젊은 성인의 뇌보다 노화된 뇌에 더 많은 부담을 주지만 뇌의 기본적인 의미 조직은 노화로부터 영향을 덜 받는 편이다.

새로운 의미 정보의 기억(유지)

수동적 어휘 능력이 보존되어 있을지라도 노화된 뇌는 새로운 어휘 또는 의미적 정보를 저장하고 유지하며, 인출하는 데는 덜 효율적이다(Burke & Shafto, 2008; O'Hanlon, Kemper, & Wilcox, 2005). 전형적인 기억 과제는 긴 단어를 들려주고 외우게 한 뒤에 들은 내용을 다시 묻는 방식으로 이루어진다. 성인들은 이러한 과제를 수행하기 위해서 단어 목록을 범주별로 구조화하거나 시각화하는 등 다양한 전략을 사용한다.

노년층은 청년층보다 적은 양의 단어를 보유하고 인출하며, 심상, 정교화, 조직화를 덜 사용한다. 노인들은 의미적 부호화 전략에 더욱 의존한다(예: 무의식적으로 모든 단어를 관련된 의미로 연결하는 것). 〈표 9-1〉에서 수행에 영향을 주는 요인들을 제시하였다.

능동적 단어 인출

노화는 우리가 말할 때 말하고자 하는 단어를 찾는 능력인 단어 인출(word retrieval)에 영향을 미친다. 단어 찾기에서 주목할 만한 감퇴는 성인 초기부터 시작되고, 살아 있는 동안 더욱 두드러진다(LaGrone & Spieler, 2006; Spieler & Balota, 2000). 70대로 넘어가면서 사물이나 그림의 이름 대기 속도가 느려지고, 이름 대기가 가능한 항목의 수가 적어지며, 더 많은 오류를 보인다(에둘러 말하기, 시각적 오류, '모르겠다'와 같이 반응하는 의미적 오류). 노인의 단어 인출에 영향을 미치는 요인들은 〈표 9-1〉에 제시하였다. 이러한 요인들은 모든 연령대에게 영향을 주지만 노인들에게 더욱 지장을 준다. 게다가 노인들은 이름 대기를 하는 동안 제7장에서 설명했던 노년층의 뇌반구의 비대칭성 감소(HAROLD)와 더불어 전두엽 활성화의 증가를 보인다.

우리가 새로운 어휘를 배울 때, 단어들은 의미, 소리 그리고 단어 구조에 기반하여 다른 어휘들과 수많은 연결을 맺으며 뇌에 저장된다. 이러한 연결들은 그 어휘의

이웃 단어로 간주된다(Thornton & Light, 2006). 일부 연결들은 연령에 따라서 더 풍부해지고, 목표 단어의 이웃 단어로부터 점화 단서를 제공받음으로써 단어 찾기가 수월해진다. 점화 단서(priming cue)는 이름 대기를 하기 직전에 즉각적으로 나타나는 자극이다. 예를 들어, 'forest'란 단어를 산출하기 위해서는 같은 소리로 시작하는 'form'이란 단어가 음운적 점화 단서가 될 수 있다. 'tree'는 의미적 단서가 될 것이며, 음절 단서는 'farthest'가 될 것이다. 청년들과 비교하여, 노인들은 첫음절 소리로 점화되었을 때와 의미적 정보로 점화되었을 때 비슷하게 도움을 받는다. 그러나 점화 단서에 잠재적으로 관련된 단어들이 많다면 노인들은 더욱 수행하기가 어렵다.

능동적 단어 인출을 위해서 구어 유창성과 정해진 시간 동안 특정 범주(예: 동물, 교통수단)에 속하는 단어를 최대한 많이 열거해야 하는 생성이름대기 과제가 요구된다. 능동적 단어 인출의 수행은 정확하게 산출된 서로 다른 단어 수, 범주 목록 및 단어 회상을 위해 필요한 다른 전략들은 확인하는 것으로 측정한다. 일반적으로, 구어 유창성 과제를 통해 노화에 의한 저하를 확인할 수 있는 반면에, 철자이름대기는 좀 더 늦게 감퇴한다. 〈표 9-1〉에 구어 유창성과 관련된 변화가 제시되어 있다. 노인들이 일상 활동과 관련된 정보를 생성하도록 하면 연령 간 격차는 줄어든다(Hough, 2007).

설단(tip-of-the-tongue: TOT) 경험은 노화와 단어 인출에 대해 설명하는 데 유용하다. 화자가 말하고자 하는 단어를 생각해 내지 못할 때 '그거 바로 그거'('almost there')와 같은 느낌을 설단 현상이라고 한다. 모두가 설단 현상을 경험하게 되며, 그때 사람들은 목표 단어와 관련된 의미나 문법적 기능을 하는 정보를 제공할 수 있다. 노인들은 설단 현상을 청년들보다 더욱 많이 경험한다. 고유명사는 일반명사보다 더 많이 영향을 받는데, 노인들은 뇌에서 서로 연관성이 더 적은 목표 단어들을 인출하는 것을 더욱 어려워한다. 설단 현상은 음운 산출을 담당하는 뇌 영역의 활성화와 연관되어 있어서, 음소 수준에서 부분적으로 발생한다(Shafto, Burke, Stamatakis, Tam, & Tyler, 2007).

사람들은 말을 할 때 종종 두 단어의 요소들을 함께 섞기도 하며(예: 'good dog'를 'dood gog'으로 말하는 것), 단어에 필요 없는 말소리를 넣거나 구어 유창성이 깨지는 경험을 한다. 실언을 하는 것은 뇌 안에서 무엇이 일어나는지, 어떻게 화자들이 음운적으로, 운동적으로 의미적인 내용을 표현하려고 계획하는지에 대한 단서를 제

공할 수 있다(MacKay & James, 2004). 노인들의 발화는 청년과 비교하여 오류가 많고, 오류 유형도 좀 더 다양하다(〈표 9-1〉 참조).

1차 노화: 구문

구문 처리(이해)

기본적인 구문 처리 능력은 최적의 상태일 때 비교적 보존되는 편이다. 그러나 다양한 내포문과 같은 복잡한 문장이 제시되었을 때, 노인은 청년이 구문을 처리하는 것처럼 하지 않는다. 말 속도나 방해 요인들이 있을 때 구문 처리의 어려움이 증가한다. 노인들은 구문적으로 모호한 문장을 이해할 때 사전적 의미에 더욱 의존한다(Burke & Shafto, 2008).

노화로 인한 구문 처리 지연과 오류는 작업기억의 감퇴와 직접적으로 관련이 있다. 제시된 과제가 문장의 나머지 부분을 처리하는 동안 작업기억에서 문장의 앞부분을 기억하도록 요구될 때 문제가 발생한다(Kemper & Sumner, 2001). 다음 문장의 예를 생각해 보자. "그는 야구를 하는 그의 친구를 보기 위해 야구장에 다녀온 후에, 그 소년은 그들이 항상 민트 초코칩 콘을 먹던 그가 가장 좋아하는 아이스크림 가게에 들렀다." 이 문장을 이해하기 위해서, 청자는 '그'가 '그 소년'이라는 것이 명확해질 때까지 두 종속절을 기억하고 있어야 하고, 그 후에 이 문맥에서 문장의 나머지 부분을 해석해야 한다.

구문 산출

발화 길이는 살아가는 동안 매우 다양하게 나타난다. 노년층의 발화 길이의 감소는 불완전한 문장의 산출(문장이 아닌 구나 절의 일부 산출)이 증가하기 때문이라고 보고된다. 문장 길이는 작업기억 문제와 관련이 없는 대신에 사용자의 어휘력과 더 직접적으로 관련이 있다(Kemper & Sumner, 2001).

노인들은 다양한 구문 형식을 사용하기 위해 필요한 기술들을 가지고 있다. 그럼에도 불구하고, 노화가 진행될수록 다양한 과제에서 복잡한 형태의 문장 산출은 지속적으로 감퇴한다(Thornton & Light, 2006). 이러한 변화는 문장과 단락 수준 모두에서 나타난다. 매우 복잡한 형태의 문장을 산출해야 할 때 노인들은 오류를 더 많이

보인다. 그러나 아주 고령의 노인을 제외하고 대부분의 노인들은 오류를 인식할 수 있다. 다시 말하자면, 구문 복잡성은 작업기억과 관련이 있다. 작업기억은 생각과 단어를 배치하는 동안 복잡한 문장 구조를 보유하기 위해 필요하다. 구문 산출에 영향을 주는 그 밖의 요인들은 〈표 9-1〉에 제시하였다.

1차 노화: 담화 행동

일상생활에서 우리는 타인과 의사소통하기 위해 사용하는 단어나 문장에 거의 주의를 기울이지 않는다. 언어는 담화의 형태로 산출되고, 담화 그 자체로 이해된다. 담화의 이해와 산출은 단어, 구, 문장보다 더 긴 언어학적 단위를 설명하는 용어다. 노인의 담화 행동을 이해하는 것은 우리로 하여금 어떻게 언어와 인지가 함께 메시지를 만들어 내는지를 이해하는 데 도움을 준다.

정서 조절과 목표

〈표 9-2〉에 요약된 바와 같이 담화 이해 및 산출은 살아가는 동안 정서 조절과 목표, 우선순위에 의해 영향을 받는다. 청년들과 비교하여 노인들은 문제 해결 및 담화 시 정서적이고 대인관계와 관련된 요인들에 더욱 무게를 둔다. 노인의 담화에는 종종 개인적이고, 자전적인 언급을 더 많이 하며, 정서적인 주제에 대해서 더 자세하게 말한다. 이야기를 회상하고 이해할 때 정서적인 내용이나 비구어적 단서에 영향을 받기 쉽다. 나이가 들수록 담화 시에 더 긍정적인 정서나 단어를 사용하게 된다.

개인의 목표는 살아가면서 변화할 수 있으며, 담화에 포함할 내용에 대한 개인의 특정 관심사의 선택뿐만 아니라 담화를 위한 일반적인 목표에 영향을 미칠 수 있다. 담화 내용을 선택하는 데 있어서 차이점은 주로 더 자전적인(개인적인) 담화에서 나타난다. 더 넓게 보면, 나이가 들어 감에 따라 '이야기하는 것'이(인생 이야기라는 의미에서) 더 중요할지도 모른다. 노인들에게 개인적인 이야기는 가치를 표현하고, 의사결정에 참여하며, 자신감을 유지하고, 생애 말기를 위한 목표를 세우는 데 도움을 준다.

표 9-2 담화 이해와 산출에 영향을 미치는 일반적 요인

요인	담화 수행에 미치는 요인
정서 조절	• 정서적이고 대인관계적인 요인은 문제 해결에 영향을 미침 • 정서적 요인은 담화 해석과 구성을 하는 데 있어 더욱 중요함 • 더 정교하게 설명되는 정서적인 주제들 • 담화 시 개인적인 언급이나 주제의 침범이 많아짐 • 긍정적인 단어의 사용이 많아짐
담화의 개인적 목표	• 더 자전적인 목표 • 담화의 목표와 관련된 더 광범위한 의도 • 개인적인 의미 부여, 가치 표현, 생애 말기 의사 결정을 위해 개인사를 더 많이 다룸
과제	• 이야기 담화를 설명 담화보다 더 잘 이해하고 산출함 • 이야기는 청년들에 비해 더 흥미롭고 명확하게 판단됨 • 기본적인 대화 기술은 유지되나 매우 가변적임

주: 표는 다음을 참조함(Beaman, Pushkar, Etezadi, Bye, and Conway, 2007; Brady and Sky, 2003; Hunt and McHale, 2008; Lewis and Rogers, 2007; Löckenhoff, Costa, and Lane, 2008; Randall, 2008; Riediger, Li, and Linderberger, 2006; Stine-Morrow, Miller, and Hertzog, 2006; Thompson, Aidinejad, and Ponte, 2001; Thompson, Garcia, and Mallow, 2007; Trunk, 2008; Tun, 1989; Young and Rodriguez, 2006).

담화 유형

담화의 유형은 담화의 목적이나 언어의 기능에 따라 달라진다. 담화의 유형에는 내러티브(이야기), 절차 담화(설명서), 설명 담화(유익한 정보) 및 대화(사회적 상호작용)가 포함된다. 노년층은 설명 담화(예: 설명서, 의학 정보)보다 이야기 담화의 이해와 산출이 더 나은 편이다. 그리고 나이가 들어도 기본적인 화용적 대화 기술은 보존된다.

이야기 담화와 설명 담화의 이해 및 산출을 구분하는 것은 중요하다. 담화 이해 측면에서 에피소드(일화) 및 이야기 구조는 친숙하고 알기 쉽다. 만약 이야기 담화를 듣게 된다면, 주인공에게 일어날 일과 주인공이 어떻게 반응할 것이며, 그에 따라 어떠한 결과가 있을 것인지 예측할 수 있다. 이야기 구조에 친숙하면 노인들이 인지적 자원을 더 효율적으로 사용하여 담화 정보를 처리할 수 있다. 당연히 노년층에게 이야기의 거시적 구조(macrostructure)에 해당하는 주제나 교훈에 대해서 질문하면 잘 대답할 수 있다. 노년층은 이야기를 해석할 때 청년들보다 더 창의적으로

해석할 수 있을지 몰라도 개인적인 삶의 경험 맥락 안에서 이야기를 이해하기 쉽다(Adams, Smith, Nyquist, & Perlmutter, 1997).

반대로 설명 담화는 덜 구조화되어 있고, 예측이 어려우며, 종종 상대적으로 많은 새로운 정보를 처리해야 하기도 한다. 인지적 부담이 커지면 약 복용 방법이나 건강관리와 같이 글로 적힌 중요한 설명 담화를 이해하는 데 어려움을 초래한다(Kim, Bayles, & Beeson, 2008).

담화 산출에서도 유사한 패턴을 볼 수 있다. 에피소드 및 이야기 문법의 내러티브 구조에 친숙하면 노년층은 평생 잘 완성된 그들의 이야기를 결속력 있게 말할 수 있다. 실제로, 명확하고 단순한 언어를 사용하여 스토리텔링을 하는 것은 일부 노인들에게 강점일 수 있다. 반면에 고령의 노인들이 담화 산출 시에 정보를 선택하거나 조직하는 방식에서 질적인 변화를 보이기도 하지만, 알츠하이머병 환자의 이야기 구조와는 구별될 수 있다(Cannito, Hayashi, & Ulatowska, 1988). 노인들은 이야기의 주요한 요지 또는 요점을 설명할 수 있다(Olness, 2000).

담화 과제 유형에 따라서 노화가 진행되거나 복잡성 및 시간 제약이 있는 경우에 수행이 제한되기도 한다. 높은 교육 수준, 어휘력, 전반적인 인지 능력에 따라서도 긍정적으로 영향을 받을 수 있다.

담화 이해

평생 언어와 담화의 이해 능력은 꾸준히 약간씩 감퇴되는데, 보통 30대 초반에 시작하여 70대 이후에는 더욱 급속해진다. 이러한 변화는 매우 다양하다(Burke & Shafto, 2008; Thornton & Light, 2006; Ulatowska & Chapman, 1991). 담화 이해에 영향을 주는 요인으로 알려진 것은 개인(즉, 노인)의 특성, 과제 요구 수준, 구어 또는 문어 담화의 내용과 구성, 지시 사항 등이 있다(Von Eye, Dixon, & Krampen, 1989). 〈표 9-3〉에 담화 이해에 영향을 미치는 변수들에 대해 요약하였다. 노화로 인한 양상 중의 하나는 담화가 복잡해지거나 일반적인 단서가 어느 정도 바뀌거나 없어지면 담화 이해가 감퇴한다는 것이다. 또 다른 양상은 초고령층에서 이러한 감퇴가 가장 뚜렷하게 나타난다. 교육 수준은 수행에 빈번하게 영향을 미친다.

표 9-3 노년층의 담화 이해에 영향을 미치는 요인

주요 변수	구체적 요인	노년층에 미치는 영향의 예
개인적 특성	• 생활연령 • 교육 수준 • 전반적인 언어 수준 • 감각장애 • 개인의 관심사 및 목적 • 인생 경험 • 신념 • 문화적 가치관 • 인지 능력과 정신 상태 수준	교육 수준 • 고학력일수록 좋음 • 고학력일수록 수행을 극대화하기 위해 더 많은 전략의 사용 가능 고령(75세 이상) • 담화 이해의 수행이 저조함 연령과 교육력 • 교육 수준이 낮은 초고령 노인의 반응은 신경학적 손상 환자와 유사함
과제 및 반응 요구	• 인지 능력 • 이해력 • 회상력 • 새로운 정보의 생성 • 미시구조 관점 생성 • 주의 집중 • 동시 정보처리 • 방해 자극 제공 • 시간 제한	• 담화 회상(생성) 과제보다 다중선택 질문에 반응하기가 더 정확함 • 다시 설명하라는 요구가 있기 전까지는 거시구조 해석이 정확함 • 시간 압박, 산만한 방해 자극, 복잡한 과제 제공 시 담화 이해가 감퇴됨
글(문어) 담화 또는 구어 담화의 내용과 구조	• 담화 유형 • 담화 길이 • 개인적 관련성 및 정서적 유발 정도 • 구문 복잡성 및 모호성 • 발화 속도 • 의미 친숙성, 추상성, 발생 빈도 • 주제 근접성(전제 또는 정보) • 내용 친숙도 • 담화 양식(시각, 청각)	• 설명 담화보다 이야기 담화가 더 쉬움 • 청년들의 담화 이해를 높이는 단락 요인은 노년층에게 더 도움됨(예: 정서 유발 정도 및 개인적 관련성) • 단락 요인은 청년보다 노인에게 더 부정적 영향을 미침(예: 구문적, 의미적, 주제 밀도가 복잡한 형식) • 운율 및 복잡한 양식 등으로부터 도움
쓰기(문어) 담화 또는 구어 담화의 내용과 구조	• 정보의 양(얼마 동안, 몇 개의 단어로 정보가 제공되는지) • 발화의 집약 • 운율 조절(노인언어처럼 과장된 단서의 여부)	• 압박, 말 속도 증가 등에 의해 더 방해받음

지시	• 주의 사항 • 무시해야 할 사항 • 질문 사항	• 정보를 통해 글에서 중요한 내용을 파악함 • 지시가 오해의 소지가 있거나 무관한 경우에 더 어려움

담화 산출

담화 산출은 담화 이해만큼 가변적이며, 많은 요인에 의해 영향을 받는다(Burke & Shafto, 2008; Thornton & Light, 2006). 〈표 9-4〉에 이러한 요인들에 대한 개요를 제시하였다. 예를 들어, 구어와 문어에 사용되는 구문 복잡성은 말년에 감퇴를 보이고, 이는 직업이나 교육 수준과 연관된다.

쓰기 담화에서 구문 복잡성은 경도 인지장애와 정상 노화를 구별해 줄 뿐만 아니라 고기능과 저기능을 구별하기도 한다(Fleming & Harris, 2008; Mitzner & Kemper, 2003). 구문 복잡성을 줄이는 것은 의사소통의 질을 유지하기 위해 사용되는 전략이 된다. 구문 복잡성을 감소시키면 노인이 산출하는 이야기가 청년보다 더 명확하고 흥미롭게 느껴진다(Kemper, 1990, 2006). 노인들은 담화 과제(예: 어휘의 다양도)에서 의미적 산출이 감퇴한다. 이러한 감퇴는 인지적 요구의 증가, 특히 집행 기능과 연결된 단어 회상의 어려움으로 설명된다(Fleming, 2009).

정상 노년층의 언어는 청년층보다 덜 유창하다. 가장 흔한 비유창성은 감탄사이며, 그다음으로 수정과 반복이 있다. 이러한 유창성의 붕괴(구어의 깨짐)는 단어 회상 문제, 인지 구조화 요구와 관련된 불확실한 행동들로 해석된다(Bortfeld, Leon, Bloom, Schober, & Brennan, 2001; Schiller, Ferreira, & Alario, 2007).

평생 참조적 결속력은 감퇴를 보인다(Glosser & Deser, 1992; Pratt, Boyes, Robins, & Manchester, 1989). 결속은 이전 문장들의 정보를 다시 언급하기 위해 단어들을 사용하는 것을 말한다. 다음의 예에서 문장 2의 대명사 '그녀'는 문장 1에 나온 Jill임을 분명히 알 수 있게 하고, 두 문장의 연결을 도와준다.

1. Bob은 Jill을 보았던 그 가게로 갔다.
2. 그녀는 거기서 오렌지 주스를 사고 있었다.

표 9-4 노화로 인한 담화 산출 변화 및 수행에 영향을 미치는 요인

담화 산출	노화 관련(1차적) 변화	담화 산출에 미치는 영향
핵심 언어 기술	• 구문론: 문법 복잡성 감소 • 의미론: 단어 찾기 감퇴	• 담화에서 보이는 변수가 문장 수준의 구문 및 의미에서도 보임
유창성	• 다양한 비유창성 유형(감탄사, 수정, 반복) • 유창성 붕괴(비유창성)	• 과제의 인지적 요구↓ • 시간 압박↓
결속력/응집성	• 충분한 결속 참조 없이 대명사의 사용 증가 • 전반적 주제 유지 감퇴	• 고령↓ • 작업기억 요구↓ • 집행 기능 요구↓
정보	• 산출된 정보의 양, 유형, 효율성 감소 • 양: 정보량 감소 • 질: 적절성, 정확성 감소 • 효율성: 담화 시 산출 단어 수나 시간에 비해 적은 정보가 포함되어 담화 효율성에 영향 • 탈주제 발화(OTS), 장황한 발화: 일부 노인들은 주제 발화가 증가함	• 고령↓ • 과제 복잡성↓ • 담화 과제 변수의 영향: 탈주제 발화(OTS)가 개인적 주제 담화에서 더 빈번함 • 인지 기술↑ • 일상생활 능력(ADL) 및 도구적 일상생활 능력(IADL)↓ • 심리사회적 요인: 사회적 관계망, 자기중심적 사고↓
구조	• 담화 구조, 특히 이야기 담화 구조는 비교적 유지됨 • 거시 구조(요지, 교훈, 요약, 주제) 역시 유지됨	• 연령↓ • 교육 수준↑ • 어휘력↑ • 인지력↑ • 단락 복잡성↓ • 시간 제약 ↓ • 새로운 정보 증가↓
화용론	• 주제 운용력: 주제 관리 및 차례 지키기 유지 • 발화 스타일 적용: 청년에 비해 적게 사용 • 사회적 관점 수용: 약간 감퇴 • 내용: 주제 및 상대자가 광범위함, 긍정적인 것에 초점, 메시지 전달을 위해 이야기 사용 • 운율 및 비언어 기술: 유지되나 우반구 관련 기술(은유, 유추, 유머)은 감퇴 • 대화 시 청년에 비해 운율에 더 의존함	• 주제 운용력:기억력과 같은 기본적인 인지 처리 실패↓ • 적용: 상대자, 과제 변수 효과 • 내용: 상황, 상대자 효과 • 내용: 개인적, 긍정적 내용↑, 전반적인 질↑ • 비구어: 시력, 청력 상실↓ • 상대방의 노인언어(elderspeak) 사용: 화용의 모든 측면↓

주: 일상생활 능력(ADL = abilities of daily living), 도구적 일상생활 수행 능력(IADL = instrumental activities of daily living), 탈주제 발화(OTS = off-topic speech). 영향의 방향을 나타내는 화살표는 ↑(수행 증진), ↓(수행 감퇴). 변화가 없는 경우 화살표가 없음.

만약 첫 번째 문장이 "Sujie는 Jill을 보았던 그 가게에 갔다."라고 했다면 언급 대상이 명확하지 않았을 것이고, 듣는 사람도 혼란스러울 것이다. 노년층의 경우 부정확하거나 모호한 대명사의 언급, 불명확한 용어의 사용(이것, 저것, 그것, 어떤 것)이 증가하고, 기타 다른 모호한 언어(예: 벽에 그림을 걸기 위해서 필요한 것을 언급할 때 사용하는 것과 같은)를 보인다.

담화 과제가 복잡해질수록 결속 문제는 심해진다. 결속은 주로 초고령(85세 이상)에서 가장 저조하고, 결속 정확성을 토대로 고령층(일반적으로 65~75세)과 초고령층을 구별할 수 있다. 담화 응집성은 살아가는 동안 감퇴된다(Korolija, 2000). 응집성(coherence)은 담화 주제의 통일성을 유지하는 화자의 능력을 말한다.

정보를 교환하는 것은 담화를 산출하는 데 있어서 핵심적인 부분이다. 이러한 정보는 그림을 묘사하거나 일련의 순서가 있는 방법 또는 이야기의 주요 정보를 설명하게 하는 등 다양한 방법으로 측정할 수 있다. 일반적으로 나이가 들면서 의사소통적인 정보 전달의 양, 유형, 속도에서 약간의 저하를 보인다(Juncos-Rabadán, Pereiro, & Rodríguez, 2005; Ulatowska & Chapman, 1991). 초고령 노인들은 효율성, 정확성, 관련성이 적은 최소한의 정보를 가지고 담화를 산출한다. 명제(주제) 충실도와 의사소통 효율성 또한 노화와 관련된 감퇴가 있다. 일반적으로 초고령 노인들이 산출한 정보의 내용은 의사소통 상대자에게 분명히 드러나고, 일상적인 의사소통 효율성에도 지장을 준다.

비효율적인 정보 전달은 장황한 말(verbosity) 또는 탈주제 발화(off-topic speech)와 관련이 있다. 탈주제 발화는 대화 시 주제와 관련된 적절한 언급으로 시작하나 다소 빠른 속도로 불필요하게 장황하고, 두서가 없으며, 주제에서 벗어난 말을 한다(Arbuckle, Nohara-LeClair, & Pushkar, 2000). 탈주제 발화는 대화 상대자가 오락가락하는 주제를 따르기 어렵기 때문에 대화 차례의 전반적인 응집성에 영향을 줄 수 있다. 60세 이상 성인의 약 20%가 심각한 탈주제 발화를 산출한다(Thornton & Light, 2006). 생활연령으로 탈주제 발화의 산출을 예측하지는 못하지만(Pushkar et al., 2000), 화자의 인지적·상황적·성격적 특성과는 연관이 있다(〈표 9-4〉 참조). 탈주제 발화는 일반적으로 확실히 알고 있는 개인적인 주제(예: 개인적인 이야기, 자전적인 소재)에서 나타난다.

대화 상대자는 장황하게 말하는 노인을 꺼려 하기 때문에 노인은 사회적 상호작용의 기회가 줄어든다. 그러나 모든 탈주제 발화가 부정적으로 평가되지는 않는다. 어떤 상황에서는 탈주제 발화를 사용하는 사람들이 주제를 이탈하고 수다스럽지만, 재미있고 유익한 이야기를 한다고 생각될 수 있다(James, Burke, Austin, & Hulme, 1998). 탈주제 발화의 발생에 대한 다양한 설명들이 있다. 탈주제 발화는 의사소통의 목표와 우선순위에 의해 영향을 받는다(Trunk, 2008). 노인들 중에는 사회적 상호작용에 더 큰 가치를 부여하는 경우가 있다. 그들은 사회적 상호작용의 기회가 적기 때문에 기회가 생기면 더 많은 대화를 하려고 한다. 탈주제 발화는 무엇인가를 입증하려고 하거나, 인생 경험을 가르치고 공유하기 위한 대화를 할 때 나타날 수도 있다.

화용론

화용론(pragmatics)은 사회적 맥락에서의 언어 사용을 의미하고, 일반적으로 대화와 관련하여 설명된다. 성공적인 화용 이해 및 화용 산출은 인지 및 언어 능력의 복잡한 상호작용을 필요로 한다. 노년층은 집단에서 대화를 따라가는 데 어려움을 겪기는 하지만(다른 노화 요인이나 병리학적 문제가 없는 경우), 기본적인 화용 기술은 유지된다(Murphy, Daneman, & Schneider, 2006). 다음으로는 화용의 다양한 측면에 대해 설명해 보고자 한다.

노인들의 대화 주제 조절과 차례 주고받기는 잘 유지되어 있어 청년들에 비해 다음 대화 차례를 잘 이어받는다. 참조하기(latching)는 자연스럽게 주제를 통합하기 위해서 과거 또는 일반적인 사건을 참조한다. 또한 주제 전환을 위해서 대화 상대자 차례에서 내용을 채택하기도 한다. 적절한 대화 유지와 전환 기술 및 차례 지키기는 요양시설에 거주하는 인지 기능이 양호한 노인들에게서도 관찰된다. 대화 시에 기억력의 어려움을 감추려고 하는 노인들은 주제 유지에서 문제가 드러나기도 한다(Ryan, Bieman-Copland, Kwong See, Ellis, & Anas, 2002).

흔히 노인의 대화 상대자와 대화 주제에 대한 선입견이 있다. 노인들은 대부분 자신의 가족, 건강, 과거 그리고 날씨 등에 대해서 말할 것이라고 믿는 것이다. 그러나 노인들은 때때로 '이야기의 달인'으로 묘사되기도 한다. 일반적으로 노인들은 역사적 사건이나 사회적 경험을 담화의 주제로 효과적으로 사용하곤 한다. 이러한 전략은 효과적이고 기능적인 방식으로 삶의 경험과 지혜를 표현하는 역할을 할 수 있다.

노인과 청년의 담화는 내용과 형식 측면에서 구별된다. 이전에 언급했던 바와 같이 노인들은 더 긍정적인 대화 주제를 선택하고, 긍정적인 어휘로 표현한다. 물론 모든 대화 상대자와 모든 대화 내용이 긍정적이지는 않다. 특히 가족 내에서 고령의 부모가 특정 가족 구성원에게만 부정적인 감정을 가지고 있었던 일을 부정적으로 해석하는 경우가 종종 관찰된다. 노인이 친구 또는 헬스케어 전문가와 대화할 때는 비교적 긍정적인 데 반해, 가족과 유사한 주제를 다룰 때는 훨씬 더 부정적으로 될 수 있다.

대화 안에서 화용 기술을 성공적으로 사용하는 것은 비구어 정보를 이해하고 사용하는 것에 달려 있다. 운율은 모호성, 유머, 은유 그리고 유사한 언어 형태뿐만 아니라 복잡한 구문을 이해하는 데 도움을 준다. 일반적으로(청각 및 시각 장애 등의 장애가 없다고 가정했을 때) 노인들은 대화 처리를 위해 이러한 단서들을 사용한다. 실제로 노인은 청년보다 비구어적 단서에 더 의존할지도 모른다.

노인들은 담화를 해석하기 위해서 얼굴 표정 및 운율과 같은 형태에 더 주의를 기울인다(Thompson, Aidinejad, & Ponte 2001). 노화로 인해 비구어적 기술의 이해와 사용에 어려움을 보이는 것은 우반구의 영향을 받는 인지의 측면과 더 관련이 있다(예: 유머 인식, 비유와 추론 글의 이해). 우반구 기능의 감퇴는 70대까지는 드러나지 않는다(Zanini, Bryan, De Luca, & Bava, 2005).

마지막으로, 대화에서 성공적인 화용 능력은 상대방의 특성과 관점을 이해하는 능력에 달려 있다. 대화 상대자에 대한 민감성과 관점을 이해하는 능력은 화자의 발화가 서로 다른 상대자에 따라 전달되는 방식이 달라지는 것으로 확인할 수 있다. 우리는 어린아이들과 대화할 때 단순한 문장을 사용하거나 모국어가 다른 사람과는 말 속도를 늦춰서 대화한다. 구조화된 실험 과제에서 노인들은 나이 어린 대화 상대자와는 적절하게 맞추며 대화한다. 그러나 사회적 관점을 취하는 능력은 나이가 들수록 다소 감퇴하며, 노년층은 청년들처럼 의사소통을 조절하지 못할 수 있다(Horton & Spieler, 2007). 대화 상대자가 적절하게 조절하지 못한다면(예: 노인언어를 사용하는 것) 노인의 화용적 행동은 바뀔 수 있다. 어떤 노인들은 노인언어를 듣고 좌절하거나 대화를 꺼려 할 수 있으며, 나중에는 이러한 비슷한 상황을 피할 수도 있다. 대화 시에 차례를 지키거나 주제 개시를 하는 것을 주저하거나 더욱 꺼리게 되는 것이다. 제12장에서는 노인언어를 유발하는 요인에 대해서 설명하는데,

이는 임상가에게 도움이 될 수 있으며, 임상 활동을 위한 함의를 제공할 수도 있다(Kemper & Harden, 1999).

읽기와 쓰기

읽기와 쓰기는 성인 모두에게 많은 기능을 제공한다(Meyer & Pollard, 2006). 특히 노년층에게 읽기는 즐거움과 오락의 원천이 된다. 또한 헬스 커뮤니케이션 및 건강 정보 이해력 측면에서도 중요하다. 헬스 커뮤니케이션(health communication)은 소비자로서 건강 관련 정보나 처방전, 건강 지침 안내문을 읽고 이해하는 것을 말한다. 문해 능력은 인지 행동과 교육 수준보다 노화로 인한 뇌의 예비 용량을 예측할 수 있는 더 강력한 지표이기 때문에 중요하다. 어린 시절의 낮은 문해력은 평생 급격한 기억력 감퇴와 관련이 있다(Soederberg, 1997). 실제로 문해 능력은 치매가 없는 노인에게 기억력 감퇴를 예방해 줄 수도 있다(Mitzner & Kemper, 2003).

1차 노화는 다른 언어 체계에 영향을 미치는 것처럼 읽기와 쓰기에도 영향을 준다. 게다가 문해 능력은 인쇄된 텍스트에 사용된 철자 상징과 철자법에 대한 지식이 필요하다. 읽기와 쓰기는 글을 읽거나 쓰는 사람의 지식과 인생 경험을 활용하여 이루어진다. 그것들은 노화에 따른 삶의 변화에 대한 적응과 삶의 질에서 중요한 역할을 한다. 읽기 및 쓰기의 변화와 수행에 영향을 미치는 요인들은 〈표 9-5〉에 제시되어 있다.

- **읽기** 성인읽기평가(National Adult Reading Test)(Ferraro & Sturgill, 1998) 결과 노인들은 제한된 시간 내 단어 읽기 처리 능력이 비교적 유지되는 것으로 나타났다. 읽기 이해 능력은 74세까지는 유지되다가 이후에 점차 저하되기 시작한다. 앞서 언급한 것처럼 이야기를 읽고 이해하는 능력이 설명문을 이해하는 능력보다 더 잘 유지된다.

  읽기 수행에 영향을 주는 요인은 〈표 9-5〉에 제시하였다. 작업기억은 읽기에서 중요하며, 시감각과 시지각 변화는 노인 독자에게 상당한 영향을 준다. 시력은 낮은 조도와 명암 차이, 시각적 방해, 망막의 흐릿함 등의 요인들에 의해 영향을 받는다. 이러한 요인들은 실제로 자료를 읽을 수 있음에도 불구하고 글 자료를 시각적으로 처리하는 것을 어렵게 만든다.

표 9-5 전 생애 읽기 및 쓰기 능력

문어	노화 관련(1차적) 변화	영향을 미치는 행동 요인
읽기	• 단어 읽기 처리는 비교적 보존됨 • 담화 읽기 능력은 60대까지 보존되며, 이후 서서히 감퇴함 • 이야기 이해가 설명문 이해보다 좋음	• 구문 복잡성 증가 • 주제 응집성 증가 • 시각적 민감성 및 지각 • 교육 수준 • 텍스트 유형 • 내용 친숙도 • 내용과 형식의 기능성 • 인종 집단 • 작업기억 • 집행 기능
쓰기	• 구문 복잡성 감퇴 • 맞춤법 지식의 인출 지연 • 주제 충실도 감소 • 긍정적인 내용으로 변화	• 교육 수준 • 인지 상태 • 신체 기능 • 작업기억 요구

출처: DeBeni, Borella, and Carretti, 2007; MacKay and Abrams, 1998; Ryan, Anas, Beamer, and Bajorek, 2003; Scialfa, 2002; Stine-Morrow, Milinder, Pullara, and Herman, 2001; Tun, 1989; Wingfield, Prentice, Kohl, and Little, 2000.

- **쓰기** 노인은 쓰기에서 구문 복잡성이 감소하는 것을 경험한다. 철자 오류는 나이가 들수록 늘어나는 반면, 철자 오류에 대한 인식은 줄어든다. 그러나 철자법에서의 변화는 교육 수준과 같은 요인이나 인지 기술과는 연관이 없어 보이다. 만년에 글쓰기를 할 때 주제 충실도는 줄어드는 반면에, 내용 면에서는 긍정적인 정서가 두드러지는 경향이 있다. 구어 담화와 마찬가지로 전반적인 쓰기 수행은 노화로 인한 또 다른 인지적 변화와 관련이 있다.

언어에서 1차 노화: 이론적 설명

1차 노화가 언어 행동에 미치는 영향이 복잡할지라도 임의적으로 일어나는 것은 아니다. 대신에 되풀이되는 양상은 언어 수행이 다른 변인들에 의해 영향을 받는 이유에 대해 설명해 준다. 만약 우리가 이러한 양상들을 설명할 수 있다면 실어증 같은 후천적 언어장애를 가진 성인뿐만 아니라, 정상적인 노화를 보이는 성인들이 일상적인 대화에서 겪는 어려움을 좀 더 이해할 수 있을 것이다. 발병 이전의 언어와 인지적 강점 및 한계를 고려하여 의사소통적 기능을 최대화할 수 있는 적절한 평가와 중재를 개발할 수 있다.

제7장에서 노화가 뇌의 구조와 기능에 어떠한 영향을 미치는지와 인지적인 노화에 대한 일반적인 이론들(예: 정보처리의 손상, 인지 처리의 속도 지연, 억제 능력 손상)을 설명하였다. 지금부터는 언어 체계에서의 1차 노화에 대해 다양한 이론들을 설명할 것이다(Burke & Shafto, 2008; Thornton & Light, 2006).

자원용량이론

인지적 노화의 자원용량이론(resource capacity theories)은 뇌가 노화됨에 따라 용량에서 손실을 보이며, 이러한 손실은 인지적 · 언어적 기술에 대한 요구가 많아질 때마다 더욱 두드러진다고 제안한다(Burke & Shafto, 2008). 모든 연령대의 성인들은 피로하거나, 질병에 걸리거나, 심각한 스트레스를 받거나, 삶의 변화 및 사회적 상실에 대처해야 할 때 수행이 저조해진다. 노인들은 어느 정도는 삶의 변화들에 좀 더 취약할 수 있고, 뇌의 자원이 적기에 인지 능력은 저하되고, 감소된 예비 용량에 의해 어려움을 보일 수 있다.

사실상 이 장에서 다루었던 노화와 관련된 모든 언어 기능의 감퇴는 자원 혹은 예비 용량의 감소에 의해 설명할 수 있다. 예를 들어, 언어 이해와 산출에 영향을 미치는 가장 일반적인 요소는 복잡성이다. 복잡한 언어 과제가 제시될 때 그것을 해결하기 위해 요구되는 자원이 늘어나기 때문에 노화에 의한 감퇴를 보인다. 노인들에게 설명 담화는 친숙한 구조 없이 새롭고 많은 정보를 처리해야 하기 때문에 이야기 산출보다 더욱 어렵다. 교육 수준 또한 언어 수행에 일상적으로 영향을 주는 요소다. 짐작하건대, 고학력일수록 더 높은 인지와 언어적 자원을 가지고 있고, 그로 인해 노화에 덜 취약할 것이다.

자원용량이론에는 다양한 측면이 있다. 이 이론에서는 작업기억 감퇴, 자극 저하, 전달 결함 등으로 인해 자원이나 역량이 감소된다고 정의한다.

작업기억 용량은 나이가 들어가면서 감퇴하고 효율성이 저하되는데, 특히 70대 이후에 문제가 두드러진다. 일부 연구자들은 이것이 노화에 따른 1차적 인지 자원

의 손실이라고 한다. 특히 감소된 작업기억 용량은 고령에게는 문법적으로 복잡한 문장을 이해하고 산출하기 어렵게 만든다.

구문 처리에 어려움을 겪는 노인들은 그것을 보상하기 위해 전두엽 활성화가 더 대칭적으로 되고, 청년들보다 구문 처리 시에 의미적 기술에 의존하는 경향이 있다. 그러나 구문 처리 능력이 청년과 유사한 노인들은 비대칭적 뇌 활성화를 보이고, 청년들만큼의 작업기억 용량을 가지고 있다. 또한 작업기억 능력의 감퇴는 글 자료를 포함하여 다양한 담화의 이해를 어렵게 만든다(Carpenter, Miyake, & Just, 1994). 따라서 헬스 커뮤니케이션 자료(예: 투약 설명서)를 만들 때 노인의 작업기억 용량의 감퇴를 고려할 필요가 있다. 신호성능 저하이론(signal degradation theories)은 저장 용량의 감소를 설명하기 위해 시각 또는 청각적 언어 처리의 초기 시점에 저하가 보이는 것에 주목한다(McCoy et al., 2005; Wingfield, Tun, & McCoy, 2005). 오랫동안 노인성 난청(presbycusis)은 말-언어 이해에 영향을 미치는 것으로 알려져 있다. 심지어 난청을 가진 노인들이 단어나 문장을 정확하게 들을지라도 회상하기 과제에서는 잘 해내지 못하기도 한다. 난청이 없어도 노인들은 청각적 어음 처리에서 지연을 보인다.

사실 자극은 어떠한 방식에서는 저하되거나 처리하는 데 더 많은 노력이 필요한데, 이후에 따라오는 언어를 이해하거나 기억하기 위해서 인지적 자원이 제한되기도 한다. 이 이론으로 노인들이 언어를 처리할 때 청년들에 비해 청각적 방해 자극에 더 방해받는 이유, 즉 언어 신호 입력이 저하되는 것을 설명할 수 있다(Schneider, Daneman, & Murphy, 2005). 시각적 정보처리의 변화는 읽기 이해와 연결된다. 시각적 문제로 인해 초기 처리가 어렵게 되고, 인지적 보유량(자원)을 고갈시킨다(Burke & Shafto, 2008).

인지 노화와 관련하여 전달결함이론은 인지 문제를 야기하는 정보가 신경학적으로 전달되는 방법에 변화가 있음을 시사한다(MacKay & Abrams, 1998; MacKay & James, 2004). 신경세포들과 신경세포 네트워크 간의 연결이 활성화되면서 사용을 강화하기 때문에 뇌 발달과 학습은 평생 일어난다. 노화는 이러한 연결을 약화한다. 과제가 복잡할수록 정보의 다양한 측면에 접근해야 하는데, 이러한 측면의 약화는 더 많은 인지적 자원을 필요로 하는 데 반해 인지적이고 언어적인 기능은 감퇴할 수 있다. 약화된 연결(그리고 자원들)은 어떠한 언어 체계가 영향을 받을 것인지

예측할 수 있다. 예를 들어, 의미적 체계에서 단어의 의미는 다양한 지점에 연결되어 저장된다(예: 사과는 빨갛고, 먹을 수 있는 것이고, 나무에 열린다). 이러한 연결 중 하나가 약화되면 다른 연결로 대체될 수 있다. 대조적으로 구문 체계는 저장된 표상이 적고, 신경계의 연결이 적기 때문에 감퇴를 예측할 수 있다.

처리 속도

정신 과정 및 신경계 전달 속도의 저하는 인지 노화의 핵심적인 특징이다. 이러한 속도 저하는 중년기에 시작되지만 노년기에는 더욱 두드러진다. 일상생활의 수행 속도는 인지 체계의 작은 부분에서 다른 부분에 이르기까지 다양하게 영향을 미친다(Burke & Shafto, 2008; Hartley, 2006; Salthouse, 2000). 구어 신호의 처리는 아마도 모든 인지 행동 가운데 가장 시간에 민감하다. 그리고 초기 구어 신호 처리의 둔화는 이후에 따라오는 언어 문제의 원인이 될 수 있다(Caplan, Waters, & Alpert, 2003). 기본적인 단어 재인 또는 단순한 문장을 이해하는 기능에서 손상이 있을 것이라 예측할 수는 없지만, 더 복잡한 언어 활동을 하는 것은 여러 차례 짧게 지연을 보이는 것과 관련된다. 언어 처리를 완수하는 데 시간이 더 오래 걸릴수록 신호가 쇠퇴하고, 언어 행동은 영향을 받기 쉬울 것이다. 이러한 효과는 모든 노인에게서 관찰된다. 실어증 및 2차적 의사소통장애가 있는 경우 처리 속도가 더욱 감소된다.

억제이론

인지노화이론들 가운데 무척 흥미로운 이론 중 하나는, 나이가 들수록 우리의 뇌는 방해 자극 또는 사고 처리뿐만 아니라 부적절한 정보와 경쟁 활동을 억제하는 능력에서 변화가 생긴다는 것이다. 이것이 바로 억제결함가설(inhibition deficit hypothesis)이다(Hasher & Zacks, 1998). 둔화된 억제의 영향은 다양한 언어 행동에서 나타난다. 예를 들어, 촉구 또는 점화 단어가 뇌의 연결부들을 과다하게 작동시키면, 사실상 노인들의 단어 인출에 지장을 줄 수 있다. '진달래'라는 단어를 찾는다고 생각해 보자. 단어 인출은 다른 종류의 꽃 이름(예: 데이지, 과꽃), 정원과 관련된 개념 및 단어(예: 흙, 심기), 발음이 유사한 단어(예: 진보라, 달래), 심지어 시각적 이미지 촉발에 의해서도 지장을 받을 수 있다. 특정한 방해 자극의 차등적인 영향도 노화된 뇌가 억제할 수 없는 신경의 연결을 촉발하는 원인으로 간주될 수 있다. 만약 무관

한 발화가 방해 자극으로 사용되어, 노화된 뇌가 그 발화로 촉발된 연결을 억제하지 못한다면, 언어 수행에서 문제가 관찰될 것이다. 심지어 탈주제 발화 또한 대화 중에 떠오르는 다른 생각이나 관련 없는 정보를 억제하지 못하는 문제와도 관련이 있다(Bell, Buchner, & Mund, 2008).

3차 노화가 언어에 미치는 영향

1차 노화에 영향을 미치는 많은 변수는 언어 및 의사소통의 노화에 3차적인 효과를 가져오는 변인의 일부로 볼 수 있다. 언어장애 또는 인지-의사소통장애가 없는 노인일지라도 일상적인 상황에서 언어를 이해하고 사용하는 데(화용) 변화를 경험하게 된다. 1차 노화가 오더라도 화용 능력은 비교적 잘 보존되어 있다는 것을 감안할 때, 화용 능력에 손상을 주는 요인은 노인들이 삶의 적응 도구로서 의사소통하는 능력을 손상시킬 수 있다.

노인들은 가족 및 친구들의 죽음, 지리적으로 멀어짐(이주, 자녀들의 분가)으로 인해 사회적 네트워크가 줄어든다. 관절염, 당뇨, 심장질환과 같은 만성적 건강 상태로 인해 활동에 참여하기 어려워지고, 타인의 도움에 더 의존할 수 있다. 청력 및 시력 감퇴는 사회적 활동 및 독서나 텔레비전 시청과 같은 오락 활동에 제한을 준다. 또한 난청은 직접적으로 의사소통 전략에 영향을 미친다(Heine & Browning, 2004).

노인들의 다수는 가족이 있는 집을 떠나 다른 주거 환경으로 이주한다. 특히 (노인이 이미 주거에 대한 결정을 했을지라도) 건강 문제가 생기거나 사별로 이주하는 것은 삶의 가장 큰 스트레스로 간주된다. 일부 노인들은 이전에 했던 활동적이고 참여적인 생활 방식을 유지할 수 있는 은퇴자 커뮤니티에 참여하기도 한다. 이러한 상황에서 언어 기술은 일반적으로는 영향을 받지 않으며, 언어는 이러한 변화에 성공적으로 잘 적응하기 위한 도구로 계속 활용된다.

또 다른 노인들은 생활지원시설(assisted living)이나 장기요양시설로 이주할 수도 있다. 이러한 환경은 노인을 무능하고 무기력하게 만들 수 있다. 시설 내 다른 거주자들은 만족스러운 상호작용이 어려운 치매 또는 심각한 건강 문제를 가진 사람들일 수 있다. 노인에게 청각 및 시각 문제는 흔하고, 요양시설과 같은 물리적 환경 안에서 대화할 때 감각장애를 극복하기 어렵게 만든다(Brink & Stones, 2007). 정상적인 언어 능력을 가진 노인들은 의사소통의 어려움을 줄이기 위해 언어 기술을 사용하는 반면, 또 다른 노인들은 의사소통하기 위한 노력이 줄거나 사회적 상호작용 상황에서 까다롭고 화용적으로 부적절해질 수 있다.

대부분의 노인은 자신의 삶의 변화 및 스트레스에 대처하고 의사소통 기능도 유지하지만, 일부는 그렇지 않다. 모든 변화는 삶의 질에 영향을 미치고, 우울증이 생기거나 행복감이 줄어들 수도 있다. 타인과의 상호작용에서 화용에 미치는 3차 노화의 영향은 다양하다. 일부 노인들은 상호작용에서 위축된다. 말을 너무 많이 하거나 의사소통 상대자에게 시간을 요구하고 주의를 끄느라 사회적 관계를 돈독히 하는 데 어려움이 있는 노인도 있다. 청년이나 보호자들은 그러한 노인들과 상호작용하는 데 관심을 덜 갖고, 비하하는 것으로 보일 수도 있다.

예방

노년층이 가지는 의사소통 방해 요인에 대한 취약점을 감안할 때, 예방적인 차원의 중재가 이루어져야 한다. 예방에는 다양한 방법이 있을 수 있다. 특정한 건강 문제의 위험 요소를 제거하거나 감소시키는 것이 그것이다. 실어증과 같이 뇌졸중과 관련된 언어장애의 예방에는 식이, 운동, 흡연 및 심장질환의 위험을 가중하는 다른 요인에 초점을 둔다. 언어 문제와 관련된 질병을 예방하는 것도 필요하지만, 의사소통 기술 유지, 언어 능력 감퇴 예방, 상호작용 능력 향상과 같은 예방적 접근도 필요하다. 몇 가지 예를 여기에 제시하고자 한다.

인지의 향상

제7장에서 Dunn은 노인들이 그들의 인지 기술을 계속해서 자극하고 사용하는 방법을 설명하였다. 독립적 노인을 위한 심화인지훈련(Advanced Cognitive Training for Independent and Vital Elderly: ACTIVE)와 같은 인지훈련 프로그램은 언어 수행에 필수적인 기억, 회상, 반응속도, 집행 기능을 향상한다(Ball et al., 2002). 신체 운동은

언어 및 의사소통에 도움이 되는 신체 건강 및 인지 기능(예: 집행 기능)의 유지를 도와준다(Kramer, Fabiani, & Colcombe, 2006). 사회화를 증진하는 프로그램은 의사소통적 상호작용의 기회를 증가시킨다. 예방적 인지 프로그램과 언어 기술 간의 관계를 알아야겠지만, 예방적 인지 프로그램을 통해 성인들이 연령이 높아짐에 따라 언어 능력을 유지하는 데 도움이 된다는 연구 근거가 있다. 뇌졸중 발병 이전에 상대적으로 인지 능력이 좋았던 노인들은 발병 후 회복을 위한 자원을 더 많이 가지게 된다.

헬스케어 전문가를 위한 교육과 훈련

많은 프로그램은 노년층과 적절한 상호작용을 하도록 교육하기 위해 고안되었다. 이러한 교육과 훈련은 시설 상주 간호사, 간호 조무사, 식사 배달 자원봉사자, 상담전문가, 노인요양시설 입소자의 가족, 직원 및 노인 관련 전공 학생들을 위해 만들어졌다. 다른 프로그램들은 노인의 가족과 요양시설 직원 간의 의사소통에 목표를 둔다. 다양한 성과가 관찰되었지만, 대부분의 프로그램은 의사소통적 상호작용에서 특히 훈계조의 말투나 노인언어의 사용을 감소시키는 것으로 나타났다(Williams, Kemper, & Hummert, 2003).

의사소통장애가 없는 노인을 위한 의사소통 프로그램

일부 예방 프로그램은 건강한 노인들이 의사소통 기술과 상호작용을 유지 또는 향상하는 것을 돕기 위해 개발되었다. 다섯 시간 동안 이루어지는 'Keep on Talking' 프로그램은 참가자들의 의사소통 능력을 유지하고, 사회적 고립을 감소시키는 데 도움이 되었다(Worrall, Hickson, Barnett, & Yiu, 1998). 다른 프로그램은 효율적인 대인관계 증진을 위해서 그룹 상호작용 및 사회적 관계를 증진하고 인터넷 기반 의사소통을 지원하는 것을 목표로 하였다. 이러한 프로그램은 모두 노년층을 위해 고안된 것이다.

핵심 내용

이 장에서는 나이가 들어 감에 따라 나타나는 언어 능력의 정상적인 노화뿐만 아니라 언어 행동에 영향을 미치는 3차 노화 요인에 대해 설명하였다. 주요한 요점은 다음과 같다.

- 언어 및 의사소통 기술 중 일부는 평생 손상되지 않거나 심지어 더 향상되기도 한다.
- 언어 수행에 감퇴를 보이는 것은 주로 빠른 처리를 요하고, 인지적 자원을 효율적으로 사용해야 하는 복잡한 활동들과 관련이 있다.
- 의사소통 능력에서는 두드러지는 감퇴가 없을 수도 있다.
- 언어의 1차 노화는 초고령 노인에게 가장 영향이 크다.
- 3차 노화 요인은 노년층이 언제, 어떻게, 누구와 있을 때 언어를 사용하는지와 타인에 의한 판단에 영향을 줄 수 있다.
- 의사소통장애가 없을지라도 노인 중 일부는 일상적인 의사소통 문제를 가진 위험군일 수 있다.
- 언어 능력에서 보이는 정상적인 변화는 경도 인지장애 또는 경도 실어증과 구별하기 어려울 수 있다. 따라서 임상가는 정상적인 노화에 대해서 알아야만 한다.

참고문헌

Adams, C., Smith, M. C., Nyquist, L., & Perlmutter, M. (1997). Adult age-group differences in recall for the literal and interpretive meanings of narrative text. *Journal of Gerontology: Psychological Sciences, 52B,* 187-195.

Arbuckle, T. A., Nohara-LeClair, M., Pushkar, D. (2000). Effect of off-target verbosity on communication efficiency in a referential communication task. *Psychology and Aging, 15,* 65-77.

Ball, K., Berch, D. B., Helmers, K. F., Jobe, J. B., Leveck, M. D., Marsiske, M., et al. (2002). Effects of cognitive training interventions with older adults: A randomized controlled trial. *Journal of the American Medical Association, 288,* 2271-2281. Retrieved August 1, 2009, from http://jama.ama-assn.org/cgi/content/full/288/18/2271

Beaman, A., Pushkar, D., Etezadi, S., Bye, D., & Conway, M. (2007). Autobiographical memory specificity predicts social problem solving ability in old and young adults. *The*

Quarterly Journal of Experimental Psychology, 57, 1275-1288.

Bell, R., Buchner, A., & Mund, I. (2008). Age-related differences in irrelevant-speech effects. *Psychology and Aging, 23,* 377-391.

Bortfeld, H., Leon, S. D., Bloom, J. E., Schober, M. F., & Brennan, S. E. (2001). Disfluency rates in conversation: Effects of age, relationship, topic, role, and gender. *Language and Speech, 44,* 123-149.

Brady, E., & Sky, H. (2003). Journal writing among older adults. *Educational Gerontology, 29,* 151-163.

Brink, P., & Stones, M. (2007). Examination of the relationships among hearing impairment, linguistic communication, mood, and social engagement of residents in complex continuing-care facilities. *The Gerontologist, 47,* 663-641.

Burke, D. M., & Shafto, M. A. (2008). Language and aging. In F. I. M. Craik & T. A. Salthouse (Eds.), *The handbook of aging and cognition* (pp. 373-443). New York: Psychology Press.

Cannito, M. P., Hayashi, M. M., & Ulatowska, H. K. (1988). Discourse in normal and pathological aging: Background and assessment issues. *Seminars in Speech and Language, 9,* 117-134.

Caplan, D., Waters, G., & Alpert, N. (2003). Effects of age and speed of processing on rCBF correlates of syntactic processing in sentence comprehension. *Human Brain Mapping, 19,* 112-131.

Carpenter, P. A., Miyake, A., & Just, M. A. (1994). Working memory constraints in comprehension: Evidence from individual differences, aphasia, and aging. In M. A. Gernsbacher (Ed.), *The handbook of psycholinguistics* (pp. 1075-1122). San Diego, CA: Academic Press.

DeBeni, R., Borella, E., & Carretti, B. (2007). Reading comprehension in aging: The role of working memory and metacomprehension. *Aging, Neuropsychology, and Cognition, 14,* 189-212.

Federmeier, K. D., Van Petten, C., Schwartz, T. J., & Kuras, M. (2003). Sounds, words, sentences: Age-related changes across levels of language processing. *Psychology and Aging, 18,* 858-872.

Ferraro, F., & Sturgill, D. (1998). Lexical effects and lexical properties associated with National Adult Reading Test (NART) stimuli in healthy young adults and healthy elderly adults.

Journal of Clinical Psychology, 54, 577-584.

Fleming, V., & Harris, J. (2008). Complex discourse production in mild cognitive impairment: Detecting subtle changes. *Aphasiology, 22,* 729-740.

Fleming, V. B. (2009, May). *Comprehension and aging: The mediating effects of executive function.* Paper presented at the annual Clinical Aphasiology Conference, Keystone, CO.

Glosser, G., & Deser, T. (1992). A comparison of changes in macrolinguistic and microlinguistic aspects of discourse production in normal aging. *Journal of Gerontology, 47,* 266-272.

Hartley, A. (2006). Changing role of the speed of processing construct in the cognitive psychology of human aging. In J. E. Birren & K. W. Schaie (Eds.), *Handbook of the psychology of aging* (6th ed., pp. 183-207). Burlington, MA: Elsevier Academic Press.

Hasher, L., & Zacks, R. T. (1998). Working memory, comprehension and aging: A review and a new view. *The Psychology of Learning and Motivation, 22,* 193-225.

Heine, C., & Browning, C. (2004). Communication and psychosocial profiles of older adults with sensory loss—A focus group study. *Aging and Society, 24,* 113-130.

Horton, W., & Spieler, D. (2007). Age-related differences in communication and audience design. *Psychology and Aging, 22,* 281-290.

Hough, M. (2007). Adult age differences in word fluency for common and goal-directed categories. *Advances in Speech Language Pathology, 9,* 154-161.

Hunt, N., & McHale, S. (2008). Memory and meaning: Individual and social aspects of memory narratives. *Journal of Loss & Trauma, 13,* 42-58.

James, L., Burke, D., Austin, A., & Hulme. E. (1998). Production and perception of 'verbosity' in younger and older adults. *Psychology and Aging, 13,* 355-367.

Juncos-Rabadán, O., Pereiro, A., & Rodríguez, M. (2005). Narrative speech in aging: Quantity information content, and cohesion. *Brain and Language, 95,* 423-434.

Kemper, S. (1990). Adults' diaries: Changes in written narratives across the lifespan. *Discourse Processes, 13,* 207-223.

Kemper, S. (2006). Language in adulthood. In E. Byalystok & F. I. M. Craik (Eds.), *Lifespan cognition: Mechanisms of change* (pp. 223-238). Oxford, UK: Oxford University Press.

Kemper, S., & Harden, T. (1999). Experimentally disentangling what's beneficial about elderspeak from what's not. *Psychology and Aging, 14,* 656-670.

Kemper, S., & Sumner, A. (2001). The structure of verbal abilities in young and older adults.

Psychology and Aging, 16, 312-322.

Kim, E., Bayles, K., & Beeson, P. (2008). Instruction processing in young and older adults: Contributions of memory span. *Aphasiology, 22,* 753-762.

Korolija, N. (2000). Coherence-inducing strategies in conversations amongst the aged. *Journal of Pragmatics, 32,* 425-462.

Kramer, A. F., Fabiani, M., & Colcombe, S. J. (2006). Contributions of cognitive neuro-science to the understanding of behavior and aging. In J. E. Birren & K. W. Schaie (Eds.), *Handbook of the psychology of aging* (6th ed., pp. 57-83). Burlington, MA: Elsevier Academic Press.

LaGrone, S., & Spieler, D. (2006). Lexical competition and phonological encoding in young and older speakers. *Psychology and Aging, 21,* 804-809.

Lewis, T., & Rogers, R. (2007). Family stories and the life course: Across time and generations. *Discourse and Society, 18,* 225-230.

Löckenhoff, C., Costa, P., & Lane, R. (2008). Age differences in descriptions of emotional experiences in oneself and others. *Journals of Gerontology: Series B: Psychological Sciences and Social Sciences, 63B,* 92-99.

MacKay, D., & Abrams, L. (1998). Age-linked declines in retrieving orthographic knowledge: Empirical, practical, and theoretical implications. *Psychology and Aging, 13,* 647-662.

MacKay, D., & James, L. (2004). Sequencing, speech production, and selective effects of aging on phonological and morphological speech errors. *Psychology and Aging, 19,* 93-107.

McCoy, S. L., Tun, P. A., Cox, L. C., Colangelo, M., Stewart, R. A., & Wingfield, A. (2005). Hearing loss and perceptual effort: Downstream effects on older adults' memory for speech. *Quarterly Journal of Experimental Psychology, 58A,* 22-33.

Meyer, B. J. F., & Pollard, C. K. (2006). Applied learning and aging: A closer look at reading. In J. E. Birren & K. W. Schaie (Eds.), *Handbook of the psychology of aging* (6th ed., pp. 233-260). Burlington, MA: Elsevier Academic Press.

Mitzner, T., & Kemper, S. (2003). Oral and written language in late adulthood: Findings from the Nun Study. *Experimental Aging Research, 29,* 457-474.

Murphy, D., Daneman, M., & Schneider, B. (2006). Why do older adults have difficulty following conversations? *Psychology and Aging, 21,* 49-61.

O'Hanlon, L., Kemper, S., & Wilcox, K. (2005). Aging, encoding, and word retrieval: Distinguishing phonological and memory processes. *Experimental Aging Research, 31,*

149-171.

Olness, G. (2000). Expression of narrative main-point inferences in adults: A developmental perspective. *Dissertation Abstracts International: Section B: The Sciences and Engineering, 61,* 3302.

Pratt, M. W., Boyes, C., Robins S., & Manchester, J. (1989). Telling tales: Aging, working memory, and the narrative cohesion of story retellings. *Developmental Psychology, 25,* 628-635.

Pushkar, D., Basevitz, P., Arbuckle, T., Nohara-LeClair, M., Lapidus, S., & Peled, M. (2000). Social behavior and off-target verbosity in elderly people. *Psychology and Aging, 15,* 361.

Randall, W. (2008). Getting my stories straight: A narrativist in quest of congruence. *Journal of Aging Studies, 22,* 169-176.

Riediger, M., Li, S-C., & Linderberger, U. (2006). Selection, optimization, and compensation as developmental mechanisms of adaptive resource allocation: Review and preview. In J. E. Birren & K. W. Schaie (Eds.), *Handbook of the psychology of aging* (6th ed., pp. 289-313). Burlington, MA: Elsevier Academic Press.

Ryan, E. B., Anas, A. P., Beamer, M., & Bajorek, S. (2003). Coping with age-related vision loss in everyday reading activities. *Educational Gerontology, 29,* 37-55.

Ryan, E. B., Bieman-Copland, S., Kwong See, S. T., Ellis, C. H., & Anas, A. P. (2002). Age excuses: Conversational management of memory failures in older adults. *Journal of Gerontology: Psychological Services, 57B,* 256-267.

Salthouse, T. A. (2000). Steps towards the explanation of adult age differences in cognition. In T. Perfect & E. Maylor (Eds.), *Models of cognitive aging* (pp. 19-49). Oxford, UK: Oxford University Press.

Schiller, N., Ferreira, V., & Alario, F. (2007). Words, pauses and gestures: New directions in language production research. *Language and Cognitive Processes, 22,* 1145-1150.

Schneider, B., Daneman, M., & Murphy, D. (2005). Speech comprehension difficulties in older adults: Cognitive slowing or age-related changes in hearing? *Psychology and Aging, 20,* 261-271.

Scialfa, C. T. (2002). The role of sensory factors in cognitive aging research. *Canadian Journal of Experimental Psychology, 56,* 153-163.

Shafto, M., Burke, D., Stamatakis, E., Tam, P., & Tyler, L. (2007). On the tip-of-the-

tongue: Neural correlates of increased word-finding failures in normal aging. *Journal of Cognitive Neuroscience, 19,* 2060-2070.

Soederberg, L. (1997). The effects of age and expertise on discourse processing. *Dissertation Abstracts International: Section B: The Sciences and Engineering, 58,* 2157.

Spieler, D., & Balota, D. (2000). Factors influencing word naming in younger and older adults. *Psychology and Aging, 15,* 225-231.

Stine-Morrow, E. A. L., Milinder, L. A., Pullara, O., & Herman, B. (2001). Patterns of resource allocation are reliable among younger and older readers. *Psychology and Aging, 16,* 69-84.

Stine-Morrow, E. A. L., Miller, L. M. S., & Hertzog, C. (2006). Aging and self-regulation in language understanding. *Psychological Bulletin, 132,* 582-606.

Thompson, L. A., Aidinejad, M. R., & Ponte, J., (2001). Aging and the effects of facial and prosodic cues on emotional intensity ratings and memory reconstructions. *Journal of Nonverbal Behavior, 25,* 101-135.

Thompson, L., Garcia, E., & Mallow, D. (2007). Reliance on visible speech cues during multimodal language processing: Individual and age differences. *Experimental Aging Research, 33,* 373-397.

Thornton, R., & Light, L. L. (2006). Language comprehension and production in normal aging. In J. E. Birren & K. W. Schaie (Eds.), *Handbook of the psychology of aging* (6th ed., pp. 261-287). Burlington, MA: Elsevier Academic Press.

Trunk, D. (2008). The effect of communicative goals on telling two types of autobiographical narratives in young and older adults. *Dissertation Abstracts International: Section B: The Sciences and Engineering, 68,* 6353.

Tun, P. A. (1989). Age differences in processing expository and narrative text. *Gerontology, 44,* 9-15.

Ulatowska, H. K., & Chapman, S. B. (1991). Neurolinguistics and aging. In D. N. Ripich (Ed.), *Handbook of geriatric communication disorders* (pp. 21-37). Austin, TX: PRO-ED.

Verhaeghen, P. (2003, June). Aging and vocabulary score: A meta-analysis. *Psychology and Aging, 18,* 332-339.

Von Eye, A., Dixon, R. A., & Krampen, G. (1989). Text recall in adulthood: The roles of text imagery and orienting tasks. *Psychological Research, 51,* 136-146.

Wierenga, C. E., Perlstein, W. M., Benjamin, M., Leonard, C., Gonzalez Rothi, L., Conway,

T., et al. (2009). Neural substrates of object identification: fMRI evidence that category and visual attribute contribute to semantic knowledge. *Journal of the International Neuropsychological Society, 15,* 169-181

Williams, K., Kemper, S., & Hummert, M. L. (2003). Improving nursing home communication: An intervention to reduce elderspeak. *Gerontologist, 43,* 242-247.

Wingfield, A., Prentice, K., Kohl, C. K., & Little, D. (2000). Neural change, cognitive reserve and behavioral compensation in rapid encoding and memory for spoken language in adult aging. In L. T. Connor & L. K. Obler (Eds.), *Neurobehavior of language and cognition: Studies of normal aging and brain damage honoring Martin L. Albert* (pp. 3-21). Boston, MA: Kluwer Academic.

Wingfield, A., Tun, P. A., & McCoy, S. L. (2005). Hearing loss in older adulthood: What it is and how it interacts with cognitive performance. *Current Directions in Psychological Science, 14,* 144-148.

Worrall, L., Hickson, L., Barnett, H., & Yiu, E. (1998). An evaluation of the "Keep on Talking" program for maintaining communication skills into old age. *Educational Gerontology, 24,* 129-140.

Young, A., & Rodriguez, K. (2006). The role of narrative in discussing end-of-life care: Eliciting values and goals from text, context, and subtext. *Health Communication, 19,* 49-59.

Zanini, S., Bryan, K., De Luca, G., & Bava, A. (2005). The effects of age and education on pragmatic features of verbal communication: Evidence from the Italian version of the right hemisphere language battery (IRHLB). *Aphasiology, 19,* 1107-1133.

언어와 노화: 2차 노화 요인
–노인 언어장애

_ Barbara B. Shadden

이 장에서 Shadden은 언어 체계에서의 2차 노화에 대해서 중점적으로 다룬다. 특히 다양한 실어증의 유형에 대한 정의를 예시와 함께 소개한다. 실어증 유형, 중증도 및 회복에 대한 예후에 노화가 미치는 영향도 논의한다. 또한 실어증 평가에 대한 개요를 제시하고, 관찰하고 평가해야 하는 공통적인 영역과 기능에 대해 중점적으로 설명한다. 이러한 영역을 위한 평가 도구의 예도 제시한다. 이 장의 후반부에는 컴퓨터 기반 중재, 보완대체 의사소통, 통제유발 언어치료 등을 포함하여 실어증 관리에 대한 접근법이 요약되어 있다. 마지막으로, 보호자의 요구와 더불어 환급 시 필요한 내용들도 다룬다.

제9장에서는 노인들의 언어에 영향을 미치는 1차 및 3차 노화에 대해 알아보았다. 노년층은 다양한 2차 의사소통장애를 겪을 수 있는 위험군일 가능성이 크다. 일반적으로 우리는 손상된 뇌 부위와 인지 또는 언어 처리 문제에 기초하여 장애를 구분한다. 제8장에서 언급한 바와 같이 인지-의사소통장애는 기억, 집행 기능 및 주의력과 같은 의사소통에 필요한 인지 능력의 손상에 기인한다. 인지-의사소통장애의 원인으로는 치매, 우반구 손상 및 외상성 뇌손상 등이 있다.

뇌의 다양한 언어 영역 및 뇌 영역 간 연결의 손상으로 인한 장애도 있다. 실어증의 많은 유형은 노인들이 주로 보이는 언어장애다.

실어증: 정의 및 특징

정의

실어증은 청각적 이해력(듣기), 구어 산출(말하기), 읽기 그리고 쓰기와 같은 모든 양식에서 언어를 이해하고 사용하는 능력의 장애다. 실어증은 언어중추에 영향을 미치는 대뇌혈관 사고(뇌졸중)에 의해 유발되는 후천적 신경학적 장애다. 그리고 우세반구 피질 안의 경로와 관련이 있다. 뇌졸중은 경색(동맥폐쇄에 의한) 또는 출혈(뇌동맥 파열에 의한) 중 하나다. 외상성 뇌손상, 종양 및 감염 등도 실어증의 원인이 될 수 있다.

특징

실어증의 특징은 신경 손상의 특성, 정도, 부위와 관련이 있고, 발병 전 인지 및 언어 기술에 의해 영향을 받을 수 있다. 기능적인 언어 회복의 예후는 기존의 요인뿐만 아니라 전반적인 건강 상태, 개인적인 특징(예: 성격, 동기, 정서) 및 환경, 타인의 지원 정도와 연관되어 있다. 실어증에 의해 영향을 받는 핵심적인 언어 행동은 청각적 이해력, 읽기 이해, 자발적 담화 산출(구어 및 쓰기) 및 특정한 표현언어 기술들이 포함된다. 청각적 이해력 및 읽기 이해는 실어증으로 인해 손상받을 수 있다. 일반적으로 이해력은 단어 특징에 따라 영향을 받는다. 매일 쓰는 짧은 단어(예: 밥, 물)는 다음절의 추상어(예: 자긍심, 민주주의)보다 더 친숙하고 빈번하게 사용된다. 명사는 동사보다 산출하기 쉽다. 단순한 구문을 사용하여 더 짧은 문장이나 담화를 산출하는 것이 처리하기에 덜 어렵다. 다음의 예들 가운데 문장 B보다는 A가 실어증 환자에게는 더 쉽다.

A: 존은 여자 친구와 파티에 갔다. 존은 그녀의 손을 잡았다. 그들은 춤추기 시작했다.

B: 파티에 가서, 존은 손으로 여자 친구를 잡았고, 그들은 춤추기 시작했다.

이해력에 영향을 미치는 또 다른 요인들은 말 속도, 운율, 강조어(emphatic speech) 및 주제와 개인적인 관련성이 있다.

실어증 환자가 다양한 형식을 이용해 타인과 의사소통할 수 있는 한 기본적인 화용 기술은 상대적으로 덜 손상되어 있다. 그러나 그 외의 다양한 언어 표현 행동들은 실어증으로 인해 영향을 받을 수 있다. 특히 음운론(또는 철자법), 구문, 의미 및 따라 말하기에서의 결함이 두드러질 수 있다. 여기서는 각각에 대해 간략하게 설명할 것이다.

음운론적 오류는 '착어증(paraphasias)'이라고 한다. 착어증을 보이는 환자들은 의도하지 않은 음절 또는 단어를 산출하거나 그로 인해 무의미한 말을 하는 것처럼 보이기도 한다. 글자(literal) 또는 음소 착어는 목표 단어의 일부 또는 절반 정도를 바꾸어 말하기도 한다(예: 컴퓨터를 컴퓨거, 폼퓨터, 컴퓨터로). 구어 또는 의미 착어는 목표 단어 대신 실제 사용되는 유사한 다른 단어로 대치하는 경우를 말한다(예: 스푼을 포크로). 신조 착어증(neologistic paraphasias)은 모국어에 존재하지 않는 단어로, 목표 단어의 주요 말소리 위치를 바꾸거나 대치하거나 재배열하는 형태로 나타난다. 신조착어증의 예는 '무지개*' 대신에 '미가줄' 또는 '소고기' 대신에 '고푸리' 등과 같이 말하는 경우다('walking' 대신에 'widdlesome' 또는 'bottle' 대신에 'thranter' 등과 같

다). 앞서 살펴보았듯이, 신조어 오류는 목표 단어와 동떨어지기 때문에 청자가 이해하기 어렵다.

구문론적 문제는 구문 산출 또는 구문 이해에 영향을 미치며, 실어증 환자는 구문 표현에서 실문법증(agrammatism) 또는 탈문법증(paragrammatism)을 보일 수 있다. 실문법증 및 전보식(telegraphic) 발화는 단어 간 연결이 적고, 형태론적 지표(영어권의 예: 관사, 보조사, 복수 형태소, 동사 시제)가 부족하다. 반대로 탈문법증을 사용하는 경우에 다양한 구문 형태의 오류를 보인다. 다음은 '시장에서 콩나물을 산 것'의 예다. A는 실문법증의 예이고, B는 탈문법증의 예다.

A: 시장 사 콩나물. (목표 발화: 시장에서 콩나물 샀어.)

B: 시장에도 콩나물로 샀어니까. (목표 발화: 시장에서 콩나물 샀어.)

의미론적 표현 문제는 주로 단어 인출 또는 단어 찾기의 어려움(명칭 실증, anomia)을 보인다. 실어증 환자들은 다양한 방법으로 단어 인출 결함을 해결하려고 한다. 어떤 사람들은 단어가 떠오르지 않을 때 잠깐 멈추었다가 마음속에서 단어를 찾으려고 노력하는 반면, 어떤 이들은 그 문제를 인정해 버린다. 이러한 실어증을 잘 설명하는 예가 있다. 화자는 "(자신의 머리를 가리키며) 여기 그게 있는데, 나오지 않네요."라고 한다. 어떤 경우에 환자들은 생각나지 않는 단어를 표현하기 위해 에둘러서 말한다(예: 커피를 "아침에 마시는 그 까만 거."라고 하는 것과 같이). 단어 인출 문제는 경미한 정도에서 매우 심한 정도까지 다양하다.

실어증 환자에게서 따라 말하기 문제는 자주 관찰된다. 환자에 따라 단어, 구, 문장도 따라 할 수 없는 경우도 있다. 또는 문장의 핵심 단어만 말하거나 친숙한 구만 말하기도 한다(예: "그의 아들과 공놀이를 하고 있는 남자"라고 말하는 대신 "남자 공놀이 아들"이라고 말하는 것과 같이). 따라 말하기의 어려움은 문장이 길어질수록 두드러진다. 따라 말하기 과제를 수행하는 동안 보속증(이전에 말했던 단어를 되풀이하는 것)과 같은 착어 오류를 빈번하게 보인다.

* 역자 주: 우리나라 언어권에서 관찰되는 예를 추가함.

실어증의 분류

실어증의 분류 체계는 결함의 패턴과 예후를 이해하고 중재법을 개발하는 데 도움을 준다. 실어증의 유형은 다양한 방법으로 설명될 수 있는데, 유창성/비유창성, 전방/후방(병변의 위치), 수용성/표현성(손상된 영역)의 이분법을 사용하여 분류한다. 언어병리학에서 실어증은 일반적으로 병변의 위치와 대상자 특유의 언어 결함 양상에 대한 정보를 토대로 분류된다.

일반적인 실어증 유형의 특징은 〈표 10-1〉에 간략하게 제시하였다(Goodglass, Kaplan, & Barresi, 2001). 실어증 환자의 경우 한 가지 유형만을 보이는 경우는 거의 없다는 것에 유의하여 실어증 진단명을 부여할 때 주의가 필요하다. 게다가 대상자는 시간이 지나면서 처음에 진단받은 실어증 유형(예: 브로카실어증)에서 다른 분류의 실어증(예: 명칭실어증)으로 회복될 수도 있다.

〈표 10-1〉에 제시된 실어증의 유형은 꽤 분명히 구분된다. 베르니케실어증(Wernicke's aphasia)은 청각적 이해력에 두드러진 손상이 있고, 유창하고 구문적으로 복잡한 산출이 가능하며, 착어증이 빈번하게 나타나고, 심한 이름 대기 문제나 저조한 따라 말하기 능력을 보인다. 그림을 묘사하도록 했을 때, 베르니케실어증 환자는 다음과 같이 말하곤 한다. "자, 그 반쓥이 고양이 의자 넘어 그에게 그거 가리켰어요." 반대로 브로카실어증(Broca's aphasia)은 청각적 이해력이 경도에서 중등도까지 손상되어 있으면서 비유창하고, 전보식 발화를 산출하며, 운율 사용에 제한이 있다. 베르니케실어증 환자가 본 같은 그림을 보고 묘사하도록 했을 때 "남자 여자 앉았고… 어… 어… 앉았네… 의자."라고 말할지도 모른다.

전도실어증(conduction aphasia)이 있는 사람은 기능적 언어 이해력이 있으며 유창하나, 수많은 착어 오류가 동반된 발화를 산출할 것이다. 따라 말하기에서 가장 심한 장애를 보이는 것이 전도실어증의 뚜렷한 특징이다. 명칭실어증(anomic aphasia)을 보이는 환자들은 따라 말하기는 모두 가능하나 표현하려고 하는 단어를 찾는 데(이름 대기) 어려움이 있다. 이들에게 단어를 선택하도록 한다면 목표 단어를 빨리 찾아낼 수 있다. 반대로, 전반실어증(global aphasia)은 언어중추의 전방 및 후방 모두에 영향을 주는 뇌졸중에서 비롯되기 때문에 수용언어 및 표현언어 모두 심한 장애가 있다. 전반실어증의 일부 환자들은 아예 말을 할 수가 없다. 다른 환자들

표 10-1 일반적인 실어증 유형과 관련된 특징

분류	가능 병변 위치	청각적 이해력 손상	구어 표현	따라 말하기 결함	유창성	단어 인출 결함 (이름 대기 결함)	착어증
브로카 실어증	전두엽 아래	경도와 중등도 사이	전보식 구어, 저하된 운율, 종종 말실행증 동반	말실행증 정도에 따라 중등도와 중도	비유창성	중등도	가변적이며, 음소 착어가 나타날 수 있음
베르니케 실어증	측두엽	중도	유창하나 말의 내용이 없음, 모호한 용어 사용, 종종 무의미함	중등도	유창성	중도	복합적이며, 모든 유형의 착어증이 보임
명칭실어증	가변적임, 주로 각이랑(angular gyrus)에 생김	거의 없음	주요 문제는 단어 찾기이므로 문법적으로는 적합하나 내용이 없거나 단어 찾기가 방해받음	경도	유창성	다양한 정도의 장애	일부, 의미 착어가 나타날 수 있음
혼합연결피질 실어증 (Mixed nonfluent aphasia)	전두엽 아래	중등도와 중도 사이	브로카실어증과 같음	브로카 실어증과 같음	비유창성	중등도	브로카 실어증과 같음
전도실어증	활모양 섬유다발 (Arcute fasciculus)	경도와 중등도 사이	착어 오류를 동반한 유창한 발화, 자가 수정으로 인해 유창성이 방해됨	중도	유창성, 착어 때문에 방해되기도 함	중등도와 중도 사이	복합적이며, 모든 유형의 착어증을 보임
전반실어증	중대뇌동맥 (middle cerebral artery)에 넓게 분포	중도	발화는 매우 가변적임, 보속증이 없음	중도	가변적	중도	가변적
연결피질감각 실어증 (Transcortical sensory aphasia)	뒤 분수령 (watershed region)	중도	베르니케실어증과 같음	없음	유창성	중등도와 중도 사이	많음
연결피질 운동실어증 (Transcortical motor aphasia)	앞 분수령 (watershed region)	경도	브로카실어증과 같음	없음	비유창성	가변적	브로카실어증과 같음

은 무의미 음절, 단어 또는 구 산출에서 보속적인 반복을 보이기도 한다.

실어증의 일부 유형은 대뇌피질 손상에 기인한 후천성 비진행성 장애와 같이 기본적인 정의에 부합하지 않는 경우도 있다. 그중 하나가 원발성진행성실어증(primary progressive aphasia: PPA)이다. 원발성진행성실어증 환자는 실어증의 정의와는 부합하지만, 발병 이후 시간의 경과에 따라 결함들이 더욱 악화된다. 말실행증도 동반될 수 있다. 실어증이 진행되면서 전측두엽 치매와 같은 형태의 인지장애가 나타날 수도 있다. 비전형적인 장애 중 하나는 피질하실어증(subcortical aphasia)이다. 이 장애를 가진 환자들은 한 번 또는 그 이상의 뇌졸중으로 인해 시상, 기저핵 또는 백질 회로의 손상으로 인해 언어장애가 나타난다. 피질하실어증은 가변적인 특성을 보이는데, 이는 부분적으로 실어증이 주요 신경계의 장애로 인한 것이며, 피질하 구조가 언어중추나 뇌의 다른 영역들과 연결되어 있다는 점 때문에 그러하다.

관련 문제

실어증은 뇌손상이 원인이기 때문에 실어증과 다른 의사소통장애가 동반되는 것은 놀랄 만한 일이 아니다. 제5장에서 설명되었던 마비말장애(dysarthrias)와 말실행증(apraxia of speech)이 가장 흔하다. 동반되는 행동에 따라 중재 방법도 달라진다. 뇌손상을 입은 환자는 주의력 장애를 보이고, 단어나 행동이 '막힌 것' 같은 보속적인 행동을 보일 수도 있다. 수행은 시간이 갈수록 변화하며, 인지적 또는 언어적 기능을 위한 자원을 감소시키는 모든 요인에 민감해진다. 뇌졸중 생존자들은 추가적으로 운동 기능(예: 편측부전 마비), 시각적 예민함 및 지각(예: 시야 결함) 그리고 인지적 결함을 경험할 수 있다. 실어증 환자 중에는 집행 기능 장애를 보이기도 한다(Fleming, 2009). 평가와 중재를 계획하는 임상가들은 언어 행동 이상의 많은 것들을 고려해야 한다.

실어증의 유형, 중증도 및 회복에 연령이 중요한 역할을 하지만, 연령 요인을 해석하는 데는 신중해야만 한다(Cherney & Robey, 2008). 실어증의 일반적인 원인은 연령대에 따라 다르다. 청년들은 출혈성 뇌졸중 또는 다른 뇌손상에 이어 실어증이 오기 쉽다. 반대로 노인들은 예후가 좋지 않은 폐색성 뇌졸중이 오기 쉽다. 실어증

중 심각한 유창성 실어증은 청년들보다 노인들에게서 더 흔하고, 연령에 따라 회복 양상도 영향을 받는다.

노인들은 초기에는 전반실어증으로 진단받고, 시간이 경과함에 따라 심한 유창성 실어증 형태로 진행되는 반면에, 전반실어증으로 진단받은 청년들은 비유창성 브로카실어증 형태로 나아질 수도 있다. 젊은 실어증 환자가 전반적인 회복이 좋다는 근거가 있다.

그렇다고 연령만이 장애의 중증도와 예후의 차이를 만드는 것은 아니다. 대신에 노인 환자들은 만성적이고 급성적인 건강 문제를 겪기 쉽다. 노인들은 우울증이나 주요한 인생의 변화를 대처해야 하는 심리적 · 사회적 문제로 어려움을 겪을 수 있다. 인지 기능은 '정상' 범주 내에 있다고 할지라도 문제를 보일 수 있고, 특히 집행 기능과 같은 언어 기능이 회복하는 데 필요한 많은 자원이 부족할 수도 있다. 임상가는 연령만으로 예후에 대한 기대를 하지 않도록 주의해야 한다. 노인들에게 3차 노화 측면에서 잠재적으로 영향을 미치는 변인들이 많다('제9장' 참고).

3차 노화 또한 개인의 장애를 관리하고, 중재에 관여하는 방법에 영향을 준다. 이미 기억력 문제가 있는 77세의 John Jones 씨를 떠올려 보자. 같은 뇌졸중과 실어증을 보일지라도 2차 노화를 겪는 Jones 씨는 인지 및 언어 영역에서 '노화가 잘 이루어진' 78세 Nancy Summers 씨보다 과제 수행에 더 어려움을 보일 수 있다. 다른 요인들은 상황을 더 복잡하게 만든다. Jones 씨가 임시적으로 뇌졸중 재활을 위해 장기요양시설에 입소했는데, 불행하게도 시설 종사자들은 입소자들과 의사소통할 때 노인언어(elderspeak)를 쓰는 곳이었다. 환경 변화, 의존성 증가, 무능한 사람으로 취급받는 등 복합적인 변화들은 우울증, 위축, 자기효능감 저하 및 치료 성공률을 낮추는 원인이 된다. 한편, Summers 씨는 자신의 집에 거주하면서 외래로 지역센터에서 언어치료를 받고 있으며, 또한 그곳에서 그녀의 남편은 실어증에 걸린 아내를 대하는 훈련과 지원을 받을 수 있었다. Summers 씨의 의사소통 능력의 회복은 매우 좋은 편이었고, 전반적인 삶의 질도 좋았다. 3차 노화 요인은 맥락 안에서 실어증을 이해하는 것이 중요하다는 사실을 강조한다.

평가와 중재

노인들이 경험한 1차 및 3차 노화는 평가와 중재에 영향을 미친다. 임상 활동에서 이러한 변화에 관해 실제적으로 조정하는 것은 비교적 간단하다. 〈표 10-2〉에서는 이러한 적용에 대한 예를 제시하였다.

표 10-2 노인을 위한 평가 및 중재의 조정과 우선순위

체계	평가 및 중재 시 노화 관련 조정
일반적	• 노년층을 위해서 적합하게 규준화된 자료를 사용하라. • 우울증이 의심되면 평가 전에 선별하고, 서비스를 찾고, 검사 결과를 조심스럽게 설명하라. • 예비 용량까지 소비하는 최대치의 노력이 필요한 과제는 피하라. • 장애물이나 한계(정신적, 사회적, 환경적, 재정적)를 확인하라. • 실제적인 자원(내재적, 외부적)을 확인하라. • 노인의 삶에서 중요한 것을 알아내고, 임상적 관리에 포함하라.
시력	• 깨끗한 안경이나 렌즈를 사용하는지 확인하라. • 글자나 그림을 확대하라. • 노려보듯 바라보지 말라. • 조도를 높이고, 사용 가능한 전등을 최대한 활용하라. • 필요하다면 돋보기를 사용하라. • 보기 쉽도록 사진이나 사물을 최적의 위치로 옮기라.
청력	• 가능하다면 보청기를 사용하게 하라. • 청각 보조장치를 제공하라. • 과제를 제시하기 전에 먼저 주의를 유도하라. • 대면 의사소통을 위해 최대한 빛을 사용하라. • 크고 분명하게 말하되, 소리치지 말라. • 처리를 위해 잠시 멈추라.
이동성	• 크고 조작하기 쉬운 자료를 사용하라. • 보청기, 청각 보조장치, AAC의 사용 여부를 확인하라. • 운동 과제에서 시간이 걸리는 제한점을 수용하라.

인지	• 간단한 지시를 반복해서 제공하라. • 과제를 위해 설명하고, 연습할 기회를 제공하라. • 자극은 긴 시간 동안 제시하라. • 반응을 위해 충분한 시간을 제공하라. • 평가는 한 회기 이상의 시간을 소요하라. • 노인들에게 적합한 규준화된 자료로 평가하라. • 성공에 대해 강조를 적게 하여 보수적인 반응을 최소화하라. • 검사 수행에 대한 불안을 줄이도록 하라. • 주의 능력을 고려하여 과제와 환경을 맞추라. • 인지장애가 의심된다면 간이치매검사(MMSE)를 실시하라. • 표의 언어 부분을 참고하라.
언어	• 단서는 가능하거나 적당한 때에 제공하라. • 암기하거나 처리가 요구되는 과제는 피하라. • 개인적으로 관련 있는 자극과 과제를 사용하라. • 정서적인 내용과 관련된 언어 자료를 사용하라. • 어떤 식으로든 구별되는 자극을 사용하라. • 언어 활동을 위해서 최적의 의사소통 양식을 결정하고 사용하라. • 자기 진도에 맞춰 조절 가능한 과제를 사용하라. • 가능한 한 실제 일상에 맞춰 치료하라. • 이해나 산출 과제 시 언어의 길이와 복잡성을 줄여 말하라.
건강	• 가장 덜 피곤한 시간에 평가를 계획하라. • 피로나 건강 문제에 적응하기 위해 회기 시간을 줄이라. • 약 복용 시간을 확인하고, 최적의 수행 시간으로 회기 일정을 정하라. • 짧은 시간의 한 회기를 여러 번 계획하라. • 수행을 최대화하기 위해 하루 중 최상의 컨디션인 시간대를 조사하라.
환경	• 가능한 한 방해 자극을 줄이라. • 편안하고 안락한 환경을 조성하라. • 시각 및 청각 부분 내용을 참고하라. • 의사소통을 방해하는 환경이라면 수정을 권고하라.
심리-사회적	• 환자와 가장 많이 접촉하는 사람, 중요한 사람을 알아내고 참여시키라. • 목표를 설정하고, 의사소통을 촉진할 수 있을 만큼 중요한 것을 포함시키라. • 사회적 상호작용을 할 시간을 허용하라. • 사회적 활동을 피해서 회기 일정을 잡으라. • 나이대와 관련된 주제나 개인적인 내용을 자료로 활용하라. • 치료의 기능적인 목표 결정을 위해 대상자와 중요한 사람들을 협력하게 하라. • 필요한 변화에 대한 태도를 결정하라.

주: AAC= 보완대체 의사소통(augmentative and alternative communication), MMSE = 간이정신상태검사(Mini Mental Status Examination)

실어증 평가

기본적인 고려 사항 및 평가 목표

뇌졸중 및 다른 신경학적 손상 이후에 실어증 환자는 재활 서비스 중 하나로 언어 평가에 의뢰된다. 헬스케어 전문가나 자조집단(support group)에 참여한 가족 구성원이 의뢰할 수도 있다.

독자 중 누군가는 전문의, 특히 신경학자가 언어 평가를 의뢰할 것이라고 기대하겠지만, 반드시 그런 것만은 아니다. 수십 년 동안 언어치료의 효능이 명확하게 밝혀졌음에도 불구하고(Cherney & Robey, 2008; Simmons-Mackie, Conklin, & Kagan, 2008), 언어치료의 효과성에 대해 신뢰하지 못하는 전문의를 만나는 것은 흔한 일이다. 이는 의사가 환자의 언어 능력이 정상으로 회복되기를 기대하는 데 반해, 의사소통 향상이 기본적인 치료 목표라는 것을 인식하지 못하기 때문일 수도 있다. 이러한 의사들은 삼킴장애 평가 및 치료를 언급할 수 있다. 이때 임상가는 삼킴장애 평가 및 치료에 환자가 협력하는 능력과 관련이 있는 언어 및 인지 기능을 평가해야 한다.

의뢰 또는 의뢰자에 상관없이 임상가는 언어장애의 유형과 중증도, 치료 및 예후에 영향을 미칠 수 있는 다른 장애를 확인해야 한다. 가장 좋은 것은 초기 평가 절차에 환자에게 중요한 사람이 포함되어야 하고, 환자와 가족이 의사소통장애를 얼마나 인식하고 일상에 영향을 미치는지 조사하는 것이다. 일반적인 평가 목표에는 다음의 내용에 대한 결정이 포함되어야 한다.

- 실어증 유무
- 실어증 유형(분류)
- 관련 장애(말 운동)
- 언어와 인지 영역의 특성 및 중증도
- 적합한 치료의 우선순위
- 예후
- 언어적 결함이 일상생활과 상호작용, 삶의 질에 미치는 영향

첫 번째 목표는 노년층에게 특히 중요하다. 이 연령대에서 정상 노화와 경미한 인지장애 및 언어장애 간의 구별은 어렵다. 경도 인지장애 또는 초기 알츠하이머 환자들은 결함 정도에만 차이가 있을 뿐 일반 노인과 같은 단어 인출(이름 대기) 문제를 보일 수 있다. 단어 인출 결함은 실어증의 특징 중 하나다. 노인들 스스로 또는 가족들이 의사소통상의 변화를 언급하기 때문에 언어 평가를 의뢰할 수 있다. 결함의 근본적인 특성을 알아내기 위해서 다른 인지 능력뿐만 아니라 좌반구 및 우반구의 언어 기능을 모두 평가하는 것이 필요하다. 임상가는 언어의 정상 노화와 특정 인지-의사소통장애 및 언어장애를 구별할 수 있어야 한다. 때때로 언어 능력의 변화는 초기 치매의 단서가 된다.

마지막 평가 목표 또한 중요하다. 실어증은 언어 능력의 손상에 따라 정의하지만, 실어증으로 살아가는 데는 언어 문제만으로 특징지을 수 없다. 실어증의 임상적인 관리에는 환경 및 개인의 특징과 같은 요인들도 고려되어야 하는데, 일상 활동이나 사회적 맥락 및 활동에 참여하는 개인의 능력에 영향을 미치기 때문이다. 일상 기능에 초점을 두어야 하는 이유는 서비스 전달 철학이 일상참여기반 중재(Life Participation Approach to Aphasia: LPAA)를 강조하기 때문이다. 이 접근법은 실어증 환자와 의미 있는 사람들을 위한 중재로 삶에의 참여를 향상하는 것이 목표다(Chapey et al., 2008). 이렇게 언급하는 것은 실어증이 만성적이며, 장기간의 서비스가 필요하다는 사실을 인정하는 것이다. 삶에의 참여가 향상되는 것이 목표라면 평가나 측정 결과는 언어 수행을 넘어서 삶의 질, 참여, 개인적 요소, 배우자 및 만족도를 고려해야 한다.

평가하는 동안 환자의 연령은 실제 검사 절차에 영향을 미칠 수 있다. 인지 체계의 1차 노화와 같이 시력, 청각, 자기효능감, 기분 변화에서의 노화는 검사 반응도 바꿀 수 있다. 실제로 평가를 받는다는 것이 얼마나 스트레스를 받는 일인지 아는 것 역시 중요하다. 노인들은 고등학교나 대학을 졸업한 이후로 공식적인 '검사'를 받아 본 적이 없을 것이다. 게다가 이전에 언급했듯이 일부 노인들은 인지 능력 감퇴에 대해서 이미 걱정을 하고 있다. 초기 회기 동안 노인들은 극심한 불안을 보이고, 이러한 불안은 그들의 수행에 영향을 미친다. 제8장에서는 노화 관련 요인을 최소화하기 위한 임상가들의 접근법에 대해서 소개하였다.

평가 절차

오늘날의 건강관리 분야의 현황을 미루어 볼 때, 언어재활사는 종합 실어증 검사를 완료할 시간이 거의 없다. 일반적으로 치료 초기의 상태를 기록한 체크리스트와 관찰을 통해 가능한 한 빨리 치료를 시작하는 데 주안점을 둔다. 초기 평가를 위한 검사 또는 과제의 선택은 기본적으로 사용 가능한 시간, 해당 환경에서 선호되는 방법, 평가 목표 등에 영향을 받는다.

- **사례력 정보** 일반적으로 평가는 다른 건강 문제와 관련된 의료 정보 혹은 이전의 신경학적 사건 그리고 발병 전의 인지 능력과 의사소통 행동들의 정보를 포함한 사례력을 수집하는 것으로 시작한다. 컴퓨터 단층촬영(CT) 및 자기공명영상법(MRI)과 같은 검사의 결과는 뇌병변의 특성, 위치, 손상 정도에 대한 중요한 정보를 제공한다. 사실상 이러한 많은 정보는 초기 검사 시기에는 사용할 수 없다. 그러나 가능한 한 빨리 중요한 사례력 정보를 얻을 수 있도록 노력을 기울여야 한다.
- **관찰 및 비표준화 검사** 임상가에게 관찰은 최초이자 가장 중요한 평가 도구다. 환자나 중요한 다른 이들의 관찰 혹은 보고를 통해 검사를 대체할 수 있다. 관찰은 중환자실 또는 재활시설, 치료실, 가정 내에서 할 수도 있다. 환경은 환자의 수행에 영향을 미칠 수 있으므로 결과를 해석할 때 이를 고려해야 한다. 언어 및 인지 영역은 다음의 내용을 관찰하고 조사해야 한다.
  - 청각적 이해력(다양한 난이도 수준)
  - 자발화(대화 그리고 담화 과제 유도)
  - 구어 표현(유도된 행동)
  - 읽기 및 쓰기
  - 인지

〈표 10-3〉에는 관찰과 검사 시에 중요하게 보아야 하는 행동의 예를 제시하였다. 임상가는 가능한 한 드러나지 않게 관찰해야 하고, 지시 따르기와 같은 특정한 과제를 편안하고 위협적이지 않은 방법으로 제시해야 한다.

표 10-3 관찰 및 검사의 평가 영역

인지 · 언어 영역	일반적인 평가 과제
청각적 이해력 (다양한 난이도 수준)	• 일반적인 사물의 이름이나 설명을 듣고 지적하기 • 개인 정보, 가까운 위치의 물건, 상식, 추상적인 내용에 대한 '예/아니요' 질문에 대답하기 • 간단하거나 복잡한 지시에 따르기 • 대화 이해하기
자발화	• 개방형 질문에 대답하기(예: 뇌졸중, 현재 수용 시설, 가족에 대한 것) • 자동적인 사회적 행동 수행(예: 인사, 정중한 표현) • 대화 참여(구어 및 비구어 행동 모두, 주제 및 대화 차례에 대한 대화 규칙 이해, 적절성, 반응의 적절성) • 개인적인 이야기 나누기
구어 표현(유도 발화)	• 대면 이름 대기 및 주변 사물 묘사하기 • 단어, 구, 문장 따라 말하기 • 친숙한 이야기 다시 말하기(예: 신데렐라 이야기) • 그림 묘사하기(예: 쿠키 도둑 과제[1]) 스스로 말하기와 구어 표현 과제 모두에서 임상가는 구문, 유창성, 운율, 이름 대기의 어려움, 착어증 유무와 유형을 기록해야 함
문어	• 단단어, 문장 읽기(임상가의 점화에 의해 맞는 단어를 고르거나 크게 읽음으로써 확인할 수 있는) • 신문과 같은 일상적인 자료를 읽고 질문에 답하기 • 이름, 주소, 철자, 단어, 문장 쓰기
다른 인지 영역 • 주의력 • 사람, 시간, 장소에 대한 지남력 • 시야 결함/편측 공간 무시 • 기억력 • 시지각 문제 • 집행 기능(예: 문제 해결)	인지 영역과 밀접한 언어 과제 • 임상가가 들려준 짧은 이야기에 대한 질문에 답하기 • 이야기 생성 및 회상 산출(시간차 유무) • 농담이나 비유 설명하기 인지 결함 평가를 위해 관찰해야 하는 행동의 예 • 시야 내의 다른 위치에 있는 시각 자극 인식 • 주변 소음, 방해들이 수행력에 미치는 영향 관찰 • 평가 시작 시 제공한 정보의 기억력

1. 쿠키 도둑 과제. 그림은 『보스톤 실어증 진단검사(3판)』에서 찾을 수 있음(Goodglass, Kaplan, and Baressi, 2001).

만약 공식적인 종합검사가 불가능하다면 임상가는 환자의 상태를 기록하고, 치료 목표를 결정하기 위해 관찰과 선별검사 또는 공식검사 중 일부를 혼합하여 평가할 수 있다. 환급을 위해서는 종종 표준화된 실어증 검사로부터 얻은 자료가 필요하다.

검사에는 항상 목표가 있어야 한다. 행동이나 환자 혹은 가족의 요구와 염려를 임상가가 관찰하는 것은 어떠한 검사를 시행할 것인지 선정하는 것에 도움이 될 수 있다. 예를 들어, 가상의 환자 John이 실어증 선별검사를 받는다고 가정해 보자. 그와 그의 가족들은 읽기가 그의 인생에서 가장 우선순위에 있다고 강조한다.

임상가는 그가 읽기 이해에 어려움을 겪고 있음을 확인하고, 읽기를 위한 주요 치료 목표를 설정하기 위해 실어증 읽기이해 종합검사-2(Reading Comprehension Battery for Aphasia-2: RCBA-2)(LaPointe & Horner, 1998)를 선택할 것이다.

- **평가도구** '부록 10-1'은 주된 평가 목적에 따라 사용하는 특정한 평가 도구의 예를 제시하였다. 많은 검사 도구가 언어 능력에 초점을 두고 있다. 선별검사, 종합적인 실어증 평가 도구, 특정 언어 기능 평가 또는 언어와 인지가 결합된 검사를 하게 될 수도 있다. 더불어 일상적인 의사소통에서 언어 결함이 미치는 영향을 알아보기 위해 기능적인 의사소통을 평가할 수 있다.

  그러나 기능적 의사소통 절차만이 일상 활동, 상호작용, 삶의 질에 대한 자세한 정보를 제공한다. 실어증을 가지고 살아가는 것의 영향을 이해하기 위해 임상가는 추가적인 중요한 요인을 결정하도록 돕는 틀이 필요하다. 이러한 틀 가운데 하나인 실어증: 성과측정을 위한 틀(Aphasia: Framework for Outcome Measurement: A-FROM)(Kagan & Simmons-Mackie, 2007; Kagan et al., 2007)은 [그림 10-1]에 제시되어 있다.

A-FROM은 장애의 중증도, 환경, 참여 그리고 개인적 요인들(예: 자아정체성, 감정, 성격)에 의해 실어증을 가지고 살아가는 삶이 어떠한 영향을 받는지에 대한 이해를 돕기 위해 개발되었다. 임상가들은 이 틀을 실어증을 가지고 살아가는 특별한 경험을 이해하기 위한 평가 내용을 결정하는 데 사용할 수 있다. A-FROM은 1차, 2차 및 3차 노화가 실어증 환자 삶의 맥락에 속해 있기 때문에 특히 노인 환자에게 적용할 때 유용하다.

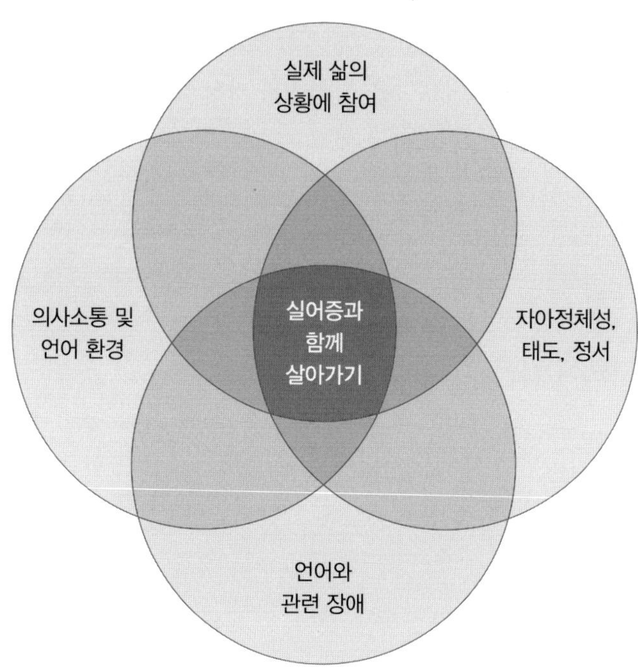

[그림 10-1] 실어증과 함께 살아가기: 성과측정을 위한 틀
(Framework for Outcome Measurement: A-FROM)

출처: *Aphasia Institute's Living with Aphasia: Framework for Outcome Measurement,* by A. Kagan et al. Copyright 2008 by the Aphasia Institute. Reprinted with permission.

A-FROM에 기반한 평가 측정에는 삶의 질, 삶의 만족도, 건강, 정서 및 성격, 실어증 환자로서 삶에 미치는 영향, 의사소통에서의 자신감, 활동들, 참여, 참여와 활동하는 데 있어서 방해 요인 등을 평가하는 것이 포함되어야 한다. 보호자의 인식, 요구, 부담 그리고 긴장뿐만 아니라 의사소통 상황에서 타인의 요구와 역할도 평가되어야 한다.

이러한 영역들에 대한 평가 도구의 예는 '부록 10-1'에 제시되었다. 일부 도구는 실어증 또는 뇌졸중에 특화된 것이고, 다른 것들은 다양한 임상 집단을 위해 고안된 것이다. 언어 결함은 실어증 환자의 기존 삶의 질과 일상 기능을 측정하기 위해서 반응하는 능력을 제한할 수도 있다. 실어증에 친화적인 도구를 쓰거나 활동, 참여 등에 대한 접근성을 보고받는 것은 중요하다. 그러나 보고받는 것이 환자의 기능과 삶의 질에 대한 정확한 지표는 아니다. 만약 가능하다면 환자의 일상 활동을 직접 관찰하는 것이 도움이 된다.

근거기반 실제의 측면에서, 평가 도구는 원하는 결과를 직접 얻을 수 있는 것이어야 한다. 최근에 여러 웹사이트들은 신뢰성과 타당성이 입증되고, 일상생활 기능의 다양한 측면을 평가하는 구체적인 평가 도구의 정보를 제공하고 있다. 'Stroke Engine'이라 불리는 사이트(http://www.medicine.mcgill.ca/Strokengine-assess/)는 뇌졸중을 평가하는 다양한 도구의 정보를 제공하고 있다.

실어증의 치료적 접근

실어증을 위한 치료법은 언어장애임에도 불구하고 가능한 한 효과적으로 환자와 의미 있는 사람들 간에 의사소통을 돕도록 고안되었다. 중재법은 수용언어 및 표현언어 증진, 결함에 대한 보상 혹은 두 가지 모두를 목표로 한다. 촉진 접근 방법 측면에서 목표는 특정한 기술을 향상하는 것이고, 초점은 결함에 맞추어져 있다. 치료 목표는 단어 인출 또는 청각적 보상과 같은 특정 언어 기술의 정확성이나 속도를 높이는 데 있다. 이와는 반대로 보상은 의사소통의 성공률을 높이기 위해서 가능한 한 모든 의사소통 양식을 사용하거나 특정 의사소통 양식을 사용하는 것이다. 여기서 초점은 환자의 강점에 둔다. 제스처, 그림 그리기, 의사소통 공책과 같은 도구들을 이용해서 특정한 의사소통 과제를 성공적으로 수행하도록 하는 것이 목표다.

A-FROM에서는 언어를 중심으로 한 치료가 필요하지만, 특정 언어치료에 국한되지 않도록 한다. 목표는 환자의 삶의 질을 개선하는 데 있다. 목표 설정은 실어증이 있는 환자의 개인적인 삶을 다루는 데 있어서 중요하다. 임상가들이 스스로 실어증 환자에게 다루어야 하는 언어 체계와 관련해 탁월한 자격을 가졌다고 자부할지 몰라도, 임상가가 수립한 목표는 실어증 환자 자신 또는 그들에게 의미 있는 이들이 가진 목표와는 매우 다를 수 있다. 따라서 치료 목표 수립 시에 환자의 우선순위, 환경적 제약, 의사소통 상대자를 포함하여 종합적으로 계획되어야 한다(Worrall, Davidson, Hersh, Howe, & Sherratt, 2009). 모든 중재는 인간 중심이어야 한다.

실어증을 위한 다양한 접근들이 있으며, 이 접근법들 사이에는 수많은 공통점이 있다. 이 장에서는 일부 접근법만 간단히 제시하였다.

자극 접근법

대부분의 임상가들은 Schuell이 고안한 자극 접근법(stimulation approach)의 요소들을 사용한다. 이 접근법에서 임상가는 실어증 환자로부터 언어적 반응을 최대한 유도하기 위해 자극 및 과제의 특성을 조절한다(Coelho, Sinotte, & Duffy, 2008). 자극 특성은 길이, 어휘(예: 출현 빈도), 구문 복잡성 및 운율을 포함하여 조절될 수 있다. 자극은 집중적이고, 통제 가능해야 하며, 일반적으로 반복적이고 가능한 한 많은 반응을 유도할 수 있어야 한다. 예를 들어, 환자가 청각적 이해력에 문제를 보인다면 임상가는 그가 어떤 종류의 청각적 이해력 과제를 성공적으로 수행할 것인지 확인해야 하고, 과제는 간단한 지시를 시작으로 핵심 단어를 강조하면서 천천히 한 번 이상 반복해야 한다. 한 번 과제를 성공한 후에는 도움을 줄인 상태에서 한 번 더 과제를 제시한다.

자극 접근법의 적용 시에는 언어 및 인지 능력에서 노화와 관련된 1차적 변화를 고려해야 한다. 이 중재법에서 변인들을 통제하는 것은 노인들의 언어 수행에 영향을 준다. 그러나 노화는 단서 제공, 점화 및 관련 과정에서 뇌의 반응을 변화시키기도 한다. 왜냐하면 노인들의 처리 속도는 감소될 수 있기 때문이다. 따라서 과제 제공 시에 시간의 압박을 적게 주고, 말 속도를 늦추면 언어 처리 및 산출이 촉진될 수 있다. 핵심 단어를 강조해서 말해 주는 경우, 청년들보다 노인들에게 더욱 효과가 있다. 구별되는(예상 밖의, 특이한) 자극의 사용은 복잡한 언어적 연결을 억제하는 능력이 손상된 환자를 도울 수 있다.

인지적 중재

실어증 치료 접근법의 상당수는 기본적인 의사소통 과제에서 언어의 이해와 산출을 돕는 데 초점을 두고 있다. 치료 활동은 이름 대기를 하고, 질문에 대답하는 수준 그 이상의 인지적 사고를 활용하도록 고안되지 않았을 수 있다. 반대로 인지기반 중재법(cognitive-based intervention)은 언어 체계 처리에 필요한 인지 과정에 더 직접적으로 관여한다(Chapey, 2008). 수렴적 사고와 발산적 사고 간의 대비는 이러한 접근법을 분명하게 설명해 준다. 수렴적 사고의 조작은 예측 가능한 방법 안에서 언어를 사용하는 것을 포함한다. 하나의 예로, 짧은 시간 동안 동물 이름을 말하도록 요구하는 발화 유창성 과제가 있다. 뇌는 이와 같은 연관성을 중심으로 조직되어 있으며, 실제로 의미 체계를 넘어서는 수준의 인지 활동을 요구하지 않는다.

반대로 발산적 과제 유형은 대상자에게 벽돌이나 야구방망이가 사용될 수 있는 모든 방법에 대해서 말해 보도록 할 수 있다. 이 과제는 뇌의 다른 부분을 자극하면서 언어와 인지적 기능을 연결한다. 인지적 접근법은 문제 해결 또는 대안 방법을 찾도록 더 높은 수준의 과제에 필요한 언어 능력을 유도한다. 임상가는 환자의 다양한 대화 개시 능력을 발달시키기보다는 가능한 한 동일한 과제를 성취하기 위해서 다양한 방법을 찾도록 하는 인지적 치료 방법을 이용한다.

사회적 접근법

사회적 접근법(social approach)은 실어증 및 실어증으로 인한 결과와 관련하여 더 기능적인 인간 중심의 관점으로 이동하는 것을 말한다(Simmons-Mackie, 2008). 모든 사회적 접근법은 언어 기능(정보 교환 및 상호작용)을 공통적으로 강조한다. 치료는 의미 있는 목적, 실어증으로 인한 사회적·개인적 결과, 대상자의 관점 수용(A-FROM 모델과 일치)을 위해서 자연스러운 맥락에서 언어를 사용한다. 이때 대화가 주된 목표가 된다. 다양한 치료 프로그램들은 '사회적인' 주제에 초점을 맞춘다. 대화나 집단 상호작용을 가장 많이 사용하고, 상당히 중첩된다. 실어증 환자의 대화 상대자 또한 중요한 요인이 된다. 그 예는 다음과 같다.

- **상대자 훈련 및 대화 지원**(Kagan, 1998; Lyon, 2000) 대화 지원하기(supported conversation)는 기본적인 의사소통 능력을 보이는 실어증 환자를 돕는 의료 전문가, 가족, 친구 및 지역사회 구성원을 훈련하는 것이다. 이 접근법은 실어증 환자에게 의미 있는 메시지를 전달하기 위해 의사소통을 돕는 그림, 인쇄 자료, 제스처 및 다른 의사소통 양식을 사용하게 하고, 자신의 사고, 감정, 정보를 공유하기 위해 비슷한 전략을 사용하도록 촉진하는 것을 포함한다.
- **대화적 코칭**(conversational coaching)(Hopper, Holland, & Rewaga, 2002) 임상가는 환자를 관리하는 전문가보다 감독의 역할을 수행한다. 성공적인 대화를 위해서 환자의 목표나 대화의 내용을 확인하고, 전략을 개발한다(스크립트를 만드는 것과 같이). 감독자인 임상가가 환자에게 도전적인 과제를 제시하거나 대안 전략을 개발하도록 도움을 주는 것으로 상호작용이 연습된다. 이 기법은 일상

적인 활동에서 특히 도움을 주는데, 스크립트를 사용하는 경우 의사소통의 실패를 감소시킬 수 있다.

- **직접적 대화치료**(direct conversation therapy)(Simmons-Mackie, 2008) 이 접근법은 치료 도구로서 대화가 사용되고, 대화 목표를 성공적으로 달성하기 위해 언어 및 비언어적 행동을 발전시킨다. 대화 상황에서 환자가 자신감을 갖도록 하는 중요한 요소 중 하나는 자연스러운 맥락에서의 성공 경험이다. 이러한 긍정적인 경험의 축적을 통해 환자의 행복감을 증진하고, 의사소통 상호작용과 건전한 관계의 정체성을 촉진하게 한다.
- **실어증 의사소통 효과 증진법**(Promoting Aphasics' Communicative Effectiveness: PACE)(Davis, 2005) 많은 경우 언어만으로 의사소통 목표를 달성하기는 어렵다. PACE는 실어증 환자들과 의사소통 상대자가 의사소통 상호작용에서 보상(보완)적인 전략을 사용하도록 훈련시키는 것을 포함한다. 이것은 치료 프로그램이 아니라 임상가가 환자에게 목표 언어를 획득하도록 하기 위해 통제하는 것을 멈추고, 대신에 주어진 메시지를 전달하기 위해 어떠한 전략들이 작용하는지 알 수 있도록 환자와 임상가가 함께 책임지도록 하는 접근법이다. 대화 지원하기와 마찬가지로 성공적인 의사소통을 이끄는 어떠한 전략이라도 허용된다. PACE는 다양한 치료 과제와 자극을 함께 사용할 수 있다.

집단치료 접근법

집단치료 접근법은 종종 실어증 관리를 위한 사회적 접근법의 하나로 간주된다(Elman, 2007). 집단치료는 실어증을 가지고 살아가는 것과 관련된 다양한 결과를 다루기 위해 사용된다. 실어증 환자와 보호자를 지지하고, 실어증을 동반한 삶을 위한 전략을 촉진하며, 대화 및 의사소통 기술을 확립하고, 역량을 증진한다. 그룹 환경이 제공하는 사회적인 맥락은 인간 중심적인 삶에의 참여 목표와 활동을 장려하도록 한다. 집단치료는 특히 만성 실어증 환자에게 유용한데, 그룹 안에서 개인이 의사소통 전략을 증진하고 수정하기 위한 상호작용 기회를 제공하기 때문이다.

환경 중재

환경은 의사소통을 촉진하거나 방해할 수 있는 내・외부적 요인, 물리적 요인, 사회적 요인으로 구성된다. 물리적 요인에는 적합하지 않은 조명, 소음, 상호작용이 일어나기 어려운 장소 등이 포함된다. 사회적 요인에는 의사소통이 가능한 대상, 태도 및 관심사, 대화 소재로 삼을 수 있는 활동 등이 포함된다. 환경 중재는 환경적인 장벽이 있는지 평가하는 것으로 시작한다(Lubinski, 2008). 이러한 장벽이 확인되면 임상가들은 요구되는 변화를 위해서 실어증 환자 및 환경 내에 있는 사람들과 협력한다. 예를 들어, 거실에 텔레비전이 항상 켜져 있어서 가족 간의 의사소통이 단절된다는 것을 확인한다면, 의사소통을 시도할 때는 텔레비전을 끄는 것이 분명한 해결 방법이다. 요양시설에서 환경적인 장벽은 입소자 방 안의 어두운 조명이며, 이는 직원의 말을 알아듣기 어렵게 만든다. 직원들이 입소자와 대화를 시작하기 전에 전등을 밝히도록 훈련할 수 있다.

집중치료 접근법

실어증을 위한 집중언어치료는 수년간 논쟁이 있어 왔다. 최근 통제유발 언어치료(constraint-induced language treatment: CILT) 접근법은 상당한 주목을 받았다(Raymer, 2009). 집중치료법의 치료 프로그램은 다양하며, 매주 9시간(최대 30시간까지) 이상의 치료가 포함되는 모든 중재를 말한다. 집중치료와 CILT는 집중적인 연습(매일 최소 2~4시간)과 매일의 치료를 포함한다. CILT는 보상 전략 없이 구어 채널로만 의사소통하도록 통제한다. 최근 연구들이 집중치료 및 CILT의 효과성에 대한 근거를 제시하고 있으나, 억제가 어떻게 중요한 영향을 미치는지와 어떠한 실어증 유형에 더욱 효과가 있는지에 대해서는 명확하지 않다(Cherney, Patterson, Raymer, Frymark, & Schooling, 2008).

언어특정 중재

일부 치료 접근법에서는 하나 또는 일련의 특정한 언어 행동에 초점을 둔다. 구문 표현, 단어 인출, 읽기, 쓰기, 철자법과 같은 기술들을 체계적으로 다루는 프로그램이 있다. 예를 들어, 철자 바꾸기 및 베껴 쓰기 작문을 위한 치료는 목표 단어를 만들기 위해 필요한 글자들이 적힌 카드를 제시함으로써 시작한다(Beeson & Henry, 2008). 처음 철자가 맞는지, 틀리는지의 여부와는 상관없이 환자는 단어를 여러 번 베껴 쓰게 된다. 난이도는 글자를 눈에 띄게 하는 것을 추가하다가 마지막에는 모든

단서를 제거하는 방식으로 높여 간다. 읽기를 위한 치료는 읽기 문제의 기본적인 특성과 심각도에 따라 달라진다. 경도 실어증 환자의 읽기 능력 향상을 위해서 주의력을 증진하는 목표를 가진 접근법도 있다(Sinotte & Coehlo, 2007). 그중 단어 인출 문제를 위한 의미 자질 접근법이 광범위하게 사용되어 왔다(Boyle & Coehlo, 1995). 치료 프로그램에서 환자는 목표 단어와 연관된 다양한 의미 자질(예: 범주, 기능, 특징)을 생성하게 된다. 이 치료법을 포함한 다수의 치료법은 특정한 언어 기술에 초점을 둔다.

분류특정 중재

이 치료법은 베르니케실어증 또는 전반실어증과 같은 특정한 유형의 실어증을 위해 개발되었다. 전반실어증을 위한 치료법은 기본적으로 뚜렷하게 구별이 어려운 반응(발성, 눈 맞춤, 동작)의 수준부터 시작하여 구별되는 반응의 위계로 높여 나간다(Peach, 2008). 전반실어증을 위한 또 다른 접근법은 시각동작치료법(Visual Action Therapy)(Helm-Estabrooks, Fitzpatrick, & Barresi, 1982)으로 환자는 사물과 그림을 짝 짓고, 그것을 다시 어울리는 제스처로 바꾸는 수준에서 시작한다. 이후 의사소통이 원활하게 이루어지도록 하기 위한 제스처의 사용법을 익히기 위해 체계적으로 훈련받는다.

행동특정 중재

신경 손상은 의사소통의 수행을 두드러지게 방해한다. 그러한 행동 중 하나가 보속증(perseveration)인데, 새로운 것을 표현해야 하는 경우에도 이전에 했던 반응을 계속 반복하는 것을 의미한다. 보속증으로 인해 의사소통의 중단이 생기기 때문에, 그 보속증을 줄이기 위해 특정한 치료 프로토콜이 고안되었다.

실어증 보속증 치료법(Treatment of Aphasic Perseveration: TAP)은 환자들이 보속에 대한 인식 수준을 높여 보속 반응을 억제한 다음, 보다 적절한 반응을 산출하기 위해서 단서를 요청할 수 있도록 도와준다. 실어증 보속증 치료법 가운데 하나인 프로그램은 환자의 인내심을 인식 수준으로 끌어올리고 인내심을 억제한 다음, 보다 적절한 반응을 도출하는 데 도움이 되는 단서를 요청하도록 도와준다(Helm-Estabrooks, Emery, & Albert, 1987).

컴퓨터 기반 중재

컴퓨터 기반 실어증 치료법(computer-based aphasia treatment)은 실어증 환자의 의사소통을 체계적으로 향상하기 위해 컴퓨터 및 소프트웨어를 사용하는 것을 말한다. Katz는 세 가지 유형의 컴퓨터 기반 중재법을 제안하였다(Katz, 2008). 첫째, 컴퓨터 단독 치료법은 컴퓨터상에서 실어증 환자 혼자서 치료하고, 현장에 함께하지 않는 임상가가 나중에 환자의 수행을 확인한다. 둘째, 컴퓨터 보조 치료는 임상가와 환자가 언어 소프트웨어를 작동시키고, 임상가가 온라인상의 지도를 제공하는 동안 컴퓨터가 치료를 돕는 것이다. 셋째, 보완대체 의사소통(AAC) 장치는 이후에 다룰 것이다.

'부록 10-2'는 컴퓨터 기반 접근법의 특징, 소프트웨어 및 관련 상품의 사용 시 주의 사항, 특정 프로그램 또는 소프트웨어의 예와 관련된 정보를 제공한다. 컴퓨터 단독 치료법 및 컴퓨터 보조 치료법은 때때로 원격 발화(telespeech)를 사용할 때가 있다. 임상가와 환자는 웹캠을 통해 혹은 비디오 중계의 다른 형식에 의해 연결된다. 모든 컴퓨터 기반 접근법에서 우선적인 관심사는 실어증 노인 환자들과 가족들이 통신기술에 친숙한가 하는 것이다. 감각장애와 같은 노화 관련 요인들이 시스템이나 소프트웨어의 사용에 부정적인 영향을 미칠 수 있다.

실어증 환자들의 의사소통, 지원, 정보 수집 등을 위해 인터넷과 이메일을 사용하는 것의 효과는 많이 보고되고 있다. 물론 훈련을 계획하는 데 시간과 인력 면에서 비교적 집약적인 경향이 있지만, 성과를 통해 가치 있는 것으로 고려되고 있다. 실어증 환자가 인터넷이나 이메일과 같은 일상의 통신기술을 사용하는 데 더욱 익숙해짐에 따라 컴퓨터 기반 치료법이나 의사소통을 위한 소프트웨어 및 장치를 좀 더 수용할 수 있다.

보완대체 의사소통

실어증을 위한 컴퓨터 사용 접근법에는 보완대체 의사소통(Augmentative and Alternative Communication: AAC)이 포함된다. 넓은 의미에서 AAC에는 사람들의 의사소통을 도와주는 모든 기술이 포함된다. '부록 10-2'는 최근 실어증 환자에게 적용되는 AAC 체계와 소프트웨어의 예들을 제시하였다. AAC 기기는 때때로 발화생성기기(speech generating device)로 불린다.

후천적 실어증이 있는 노인들은 이러한 의사소통 기기의 사용에서 장벽을 마주하게 된다. 첫 번째 장벽은 잠재적으로 컴퓨터 및 통신기술에 대한 친숙성이 부족한 것이다. 두 번째 장벽은 실어증이다. 실어증은 언어 상징의 이해와 산출에 영향을 받는 장애로 고려되기 때문이다. AAC 체계는 인쇄된 단어뿐만 아니라 단어나 메시지를 대신하는 그림(pictograph) 등의 상징에 의존하기 때문이다. 상징 사용의 어려움은 AAC 기기의 사용까지 확장될 수 있다. 세 번째 장벽은 실어증이 갑작스럽게 발병한다는 것이다. 수월하게 말하고, 의사소통하던 사람이 한순간에 못하게 되는 것이다. 초기 회복 단계에서 가장 중요한 목표는 뇌졸중 발병 이전과 비슷한 방식으로 다시 이해하고 말하게 하는 것이다. 말하려고 하는 욕구는 극복하기 어려운 장벽일 수 있다.

이러한 장벽은 수년간 말을 해 왔고, 의사소통 기술의 혜택을 이해하는 데 제한이 있는 노인 실어증 환자라면 좀 더 어려울 수 있다. 실어증 환자를 위한 의사소통자로서의 수준과 유형이 정의되어 있다(Lasker & Garrett, 2008). 각 수준에서 개인별 AAC 요구 사항, 의사소통을 최대화하기 위한 AAC 기술, 의사소통자로서 독립적으로 되도록 돕는 전략 등에 따라 수준이 결정된다.

임상가는 실어증 다중양식 의사소통 선별검사(The Multimodal Communication Screening Test for Aphasia: MCSTA)를 다운로드해서 환자의 수준을 확인하는 데 사용할 수 있다(Garrett & Lasker, 2005).

보호자 중재

실어증과 같은 의사소통장애의 갑작스러운 발병은 뇌졸중에 의해서 기능의 상실을 가져올 수 있고, 모두를 망연자실하게 하며, 혼란스럽게 만든다. 의사소통은 가족들이 어려운 상황을 해결하고, 걱정거리를 공유하며, 관계를 돈독히 하고, 변화에 적응하기 위한 전략을 개발하기 위한 도구로 사용한다. 보호자 역할을 맡아야 하는 것을 포함하여 뒤따라오는 많은 삶의 변화에 적응하는 것은 가족 구성원과 환자에게 의미 있는 사람들에게 어려운 일이 될 수 있다.

실어증과 함께 살아가야 하는 삶에 적응하는 것은 쉽사리 이루어지지 않고, 의사소통장애로 인한 결과도 광범위하게 영향을 미치게 된다. 보호자는 지속적으로, 오랫동안 교육이 필요하다. 시간이 경과함에 따라 실어증 환자의 목표가 변화하는 것처럼 보호자들의 목표도 달라진다. 발병 초기에 보호자들은 희망을 유지하고, 휴식도 가지며, 보호자 스스로의 건강도 관리하고자 한다(Worrall, 2008; Worrall, Davidson, Ferguson, Hersh, & Howe, 2007). 이 단계에서는 기본적인 의사소통이 필요해진다. 이후에 가족들은 사회적 격리를 실감하고, 실어증 환자가 치료를 계속 받으면서도 점점 의존적으로 되어 도움이 필요해지는 것을 걱정하게 된다.

언어재활사는 경험하게 될 의사소통의 변화 및 단절을 막기 위한 전략들, 가족들의 감정 변화 및 두려움에 대처하기 위한 교육과 개별 면담을 제공할 수 있다. 발병 직후에는 실어증이나 뇌졸중에 대한 기본적인 정보조차 전달하지 말아야 할 수도 있다. 단순히 실어증에 관한 웹사이트나 다른 정보처만 제공하는 것은 큰 차이를 만들 수 있다.

보호자들은 그들의 상황을 이해하는 사람으로부터 지지를 받아야 한다. 언어재활사는 오랜 기간 의학적 및 치료 서비스를 끝내고 난 환자와 가족들을 만나게 되고, 가족들에게 더 많은 자원이 필요한 때가 언제인지 알 수 있다. 그때 자조집단과 같은 형태를 권하는 것이 적절하다. 어떠한 보호자들은 온라인 자조집단에 참여하는 것을 선호하는 반면, 일부는 대면 자조집단에 기꺼이 참여하려고 한다. 어떤 보호자들(특히 노인 배우자가 보호자일 경우)은 자조집단에 참여하는 것을 선호하지 않을 수 있음을 알아야 한다. 이러한 경우 헬스케어 전문가는 보호자를 압박하지 않고 그들이 활동에 참여할 수 있도록 독려해야 한다. 자조집단은 보호자에게만 제안할 수도 있고, 보호자와 환자 모두가 참여하도록 권장할 수도 있다. 언어재활사가 상담 분야의 경험이 있는 사람과 함께 자조집단 진행자나 공동 진행자로 활동한다면 이상적일 것이다.

환급

전문의는 실어증 및 신경학적 의사소통장애 환자의 언어 평가와 치료를 위한 청구서를 작성해야 한다. 현재의 보험제도(Medicare)에 따라 언어치료와 물리치료 서비스는 추가적인 서비스에 대한 의학적 필요성이 증빙되는 경우를 제외하고 연간 상한제도(benefit cap)가 있다. 이러한 한도는 의사소통의 기능성을 증진하기 위해

더 많은 치료가 필요한 실어증과 같은 장애에는 까다로운 조건이다. 이 장에서 소개된 많은 중재법은 실어증 발병 이후 수개월 혹은 수년간 사용된다. 자금 지원을 위한 대체적인 기제들에 대해 환자나 가족들 그리고 임상가는 확인해야 한다.

실어증 평가는 광범위한 말, 언어 및 청각 처리 문제와 구분되는 현행시술용어(Current Procedural Terminology: CPT)(American Medical Association: AMA, 2009a)를 따른다. 실어증 CPT 코드는 인증된 종합실어증검사를 이용해 읽기 및 쓰기와 더불어 말, 언어의 표현 및 수용 기능의 공식적인 평가를 포함한다. 평가의 초점은 대상자가 무엇을 하기를 원하고, 요구되는 활동 수행에 영향을 미치는 요인이 무엇인지에 관한 기능적 수준을 확인하는 것이다. 평가 보고서는 치료의 필요 여부에 대해서도 언급해야 한다. 보고서에는 만약 치료를 권고한다면 주어진 시간 내에 발병 이전 상태로 돌아갈 수 있는지에 대한 예후나 예측 가능한 수행의 최대치에 대해서 언급해야 한다.

재검사를 위한 코드는 없다. 검사의 일부가 재평가되어야 한다면 문서화해야 하고, 치료로 청구해야 한다. 청구서는 검사 결과 상담 및 보고서 작성을 포함하여 시간당 부과된다.

〈특수한 평가를 위해 사용 가능한 CPT 코드〉

- **표준화된 인지평가**(standardized cognitive assessment) 표준화된 인지평가의 적용 후 결과 상담 및 보고서 작성 등의 행정을 보장하는 코드로, 시간당으로 청구한다.
- **발화생성장치 처방을 위한 검사**(evaluation for prescription of speech-generating devices) 발화생성장치 또는 보조기를 효과적으로 작동하고 사용할 수 있는 능력을 확인하기 위해 모든 의사소통 양식, 의사소통 전략, 다른 기술(예: 운동, 시각, 청각)의 검사를 보장한다.

  하나의 시술 코드는 첫 검사 한 시간을 위해 사용되고, 다른 코드는 다른 회기의 추가적인 30분 검사로 사용된다. 발화를 생성하지 않는 AAC 장치의 처방을 위한 검사는 기본적으로 언어, 음성, 의사소통 평가를 위한 기본검사 코드를 적용해야 한다. 별도의 건강관리 일반시술코드체계(Healthcare Common

Procedure Coding System: HCPCS)(AMA, 2009b) 코드는 실제 장비나 도구가 고려되었는지 확인한다. 코드는 발화 유형(디지털, 합성)과 사전 녹음된 메시지의 유무와 길이들을 구분한다. 이 코드들은 반드시 AAC 장치를 위한 처방이 포함되어야 한다. 실어증 환자를 위한 치료 서비스는 장애의 감소 또는 기능 향상에 초점을 두어야 한다. 향상에 대한 증빙은 분명하고, 측정 가능하며, 기능적인 내용이어야 한다. 진전은 기초선 검사 결과와 이전 회기의 수행을 비교해야 한다. 단서 수준이나 복잡성과 환경적 어려움과 같은 것을 정의하면, 측정 가능한 변화를 보여 주는 데 용이하다. 임상가는 '지속적인 치료 계획'과 같이 비특정 용어의 사용은 피해야 한다. CPT 코드가 적용되는 서비스는 다음과 같다.

- **언어치료**: 이것은 개별치료 회기와 비구어 생성기기의 사용을 위한 훈련을 포함하는 코드다. 코드는 환자의 기능을 유지하고, 감퇴를 예방하기 위해 고안된 유지 프로그램에도 적용될 수 있다. 증빙 문서는 일반적으로 짧은 기간에 이루어지는 프로그램의 유지를 위해서 중요하다. 치료의 종결이 반복되거나 치료의 유지를 위해서 재입원하는 경우는 보장되지 않는다.
- **집단치료**: 집단은 한 회기에 2~4명으로 구성된다. 서비스는 반드시 합리적이고 필요하다고 기록되어야 하고, 집단치료는 환자의 전체 프로그램 중 25%를 초과하지 말아야 한다. 자조집단은 환급될 수 없다.
- **인지적 기술 향상**: 일부 경우에 치료가 주로 주의력, 기억, 문제 해결과 같은 인지적 기술에 초점을 맞추어 제공된다. 이 CPT 코드는 이러한 상황에서 적용된다.
- **발화생성기기 사용을 위한 치료 서비스**: 이 코드는 치료 서비스의 계획과 수정을 포함한다.

핵심 내용

이 장에서는 언어 체계의 2차 노화 중 가장 흔한 유형인 실어증에 대해 설명하였다. 실어증의 다양한 유형뿐만 아니라 평가 및 치료 접근법까지 검토하였다. 또한 실어증에서 노화의 영향뿐만 아니라 뇌졸중 후 기능상의 3차 노화의 영향도 확인하였다. 주요 내용은 다음과 같다.

- 언어의 미묘하고 정상적인 변화를 경도 인지장애 또는 경도 실어증과 구별하는 것은 쉬운 일이 아니므로 임상가는 정상 노화에 대해 숙지하고 있어야 한다.
- 다양한 실어증의 유형, 환자의 환경, 발병 이전의 개인적 특징, 원하는 활동과 참여 정도, 환자에게 중요한 요인에 대한 이해 없이 실어증을 이해하는 것은 불가능하다.
- 실어증 환자를 평가하기 위해 표준화된 검사를 수행하는 것은 불가능할 수도 있다. 그러나 주요한 행동의 관찰이 치료와 예후를 위한 중요한 정보를 제공할 수 있다.
- 비록 언어장애가 지속되더라도 실어증 치료의 목표는 환자의 의사소통과 삶의 질을 향상하는 데 초점을 두어야 한다.
- 실어증 치료는 언어 기술의 촉진이나 결함에 대한 보상을 수반한다.
- 실어증 치료의 목표는 환자에게 중요한 요인, 환경적인 장벽, 활동의 제한들도 포함해야 한다. 더불어 보호자 중재도 중요하다.

참고문헌

American Medical Association. (2009a). *Current procedural terminology 2010.* Chicago: Author.

American Medical Association. (2009b). *Healthcare common procedure coding system 2010: Level II.* Chicago: Author.

Babbitt, E., & Cherney, L. R. (2009, March). *Aphasia treatment research at RIC: Clinical application.* Presentation at the annual conference of the Mississippi Speech-Language-Hearing Association, Jackson, MS.

Beeson, P. M., & Henry, M. L. (2008). Comprehension and production of written words. In R. Chapey (Ed.), *Language intervention strategies in aphasia and related neurogenic communication disorders* (6th ed., pp. 654-686). Philadelphia: Lippincott Williams &

Wilkins.

Blackstone, S., & Berg, M. (2003). *Social networks: A communication inventory for individuals with complex communication needs and their communication partners.* Monterey, CA: Augmentative Communication.

Boyle, M., & Coelho, C. A. (1995). Application of semantic features analysis as a treatment for aphasic dysnomia. *American Journal of Speech-Language Pathology, 4,* 94-98.

Brookshire, R. H., & Nicholas, L. E. (1997). *The discourse comprehension test.* Minneapolis, MN: BRK.

Burns, M. (1979). *Burns brief inventory of communication and cognition.* San Antonio, TX: Psych Corp.

Caserta, M. S., Lund, D. A., & Wright, S. D. (1996). Exploring the Caregiver Burden Inventory: Further evidence for a multidimensional view of burden. *International Journal of Aging and Human Development, 43,* 21-34.

Chapey, R. (2008). Cognitive stimulation: Stimulation of recognition/comprehension, memory and convergent, divergent, and evaluative thinking. In R. Chapey (Ed.), *Language intervention strategies in aphasia and related neurogenic communication disorders* (6th ed., pp. 469-506). Philadelphia: Lippincott Williams & Wilkins.

Chapey, R., Duchan, J. F., Elman, R. J., Garcia, L. J., Kagan, A., Lyon, J. G., et al. (2008). Life-participation approach to aphasia: A statement of values for the future. In R. Chapey (Ed.), *Language intervention strategies in aphasia and related neurogenic communication disorders* (6th ed., pp. 279-289). Philadelphia: Lippincott Williams & Wilkins.

Cherney, L. R., Patterson, J. P., Raymer A., Frymark, T., & Schooling, T. (2008). Evidence-based systematic review: Effects of intensity of treatment and constraint-induced language therapy with stroke-induced aphasia. *Journal of Speech, Language, and Research, 51,* 1282-1299.

Cherney, L. R., & Robey, R. R. (2008). Aphasia treatment: Recovery, prognosis, and clinical effectiveness. In R. Chapey (Ed.), *Language intervention strategies in aphasia and related neurogenic communication disorders* (6th ed., pp. 186-202). Philadelphia: Lippincott Williams & Wilkins.

Coelho, C. A., Sinotte, M. P., & Duffy, J. (2008). Schuell's stimulation approach to rehabilitation. In R. Chapey (Ed.), *Language intervention strategies in aphasia and related neurogenic communication disorders* (6th ed., pp.403-449). Philadelphia:

Lippincott Williams & Wilkins.

Davis, G. A. (2005). PACE revisited. *Aphasiology, 19,* 21-38.

Doyle, P., McNeil, M., Hula, W., & Mikolic, J. (2003). The burden of stroke scale: Validating patient-reported communication difficulty and associated psychological distress in stroke survivors. *Aphasiology, 17,* 291-304.

Duncan, P. W., Wallace, D., Lai, S. M., Dallas, J., Embretson, S., & Laster, L. J. (1999). The stroke impact scale version 2.0: Evaluation of reliability, validity, and sensitivity to change. *Stroke, 30,* 2131-2140.

Elman, R. J. (Ed.) (2007). *Group treatment of neurogenic communication disorders: The expert clinician's approach.* San Diego, CA: Plural.

Enderby, P., Wood, Y., & Wade, D. (2006). *Frenchay aphasia screening test* (2nd ed.). Hoboken, NJ: John Wiley & Sons.

Fitch-West, J., & Sands, E. S. (1998). *Bedside evaluation screening test* (2nd ed.). Austin, TX: PRO-ED.

Fleming, V. B. (2009, May). *Comprehension and aging: The mediating effects of executive function.* Paper presented at the annual Clinical Aphasiology Conference, Keystone, CO.

Folstein, M. F., & Luria, R. (1973). Reliability, validity, and clinical application of the Visual Analogue Mood Scales. *Psychological Medicine, 3,* 479-486.

Frattali, C., Holland, A. L., Thompson C. K., Wohl, C. B., & Ferketic, M. M. (1995). *American Speech-Language-Hearing Association functional assessment of communication skills for adults.* Rockville, MD: American Speech-Language-Hearing Association.

Garrett, K. L., & Lasker, J. P. (2005). *The multimodal communication screening test for persons with aphasia.* Retrieved August 1, 2009, from http://aac.unl.edu/screen/screen.html

Goodglass, H., Kaplan, E., & Baressi, B. (2001). *Boston diagnostic aphasia examination* (3rd ed.). Baltimore: Lippincott Williams & Wilkins.

Helm-Estabrooks, N. (2001). *Cognitive linguistic quick test.* San Antonio, TX: Psych Corp.

Helm-Estabrooks, N., Emery, P., & Albert, M. L. (1987). Treatment of aphasic perseveration program: A new approach to aphasia therapy. *Archives of Neurology, 4,* 1253-1255.

Helm-Estabrooks, N., Fitzpatrick, P., & Barresi, B. (1982). Visual action therapy for global aphasia. *Journal of Speech and Hearing Disorders, 47,* 385-389.

Hilari, K., Byng, S., Lamping, D., & Smith, S. (2003). Stroke and aphasia quality of life scale-39: Evaluation of acceptability, reliability, and validity. *Stroke, 34,* 1944-1950.

Holbrook, M., & Skilbeck, C. E. (1983). An activities index for use with stroke patients. *Age and Aging, 12,* 166-170.

Holland, A. L., Frattali, C. M., & Fromm, D. (1999). *Communication activities of daily living* (2nd ed.). Austin, TX: PRO-ED.

Hopper, T., Holland, A., & Rewaga, M. (2002). *Conversational coaching: Treatment outcomes and future directions. Aphasiology, 16,* 745-762.

Kagan, A. (1998). Supported conversation for adults with aphasia: Methods and resources for training conversation partners. *Aphasiology, 12,* 816-830.

Kagan, A., & Simmons-Mackie, S. (2007). Beginning with the end: Outcome-driven assessment and intervention with life participation in mind. *Topics in Language Disorders, 27,* 309-317.

Kagan, A., Simmons-Mackie, N., Rowland, A., Huijbregts, M., Shumway, E., McEwen, S., et al. (2007). Counting what counts: A framework for capturing real-life outcomes of aphasia intervention. *Aphasiology, 22,* 258-280.

Kaplan, E., Goodglass, H., & Weintraub, S. (2001). *The Boston naming test* (2nd ed.). Philadelphia: Lippincott Williams & Wilkins.

Katz, R. C. (2008). Computer applications in aphasia treatment. In R. Chapey (Ed.), *Language intervention strategies in aphasia and related neurogenic communication disorders* (6th ed., pp. 852-876). Philadelphia: Lippincott Williams & Wilkins.

Keenan, J., & Brassell, E. G. (1975). *Aphasia language performance scales.* Murfreesboro, TN: Pinnacle Press.

Kertesz, A. (1982). *Western aphasia battery.* New York: Grune and Stratton.

Kertesz, A. (2006). *Western aphasia battery* (Enhanced). San Antonio, TX: Psych Corp.

LaPointe, L. L., & Horner, J. (1998). *Reading comprehension battery for aphasia* (2nd ed.). Austin, TX: PRO-ED.

Lasker, J. P., & Garrett, K. L. (2008). *Aphasia and AAC: Enhancing communication across health care settings*. The ASHA Leader, 13, 10-13.

Lawton, M. P., Kleban, M. H., Moss, M., Rovine, M., & Glicksman, A. (1989). Measuring caregiving appraisal. *Journal of Gerontology: Psychological Sciences, 44,* 61-71.

Lazarus, R., & Folkman, S. (1984). *Stress, appraisal, and coping.* New York: Springer.

Lomas, J., Pickard, L., Bester, S., Elbard, H., Finlayson, A., & Zoghaib, C. (1989). The communication effectiveness index: Development and psychometric evaluation of a functional communication measure for adult aphasia. *Journal of Speech and Hearing Disorders, 54,* 113-124.

Lubinski, R. (2008). Environmental approach to adult aphasia. In R. Chapey (Ed.), *Language intervention strategies in aphasia and related neurogenic communication disorders* (6th ed., pp. 319-348). Philadelphia: Lippincott Williams & Wilkins.

Lyon, J. (2000). Finding, defining, and refining functionality in real-life for people confronting aphasia. In L. Worrall & C. Frattali (Eds.), *Neurogenic communication disorders: A functional approach* (pp. 137-161). New York: Thieme.

McNeil, M. R., & Prescott, T. E. (1978). *Revised token test.* Austin, TX: PRO-ED.

Novak, M., & Guest, C. (1989). Application of a multidimensional caregiver burden inventory. *The Gerontologist, 29,* 798-803.

Peach, R. K. (2008). Global aphasia: Identification and management. In R. Chapey (Ed.), *Language intervention strategies in aphasia and related neurogenic communication disorders* (6th ed., pp. 565-594). Philadelphia: Lippincott Williams & Wilkins.

Porch, B. E. (1967). *Porch index of communicative ability: Theory and development.* (Vol. 1). Palo Alto, CA: Consulting Psychologists Press.

Radloff, L. S. (1977). The CES-D scale: A self-report depression scale for research in the general population. *Applied Psychological Measurement, 1,* 385-401.

Raymer, A. (2009). Constraint-induced language therapy: A systematic review. *The ASHA Leader, 14,* 26-27.

Ryff, C. D., & Singer, B. (1998). The contours of positive human health. *Psychological Inquiry, 9,* 1-28.

Schuell, H. (1965). *The Minnesota test for differential diagnosis of aphasia.* Minneapolis: University of Minnesota Press.

Shewan, C. N. (1979). *Auditory comprehension test for sentences.* Chicago: Biolinguistics Institutes.

Simmons-Mackie, N. (2008). Social approaches to aphasia. In R. Chapey (Ed.), *Language intervention strategies in aphasia and related neurogenic communication disorders* (6th ed., pp. 290-318). Philadelphia: Lippincott Williams & Wilkins.

Simmons-Mackie, N., Conklin, J., & Kagan, A. (2008). Think tank deliberates future directions for the social approach to aphasia. *Perspectives on Neurophysiology and Neurogenic*

Speech and Language Disorders, 18, 24-32.

Sinotte, M. P., & Coelho, C. A. (2007). Attention training for reading impairment in mild aphasia. *NeuroRehabilitation, 22,* 303-310.

Stern, R. A. (1997). *Visual analog mood scales.* Lutz, FL: Psychological Assessment Resources.

Sutcliffe, L. M., & Lincoln, N. B. (1998). The assessment of depression in aphasic stroke patients: The development of the Stroke Aphasic Depression Questionnaire. *Clinical Rehabilitation, 12,* 506-513.

Swinburn, K., & Byng, S. (2006). *Communication disability profile.* London, England: Connect Press.

Swinburn, K., Porter, G., & Howard, D. (2004). *Comprehensive aphasia test.* Hove, East Sussex, UK: Psychology Press.

Van der Meulen, I., Van de Sandt-Koenderman, W., Duivenvoorden, H. J., & Ribbers, G. M. (2010). Measuring verbal and non-verbal communication in aphasia: Reliability, validity, and sensitivity to the Scenario Test. *International Journal of Language and Communication Disorders, 45,* 424-435.

Vitaliano, P. P., Russo, J., Carr J. E., Maiuro, R. D., & Becker, J. (1985). The ways of coping checklist: Revision and psychometric properties. *Multivariate Behavioral Research, 20,* 3-26.

Williams, L. S., Weinberger, M., Harris, L., Clark, D., & Biller, J. (1999). Development of a stroke-specific quality of life scale. *Stroke, 30,* 1362-1369.

Worrall, L. (1999). *The everyday communication needs assessment.* London: Winslow Press.

Worrall, L. (2008, November). *Principal principles of the social model in aphasia: Our research and clinical tools.* Mini-seminar presented at the Annual Convention of the American Speech-Language-Hearing Association, Chicago, IL.

Worrall, L., Davidson, B., Ferguson, A., Hersh, D., & Howe, T. (2007, November). *What people with aphasia want: Goal-setting in aphasia rehabilitation.* Mini-seminar presented at the Annual Convention of the American Speech-Language-Hearing Association, Boston, MA.

Worrall, L., Davidson, B., Hersh, D., Howe, T., & Sherratt, S. (2009, May). *What do people with aphasia and their families want? Introducing the Goals in Aphasia Protocol.* Workshop presented at the 2009 Advancing Speech Pathology Innovation, Research, and Excellence Speech Pathology Australia National Conference, Adelaide, South Australia.

Yesavage, J. A., Brink, T. L., Rose, T. L., Lum, O., Huang, V., Adey, M. B., et al. (1983). Development and validation of a geriatric depression screening scale: A preliminary report. *Journal of Psychiatric Research, 17,* 37-49.

Zarit, S. H., Reever, K. E., & Bach-Peterson, J. (1980). Relatives of the impaired elderly: Correlates of feelings of burden. *The Gerontologist, 20,* 649-655.

부록 10-1 표준화 및 비표준화 실어증 평가 도구의 예

<table>
<tr><th colspan="2">언어 및 관련
인지장애 평가 도구</th><th>예</th></tr>
<tr><td colspan="2">침상선별검사</td><td>–Aphasia Language Performance Scales(Keenan & Brassell, 1975)
–Bedside Evaluation Screening Test-2(Fitch-West & Sands, 1998)
–Frenchay Aphasia Screening Test-2(Enderby, Wood, & Wade, 2006)</td></tr>
<tr><td colspan="2">종합적인 실어증 평가 도구</td><td>–Western Aphasia Battery and Western Aphasia Battery-Enhanced (Kertesz, 1982, 2006)
–Boston Diagnostic Aphasia Examination-3(Goodglass, Kaplan, & Baressi, 2001)
–Porch Index of Communicative Ability(Porch, 1967)
–Minnesota Test for Differential Diagnosis of Aphasia(Schuell, 1965)</td></tr>
<tr><td rowspan="5">특정언어
기능
평가</td><td>문장
청각이해력</td><td>–Auditory Comprehension Test for Sentences(Shewan, 1979)</td></tr>
<tr><td>단어, 단락 읽기 검사</td><td>–Reading Comprehension Battery for Aphasia-2(LaPointe & Horner, 1998)</td></tr>
<tr><td>단어그림 이름 대기</td><td>–Boston Naming Test(Kaplan, Goodglass, & Weintraub, 2001)</td></tr>
<tr><td>고난이도
청각적 이해력</td><td>–Revised Token Test(McNeil & Prescott, 1978)</td></tr>
<tr><td>담화 이해</td><td>–Discourse Comprehension Test(Brookshire & Nicholas, 1997)</td></tr>
<tr><td colspan="2">언어인지결합검사</td><td>–Burns Brief Inventory of Communication and Cognition(Burns, 1979)
–Western Aphasia Battery-Enhanced(Kertesz, 2006)
–Cognitive Linguistic Quick Test(Helm-Estabrooks, 2001)
–Comprehensive Aphasia Test(Swinburn, Porter, & Howard, 2004).</td></tr>
<tr><td colspan="2">기능적 의사소통 측정</td><td>–ASHA-Functional Assessment of Communication Skills for Adults(Frattali, Holland, Thompson, Wohl, & Ferketic, 1995)
–Communication Activities of Daily Living-2(Holland, Frattali, & Fromm, 1999)
–Communication Effectiveness Index(Lomas et al., 1989)</td></tr>
<tr><th colspan="2">부가적인 평가 영역</th><th>평가 도구의 예</th></tr>
<tr><td colspan="2">뇌졸중 또는 실어증의 삶
(영향, 장애, 기능)</td><td>–Communication Disability Profile(Swinburn & Byng, 2006)
–Burden of Stroke Scale(Doyle, McNeil, Hula, & Mikolic, 2003)
–Stroke Impact Scale Version 2.0(Duncan et al., 1999)
–Assessment of Living with Aphasia(Kagan & Simmons-Mackie, 2007)
–Communication Confidence Rating Scale for Aphasia(Babbitt & Cherney, 2009)</td></tr>
</table>

삶의 질		-Stroke Specific Quality of Life Scale(Williams, Weinberger, Harris, Clark, & Biller, 1999) -Stroke and Aphasia Quality of Life Scale(Hilari, Byng, Lamping, & Smith, 2003).
기분 (우울 또는 다른 정서)		-Center for Epidemiologic Studies Depression Scale (Radloff, 1977) -Geriatric Depression Scale(Yesavage et al., 1983) -Visual Analog Mood Scales(Folstein & Luria, 1977; Stern, 1997) -Stroke Aphasic Depression Questionnaire(Sutcliffe & Lincoln, 1998)
웰빙 (보호자 또는 실어증 환자)		-Ryff Scales of Psychological Well-Being(Ryff & Singer, 1998)
의사소통 상대자 및 참여		-Social Networks: A Communication Inventory for Individuals with Complex Communication Needs and Their Communication Partners(Blackstone & Berg, 2003)
의사소통 욕구		-Everyday Communication Needs Assessment(Worrall, 1999)
의사소통 활동		-Frenchay Activities Index(Holbrook & Skilbeck, 1983)
의사소통 목표		-Goals in Aphasia Protocol(Worrall, Davidson, Hersh, Howe, & Sherratt, 2009)
참여성		-Rijndam Scenario Test(van der Meulen, van de Sandt-Koenderman, Mieke, Duivenvoorden, & Ribbers, 2010)
보호자	-스트레스, 중압감 -부담감 -신체적 · 정서적 안녕	-Caregiver Appraisal Measure(Lawton, Kleban, Moss, Rovine, & Glicksman, 1989) -Zarit Burden Interview(Zarit, Reever, & Bach-Peterson, 1980) -Ways of Coping Checklist(Lazarus & Folkman, 1984; Vitaliano, Russo, Carr, Maiuro, Becker, 1985) -Caregiver Burden Inventory(Novak & Guest, 1989; Caserta, Lund, & Wright, 1996)

부록 10-2 컴퓨터 기반의 실어증 치료

컴퓨터 기반 치료의 유형	접근법과 주의 사항에 대한 설명	소프트웨어 프로그램 및 업체
컴퓨터 치료	환자는 혼자(일반적으로 가정에서) 컴퓨터를 단독으로 이용하고, 임상가는 다른 시간에 수행을 점검한다. 소프트웨어의 선택은 임상가가 하고, 모든 변경은 임상가의 지도에 따라 시행된다. 환자가 모방하고 반복할 수 있다면 일반적인 목표의 언어 기술은 읽기, 쓰기, 청각적 이해, 표현언어가 포함된다. 환자는 일반적으로 소프트웨어를 다운로드하거나 구매한다. 주의 사항 -언어의 모든 측면이 컴퓨터로 연습될 수 없다(예: 구어 단어 인출) -언어재활사의 지도에 따라 프로그램이 구매되지 않거나 사용되지 않을 수도 있다. 언어재활사의 모니터링이 결여되면 환자의 좌절, 동기 상실, 실패감을 초래할 수 있다.	인지 및 언어결함을 위한 소프트웨어 개발 업체: -Parrot Software(www.parrotsoftware.com) -Bungalow Software(www.bungalowsoftware.com) -Aphasia TherapyProducts(CHAT or Computerized Home Aphasia Therapy program; www.aphasia-therapy.com) -Crick Software(www.cricksoftware.com) -BrainTrain(www.braintrain.com)
컴퓨터 보조 치료	임상가와 환자는 언어 소프트웨어를 함께 사용한다. 임상가는 환자의 반응에 유연하고, 반응적이라는 것을 보장하기 위해 온라인으로 지도한다. 주의 사항 -컴퓨터 보조치료 프로그램은 모든 환자에게 적합한 것은 아니다. 임상가는 프로그램의 준거를 준수하고, 프로그램 안에 난이도 수준에 대해 설명해야 한다. -다른 노화 관련 고려 사항은 컴퓨터 사용에 대해 친숙함과 편안함, 시력 및 청력 문제, 동기부여들이 포함되어야 한다. 환자가 특정한 소프트웨어를 사용하기 전에 컴퓨터와 기계의 기본적인 훈련이 필요할 수도 있다.	소프트웨어 프로그램 -MossTalk Words: 이름 대기 결함(소프트웨어 중 일부는 가상 치료사 포함) -AphasiaScripts(or Computerized Conversational Script Training): 일상 대화에서 스크립트를 이용해 연습/개발(가상 치료사 포함) -Sentactics; 복잡한 구문 형태의 이해와 산출이 목표 -Oral Reading for Language in Aphasia (ORLA): 음운적 및 의미적 읽기 경로를 이용한 읽기 이해 목표(가상 치료사 포함)

보완대체 의사소통(AAC)	AAC는 의사소통 목표를 위해 구어를 대체하거나 보완하는 모든 기법이다. 컴퓨터 기반 치료의 맥락 안에서, AAC는 환자가 타인과 의사소통하는 데 도움을 주기 위해 사용하는 컴퓨터 장치 또는 소프트웨어 프로그램을 말한다. 주의 사항 –노인들은 컴퓨터와 기기에 익숙하지 않거나 불편해할 수도 있다. –AAC는 상징(예: 활자, 그림 아이콘)에 의존하기 때문에 어려울 수 있다. –AAC 사용은 구어 의사소통을 포기하는 것으로 보일 수도 있다.	–Computer-Aided Visual Communication(C-ViC): 중도 실어증 환자의 기본적 의사소통 소프트웨어, 성공은 병소의 크기와 유형에 달려 있음. –Lingraphica-AAC system: 일상적인 의사소통에서 구의 사용과 주요 내용의 선택을 용이하게 함. 연습과 반복을 위한 말 운동의 많은 단계가 포함된 치료 도구로 고안됨.

생애 말기 계획과 돌봄 고려 사항

_ Gillian Woods, Mary Ann Westphal and Alan D. Gluth

이 장에서는 생애 말기와 관련된 법적 계획과 실제적인 서비스 및 요구 관점에서 돌봄에 대해 다룬다. 한 명의 임상학자와 두 명의 변호사에 의해 쓰인 이 장은 생애 말기 의사 결정을 위한 법적 판례와 죽을 권리에 대한 개요로 시작한다. Westphal과 Gluth는 사전연명의료의향서와 재산 관리에 사용되는 법적 문서 및 법적 대리인에게 권한을 부여하는 것에 대해 설명한다. 헬스케어 전문가는 이러한 법적 문서에 대해 이해해야 한다. 노인들의 합법적인 바람을 이해하지 못하거나 준수하지 못했던 예도 제시되어 있다. 이 장은 사랑하는 사람과 헬스케어 전문가뿐만 아니라 생애 말기 환자 개인의 욕구에 대한 Woods의 논의도 다룬다. 호스피스를 포함한 가능한 서비스 유형 또한 설명되어 있다. 마지막으로 생애 말기 돌봄에서 언어재활사의 역할과 헬스케어 전문가들이 겪을 수 있는 정서적인 문제에 대해 강조하였다.

의학적 결정을 위한 법적 고려 사항

노화 관련 도서 가운데 말기 간호와 관련된 문제를 다룬 책은 없다. 노화 과정은 본질적으로 복잡한 생애 말기 문제와 관련하여 개인적인 의사 결정이 필요하다. 이러한 문제들 가운데 잠재적으로 복잡하고 논란의 여지가 있는 쟁점들의 특성은 개인의 합법적인 바람들이 명확하게 드러나고 존중되도록 강력한 법적 함의가 진화해 왔다는 것이다.

이러한 문제들에 대한 지식은 특히 노인 인구를 관리하는 임상가의 실제 업무와 관련이 있다. 이 장은 생애 말기의 주요 법적인 주제들에 대한 간략한 논의로 시작된다.

배경: 생애 말기 결정과 죽을 권리

의학적 지식과 기술이 발전함에 따라 의사들은 약물 사용, 의료 설비, 의료 시술 등을 통해 죽음으로 가는 과정을 연장할 수 있게 되었다. 이로써 불가피하게 제기되는 질문은 '죽어 가는 사람이 생명 연장을 위한 의학적 처치를 거부할 권리가 있는가?' 하는 것이다. 우리는 과연 죽을 권리가 있는가?

이러한 문제가 법정에서 다루어진 것은 불과 40년에 지나지 않는다. 역사적으로 '죽을 권리'가 처음 유명해진 것은 1975년, Karen Ann Quinlan의 사건에 의해서다. Quinlan 씨는 혼수상태가 된 후 인공호흡기를 장착했다. 그녀의 부모는 결국 병원에 인공호흡기를 제거해 달라고 요청했고, 병원이 이를 거부했다. 이에 부모는 생명유지장치를 제거해 달라는 소송을 냈다. 이 소송이 뉴저지 대법원으로 넘겨졌을 때 대법원은 인공호흡기를 제거할 수 있는 권리를 포함하여 개인의 사적 권리가 헌법상 보장되어야 한다는 판결을 통해 부모의 손을 들어 주었다(Quinlan, 1976).

15년 후, 이러한 쟁점의 첫 번째 사례가 미연방 대법원에 올라갔다. 1983년, Nancy Cruzan 씨는 교통사고로 인해 영구적인 식물인간 상태가 되었다. 그녀의 생명은 영양과 수분을 공급하기 위한 튜브에 의해 유지되고 있었다. 4년 후, 자신들의 딸이 이 같은 상태로 살아 있는 것을 원하지 않을 것이라고 믿던 그녀의 부모는 생명유지장치를 제거해 달라는 소송을 제기했다. 이후 하급 법원에서 3년간의 소송 과정을 거쳐 연방 대법원으로 넘겨졌다(Cruzan v. Dir., MO Dept. of Health, 1990). 대법원은 인공적인 생명유지장치의 회수를 원한다는 Cruzan 씨의 바람을 분명하게 확인하기 어렵다는 이유로 그녀 부모의 소송을 기각하였다. 그러나 이 사건은 최고 법정에서 합법적으로 죽을 권리에 대한 인식을 논의했다는 이유로 역사적인 사건이 되었다.

법원은 죽을 권리를 행사하기 위해서, 죽어 가는 사람의 소망을 표현할 수 있는 능력이 있을 때 만들어진 '분명하고 설득력 있는 증거'를 제시하도록 요구했다. 법원은 또한 아무것도 할 수 없는 사람을 대신할 대리인의 권리를 인정하였다.

Cruzan 사건으로 생긴 법은 최근 Terri Schiavo 사건에 의해서 더욱 강화되었다(Schiavo v. Schiavo, 2005). 이 사건은 1990년 플로리다에서 27세의 건강한 Schiavo 씨가 심장마비로 인해 심각한 뇌손상을 입으면서 시작되었다. 그녀의 의식은 돌아오지 않았고, 그로부터 8년 동안 그녀는 '지속적인 식물인간 상태'로 악화되어 갔다. 그녀는 주변에 대한 인지나 의식이 불가능했고, 대뇌피질의 상당 부분이 손상되었으며, 움직임도 반사적인 것만 남아 있었다. 그녀의 상태를 되돌릴 만한 그 어떤 의료적 처치도 없었다.

그녀의 법정 지정 후견인인 남편은 1998년 5월, 그녀의 영양공급관을 제거해 달라는 신청서를 법원에 제출했다. 남편은 평소 그의 아내가 이런 식으로 생명이 연장되는 것을 원하지 않았다는 것을 가족과 친구들의 증언을 통해 증거로 제시하였다. Schiavo 씨 부모의 극심한 반대에도 불구하고 1심에서 판사는 분명하고 설득력 있는 증거가 Schiavo 씨의 소망을 담고 있다고 인정하였다. 2000년, 법원은 그녀의 영양공급관을 제거할 것을 주문했고, Schiavo 씨의 부모는 항소하였다.

이 사건은 이전 Cruzan 씨 사건을 통해 제정된 법이 궁극적으로 강화되었을 뿐만 아니라 생애 말기 결정을 둘러싼 정서적·법적 소란이 부각되었다는 점에서 중요하다. 2003년, 모든 항소가 끝나고 나서 영양공급관을 제거하라는 법원의 결정이 용인됨에 따라 영양공급관이 제거되었다.

이야기가 여기서 끝난 것일까? 아니다. 플로리다 의회가 관여했고, Jeb Bush 주

지사가 영양공급관의 재삽입을 허용하라는 취지의 법안을 즉시 통과시켰다. 당사자들은 새로운 플로리다 주법의 합헌성이 시행되는 시점에 맞추어 다시 법원으로 돌아갔다. 2년 후, 이 법은 미연방 대법원으로 올라갔으며, 「플로리다법」이 위헌이라고 인정하였다. 그리고 기존의 플로리다 재판 법원의 결정이 이행되었다. 2005년 3월, Schiavo 씨의 영양공급관이 결국 제거되었고, 13일 후 그녀는 사망하였다.

다음에서는 개인의 재산과 관련된 계획의 일부가 집행될 때 고려해야 하는 특수한 법적 문서들에 대해 다룰 것이다. 작성되는 문서는 개인의 의학적인 문제와 관련이 있다. 따라서 헬스케어 관련 전문가들은 제공하는 서비스에 제약이 있을 수 있음을 알아야 한다. 미국 주마다 법이 다르고, 해당 주에서 문서에 사용되는 용어, 조건이나 형식도 다르다는 것을 알아야 한다. 재산관리 계획을 위해 적합한 문서가 준비되고, 의학적 상태와 관련된 의사 결정이 실행되기 위해서 「자산관리법」을 전문으로 하는 변호사와 협의해야 한다.

사전연명의료의향서*

우리는 흔히 스스로 의사 결정이 불가능해지거나 생애 말기 의료에 대한 의사 결정이 필요할 수도 있다는 것을 예상하지 못한다. 많은 사람은 이러한 문제를 떠올리는 것조차 불편해하기 때문에 가족 또는 헬스케어 전문가와 이 문제에 대해 논의하는 것을 꺼릴 수도 있다. 사전연명의료의향서(advanced directives)는 자신이 의학적 관리 중 받고 싶은 것과 아닌 것에 대한 의사 결정이 불가능한 상태가 될 때 자신의 바람을 적어 놓은 법적 문서다.

---

* 역자 주: 우리나라는 2016년 2월 「호스피스 · 완화의료 및 임종단계에 있는 환자의 연명의료결정에 관한 법률」(이하 「연명의료결정법」)이 제정됨에 따라 2018년 2월부터 연명의료결정제도가 시행되었다. 이로 인해 의학적으로 회생 가능성이 없는 환자라면 환자의 사전의료의향(지시)이나 환자 가족이 진술하는 환자의 지시에 따라 연명의료를 유보 및 중단할 수 있게 되었다. 「연명의료결정법」에 의해 환자가 연명의료 여부에 대한 결정을 표현할 수 있는 **'사전연명의료의향서'**는 19세 이상의 건강한 성인이면 보건복지부가 지정한 등록기관에서 작성할 수 있으며, **'연명의료계획서'**는 의료기관윤리위원회가 설치된 의료기관에서 담당의사 및 전문의 1인에 의해 말기환자나 임종과정에 있는 환자로 진단 또는 판단을 받은 환자에 대해 담당의사가 작성한다.

출처: 국립연명의료관리기관(https://www.lst.go.kr) '연명의료결정제도'의 내용을 재편집함.

사망선택유언

이전에 다루었던 세 명(Quinlan, Cruzan, Schiavo)은 흔한 사례들이다. 각 사례에서 법원은 죽음을 앞둔 이들의 소망을 담은 '분명하고 설득력 있는 근거'를 요구했다. 이러한 요구를 충족하기 위해서 1975년 Quinlan 씨의 사례 이후 많은 주 의회에서는 개인의 바람이 문서화되도록 '죽을 권리'와 관련된 법을 제정하였다. 이러한 준비가 정리된 문서를 '사망선택유언(living will)'이라고 한다. 주마다 이 영역과 관련된 주법이 있기 때문에 사망선택유언을 마련하기 전에 거주하고 있는 주의 법에 대한 상담을 받는 것이 좋다. 사망선택유언은 스스로 진술 가능한 사람의 실제 소망을 대신할 수는 없다는 것을 기억해야 한다. 대리인에 의해서 의사 결정을 내려야 할 때 더는 의사소통이 불가능한 상태에 처한 사람의 바람을 진술할 때만 사용된다.

주에 따라 법이 다르지만, 일반적으로 '죽음이 임박한' 또는 '영구적인 의식불명'의 상태로 삶을 연장하기 위한 의학적 처치를 거부할 수 있는 개인의 권리를 존중하는 추세다. 그러한 처치에는 사망하지 않은 사람의 신체 기능을 복원이나 유지, 대체하기 위한 기계적 또는 인공적 수단을 사용하는 것이 포함된다. 이전에 설명되었던 두 사례는 영양공급관을 통해 영양과 수분을 공급하는 데 초점이 맞춰져 있었다. 영양공급관은 인공호흡기와 같은 방법으로 생명 연장에 도움을 주지는 못한다. 인공호흡기를 제거하면 몇 분 이내에 사망하게 되지만, 영양공급관을 제거하더라도 며칠 또는 몇 주까지 생명이 유지된다. 영양공급관에 의해 연명하게 되는 특이한 문제 때문에 사망선택유언 작성 시에 인공적인 영양 공급에 관련된 바람도 구체적으로 작성되어야 한다.

의료위임장

또 다른 의학적인 상황은 임박한 죽음이나 식물인간 상태로 있지 않은 사람들이 필요한 의학적 의사 결정을 할 수 없는 상태일 때로 설명된다. 이러한 사람들은 혼수상태, 뇌졸중, 심장마비, 또 다른 쇠약한 상태이거나 중증의 치매로 인해 의사 결정이나 의사소통을 할 수 없는 사람들일 것이다. 이러한 가능성을 다루기 위해서 주 의회는 이 같은 상황에서 그들의 법정 대리인을 지정할 수 있도록 권한을 부여하는 법을 제정하였다. 이 문서는 의료위임장(healthcare power of attorney), 의료의향지시서, 의학적 위임장, 의료적 대리인, 의료를 위한 대리인 지정 등의 명칭으로

불린다.

의료위임장은 위임하려는 사람이 수행 능력이 있을 때 작성되어야 한다. 헬스케어 전문가들은 이 문서가 대상자가 불능의 상태일 때 효력이 발생한다는 것을 알아야 한다. 의료위임장은 다양한 기능으로 사용되기 위해 작성된다. 기본적으로 법정대리인은 의학적 또는 건강관리 관련 처치를 포함한 모든 결정을 내릴 수 있는 힘과 권한을 갖고 있다. 대리인은 개인 건강관리인을 고용하거나 해고할 수 있고, 해야 할 것과 하지 말아야 할 의학적 처치까지 선언할 수 있다. 약물치료는 대리인의 의향지시서에 기초하여 투여되거나 투여되지 않을 수도 있다. 신체 기능에 영향을 미치는 의학적 처치는 대리인에 의해 제공되기도 하고, 거부되기도 한다.

법정 대리인의 영향력은 간호를 위한 적절한 장소(병원, 요양시설, 거주간호시설, 생활지원시설 등)를 선택하는 데까지 확대될 수 있다. 의료, 사회 서비스, 기타 지원 인력을 고용할 수 있는 권한은 일반적으로 의료위임장의 권한에 속한다. 동시에 의학적 목적을 위한 시신 기증이나 장기 기증을 선택할 수 있는 권리까지 포함된다.

「의료정보보호법」 승인

법정 대리인이 가지는 모든 권한은 필수적으로 개인의 의학적 정보와 기록을 얻게 된다. 1996년 미국 국회는 「의료정보보호법(Health Insurance Portability and Accountability Act of 1996, HIPAA)」을 통과시켰다. 이 법은 개인의 사생활에 대한 권리를 기초로 개인의 동의 없이 지정되지 않은 사람이 의학적 정보에 접근하는 것을 효과적으로 차단한다. 의료위임장에서 이러한 문제가 다루어져야 한다. 법정 대리인은 개인의 의료적 정보나 기록에 접근할 뿐만 아니라 타인에게 이 정보에 대해 밝힐 권리까지 부여받는다. 일부 주에서는 관례적으로 사망의향지시서와 사망선택유언을 각각 따로 작성하고, 「의료정보보호법」에 서명하도록 한다.

연명금지각서*

사망선택유언과 비슷한 것 중 하나가 연명금지각서(do not resuscitate order: DNRO)

---

* 역자 주: 우리나라 임상에서 활용하는 서식인 DNR(Do Not Resuscitate, 심폐소생술 금지)은 '임종과정'이라는 의학적 판단을 전제하기보다 '심정지'라는 특수 상황에서 의료기관이 판단하게 사용하고 있다. 따라서

다. 일반적으로 DNRO 또는 DNR로 불리는 이 문서는 자발적인 호흡이 불가능하거나 심박 정지가 올 경우 생명 연장을 위해 더 이상의 소생술을 원하지 않는다는 바람을 명문화한 것이다. 많은 주에서 이 문서가 병원 외부에서 호흡 정지나 심박 정지가 온 경우에 적용하고 있다. 연명금지각서는 건강관리 인력이나 응급의학 서비스 전문가에게 주어진다. 주마다 특정한 규정이 있고, 심지어 연명금지각서에 반드시 들어가야 하는 표현도 정해진 경우가 있다. 일부 주에서는 생애 말기(또는 불치병)인 사람에게만 적용되는 경우도 있지만, 환자의 담당 의사에 의해 서명되는 것은 모든 주가 동일하다.

상속 계획

지금까지는 의학적 의사 결정에 초점을 두어 왔다. 그러나 의학적이지 않은 문제를 처리하기 위해 사람을 지정하는 것도 동일하게 중요하다. 개인의 재정 문제와 관련해서 생존해 있을 때뿐만 아니라 사후에도 결정해야 할 수도 있기 때문이다.

재정위임장

재정 활동은 재산의 매각 및 관리, 모든 유형의 계약 실행, 사업 운영, 세금 신고서 서명, 세금 및 법적 문제가 포함될 수 있다. 이러한 목적을 위한 가장 간단한 문서가 바로 위임장이다. 위임장을 작성하는 사람을 '위임자'라고 부르며, 위임자는 결정권이 있어야 한다. 의료위임장과 같이 위임자의 권한을 받는 사람은 일반적으로 '수임자'라고 불린다.

위임장이란 위임자가 자신의 위치나 편에 있는 사람이나 단체에 권한을 주는 것이다. 이러한 위임은 포괄적(일반적 위임) 또는 협의적(특별한 위임)이 될 수 있다. 위임장은 작성되자마자 바로 효력이 생기거나 위임자의 상태가 소생 불가 상태가 시작된 이후부터 효력이 발생하도록 작성될 수도 있다. 만약 위임장이 적절히 작성되었다면 그 효력은 위임자가 법률 행위 능력을 상실한 기간 동안 지속될 수 있지만,

「연명의료결정법」과 관계없이 응급상황 등 의료기관 판단하에 DNR 사용의 가능성은 있겠으나, 「연명의료결정법」에 따라 보호받을 수 있는 결정은 아니다.
출처: 국립연명의료관리기관(https://www.lst.go.kr) 'FAQ'의 내용을 재편집함.

위임자의 사망 시에는 효력이 끝난다는 것을 명심해야 한다. 위임자의 사망 이후에 위임자를 대신하여 재산을 처분하거나 다른 조치를 취할 수 없다.

상속 계획 맥락에서, 위임장이 일반적이기는 하지만 영구적인 위임장이 작성되어야 한다. 영구적 위임장은 위임자가 장애를 얻거나 더 수행이 불가능한 이후에도 대리인(수임자)을 통해 효력이 유지되는 것이다. 영구적 위임장을 만드는 것은 "이 위임장은 만약 내가 장애를 갖게 되거나, 법률 행위 효력이 없거나 불능해지더라도 계속해서 효력을 가질 수 있다."라고 명문화하는 것을 말한다. 이러한 언급이 없는 위임장은 위임자가 소생 불가능한 상황이 되어 위임장이 가장 필요한 순간에 사용이 중지될 수 있다.

영구적 위임장을 완성하기 전에 거주하고 있는 주의 법이나 「상속법」에 능통한 변호사와 협의하는 것이 필요하다. 문서는 주마다 요구되는 조건을 충족하도록 작성하는 것이 필수적이다. 그러나 책임감 있고, 믿을 만하며, 앞으로 일어날 다양한 일들의 의사 결정을 처리하기에 적합한 수임자를 선택하는 것도 중요하다. 유능한 수임자의 관리하에 잘 작성된 영구적 위임장은 무능한 국선변호인이나 후견인의 요구를 무효화할 수도 있다.

유언장

유언장에는 일반적으로 고인의 상속을 집행하는 유언집행인 또는 유산관리인이라 언급되는 사람, 그 사람의 영향력과 책임, 자산 분배에 대한 지시 등이 담겨 있다. 다시 말해서, 이 모든 것은 법원의 감독하에 이루어진다.

유언장에 따라 상속을 진행하기 위한 대안들이 많지만, 다수는 법원관리 절차 과정을 피하는 데 초점을 두고 있다. 특정 상황에서 상속인을 지정하는 것이 우선의 방책이 될 수 있다. 또 다른 방법으로는 사후지급(payable on death: POD)과 사후이전(transfer on death: TOD)이 지정된다. 부동산 처분을 위해서는 전체 지정에 생존권과 임차권의 공동 임차권이 유용할 수 있다. 일부 주에서는 공증 없이 부동산을 상속받기 위해 수혜자 지정문서(상속등기 서류)를 허용하는 법이 제정되었다.

취소 가능한 생전 신탁(revocable living trust)은 사망 시 상속하는 데 법원관리 절차가 필요 없기 때문에 인기 있는 상속제도다. 유언장이나 유언과 달리 취소 가능한 신탁이 언제 적절한지에 대한 논의는 이 책의 범위에서 벗어나는 부분이다. 그리고 이것의 결정은 숙련된 상속 전문 변호사와 수행하는 것이 더욱 좋다. 그러나 개인이 취소 가능한 신탁을 사용하도록 했어도 그들은 여전히 포괄적 유언장 및 유언이라 언급되는 것을 마련해 둔다. 그것은 생전에 취소 가능한 신탁으로 인해 양도되지 못한 자산을 사후에 취소 가능한 신탁으로 양도할 수 있도록 바꾸는 것을 말한다. 이 포괄적 유언장은 취소 가능한 신탁 도구가 아니라 미성년자에게 후견인 역할을 제공하는 것이다.

만약 최후 유언장 및 유언 또는 취소 가능한 신탁 없이 사망했다면 그 사람은 유언장 없이 사망한 것으로 간주된다. 그리고 고인의 동산 자산은 등록상 거주지 관할 주 법에 따라 상속 관리된다. 부동산의 경우, 유언 없이 사망한 고인의 자산관리법에 따라 집행된다. 유언 없는 「자산관리법」은 모든 가족의 상황을 확인하고, 고인의 유언적인 소망들에 대해 논리적으로 설명하도록 되어 있다.

유언 없는 자산 집행과 관련해 판사의 중요한 역할은 누가 고인의 상속자가 될 것인지 지정하는 것이다. 상속자를 결정하기 위해 사용되는 절차에 따라 유언 없이 사망한 고인의 자산을 관리하는 것과 달리, 고인이 남긴 유언장과 유언에 따라 상속하는 데는 더 많은 비용과 시간이 소요된다.

기억해야 할 것은 모든 상속 관련 문서는 상속자의 소망을 반영하기 위해서 의도된 것이라는 점이다. 고인의 소망에 대한 이해와 그것을 합법적인 문서로 바꾸는 것의 토대는 결국 의사소통이다.

유해 처리 대리인의 임명

일부 주에서는 고인의 유해를 어떻게 처리할 것인지 담당하는 사람을 임명하기 위한 문서에 서명하게 될지도 모른다. 이 문서에 포함된 가장 일반적인 지시 내용은 고인이 화장을 원하는지, 매장을 원하는지에 대한 것이다. 그러나 문서에는 최대한 자세하게 장례 시간, 방법, 화장 또는 매장 장소와 관련하여 기록될 수 있다. 반면에 이러한 유형의 지침들은 때때로 마지막 유언장과 유언에 통합되지만, 사망 후 관할 법원에 유언장과 증언이 인정되려면 일반적으로 2주에서 4주까지 걸릴 수 있다. 마지막 유언장과 유언이 입증될 때까지 유언자가 한 유해에 대한 지시 내용을 포함한 발언들은 효력이 없다. 따라서 일반적으로 개인의 유해 처분에 관한 지침은 별도의 문서에 명시하는 것이 바람직하다. 이 장에서 논의된 다른 모든 문서와 마찬가지

로, 사망 후 유해 처리를 위해 적용되는 주법에 정통한 상속 계획 변호사와 상의해야 한다.

헬스케어 전문가의 역할

만약 헬스케어 전문가가 사전연명의료의향서의 종류와 구체적인 필요 조건 그리고 각각의 제약들에 대해 인식하지 못한다면, 환자의 삶과 전문가의 직업상 위험에 처할 수 있다. 대동맥 박리로 인해 입원한 81세 W 씨에게 무슨 일이 일어날 수 있는지 무서운 사례를 제시하였다.

병원에 입원하기 전 W 씨는 유언장을 작성해 두었고, 유언장에는 만약 혼수상태나 지속적인 식물인간 상태일 경우 영양 및 수분 공급 처치를 거부한다는 것을 명시하였다. 재정적 위임장인 다른 문서에서는 그녀의 손녀를 대리인으로 지정했지만, 의학적 위임은 하지 않았다.

W 씨가 병에 걸리자 불치병이 아님에도 불구하고, 손녀는 그녀를 호스피스센터로 이송했다. 손녀는 할머니의 건강관리에 대한 법적 권한을 주장하며, W 씨에게 음식과 물을 제공하지 말아 줄 것을 요구하였다. 한 보고에 따르면, 손녀가 이러한 결정을 한 이유는 '할머니는 늙고 아파서 지금 상태로는 더 살고 싶어 하지 않을 것'이라는 것이다. W 씨에게는 진정제가 투여되었고, 영양 및 수분 공급도 제공되지 않았다.

그러나 손녀의 결정은 그 노인이 표현한 바람과 직접적으로 상충되었다. 안타깝게도 이와 관련된 전문가들은 손녀가 가진 법적 권한을 왜곡했다는 것을 인지하지 못했고, 그들은 법적인 문서들을 검토하고 확실히 파악하는 데 있어서 소홀하였다. 건강관리를 위한 결정을 내릴 법적 권리를 가진 친척들이 개입했을 때, W 씨의 신체 상태는 불안정했다. 게다가 수분 부족, 영양실조, 약물 처방 때문에 의식이 더 또렷하지 않았다. 자신의 바람을 표현해야 하는 그 시점에 W 씨는 자신의 의사를 표현할 수 없었다.

노화는 생애 말기 돌봄 결정에 어떠한 역할을 하는가

앞부분에서 설명했던 법적인 결정을 하고, 문서화하는 것이 생애 말기 의료 문제를 해결한다고 믿을 수도 있다. 안타깝게도 W 씨의 이야기가 보여 준 것처럼 생활연령과 노화와 관련된 신체 및 정신 능력의 변화는 돌봄을 결정하는 데 영향을 미칠 수 있다. 이전 시나리오에서 중요한 질문은 '만약 환자가 노인이 아니었다면 이러한 일이 일어났을까?'인데, 답은 아마도 '아니다.'일 것이다.

나이가 드는 것과 점차 의존적으로 된다는 단순한 사실은 돌봄에 영향을 미칠 수 있다. 노인들은 '이제 갈 때가 됐다.' 또는 '살 만큼 살았다.'고 생각하는 경향이 있다. 실제로 노인들은 말기 의료를 위한 특별한 바람을 가지고 있으며, 이 바람들은 법적 구속력이 있는 문서에 명시되고, 친구와 가족에게 알릴 필요가 있다. 청년에게 신체적 질병은 정신적인 무능력과는 뚜렷하게 구분되어 보인다. 그러나 노인들에게는 신체장애와 인지장애 사이의 경계가 모호하다. 헬스케어 전문가들은 환자의 능력을 이해하고 정확하게 설명해야 할 책임이 있고, 필요할 때 옹호자가 되어야 한다. 건강 문제와 의사소통장애가 있는 노인이 있다면, 언어재활사는 구어로 의사소통할 수 없는 것과 정신적으로 무능력해진 것 사이의 구분을 명확하게 설명할 수 있어야 한다.

노인들은 불치병에 더 걸리기 쉽다. 고령일지라도 그러한 예후가 준비되어 있는 것은 아니다. 반면에 노인들은 말기 의료 서비스가 필요한 지인들이 주변에 많다고 하더라도, 노인들이 직면할 장애물이나 이용 가능한 자원에 대해 청년들보다 더 많은 정보를 알고 있는 것은 아니다.

생애 말기 경험에 관한 관점: 요구와 서비스

노인과 그들이 사랑하는 사람들은 다양한 생애 말기 문제에 직면한다. 어떠한 경우에, 노인이 결국 죽음에 이르는 만성적이고 진행성인 질병에 걸리기 쉽기 때문에 생애 말기에 대한 우려가 생긴다. 또 다른 경우에, 나이가 든다는 단순한 사실 자체

가 죽음과 죽음을 준비하는 것에 관한 의문과 염려를 불러일으킨다. 이 장의 앞에서 생애 말기에 대한 계획과 더 구체적으로, 질병과 사망에 관련된 건강관리에 대한 권리와 합법적 책임에 대해 논의하였다.

이후 부분에서는 노인이 죽음에 이르렀을 때 발생할 수 있는 문제와 노인 및 가족의 요구를 충족할 수 있는 가능한 서비스를 설명한다. 헬스케어 전문가들은 이러한 생애 말기 문제와 자원에 대해 인식하고 있어야 한다. 또한 그들은 서비스 적용 시에 빈번한 장애물이 무엇인지 기본적으로 이해하고 있어야 한다. 정상 노화와 관련된 변화, 만성질환 그리고 사회-정서적 스트레스 요인은 생애 말기의 요구를 충족하고, 서비스 접근을 위해 가장 요구되는 의사소통이 필요한 바로 그 시기에, 의사소통에 영향을 미친다. 언어재활사는 환자의 가족을 돕고, 의사소통 측면에서 노화와 관련된 1차 및 2차적인 변화를 겪는 노인을 대하는 다른 전문가들이 효과적인 의사소통 전략을 사용하도록 돕는 데 중요한 역할을 할 수 있다.

생애 말기 지원 서비스

서비스

노인 헬스케어 산업의 성장은 노령층과 특히 생애 말기에 직면한 사람들의 요구를 파악하기 위한 종합적이고 학제간 팀 서비스의 중요성을 인지하였다.

생애 말기 돌봄은 신체적 · 정신적 · 정서적 · 사회적 · 영적 요구를 다루는 전인적 치료를 제공해야 한다. 더불어 헬스케어는 개개인의 요구에 맞춰야 한다. 1차적인 대상자는 노인 환자지만, 그들은 지원을 받기 위해 가족 구성원에게 의존하게 된다. 따라서 가족들을 헬스케어 관련 대화, 치료 계획 그리고 의사 결정에 함께 포함해야 한다.

호스피스 프로그램은 포괄적인 생애 말기 헬스케어의 예다. 호스피스의 핵심 개념은 호스피스 케어가 단순히 생명을 연장하기 위한 것이나 죽음에 대해 서두르는 것이 아니라는 점이다. 호스피스 케어는 불치병 환자들과 가족들의 존엄사에 초점을 맞춘다. 불치병이란 기대 수명이 6개월 이하인 것으로 정의한다. 환자들은 6개월마다 호스피스에 적합한지 재평가를 받는다.

환자가 6개월 후에 신체적 · 정신적 상태가 호전되고, 기대 수명이 늘어나면 호스피스 시설에서 퇴원할 수 있다. 환자들은 의사의 인증을 통해 호스피스 시설에 더 머무를 수도 있다. 왜냐하면 호스피스의 목표는 병을 치유하는 것이 아니라 전인적이고 편안한 돌봄을 제공하는 것이므로, 환자는 자신의 상태에 대한 공격적인 치료(예: 암 치료를 위한 화학요법)를 원하는 등 호스피스 서비스를 취소할 수도 있다.

호스피스 케어는 질병 치료, 통증 관리, 안락한 돌봄을 제공하는 것과 같이 특화된 의료 서비스다. 호스피스 다학제간 팀 구성원들은 생애 말기와 사별 과정을 통해 생긴 환자 및 가족의 요구를 해결하기 위해 함께 일한다. 팀 구성원에는 의사, 간호사, 재택 건강지원사, 사회복지사, 종교인, 슬픔 상담사, 훈련된 자원봉사자 그룹, 음악 및 미술치료사 등이 포함된다. 언어재활사와 같은 헬스케어 전문가는 개별적으로 또는 환자들이 거주하는 병원 및 장기요양 간호시설에서 상담한다.

환자 및 가족들은 질문과 걱정을 해결하기 위해 호스피스 인력에게 정보를 요청할 수 있다. 만약 환자가 자신, 가족 또는 의사의 권고에 의해 호스피스에 적합하다고 여겨지면, 입소 전에 기능적 평가를 받는다. 일단 호스피스 서비스를 받게 되면, 개별적인 돌봄 계획이 다학제간 팀에 의해 주 1회 또는 주 2회로 계획되고 평가된다. 돌봄 계획은 유형, 목표, 다학제간 호스피스 팀 방문 횟수가 포함되며, 호스피스 다학제간 팀의 목표는 환자와 가족의 선호에 따라 환자 사망 24시간 이내에 방문하게 하는 것이다. 11시간 자원봉사자를 포함한 팀 구성원은 하루 종일 근무할 수 있고, 요청 시 침상 옆에 남아 있게 될 수도 있다.

호스피스 케어는 환자가 거주하는 곳(예: 개인 주택, 아파트, 요양시설, 독립 주거시설, 요양원, 병원, 호스피스 시설)에서 제공될 수 있다. 호스피스는 메디케어(Medicare) 및 메디케이드(Medicaid), 민간보험, 군보험(military health coverage)을 통해 혜택을 얻을 수 있다. 모든 호스피스 관련 서비스, 시설, 약물은 이러한 제도들에 의해 제공된다. 메디케어 정책은 호스피스 이용에 상관없이 슬픔 상담, 자조집단과 같은 교육 및 봉사활동 프로그램을 지역사회 구성원 모두가 이용할 수 있어야 한다고 명시하고 있다.

대부분의 호스피스는 호스피스 지원 서비스에 대한 인식과 이해를 높이고자 지역사회 교육 및 봉사활동을 제공한다. 환자가 사망하기 직전까지도 호스피스에 가입하지 않은 환자가 흔하기 때문에 지역사회 교육이 필요하다. 죽음의 순간까지 편안한 케어가 중요하지만, 가족과 환자들 모두는 호스피스지원센터에 더 일찍 가입하지 않은 것에 대한 후회의 목소리를 내고 있다.

이미 언급한 것처럼, 호스피스 케어를 받는다는 것은 일반적으로 완화 조치만 하는 것을 의미한다. 예를 들어, 메디케어 제도는 호스피스 케어하에 있는 루게릭병 환자를 위한 보완대체 의사소통 장치에 대해서는 환급하지 않는다. 호스피스 프로그램은 완화 치료를 위한 정책과 절차가 다양하기 때문에 프로그램을 선택할 때 노인과 가족들에게 정보를 제공해야 한다.

호스피스 서비스가 광범위하고 종합적인 서비스이기는 하지만, 노인과 가족이 지역사회 안에서 사회-정서적 지원 서비스까지 혜택을 볼 수 있는 것은 아니다. 예를 들어, 심리치료 및 다른 상담 서비스는 가족 문제의 해결, 걱정, 상실과 슬픔, 기술 훈련(예: 사회성, 의사소통, 대처 기술, 문제 해결 능력)을 지원할 수 있다. 가상 또는 전화 지원 서비스는 손쉽게 이용 가능하고, 특히 고립되거나 제한된 사회적 지원을 받고 있는 사람들을 위한 교육, 정보, 지원을 얻는 데 도움이 될 수 있다.

휴식 서비스는 노인의 보호자에게 소진을 예방하기 위해서 매우 중요하다. 한숨 돌리기(respite)는 어떤 프로그램이든 간병 활동으로부터 보호자에게 일시적인 휴식을 제공하는 것을 의미한다. 그러한 서비스는 노인주간보호소나 노인전문요양시설뿐만 아니라 개별적으로 가정 내에서 또는 기관을 통해 제공될 수 있다. 종종 노인들은 전문가에 의해 추가적인 집중 돌봄을 받기 때문에 보호자가 일시적인 휴식을 하는 동안 건강이 증진될 수 있다. 간병인의 기분, 태도, 행동 역시 휴식 시간을 통해서 긍정적으로 바뀌곤 한다.

법적 및 재정 계획 서비스는 노인과 보호자에게 중요한 역할을 한다. 이러한 서비스에 대한 논의는 환자와 그들이 사랑하는 사람 간의 대화를 촉진하여 생애 말기 돌봄에 대한 개인적인 바람이 충족되도록 할 수 있다.

세대 및 코호트 문제

서비스의 접근과 이용은 종종 세대별로 구분된다. 노년층은 모두 동질적인 집단이 아니다. 사실 노인은 세 연령 집단으로 나눌 수 있는데, 이것이 집단 차이를 반영하는 것이다(예: 제2차 세계대전 세대 vs. 베트남 전쟁 세대). 이 집단에는 연소 노인(young-old), 중고령 노인(middle-old), 고령 노인(old-old)이 포함된다. '늙었다(old)'라는 용어에 이름을 붙일 때 55세, 60세 또는 65세 중 언제부터 적용해야 하는지에 대해서 일치하지 않기 때문에 집단을 분류하기 위한 생활연령에는 합의된 규준이 없다. 생활연령에 기초하여, 베이비 붐 세대는 노년 초기뿐만 아니라 노년 중기를 포함한다. 85세 이상 된 노인에 대해서 초고령으로 지칭하는 데는 모두가 동의한다. 많은 경우, 노년 초기는 오늘날 초고령의 성인 자녀 연령대에 해당한다.

제2차 세계대전을 겪은 초고령 세대는 헬스케어 전문가를 파트너보다는 권위 있는 전문가로 보는 경향이 있다. 건강관리에 대한 믿음을 가진 이러한 태도는 오늘날 초고령 노인 세대가 전문가들과 증상, 두려움, 걱정 그리고 요구에 관하여 의사소통하는 것에 어려움을 가질 가능성을 뜻한다. 이러한 특정 세대는 젊은 세대보다 그들의 건강관리 걱정, 특히 사회-정서적인 영역에 관하여 대화를 개시할 가능성이 적다. 85세 또는 더 고령 노인은 그들의 요구뿐 아니라 그들 가족의 요구 또한 만족시킨 건강관리 서비스의 진전과 확장을 경험한 다른 노인들에 비해 보다 덜 친숙할 것이다. 초고령 세대는 대부분 복합적이고 만성적인 질병을 갖고 살거나 의료시설에 입소하거나 삶의 마지막을 위해 설계된 서비스가 더 필요할 수 있다. 반대로 노년 중기 및 베이비부머 세대는 더 많은 교육을 받고, 활동적이며, 고령의 노인보다 질병이 적어 독립적으로 산다. 베이비부머들은 이용 가능한 지원을 탐색하고, 걱정을 공유하며, 대답을 기대하기 쉽다.

헬스케어 전문가들은 노인들이 접근 가능한 서비스는 무엇이고, 연령 또는 속한 세대가 헬스 커뮤니케이션 및 건강관리의 요구에 어떻게 영향을 미치는지 알아야 한다. 전문가들은 노인과 그들 가족의 요구를 최대한 충족하기 위해 효율적인 건강관리 시스템으로 이끌어야 한다.

서비스 전달에서의 의사소통

진단, 예후 그리고 치료 선택권에 관한 정보는 명확한 방법으로 제공해야 한다. 그리고 더 명확하게 하기 위한 질문과 요청도 준비되어야 한다. 의사소통 채널이 두터워지면, 헬스케어 전문가들은 환자와 가족의 소망, 경험, 행동의 이유 그리고 결정을 보다 잘 이해하게 된다. 결과적으로, 환자들은 그들의 서비스에 대해 큰 만족감과 자부심을 느낀다. 그리고 모든 단체는 공인된 목표를 정의하고 추구함으로써 혜택을 얻는다. 헬스 커뮤니케이션 상호작용은 시간이 지남에 따라 상황이나 서비스에 대한 선호도와 목표가 변화하는 지속적인 과정이다. 의료 서비스 제공자들은

세대와 개인에 따라서 세대 차가 있으며, 그에 따라 의사소통과 중재를 조절해야 함을 알아야 한다.

의사소통의 간극을 연결하는 언어재활사의 역할

헬스 커뮤니케이션은 건강관리 면에서 모두에게 중요한 부분이지만, 의사소통하는 데 추가적인 도움이 필요한 노인 집단도 있다. 이러한 노인들은 인지-의사소통 장애나 특정한 언어장애가 이미 있을 것이다. 인지적인 문제가 있는 노인들은 언어재활사가 의사소통 전략에 관해 지도하더라도 생애 말기의 의사 결정에 충분하게 참여하기 어려울 수 있다. 반대로 마비말장애나 실어증과 같이 특정한 말-언어장애가 있는 경우라면 시간이 지남에 따라 희망 사항과 요구가 커질 수 있으므로, 돌봄과 안락함을 위한 그들의 요청을 표현하는 데 도움이 필요하다. 언어재활사는 의사소통 요구를 확인해야 한다. 그리고 노인들을 지원하기 위한 도구와 전략 모두에서 도움을 제공할 수 있어야 한다.

그러기 위해서 언어재활사는 가능한 대화 유형뿐만 아니라 의사소통에 방해되는 사회-정서적 장애물에는 어떤 것이 있는지 알아야 한다. 죽음을 앞둔 개인과 가족들은 함께 모여 경험을 공유하고 축하하며, 감정을 확인하고, 용서를 구한 다음 작별 인사를 해야 할지도 모른다. 앞서 언급했듯이, 언어재활사는 건강관리 의향지시서와 같은 문서의 법적 영향력을 알고 있어야 하며, 죽음을 앞둔 사람의 의사소통 능력에 대해서 설명할 수 있어야 한다.

언어재활사는 종종 죽음을 앞둔 사람들과 가장 편하게 의사소통할 수 있는 사람이라는 독특한 자리에 있다. 어떤 경우에는, 가족들과 다른 전문가들에게 알려지지 않은 환자의 감정에 대해 듣게 되거나 언어재활사로서 대답할 수 있는 영역 밖의 질문을 받을 때도 있다. 어떤 정보가 공유되고, 누구에게까지 공유되어야 하는지 확실하게 원칙을 세우는 것이 중요하다. 예를 들어, 의학적 정보에는 어떤 사람들까지 접근이 허락되어 있는지 확인하는 것이 중요하며, 이때 확실하게 정립하는 것이 중요하다. 이 장의 후반부에서 논의했듯이 전문가나 개인의 경계를 유지하는 것이 어려울 수 있다.

언어재활사는 모든 의학적 권고와는 반대로 구강 섭식을 고집하는 불치병 환자에게 삼킴 중재를 요청받게 될 수도 있다. 환자의 삶의 질과 생명의 위협을 감수하

는 문제 사이에서 균형을 유지하는 것은 어렵다. 환자는 이러한 결정이 가져올 의미에 대해서 알아야 한다. 분명한 사실은 삼킴장애를 가진 사람은 먹는 즐거움 이상의 것을 잃을 수도 있다는 것이다. 삼키기 어렵다는 것(음식을 먹기 힘들다는 것)은 사회적 상호작용의 기회를 줄일 수 있고, 구강과 목의 건조 및 구강 내 찌꺼기와 같은 요인들로 신체적인 불편감이 증가될 수 있다. 그러나 먹게 된다는 것은 죽음을 앞당길 수 있고, 기침, 사레, 구강 내 잔여물, 감염 등의 불편감을 초래할 수 있다. 이러한 어려움은 환자가 계속 유지하기를 원하는 먹는 즐거움과 사회적 상호작용의 즐거움을 감소시킬 수밖에 없다. 이러한 경우, 임상가는 환자의 건강과 안전을 위해서 적합한 권고 사항을 제시해야 한다. 그리고 환자와 가족이 권고 사항에 대해 이해할 수 있도록 하고, 만약 그것을 따르지 않았을 때 초래될 수 있는 결과에 대해서도 설명해야 한다.

생애 말기 동안, 이전에 삼킴장애가 없었던 사람일지라도 상황적으로 삼키기 어려울 수 있다. 이러한 문제는 환자 본인과 가족 모두에게 불안감을 줄 수 있다. 따라서 환자와 가족들에게 구강을 촉촉하게 하는 방법을 지도하고, 구강 자극을 유도하고, 삼키기 쉽게 도와주면 삶을 마무리하는 동안 다소나마 편안함을 줄 수 있다.

생애 말기의 일반적인 걱정과 문제

생애 말기의 환자들은 걱정거리가 많다. 보다 일반적인 걱정에 대해서 인지하고 있다면, 헬스케어 전문가들은 그것에 대해 나눌 기회를 제공하고 지원할 수 있다.

알지 못하는 것에 대한 공포

죽음을 앞둔 생애 말기 환자와 가족에게 가장 일반적인 걱정은 예측할 수 없는 것에 대한 불안감이다. 무엇이 일어날 것인가를 알지 못하는 모호하고 불확실함으로 인한 두려움은 공포와 불안을 불러일으킨다. 환자와 가족들은 생애 말기 경험을 통해 의미를 만들어 가는 것이 필요하다. 이러한 의미 부여는 통제감을 길러 주고, 인지-행동적 대처 기제의 역할을 할 수 있게 한다.

죽음을 앞둔 환자들의 기본적인 두려움은 고통스러운 죽음을 경험하게 되는 것, 사랑하는 사람들에게 짐을 안겨 주는 것 그리고 사랑하는 사람들이 간병하는 문제

와 죽음의 과정을 잘 대처해 나갈 수 있는지와 관련된 것이다. 종종 노인들은 그들의 가족 구성원들보다 생애 말기 경험을 더 편안하게 받아들인다. 이러한 차이는 노인들이 삶을 자연스럽게 바라보고, 의사 결정에 관여하게 되면서 생긴 목적의식 덕분에 가능한 것이다. 이러한 과정은 알 수 없는 것에 대한 공포를 줄여 줄 수 있다. 오히려 가족 구성원들은 이러한 목적의식을 찾는 것이 더욱 어렵게 느껴질 수 있으며, 알지 못하는 것에 대한 공포가 죽음을 앞둔 환자들보다 더 큰 문제일 수 있다.

임상 실제를 통해 생애 말기 환자들은 다음의 내용에 대해서 지속적으로 교육받기를 바란다.

- 예후, 질병, 죽음의 과정(예: 무엇이 예측되고, 정상적인 노화와 질병의 차이가 무엇인지)
- 사랑하는 사람들과의 의사소통 증진을 위한 중재
- 추가적인 지원 서비스
- 중재의 목적과 기대되는 결과
- 비슷한 상황의 일반적인 경험

가족들에게는 유사한 요구가 있다. 생애 말기 과정에 대한 알 수 없는 것들을 대면하고, 어려움을 겪게 될 때 이와 관련한 교육과 정보는 통제감과 자기효능감을 향상한다.

예측 가능한 상실과 슬픔

죽음을 앞두고 예측 가능한 상실과 슬픔을 느끼는 것은 자연스러운 반응이다. 실제로 이러한 감정은 당사자에게 피할 수 없고, 받아들이기 어려운 것에 대해 정서적으로 준비할 수 있게 해 준다.

가족들은 공통적으로 노화와 죽음의 과정의 일부로 사랑하는 사람을 잃는 것이 가장 힘든 일이라고 언급한다. 고령에도 불구하고 가족들은 "아직 92세밖에 안 된 우리 엄마를 보내 드릴 준비가 안 됐어요."라며 상실에 대한 느낌을 표현하기도 한다.

예측 가능한 상실로 인한 정서적 반응은 변화와 악화, 지원 가능한 중재 방법(예: 호스피스, 가정간호)과 어려운 치료 결정(예: 식이 튜브 삽입)에 관한 중요한 대화를 할 때 부정적인 영향을 미칠 수 있다. 이러한 대화에서는 현실, 예측 가능한 손상 그리고 궁극적으로 죽음에 대한 인식이 수반되어야 한다. 돌봄 대상자와 가족들은 피할 수 없고, 감정적으로 수용하기 어려운 결과를 직면하게 될 때 통제감을 갖기란 쉽지 않을 것이다. 이러한 어려움은 서비스를 허용하고 받는 것을 방해할지도 모른다.

예측 가능한 상실과 슬픔은 인지적 · 사회적 · 행동적 · 정서적 · 영적 · 신체적 기능 측면에 영향을 줄 수 있다. 안타깝게도, 헬스케어 전문가들은 자세한 정보와 의사 결정에 어려움이 있다는 것에 불만을 가진다. 무엇보다도 환자가 상황에 압도되어 있고, 정보를 듣고 처리하는 데 어려울 수 있다는 것을 아는 것이 중요하다. 상실과 스트레스는 집중, 주의력, 문제 해결과 같은 인지적인 능력의 손상을 가져올 수도 있다. 물론 다른 요인들도 의사 결정에 영향을 미칠 수 있다. 어떤 경우에 환자나 가족들이 특정한 다른 옵션을 유지하고 싶어 하므로 전문가의 조언에 동의하지 않을 수도 있다.

보호자는 부가적인 삶의 스트레스로 인해 복합적인 상실과 마주한다. 보호자는 주로 40대의 직장이 있고, 아이들을 양육하며, 사랑하는 가족(사별한 친정어머니)을 돌보는 기혼 여성이 많다(National Alliance for Caregiving and AARP, 2004). 그들은 심리적이고 육체적인 질병에 취약한데도, 이를 위한 서비스를 충분히 이용하지 못한다. 많은 요인이 서비스 이용에 영향을 미친다. 일부 보호자에게는 비용이 문제가 될 수 있고, 또 다른 보호자는 환자와 외출을 준비하기에 너무 많은 시간과 노력이 필요하기 때문에 이용하기 어렵다고 한다. 헬스케어 전문가는 지역사회 자원을 잘 알고, 필요에 따라 적절한 추천을 해야 한다.

사회문화적 압박

생애 말기 과정을 겪으면서 개인의 신념, 기대, 역할들은 사회문화적 맥락에 따라 바뀔 수 있다. 환자 및 가족은 노화, 돌봄, 죽음을 정의할 때 문화적, 종교적, 가족들의 메시지나 신념 등에 의지한다. 이러한 신념이나 고정관념은 돌봄과 환자, 가족, 헬스케어 전문가 간의 의사소통에도 영향을 미친다. 환자들의 신념에 대한 예는 다음과 같다.

- '이기적으로 굴지 말고, 항상 남을 먼저 생각하라.'

- '나 혼자서 해결할 수 있다.'
- '나는 불평하거나 위로 모임(pity party) 같은 데는 참여하지 않겠다.'
- '누군가, 특히 가족을 실망시키지 마라.'
- '안 좋은 경험이 있더라도 자식 또는 배우자의 역할에 충실하라.'
- '한층 더 노력하라.'
- '왜 너는 ……처럼 될 수 없을까?' '왜 나는 ……처럼 될 수 없을까?'

신념과 기대는 환자와 가족이 이러한 상황 안에서 해낼 수 없는 것에 대해 거대한 압박을 가할 수 있다. 종종 사람들은 '우리가 해야만 하는 것'을 문화, 종교, 가족 규범으로 규정되는 '이상적인 것(idea)'으로 정의하기 때문에 현실과 이상 사이에서 혼란스럽다. 기대에 부응하는 데 실패하면 죄책감과 수치심으로 이어질 수 있으며, 이러한 감정은 일상 기능, 치료의 준수, 지원의 이용을 악화할 수 있다. 돌봄을 맡아야 하는 것에 대한 분한 감정과 돌봄 대상자를 향해 직접적으로 화를 내는 것은 사회적으로 용납되지 않을 수 있다. 따라서 보호자는 감정을 표현하는 것을 꺼릴 수 있다.

헬스케어 전문가들은 이러한 문제에 민감해질 필요가 있다. 전문가가 환자와 가족이 가진 것과 상반된 기대, 부담과 불안을 인식하고 인정한다면 일부 부담은 완화될 수 있다. 앞서 설명되었던 말기와 관련된 주제들에 대해서 교육하는 것은 사람들이 문화적으로 기대하는 바로부터 현실적이고 실제적인 것이 무엇인지 추려 내는 데 도움이 된다. 보호자에게 민감한 개인적인 문제에 대해 말하도록 압박하지 않아야 하지만, 걱정과 압박에 대해 대화하는 것에 열린 마음을 가지는 것이 중요하다. 환자와 보호자의 강점, 기술, 한계 등에 대해서 함께 이야기해 보는 것도 도움이 된다. 만약 헬스케어 전문가가 추가 지원이 필요한 문제가 있다고 판단된다면, 정신건강 전문가에게 의뢰할 수 있다.

사례

만성적인 진행성 장애가 있는 노부모와 간병하는 성인 딸의 사례는 그들의 신념, 압박감, 공포, 지원 요구 간의 복잡한 상호작용을 보여 준다. 현실에서 치매가 있는 부모를 돌보는 일은 적지만, 생애 말기와 관련된 사례 중에서는 너무나 흔한 내용이다.

Sujie 씨는 사춘기 자녀를 둔 42세 기혼 여성이다. Sujie 씨는 치매가 동반된 만성 질환이 있는 부모 모두를 가정에서 돌보고 있다. Sujie 씨의 아버지는 알츠하이머병 말기이며, 오래 살지는 못할 것이다. Sujie 씨는 부모님의 간병을 위해서 일을 그만두어서 가족 경제에 부담을 주고 있다.

Sujie 씨의 아버지는, Sujie 씨가 휴식을 위해 자신과 아내를 장기요양시설에 보낼 때처럼 자신의 돌봄 일과가 달라질 때마다 공격적인 행동을 보임에도 불구하고, 자신이 선호하는 형태의 돌봄에 대해 전달할 수 있는 의사소통 능력이 없다. Sujie 씨의 어머니는 가정에서 지내고 싶은 욕구를 표현하지만, 자기 스스로 결정을 내릴 능력이 없다고 생각한다. Sujie 씨는 헬스케어 전문가의 충고에 따라 부모님을 위해 장기요양시설을 찾아보았지만, 그러한 결정을 실행하기에 감정적으로 준비가 되어 있지 않다. Sujie 씨는 '내가 내 부모를 모셔야지.' '부모님이 나를 잘 키워 주셨으니 나도 더 잘해야지.'라는 신념을 표현하고 있다.

Sujie 씨는 매주 상담가를 만나고, 자조집단에도 참여한다. 그녀의 가장 큰 걱정은 제일 친한 친구인 그녀의 부모를 잃는 것, 무슨 일이 일어날지 알 수 없는 것, 돌봄으로 인해 그녀의 결혼 생활과 자녀와의 관계가 무너질 것만 같은 두려움을 느끼는 것이다. Sujie 씨는 '죽어 가는(slip away)' 부모를 보고 있는 것은 "미칠 것 같고", "치매에 걸릴 것도 같고", "이제 한계에 다다른 것 같은 기분"이 든다고 보고한다.

Sujie 씨는 가능한 한 많은 수단을 통해 도움을 찾고 있지만, 부담은 크며 해결 방법도 간단하지 않다. 헬스케어 전문가는 Sujie 씨가 겪고 있는 스트레스에 민감해야 하며, 그녀의 돌봄에 대한 기대치도 현실적이어야 한다.

지원 및 효과적 헬스 커뮤니케이션의 장벽

문화적 장벽

개인에게 주어진 사회문화적 압박은 앞서 확인하였고, 지금부터는 더 넓은 서비스 전달 맥락 측면에서 설명하고자 한다. 미국은 죽음을 부정하는, 청춘에 과도하게 집착하는 문화로 인해 노화와 생애 말기 경험에 대한 진정한 이미지를 거의 제공하지 않는다. 대신에 미국 문화는 노화와 인생 말기 경험에 대한 부정적인 태도를 형성하고 조장하기 때문에, 환자와 말기 돌봄 대상에 포함되는 환자, 가족, 전문가 모

두에게 영향을 미치고 있다. 질병, 노인, 사별한 사람 심지어 노인 헬스케어 전문가까지 고립시킴으로써 실체적인 인식을 회피하고 있다. 산업화로 인해 노인들은 가족과 지리적으로 멀어지거나 격리되었고, 심지어 노화, 질병, 돌봄 그리고 죽음이 드러나는 것까지 제한되었다. 이러한 요인들은 '눈앞에 보이지 않는 노인'들을 만들고, 잘못된 정보와 고정관념, 미신, 부정적인 태도와 기대들을 만들 수 있다. 죽음과 죽어 가는 것에 대한 부정적인 문화적 태도는 말기 돌봄 기관과 전문가, 돌봄 수혜자(예: 재정적 지원, 보조적 지원 서비스)의 부족을 야기한다.

생애 말기와 죽음에 대한 경험은 관습 등으로 인해 문화마다 다르다. 코호트는 물론 사회적 · 종교적 · 민족적 문화는 헬스 커뮤니케이션과 정보의 수용에 영향을 미칠 수 있다. 주요한 정보 및 관련 의사 결정에는 치료 옵션과 예후가 포함될 수 있으며, 환자가 예후에 대해 말할 것인지, 누가 전문가와 연락을 취할 것인지, 의향 지시 계획 결정(예: 사망유언장, 위임장)은 어떻게 할 것인지, 치료 권고를 따를 것인지 등도 포함되어야 한다. 이러한 정보를 전달함에 있어서 생애 말기 돌봄을 제공하는 다학제간 팀 구성원들은 다른 문화나 집단의 구성원들이 의학적 처치를 인정하고, 신뢰하며, 수용하는지 여부에 관한 기본적인 문제에 민감해져야 한다. 이러한 문제와 관련된 몇 가지 예는 소수자의 건강관리에 영향을 주는 것과 더불어 다른 문화, 기관, 전문가의 장벽에 대해서 '부록 11-1'에 제시하였다.

생애 말기 돌봄에 대한 집단 문화의 다양한 영향들이 있지만, 궁극적으로 환자와 가족은 건강관리에 대한 규칙과 문제를 가진 '하나의 문화'라는 것이다. 가족의 역동성을 이해하는 맥락에서 건강관리는 지속적으로 제공되어야 하고, 문화적 신념과 코호트 차이에 대해서 민감해야 한다. 환자들 또는 가족들의 건강관리에 대한 두드러진 신념이 있어 쉽게 바뀌지 않는다면, 전문가들은 변화되지 않는 그들의 신념을 고려해서 다른 대안을 찾아야 한다.

문화적 사례

다음 사례는 다양한 형태의 문화 가운데 종교와 관련된 사실을 묘사하고 있다. 이 시나리오에서, 환자의 종교적 신념은 환자 자녀들의 신념이나 호스피스 철학과는 상반된다. 게다가 이러한 신념들이 생애 말기 경험 및 돌봄 방법을 선택하는 데 영향을 준다. 환자, 가족과 다학제간 호스피스 팀원 간에 생긴 의사소통 장벽은 팀원들이 A씨가 종교적 신념에 근거하여 수락하도록 도움으로써 해결되었다.

80세인 A씨는 생활지원시설에 거주하고 있는 미망인이다. 그녀는 악성의 흑색종(malignant melanoma)으로 진단받은 후 호스피스 서비스를 허가받았다. 말 그대로 암은 출혈 구멍이 남아 있는 모든 조직이 부패될 때까지 그녀의 흉강을 통해 퍼져 나갔다. A씨의 사인은 상처를 통한 출혈로 예측되었다.

A씨는 그녀의 크리스천 사이언스교(Christian Scientist)의 종교적 신념에 따라 모든 치료를 거부하였다. 그녀는 호스피스 종사자들이 상처 드레싱과 사회적 지원 서비스를 제공하기 위해 방문하는 것은 허락하였다.

호스피스 전문가 팀은 치료 특히 진통제 처방까지 거부하는 어머니의 결정에 동의하지 않는 A씨의 자녀들과 정기적으로 A씨를 방문하였다. A씨는 극심한 신체적 고통을 겪고 있다고 호소하였다.

다학제간 팀원들, 특히 간호사들은 신체적으로 편안할 수 있는 사람이 고통 속에서 죽어 가는 것을 그대로 봐야 하는 것과 같이, A씨의 종교적 신념을 인정하기는 어렵다고 밝혔다. 사실상 호스피스의 철학은 죽음을 앞둔 사람이 편안하게 죽을 수 있도록 돌봄을 제공하는 것이다. A씨의 담당 호스피스 간호사는 그녀의 괴사 조직에서 나는 냄새를 없애려고 파우더를 뿌리는 것이라고 하며, A씨에게 국소의 진통제를 투여하고 싶다는 비윤리적인 소망을 가졌음을 표현하였다. 이 환자를 위한 편안한 치료에 대한 정의를 내리는 것과 제공하는 방법에 있어서 다학제간 팀원 사이에 이견이 있었다.

궁극적으로, 다학제팀의 성직자들은 팀원들에게 종교문화적 신념을 존중하는 것과 관련된 교육을 제공하였다. A씨에게는 암으로 인한 신체적 고통보다 그녀의 종교문화적 신념을 따르는 것이 더욱 중요했기 때문에 영적인 고통은 없었다.

제도적 장벽

- **건강관리 의료모델** 전통적으로 생애 말기 돌봄 및 장기요양은 의료모델에 근거하여 건강관리를 제공해 왔다. 이 모델에서는 고령 노인에 관한 전인적인 돌봄이나 만성질환자들은 제외되었다. 질병은 진단 가능하고, 치료할 수 있는 신체질환 과정에 대해서만 접근하도록 하고 있다. 실질적으로 신체적 영역 이외의

요구도 생애 말기 돌봄에서 중요하지만, 의료모델 내에서는 인정되지 않는다. 지난 수십 년간 말기 환자들에게 전인적인 돌봄이 필요하다는 인식이 증가한 덕분에 현행 말기 돌봄 기관 문화는 의료모델에서 생물심리사회적 모델(예: 호스피스)로 옮겨 가고 있다. 그러나 복잡한 의료기관은 서비스 접근과 서비스 전달에 영향을 미치는 제한이 여전히 남아 있다. 예를 들어, 관리형 돌봄 체계를 통해 서비스가 제공되었을 때 환급하는 데 제한이 있을 수 있다. 응급, 장기요양, 생애 말기 돌봄 관련 기관에 노인 헬스케어 전문가의 수가 충분하지 못한 것도 물론 포함된다. 지자체나 국가에서 품질관리를 유지하기 위한 규정을 마련해 놓았지만, 안타깝게도 규정 준수를 문서화하기 위해 필요한 서류 작업 때문에 직접적인 치료를 제공하는 시간이 줄어들 수 있다. 이러한 장벽은 건강관리 의사소통과 서비스 제공의 질을 떨어뜨린다. 중요한 두 가지 제도적 장벽은 다음 절에서 심도 있게 논의할 것이다.

- **노인병학 관련 건강관리 교육의 부족** 정상 노화 및 생애 말기에 대한 건강관리 교육은 충분하지 않다. 소아 관련 전문가들만 전문적인 교육을 받는데, 노인 관련 전문가도 그러한 교육이 필요하다. 전문가들이 노화 관련 변화들, 만성질환이 생애 말기와 돌봄에 미치는 영향에 대해 잘 알지 못한 채 그들의 요구를 충족시킬 수는 없다. 노인병학 관련 교육과 생애 말기 관련 실습으로 훈련된 전문가들은 지역사회 구성원 및 헬스케어 전문가들을 위한 교육을 제공하기 위해 애쓰고 있다. 하지만 적절한 이해를 가진 사람들도 의료기관의 복잡한 체계로 인해 이해하기는 쉽지 않다. 노화와 생애 말기에 대한 교육과 이해의 부족은 의사소통의 단절을 초래할 수 있다. 그리고 케어에 대한 환자와 가족의 불만, 과도한 업무와 환자의 부당한 요구에 대한 느낌 등은 전문가를 소진시킬 수 있다.

이러한 부정적인 영향들은 노인들이 의사소통 능력에 제한이 있다는 사실에 의해 확대되었다. 최근 의료기관들은 말기 돌봄 교육을 더욱 강화하고 있다. 그러나 전문가들은 노화, 인생 말기, 임종, 죽음, 사별 등에 대해서 적극적으로 탐구해야 한다.

의료기관이 바뀐 것처럼 말기 건강관리 문화 또한 지난 수십 년간 엄청나게 변화해 왔고, 앞으로도 그럴 것이다. 그동안 전문가들은 서비스 제공과 공급을 위한 제도적 장벽을 인식해야 한다. 그리고 노인병학과 말기 건강관리를 증진하기 위해서 열린 마음으로 의사소통할 준비를 해야 한다.

헬스케어 전문가의 장벽

헬스케어 전문가들은 말기 과정에 대한 자신의 문화, 가치, 개인적 신념을 가지고 있다. 돌봄 과정에서 개인의 신념이 환자와 그들의 가족에게 노출되지 않도록 해야 한다. 다학제간 팀 임상가들이 업무에서 균형 잡힌 관점을 갖도록 도울 수 있다. 이때 인생 말기 환자의 서비스 전달에 영향을 미칠 수 있는 개인적인 장벽이 생길 수 있음을 알아야 한다.

- **경계** 생애 말기 헬스케어 전문가는 행동 및 의사소통에 영향을 미치는 광범위한 신념을 가지고 적응적인 가족 및 부적응적인 가족, 의료 체계 모두에서 일하게 된다. 어떠한 경우에는 판단을 거치지 않고 가족의 역동을 향상하기 위해서만 노력하는 것은 어려울 수 있다. 전문가들은 서로 다른 가족과 의료 체계에 대한 믿음 사이에서 균형을 유지하고, 모든 구성원과의 의사소통을 촉진한다. 이러한 균형은 윤리적 의무뿐만 아니라 전문적인 역할과 경계를 준수하면 달성될 것이다.

  경계는 환자에게 무엇이 가장 좋은지 환자의 선호와 전문가의 관점 사이에 존재한다. 이러한 경계는 말기 서비스를 제공하는 동안 유지하기가 어려울 수 있다. 임종을 맞는 사람과 그들의 가족들은 생애 말기 돌봄에 대해 결정할 권리가 있다. 종종 이러한 결정은 이 장의 앞부분에 설명했던 바와 같이 사전에 결정된다. 그러나 인지적인 능력이 있는 환자들은 어떤 서비스는 제공받고, 어떤 서비스는 제공받지 않을 것인지 선택하는 데 있어 자율성을 가지고 있다. 누구에게나 임종 관리가 항상 제공되거나 적용되는 것은 아닐 수도 있다. 일부 전문가들은 이를 납득하기가 어려울 수도 있다.

  헬스케어 전문가들은 사람들을 돕기 위해 의료 분야를 선택한 일종의 보호자다. 전문가들은 환자나 가족들이 선택한 것으로 인해 효율적으로 환자를 돕는 것이 불가능하다고 느끼는 경우에 불협화음이 생기고, 경계도 흔들린다. 임상가들은 환자의 피할 수 없는 죽음에 대해 고심할지도 모른다. 또는 전문적 상호작용에 개인사를 너무 많이 개입할 수도 있다. 언어재활사의 경우, 이전에

언급했듯이 죽음을 앞둔 환자들이 그들의 감정, 희망 사항, 개인적인 정보를 의사소통이 가장 잘되는 사람인 언어재활사와 주로 공유한다면, 그 경계가 명확하지 않을 수 있다.

- **실존 인식의 증가** 보편적인 것은 아니지만 생애 말기 건강관리 분야 업무의 효과는 실존 인식(existential awareness)이 향상될 수 있다는 것이다. 만성질환, 죽음, 슬픔 등이 생애 말기 전문가를 둘러싸고 있다. 임종을 앞둔 환자를 대상으로 일하는 것은 슬프고, 대처하기 어려울 수 있다. 헬스케어 전문가들 역시 개인적인 한계가 있으므로, 긴장을 풀기 위해서 또는 힘든 사례에 대해 보고받은 후에 시간과 지원이 필요하다. 생애 말기 돌봄을 했던 전문가의 경험은 세상에 대한 신념, 건강관리 중 최상의 실제 그리고 개인적인 목표나 의미에 대해 이의를 제기할 수 있다. 동시에 실존적인 걱정이 떠오른 임상가들은 개인적인 건강 및 안녕, 가족과 친구들, 가장 어려운 순간에 처한 사람들을 돕는 것에 대한 가치에 초점을 두게 될 수도 있다.
- **개인사** 환자의 문화적 경험이 다양하고 가변적인 것처럼 전문가의 문화와 가치도 그러하다. 새로운 환자를 만날 때마다 전문가의 신념 체계는 도전받을 수 있고, 결국에는 바뀔 수도 있다. 윤리적으로 책임이 있는 전문가들은 생애 말기 과정 및 최상의 실제에 관한 개인적 신념을 내세우지 않도록 주의해야 하며, 개인적 신념이 돌봄에 어떻게 영향을 미칠지도 생각해야 한다. 헬스케어 전문가의 개인사 또한 돌봄에 영향을 미칠 수 있다. 특정한 질병, 환자 또는 환경은 불편함, 불안 또는 전문가로서의 경계(예: A씨의 호스피스 전담 간호사)를 넘나드는 바람 등을 촉발하는 계기가 될 수 있다.

교육이 전문가의 감정적인 경험까지 충분히 준비시킬 수는 없다. 모든 환자와 편안하게 일할 수는 없다. 어떤 환자와는 정서적으로 애착이 형성될 수도 있으며, 개인적인 삶이 고단할 때는 업무 자체가 더욱 힘들 수도 있다. 모든 답이 준비되어 있는 것은 아니다. 지원이 필요할 수도 있는데, 그것 또한 괜찮다. 숙련된 전문가이면서도 인간이기에 개인사, 신체적 · 인지적 · 정서적 한계가 있을 수 있으며, 그것이 서비스에 영향을 줄 수 있다. 특히 생애 말기 돌봄 관련된 업무에 종사하는 헬스케어 전문가들은 앞서 언급한 문화 및 제도적 장벽, 감정적으로 요구되는 직무, 복합적인 개인적 스트레스로 인해 소진될 위험에 처해 있다.

생애 말기 돌봄에서의 의사소통 고려 사항

생애 말기 돌봄에 관한 논의를 통해 의사소통의 중요성은 계속 강조되어 왔다. 헬스케어 전문가의 생애 말기 돌봄을 위한 효과적인 의사소통의 지침은 다음과 같다.

- 환자와의 라포와 신뢰를 형성하라.
- 나쁜 소식을 전할 때는 직접적이고 솔직하게 전하라.
- 필요하다면 희망을 주고, 현실적이며, 정직하게 대하라.
- 진정한 의미를 찾아내기 위해 모든 환자 및 가족과 그들의 이야기를 함께 공유하라.
- 개인과 가족의 요구를 위해서 의사소통 내용과 형식을 맞추라.
- 문화, 가치 또는 역할에 대한 인식 차이로 인해 발생하는 치료 선택 및 의사소통 방식의 차이를 존중하라.
- 환자와 가족들에게 그들 스스로 터놓고 표현할 수 있도록 격려하라. 고통을 표현하고, 인정하며, 입증하게 되면 고통이 줄어들 것이다.
- 환자를 교육하라.
- 환자에게 추억을 불러일으키라.
- 의사소통을 촉진하라.

임종을 앞둔 환자 및 가족들과 일하는 언어재활사에게 부가적으로 전문적인 역할과 책임이 있다. 언어재활사는 다양한 방법으로 도와달라는 요청을 받게 되는데, 이 모든 것은 임종을 앞둔 개인과 가족 그리고 헬스케어 전문가들이 선택, 감정 및 요구에 대해 의사소통하도록 설계되어 있다. 언어재활사의 역할은 다음과 같다.

- 임종을 앞둔 사람의 의사소통 능력과 다른 결함을 평가하라.
- 환자의 삼킴 기능을 평가하고, 삶의 질을 떨어뜨리는 요인을 파악하라. 그리고 삶의 질을 높이는 방법도 추천하라.
- 인지-의사소통장애나 다른 노화 관련 문제와 같이 의사소통을 방해하는 요인

(시각적, 청각적 문제)이 있는지 확인하라.
- 인지장애가 있다면 임종을 앞둔 노인이 무엇을 할 수 있고, 무엇을 못 하는지, 인지 결함이 있는 상태에서 타인과 가장 효과적으로 상호작용하는 방법을 결정하라.
- 실어증과 같은 특정 의사소통장애가 있다면, 모든 의사소통 상호작용에서 사용할 수 있는 의사소통 전략을 개발하라.
- 가족과 헬스케어 전문가에게 이러한 전략을 효과적으로 교육하고 훈련하라.
- 환자가 생애 말기 돌봄에 대해 특별히 선호하는 것이 있다면, 의사소통하기 위한 도구를 제공하라.

핵심 내용

법적 고려 사항

이 장에서는 상속 및 건강관리 계획에 대해서 논의하고, 특수한 법적 문서에 대해 정의하였다. 관련된 중요한 요인들은 다음과 같다.

- 사전연명의료의향서는 의사 결정이 불가능할 때 의료적 치료에 대한 개인의 바람을 명시한 것이다.
- 사망유언장은 의사 결정이 어려운 생애 말기 및 불치병, 영구적인 혼수상태 또는 식물인간 상태일 때를 위한 사전연명의료의향서다.
- 건강관리 위임장은 의학적 의사 결정을 하기 어려운 상태나 갑작스러운 사망, 영구적 식물인간 상태일 때 대리인을 통해 의사 결정하도록 하는 사전연명의료의향서다.
- 「의료정보보호법(HIPAA)」 승인은 건강관리를 효과적으로 하기 위해 의료위임장에 지정된 대리인이 필요 시 집행하는 것을 말한다.
- 연명금지각서(DNRO)는 심장마비나 호흡 정지 시에 소생하기 원하지 않는다고 명시한다.
- 재정위임장은 불능의 상태인 환자의 상속을 지정한 대리인이 집행하도록 하는 것을 말한다.
- 마지막 유언장에는 사후 자산 상속과 분배에 관한 개인의 바람이 담겨 있다.

- 사망 후 유해 처리를 위해 대리인을 임명하여 화장 또는 매장 등의 개인적 소망을 집행하도록 한다.
- 모든 적법한 문서가 완료되었더라도 임종을 앞둔 사람의 주변인들이 희망 사항을 들어줄 책임을 지지 않으면, 생애 말기 돌봄과 관련된 결정은 존중될 수 없다.

생애 말기 돌봄

이 장에서는 임종을 앞둔 환자와 보호자에 대해 설명하였다. 또한 생애 말기 돌봄에서 의사소통장애 전문가의 역할에 대해 논의하였다. 주요한 요점은 다음과 같다.

- 생애 말기 환자 및 가족들을 위한 다양한 서비스가 있다.
- 호스피스는 사람들이 어떠한 것을 제공하는지 정확히 알지 못할지라도 가장 많이 알려진 서비스 중 하나다.
- 문화 및 세대 차이, 의사소통상의 어려움을 포함하여 생애 말기 건강관리에서 다양한 어려움에 직면할 수 있다.
- 생애 말기의 환자들은 무엇이 일어날지 모르는 데 대한 두려움을 느끼며, 걱정한다. 어쩌면 이미 상실감과 슬픔을 느끼고 있을지도 모른다.
- 돌봄 역할(예: 보호자가 되는 것)에 대한 문화적 기대는 생애 말기에 관련된 모든 사람에게 부가적인 스트레스를 줄 수 있다.
- 효과적인 생애 말기 서비스의 전달에는 문화적 · 제도적 · 전문적 장벽이 존재할 수 있다. 헬스케어 전문가들은 서비스 전달에 방해받지 않기 위해 개인적인 가치와 신념을 인식해야 한다.
- 언어재활사는 의사소통 및 인지 기술과 결함을 전문적으로 평가하고, 적절한 의사소통 전략을 권고하기 위한 구성원으로 포함될 수 있다.
- 언어재활사는 삼킴 능력을 평가하고, 삶의 질과 관련된 권고 사항을 제시할 수 있다.

참고문헌

Cruzan v. Dir., MO Dept of Health, 497 U.S. 261 (1990).

Health Insurance Portability and Accountability Act of 1996, Public Law 104-191.

National Alliance for Caregiving & AARP. (2004). *Caregiving in the U.S.* Washington, DC: Author.

Quinlan, 70 N. J. 10, 355 A.2d 647 (1976), cert. denied, 429 U.S. 92 (1976).

Schiavo v. Schiavo, 358 F Supp 2d 1161 (M.D. Fla. 2005) aff'd by Schiavo v. Schiavo, 403 F.3d 1289 (11th Cir. 2005).

부록 11-1 생애 말기 건강관리의 다문화적 문제

돌봄 영역	장벽 및 문제
지원 서비스	• 이용 가능성의 제한 • 서비스에 대한 인식 및 접근 가능성의 감소 • 불필요한 지원 활동 자료(독특한 문화적 우려에 초점을 두지 않거나 해당 집단의 모국어로 쓰이지 않음)
건강관리 경험	• 대세의 헬스케어 전문가 및 기관에 대한 신뢰 및 이해 감소 • 대세의 치료 방법보다 특정 집단에서 사용되는 대체 요법을 주로 사용하는 경향 • 돌봄을 위해 전문가보다 대가족에게 의존하는 경향성 및 인식
다른 고려 사항	• 낮은 사회경제적 지위 및 교육 수준 • 불공평한 보험 보장

노인과 보호자와의 상담 및 임상적 상호작용

_ Barbara B. Shadden and Mary Ann Toner

이 장에서는 노인 환자와 가족들을 대상으로 한 상담과 임상적 상호작용에서 광범위한 고려 사항에 초점을 둔다. 또한 상담과 임상적인 상호작용을 위한 일반적인 가이드라인을 제공한다.

의사소통은 상호작용을 필요로 한다. 효과적인 치료를 하려면 효과적인 상호작용 기술이 필요하다. 그러한 기술이 없이, 아무리 좋은 세계 최고의 전문적 기술이라도 그 효과는 한계를 지니게 될 것이다.

이러한 것들이 기본 전제인 듯 보이지만 특히 노년층에게는 간단한 문제가 아닐 수 있다. 의사소통장애 전문가들은 할 일이 많은 사람들이다. 그들은 무엇을 해야 하는지 알고, 업무를 완수하기 위해서 다양한 절차도 개발한다.

임상 훈련의 많은 부분은 특정한 장애의 특성과 평가, 치료 도구 및 기술에 초점을 맞추어 진행되고 있다. 사례력을 수집하고, 평가를 실시하며, 관찰하고, 결론을 내리고, 권고 사항을 제시하는 것을 배운다. 치료 과정 동안에 장기 및 단기 목표를 찾고, 적절한 치료 전략을 시행하며, 데이터를 수집하고, 진전을 보고한다. 의사소통장애 전문가는 훈련 시 '상담(counseling)'이라는 용어를 검사 회기 중 초기 면담이나 중재의 특정한 부분으로만 제한해서 사용하는 경향이 있다. 경우에 따라서 상담은 설명(instruction)을 의미하기도 한다. 임상가는 환자와 보호자에게 문제는 무엇이고, 무엇을 할 수 있는지에 대해 말한다. 임상가가 "질문 있습니까?"라고 말하며 상담을 마무리한다면, 환자와 보호자의 참여는 제한될 수밖에 없다. 치료 동안에 임상가는 무엇이 목표인지, 어떻게 접근할 것인지, 어떻게 진전될 것이며, 치료실 밖에서 환자와 보호자는 무엇을 해야만 하는지에 대해 일방적으로 말해 줄 것이다. 이러한 상황에서 상호작용은 거의 없다.

임상적 상호작용 및 상담은 환자나 보호자를 처음 만났을 때부터 마지막으로 만날 때까지 지속되어야 한다. 성공적인 시작은 성공적인 결과를 낳는다. 상담 기회—종종 임상가가 두려워하고, 거의 이해하지 못하는—는 중재 과정 내내 있다.

임상적 상호작용에 관한 몇 가지 원칙들은 모든 연령의 모든 사람(노인 및 그들의 가족과 특히 관련 있는 사람들)에게 적용된다. 임상 훈련을 아동을 대상으로 한다면 일반적인 의사소통 기술의 발달, 관련 행동, 다양한 연령에 적합한 상호작용 기법도 포함되어야 한다. 그러나 성인을 대상으로 하는 경우, 그들이 연령이 높아질수록 어떤 변화를 보이는지, 임상적 상호작용에서 이러한 변화가 어떤 함의를 갖는지에 주의를 기울이지 않는다. 치료적 상호작용은 이러한 임상적 상호작용에 의해서 이루어지기 때문에 성인에게 주의를 덜 기울이는 것은 유감스럽다. 임상적 상호작용은 환자와 그들에게 의미 있는 사람들이 의사소통장애에 적응될수록 발전한다.

이 장은 노인과 임상적으로 상호작용하는 데 필요한 기본 원칙에 대해 다룬다. 이미 제시한 바와 같이 상담은 임상적 상호작용의 중요한 구성 요소이지 별도의 과정이 아니다. 사실, 임상가가 상담을 특정한 평가나 치료 회기를 위한 독립적 목적을 가진다고 여긴다면 그 상담은 실패할 수밖에 없다. 상담 과정에서의 상호작용은 독특한 환경, 요구, 노인 환자 및 가족의 인생 경험에 대한 고려가 수반되어야 한다.

상담은 치료적 상호작용 안에 포함되어야 하기 때문에, 이 장에서는 상담의 기본적인 정의에 대한 간단한 개요로부터 시작한다. 나머지 부분에서는 노인과 그들에게 의미 있는 사람들 간의 의사소통을 위한 가이드라인에 대해 다룰 것이다.

상담과 노인

상담은 언어재활사 및 청능사의 치료 영역 안에 포함된다. 이러한 사실에도 불구하고, 치료사들은 상담을 언제, 어떻게 해야 하는지 규정하는 것에 대해 어려워한다.

Shipley와 Roseberry-McKibbin(2006)이 제시한 상담, 지도, 심리치료에 대한 정의는 전문가의 역할을 정의하는 데 도움이 된다. 상담은 기본적으로 주요 성격 및 정신과적 문제보다는 개인의 적응과 관련이 있다. 의사소통장애의 상담에서는 실어증이 있는 사람이 매일의 대화(가벼운 대화)에 쉽게 참여하지 못하게 되는 일상적 의사소통의 변화와 다른 이들이 이에 대해 어떻게 느끼는지에 관한 논의가 포함될 수 있다. 여기서 핵심은 관련 당사자 모두의 감정에 대한 지지와 적응이다.

지도(guidance)는 다른 사람의 사고 및 행동에 긍정적인 방향으로 영향을 주기 위해 조언, 제안, 정보 제공을 하는 교육적인 과정을 말한다. 예를 들어, 실어증 환자가 구어 표현을 하는데, 임상가가 어떻게 지원할지 아이디어를 제공하는 것이 지도로 간주될 수 있다. 지도는 특히 임상가가 환자나 가족의 행동을 이해하기 위해서 긍정적인 틀을 제공할 때 더욱 분명해진다. 만약 자신이 산출하려는 문장을 배우자

가 계속해서 완성해 말해 버려 화가 난 환자가 있다면, 임상가는 환자에게 배우자의 행동에 어떻게 변화를 요청할 것인지, 요청할 시기는 언제가 적절한지 그리고 언제 배우자의 행동을 그냥 둘 것인지에 대한 아이디어를 제공할 수 있다.

반대로, 심리치료는 만성적인 삶의 문제와 심각한 정서장애를 가진 개인을 다루기 위해 특별하게 훈련된 전문가의 영역이다. 조울증 진단을 받은 뇌졸중 환자는 언어재활사뿐만 아니라 상담 전문가의 도움이 필요할 것이다. 일부 환자 또는 환자에게 의미 있는 사람들은 장보기나 진료 예약을 지키는 것처럼 일상적인 과제 수행에 방해가 될 정도로 극심한 우울증을 경험한다. 임상가가 이러한 문제를 알아차리게 된다면 정신건강 전문가나 의사에게 의뢰하는 것이 적절하다. 만약 정신건강 중재가 필요한 정서장애가 확실하다면 신중하게 관련 전문가에게 의뢰해야 한다. 모든 정신건강 전문가가 편안함을 주거나 의사소통장애를 가진 환자를 다루는 데 자격이 있다고 느끼는 것은 아니다. 환자나 그의 가족들은 오직 하나의 문제만 해결하기 위해 준비되어 있고, 정서 문제가 의사소통장애를 능가할 수도 있다. 환자나 가족들이 중재를 선택한 것에 기초하여 그들을 '판단'할 여지가 없다.

헬스케어 전문가는 기본적인 임상적 역량을 넘어서 성공적인 상담을 가능하게 하는 기술과 태도를 갖추어야 한다. Shipley와 Roseberry-McKibbin(2006)에 따르면, 유능한 상담가의 특징은 유연성, 솔직함, 정직함, 정서적 안정성, 신뢰감, 자기인식, 환자의 능력의 변화에 대한 믿음, 환자의 변화를 돕기 위한 책임감 등이 포함된다. 이러한 특징은 노인과 그들의 가족과 함께 일할 때 특히 중요하다. 예를 들어, 자기인식은 노화 및 노년층에 대한 개인적인 태도에 대한 인식을 포함한다. 유사하게 환자의 능력 변화에 대한 믿음은 연령에 대한 편견에 의해 영향을 받을 수 있다. 만약 당신이 가진 태도와 편견에 대해 확신이 없다면, 제1장의 서론을 참고하면 될 것이다.

Webster와 Newhoff(1981)는 언어재활사 및 청능사가 환자의 가족상담 시 필요한 네 가지 요소—가족이 공유하고자 하는 정보 수집하기, 가족에게 정보 제공하기, 개인의 생각, 태도 및 감정을 드러내는 것을 돕기, 장애를 가진 사람의 행동 변화를 위해 가족들 행동의 선택 사항 제공하기—에 대해 설명하였다.

상담에서 힘든 점은 특정한 의사소통장애뿐만 아니라 발병 전 개인 및 가족의 수많은 특징 등에 따라 달라진다. 노인을 대상으로 하는 경우, 임상가는 노인이 상담

과정에 적극적으로 참여하지 않을 수 있다고 가정한다. 그 결과, 가족들이 장애에 대해서 배우고, 장애가 있는 가족을 다룰 때 느끼는 감정을 처리하는 방법 등에 주안점을 둔다. 적응은 종종 장애가 있는 사람을 중심으로 이루어진다. 그러나 이것은 적절하지 않다. 대신에 상담은 모든 관련된 사람들이 포함된 지속적인 임상적 상호작용으로 보아야 한다.

성공적인 상담을 위해서 정보를 교환하는 것은 필수적이다. 여기서 핵심 단어는 교환이고, 그것을 환자나 가족을 일방적으로 지도하는 것과 혼동해서는 안 된다. 효과적인 상담이 되려면 환자, 보호자 및 전문가 간에 균형 잡힌 통제가 있어야 한다. 특히, 치료 과정을 통해서 모든 참여자가 정보를 주고받는 기회를 가져야 한다. 이러한 정보는 목표를 설정하고, 자원을 확인하며, 치료 과정을 가능하게 하고, 성공적인 의사소통을 촉진하기 위해 사용될 수 있다.

정보의 교환은 말처럼 간단하지는 않다. 노인은 전문의에게 완벽하게 모든 정보를 제공하지 않을 수 있다. 어떤 경우에 환자는 행동 또는 문제에 대해서 의사가 묻지 않는다면 그것은 중요하지 않다고 생각할 수 있다. 많은 노인이 의사의 진료 시간을 너무 많이 빼앗을까 봐 주저한다. 반대로 환자나 가족이 일정 시간 동안 자신들을 보아 왔던 언어재활사 같은 사람에게 다양한 문제를 이야기하는 것을 더 편안해할 수도 있다. 언어재활사는 의학적 질문에 대답하려고 노력하지 말고, 환자 및 가족과의 의사소통을 돕기 위해 힘써야 한다. 예를 들어, 환자나 가족의 질문은 기록해 놓았다가 다음 진료 전에 의사에게 미리 전달할 수도 있다. 그러한 준비는 의사에게 진료가 가치 있는 상담 시간이 되도록 만들어 준다.

이러한 힘든 점에도 불구하고, 상담은 전인적으로 인간을 대하는 것이 바로 핵심 요소다(Luterman, 2008). 노인을 위한 성공적인 상담은 부분적으로 임상가가 가지는 노화 및 상담 역동성의 이해와 임상적 상호작용의 질에 달려 있다.

노인과 임상적 상호작용 시 가이드라인

노인 및 가족과 임상적 상호작용을 하기 위한 가이드라인은 다음과 같다.

- 임상적 상호작용 시간을 신중하게 사용하라.
- 무엇이 정상인지 알아라(모두의 관점에서).
- 관련된 사람들에 대해서 알아보라.
- 치료적 파트너십을 구축하라.
- 신뢰를 발전시키고 유지하라.
- 변화하는 요구와 걱정에 적응하라.
- 적절하게 의사소통하고 지원하라.

임상적 상호작용 시간의 현명한 사용

임상가는 임상적 상호작용을 현명하게 운영하도록 학습할 필요가 있다. 분명하게, 오늘날 헬스케어 시스템 안에서 노인과 그들의 가족을 대상으로 일하는 데 충분한 시간이 주어지지 않는다. 임상가는 종합검사를 실시하고, 개인에게 관련된 치료 목표를 확인하며, 실제로 삼킴장애 및 의사소통장애를 다루는 등의 과정에서 어려움에 직면하게 된다. 임상가들은 환자의 가족을 위해 일할 때도 있고, 필요한 전략이나 결과에 대해 상담을 제공하기도 한다. 게다가 노인 환자에게는 걱정거리에 대해 나누거나 치료 과제를 수행하기 위한 상호작용 시 시간이 더 필요하다. 이것들을 수행하기 위해서 임상가는 짧은 평가 또는 치료 시간만을 사용할 수 있으며, 그 횟수 자체에도 제한이 있다.

임상가는 임상적 상호작용을 하는 동안에 하나 이상의 임상 목표를 해결하는 방법을 찾아낼 수 있다. 평가, 치료와 상담은 지속적이고, 동시에 일어날 수 있다. 예를 들어, 환자가 보완대체 의사소통 기기의 사용을 배우는 동안 임상가는 시각, 운동, 인지 기술을 계속해서 평가할 수 있으며, 다음 치료를 위해 안내해야 할 정보를 수집할 수 있다.

시간 관리에서는 임상가의 유연성이 필요하다. 노인들에게 정보를 제공할 때는 그들이 선호하는 방식으로 제공할 수 있어야 한다. 대다수는 이야기 안에서 관련된 정보를 다룰 때 편안해한다. 물론 이러한 방법으로 환자의 정보를 수집하는 것은 많은 시간이 소요되지만, 중요한 사실과 지각을 얻는 데는 필수적일 수 있다. 이야기는 중재를 계획하는 데 개인적인 삶에 관해 풍성한 정보를 제공한다. 그리고 임상 현장 밖에서 의사소통을 위한 전략을 제시하는 데 유용하다.

임상 시간을 적절하게 사용하는 또 다른 방법은 중재 활동에 환자의 개인사와 관심사를 중심으로 치료 계획을 수립하는 것이다. 만약 환자가 중등도의 단어 찾기 문제를 갖고 있다면, 치료 회기는 가장 좋아하는 취미나 흥미로운 인생 경험 내용을 포함해야 한다. 환자와 그들에게 의미 있는 사람들은 단어 찾기를 돕기 위해서 회기에 관련 자료를 가져다줄 수 있다. 그리고 환자의 선호, 발병 전 흥미, 우선순위와 같은 실제적인 토론을 통해 치료 목표 측면에서 임상가에게 통찰을 제공할 수 있다.

치료는 임상가와 일대일 치료만으로 제한하면 안 된다. 만약 치료 회기 동안에만 의사소통 결함 문제를 다룬다면 성공률은 낮을 것이다. 임상가는 치료 회기 밖에서 환자와 가족이 지속적인 의사소통 활동을 할 수 있는 다른 방법을 찾는 것도 치료에 포함해야 한다. 자조집단이나 다른 지역사회 기반 활동에 환자와 가족들이 참여하는 것 또한 이점이 있다. 만약 환자가 의사소통 수행력이 최대화되기 전에 치료를 그만둔다면 임상가는 추가적인 서비스 및 지원을 제공할 수 있는 다른 지역사회 자원을 확인해야 할 책임이 있다.

정상적인 것에 대해 알기

이 책은 다양한 체계에서 정상적 또는 1차 노화뿐만 아니라 환경 및 사회적 네트워크를 포함한 3차 노화에 대한 설명을 제시하였다. 무엇이 정상적인 행동을 구성하는지 이해하는 것은 의사소통장애가 있는 노인과 일할 때 필요한 가이드라인을 제공한다. 노화의 영향에 대해 충분히 이해하지 못한 임상가는 일반적인 노화의 징후와 장애의 증상을 혼동할 위험이 있다.

임상적 상호작용 시 환자에게 1차 노화에 대한 문제가 나타남에 따라 언어재활사는 정상적인 노화 과정에 성공적으로 적응하도록 노인과 가족을 도울 필요가 있다. 임상가는 이러한 변화와 그 영향에 대한 염려를 무시하지 않으면서 1차 노화 과정에 대한 확신을 제공할 수 있어야 한다. 안타깝게도 많은 언어재활사는 2차 노화 장애 및 그 결과를 다룰 때 가장 편안해한다. 이로 인해 노화와 관련된 또 다른 문제나 걱정들에 대해서 의논하고자 하는 것을 막을 수 있다.

임상적 상호작용은 치료에 대한 3차 노화 요인의 영향에 대해서도 다루어야 한

다. 3차 요인은 환자와 가족의 성공적인 적응 수준을 결정한다. 임상가는 가족 체계, 가족평형의 역동(dynamics of family equilibrium), 가족 구성원의 역할에 대해 이해해야 한다(Norlin, 1986). 상담에서 만나게 되는 어떤 가족의 문제는 가족 간의 권력, 역할, 친밀감 그리고 갈등 관리에 대한 걱정들일 수 있다. 이와 같은 문제들은 노인 환자와 보호자의 적응에 중심이 될 수 있다. 상담에서 임상가는 개인에게 객관성이 결여된 증후가 있는지 그들의 행동을 주의 깊게 관찰해야 한다. 적어도 객관성이 결여되고, 개입이 늘어나는 것은 외부적 관점이 필요하다는 신호일 수 있다.

환자와 가족이 무엇이 정상적인 것인지 인식하고 있는지 확인하는 것이 중요하다. 예를 들어, 어떤 노인은 삼킴의 변화를 정상적 노화의 과정으로 받아들여서 의사에게 보고하지 않을 수 있다. 성인 자녀들은 기억력과 관련하여 노인들이 일상에서 어려움을 보이는 것은 당연하다고 여겨 다른 평가는 더 필요하지 않다고 확신할지도 모른다. 이러한 노인들은 평가 또는 치료에 우선적으로 의뢰되지 않을 수 있다. 그러나 노인들이 결국 임상가를 만나게 된다면 여러 체계에서 언제, 어떻게 변화가 시작되었는지 아는 것이 중요해진다.

관련된 사람들에 대해 알아보기

상담 시 균형 잡힌 정보의 교환을 하고, 관리 전략을 개발하려면 정보 교환을 위해서 환자, 주 보호자, 언어재활사 모두 계속되는 임상적 상호작용에 참여해야 한다. 각 참여자의 특징은 치료 결과에 영향을 줄 것이다.

임상가

제1장에서 이미 언급된 것처럼 임상가는 노화와 노년층에 대한 선입견과 고정관념이 있다. 그것이 긍정적이든 부정적이든지 간에 편견이라는 것은 임상적 상호작용 및 치료 결과에 대한 기대에 영향을 미친다. 임상가는 노인 환자에 대한 자신의 인식을 점검하기 전에 그들을 상대로 업무를 시작하면 안 된다. 노년층에 대한 임상을 시작하기 전에, 임상가는 1차, 2차 및 3차 노화에 대한 자신의 지식도 점검해야 한다.

보호자

제1장에서 보호자가 직면하는 어려움에 대해 설명하였고, 다른 장에서도 확인하였다. 보호자의 적응은 환자의 행복과 진전에 직접적으로 영향을 준다. 보호자가 적절한 상담을 통해 앞으로 일어날 결과에 대해 예측할 수 있다면, 스트레스도 감소한다(Shadden, Raiford, & Shadden, 1983). 보호자는 (상담을 통해) 그들의 새로운 역할에 적응하고, 새로운 생활 방식에 필요한 조건들을 조절하며, 미래를 위해 계획을 변경하는 것을 수용하는 것 등을 배울 수 있다. 가족들은 더욱 돈독해지고, 서로 존중하게 되며, 자존감을 높이는 데 도움이 될 수 있다.

보호자의 스트레스와 부담을 측정하는 많은 도구가 있지만, 대부분의 임상가들은 이를 평가하기 위해 시간이나 자원을 할애하지 않는다. 그러나 임상적인 상호작용 동안 헬스케어 전문가들은 보호자 개개인이 직면하는 문제와 스트레스를 이해하려는 노력이 필요하다. 언어재활사는 그들의 요구와 이용 가능한 자원을 확인하고, 의사소통 전략의 개발, 적절한 지원을 제공함으로써 돌봄의 부정적인 영향을 감소시키고, 돌봄에서의 위기를 예방해야 한다. 즉, 임상가는 보호자의 스트레스와 부담에 민감해져야 한다. 이미 중압감을 느끼는 보호자들에게 의사소통 중재에서 막중한 책임을 부여하고자 요청한다는 것은 비현실적이고 불공정한 일일 수 있다.

환자

환자의 의사소통장애를 이해하기 위해 언어재활사는 사례 면담지, 의료 기록, 인터뷰, 표준화된 검사 및 행동 체크리스트 등의 다양한 도구들을 다룰 수 있어야 한다. 현재의 의사소통 상대자, 배경, 환경 역시 조사되어야 한다. 안타깝게도 다양한 평가 도구를 적용할 시간이 항상 있는 것은 아니다.

권고 사항을 제시하거나 목표 설정에 참여하기 전에, 언어재활사들은 환자가 특정한 중재법에 대해서 특히 부정적인 감정이 있을 수 있는지 점검하려고 노력해야 한다. 한 가지 분명한 예는 환자가 구어 발화를 다루는 비중이 적다는 사실을 받아들이는 것이 어려워 보완대체 의사소통(AAC)의 사용을 거부할 때다. 만약 이러한 환자의 감정을 사전에 인식할 수 있다면, 임상가는 구어 중재와 함께 AAC를 점진적으로 도입하면서 환자의 부담을 줄여 줄 수 있다. 다른 요인들은 환자의 발병 이전의 의사소통 방식, 사회적 역할과 대화적 선호도를 고려한 임상적 권고를 수용하는

것에 영향을 미칠 수 있다.

의사소통장애가 중증일 때, 환자는 태도 검사를 끝내거나 흥미, 태도, 동기나 선호에 대한 정보를 제공하기가 어려울 수 있다. 그러한 환자에게 정보 제공을 유도할 다른 방법들은 이 장의 후반부에서 다룰 것이다. 임상가는 이러한 사례에서 정보 수집을 위해 가족들에게 주로 의존하게 될 때, 그들이 항상 편견 없는 정보를 주는 것은 아니며, 또 다른 가족들은 모순된 정보를 줄 수도 있다는 것을 기억해야 한다. 예를 들어, 환자의 배우자는 "저는 제 남편이 지금 이토록 말하려고 하는 이유를 모르겠어요. 전에는 말하지 않으려고 했거든요."라고 말한다. 반면에 성인 자녀는 그의 부모를 이야기꾼으로 보고 있을지도 모른다. 가족 구성원 중 한 명은 문제에 대한 환자의 반응이 침착하고 심사숙고하는 것 같다고 묘사하는 반면에, 다른 가족은 요구가 지나치고 참을성이 없어졌다고 표현할 수도 있다.

심지어 심한 의사소통장애가 있을 때조차도 환자의 행동을 주의 깊게 관찰하여(그들이 어떻게 다양한 의사소통 상대자와 상호작용하는지, 평가나 치료 자극에는 어떻게 반응하고, 다른 환경에서는 어떻게 수행하는지) 환자의 기대, 희망 사항, 좌절 등에 대한 정보를 얻을 수 있다.

치료적 파트너십 구축하기

노인 환자 및 보호자와 함께 치료함에 있어서 성공을 위한 비결 중 하나는 목표와 전략, 의사소통 활동을 계획하는 데 진정한 파트너십을 구축하는 것이다. 파트너십은 개인이나 노화에 대한 지식을 공유하면 할수록 공고해진다. 언어재활사는 환자를 통제하는 것이 아니라 촉진해야 한다. 임상적인 조언은 환자의 사례력, 생활 방식, 재정적 자원, 가치 체계, 감정 적응의 단계 등에 기초하여 개별 환자에게 맞추어야 한다. 임상가는 환자 또는 보호자가 특정 치료 단계에서 권고 사항을 받아들일 준비가 되어 있지 않다는 것도 인식하고 있어야 한다.

초기에 임상가들은 환자와 보호자에게 적극적으로 의견을 구함으로써 그들이 존중받고 있다는 느낌이 들게 할 수 있다. 임상가는 환자와 가족들이 임상가에게 제공해야 한다고 생각하는 배경 정보, 문제와 걱정, 질문, 그들이 믿고 있는 다른 정보들을 묻기 위한 목록을 준비하여 작성하게 하면 임상 과정을 시작하는 데 도움이 될 수 있다. 대화는 통제와 균형 잡힌 정보 교환을 일상적이고 친숙한 주제의 비공식적인 대화로 시작해야 한다. 임상가는 상호작용이 편안하게 수립된 후에 중요한 정보 수집으로 넘어갈 수 있다. 정보를 얻게 되면, 치료에 그것이 사용되었다는 것을 입증하는 것이 중요하다.

일부 환자들은 치료 과정 동안에 치료 일지나 일기 형식으로 자신의 의견이나 관찰 및 질문을 기꺼이 적어 올 수도 있다. 임상가들은 이 자료들을 검토할 기회를 제공해야 한다. 이러한 일기 형식은 장기간 상담을 하거나 행동을 모니터하는 데 도움이 될 수 있다. 일부 노인 또는 보호자가 이러한 정보들이 가치 있고, 생산적으로 사용되는 것을 인식하게 되면 별도의 지시가 없어도 일기 작성을 계속할 수 있다. 식당에서 주문하기와 같은 단순한 행동에 대한 관찰을 기록해 오도록 하는 일기 작성 시 가이드라인이 필요한 환자도 있다.

만약 임상가가 정보 내용과 흐름의 대부분을 통제한다면 임상적 상호작용에서 문제가 생길 수 있다. 이러한 딜레마를 피하기 위해서, 임상가는 문제와 질문을 공유하는 데 자유로운 기회를 제공해야 한다. 환자가 알아야 하는 것을 추측하기보다는 "무슨 일이 일어났는지 궁금한 것이 있습니까?" 또는 "알고 싶은 것이 있습니까?"라고 질문함으로써 시작하는 것이 좋다.

언어재활사는 치료적 파트너십의 구축 시 환자가 참여할 수 있도록 필요한 발판을 제공해야 한다. 어떤 환자는 많은 정보를 전달하고 싶으나 구어로 표현할 수 없을지도 모른다. 언어재활사는 환자의 의사소통을 촉진하기 위해 비구어 단서와 기법의 사용에 신경을 써야 한다. 기법에는 선택적인 반응 유도하기(예:단답식, '예/아니요' 질문에 대한 대답), 질문 20개 하기, 모든 의사소통 양식을 적용하여 의사소통할 수 있도록 격려하기 등이 포함된다.

언어재활사는 목표 설정 시에 보호자와 환자 사이에서 협상가의 역할을 하게 된다. 환자는 보호자가 제공할 수 없는 것을 요구하거나 제공하는 것보다 더 많은 것을 요구할지도 모른다. 때때로 보호자들은 환자보다 의사소통의 한계를 수용하는 데 더 어려워하거나 비현실적인 목표와 어려운 과제를 내세울 수도 있다. 게다가 대부분의 사람들이 환자가 의사소통이 가능할 것이라고 여기기 때문에 치료 목표를 규정하는 일이 어려울 수 있다. 따라서 필요시에는 적절한 지원이 제공되어야 한다.

임상가들이 환자와 보호자 사이에서 협상가의 역할을 해야 한다면, 다음의 간단

한 규칙이 도움이 될 것이다.

- 특정한 대안의 장단점을 들어 가면서 선택의 기회를 제공하라.
- 제시한 권고 사항에 집착하거나 환자의 선택을 개인적인 것으로 받아들이지 마라.
- 환자 또는 가족과 논쟁하는 것이 아닌 권고 사항을 설명하라.
- 환자 삶에 적용하여 권고 사항의 가치를 증명하라.

궁극적으로, 행동과 목표를 결정하는 것은 환자와 보호자의 손에 달려 있다. 특히 한쪽 편으로 치우치지 않는 것이 중요하다. 환자는 언어재활사가 그들의 문제를 가장 잘 이해하고, 그들의 노력과 문제에 대해 도와줄 것이라 믿고 있다. 환자의 배우자는 환자가 해야 할 것과 하지 말아야 할 것 등을 언어재활사가 대신 말해 주기를 원한다. Norlin(1986)은 '구원 삼각관계(rescue triangle)'라 불리는 피해자(victim), 구조자(rescuer), 박해자(persecutor)의 역할에 휘말리는 것을 피하기가 어려울 수도 있다고 경고하였다. 말할 것도 없이, 언어재활사는 구조자의 역할에 끌리기 쉽다. 특정 환자가 다른 환자에 비해 더 좋아진다면 임상가는 자신의 역할과 행동을 재점검해야 한다.

치료적 파트너십을 구축하는 또 다른 방법은 모든 참여자가 포함된 치료 계획서를 작성하는 것이다. 치료 계획의 핵심은 치료 목표에 대해 상호 합의된, 기능적 목표를 수립하는 것이다. 이러한 계획은 자주 점검하고, 필요시에 수정이 가능해야 한다. 그것이 치료를 지속하게 하는 요소가 될 수 있다. 경우에 따라서 기능적인 성과에 목표를 두는 치료 목표의 수립은 보험금 수령 가능성을 높일 수도 있다.

신뢰의 발전과 유지

임상적 상호작용을 통해 신뢰를 얻고 유지하는 것은 치료적 파트너십의 구축에 필요하다. 언어재활사, 청능사를 포함하여 모든 참여자가 존중되어야 하며, 치료 과정에 참여할 수 있어야 한다. 안타깝게도, 전문가들은 종종 노년층의 조언을 평가절하한다. 이러한 상황에서 전문가의 메시지는 비언어적인 목소리 톤이나 '나도 당신 나이가 되었을 때 잘하고 싶네요.'와 같이 겉보기에는 악의 없는 말로 전달될 수 있다.

전문가들은 모든 노인에게 자동적으로 신뢰받는 정보원이 되는 것은 아니다. 심지어 노인들이 임상가의 조언이나 의견에 대한 확신이 없을 때 그들은 분명하게 반응하지 않을 수 있다. 환자는 임상적 상호작용에 다소 무심해 보이거나 권고 사항을 따르는 데 마지못해서 하는 것처럼 보일 수도 있다. 전문가의 의견을 낮추어 보는 것은 임상가가 젊은 경우에 특히 문제가 된다. 상대적으로 젊은 임상가는 자신보다 나이가 많고, 경력이 많은 사람에게 자신의 전문적인 역량을 드러내 보여야 한다. 젊은 치료사들은 전문적인 영역에 적합한 복장을 갖추고, 공손하게 행동하는 것이 특히 중요하다. 임상가는 환자들과의 공통 관심사를 만들기 위해 흥미 있는 대화 주제를 찾아야 한다. 제7장에서 기술했던 것처럼 개인적으로 관련 있는 소재는 노인들을 사로잡기 쉽다. 그러나 "정치에 관심이 있으시네요. 저는 그런 것은 잘 몰라요." 또는 "제가 태어나기 전에 일어난 일인데요. 저는 그것에 대해 아무것도 몰라요."와 같은 발언만큼 신뢰와 치료적 파트너십을 망치는 발언은 없다.

때때로 어쩌면 노인들이 전문가를 신뢰하지 않는 것이 당연할지도 모른다. 이 장에서 계속 언급했듯이, 헬스케어 전문가들이 상대적으로 노화와 노년층에 대해서 잘 모르기 때문이다. 안타깝게도 얕은 지식으로 모든 노인을 동일하다고 가정해 버릴 수 있고, 그것은 헬스케어의 성과 향상을 방해한다. 노인 및 보호자들은 전문가들이 '모든 노인'이라고 말할 때 주의해서 들어야 한다. 언어재활사는 노인들이 무엇을 할 수 있고, 무엇을 하지 못하는지에 대해서 모두 다 알았다고 생각해서는 안 된다. 만약 임상가들이 이렇게 말한다면 치료적 파트너십은 깨질 것이다.

신뢰를 발전시키는 데 영향을 주는 또 다른 요인이 있다. 높은 사회경제적 계층의 노인들은 일반적으로 '전문가' 의견을 가치 있게 여기고, 전문가도 신뢰한다. 반면에 저소득층 노인들은 친구나 지인으로부터 얻은 정보를 좀 더 신뢰하는 경향이 있다. 연령이나 사회 계층에 상관없이 모든 사람에게 신뢰할 만한 자료가 되기 위한 몇 가지 요인들이 있다. 예를 들어, 사람들은 같은 경험을 한 사람을 더욱 신뢰하는 경향이 있다. 환자나 보호자들은 "무슨 말을 하시는지 저도 알겠어요. 저도 항상 잊어버리거든요."라고 전문가가 말할 경우, 자신들의 상황을 하찮게 여긴다고 생각하여 극도로 부정적인 반응을 보인다. 전문가들이 진정으로 환자와 비슷한 경험을 했

다는 것을 환자들이 인식하게 될 때 전문가의 조언을 더 쉽게 수용하는 것을 볼 수 있다. 전문가가 관련 문제에 대해 분명히 이해하고, 해결 방법과 지원 가능한 자원을 알며, 문제 해결을 위해 필요한 것을 숙지하고 있다면 신뢰가 더욱 커질 것이다. 분명히 전문가의 권고가 환자 및 가족의 요구와 그들의 현재 신념을 고려했거나, 환자의 의사소통에서 진전이 보일 때 신뢰는 더욱 커질 수 있다.

신뢰는 언어재활사가 환자에게 동정이 아닌 공감을 보일 때 더 커진다. 공감은 꾸며 내기 어려운 태도일 수 있다. 동정은 "정말 유감이네요."라는 뻔한 발언으로 드러나기도 한다. 공감은 그 문제의 충분한 이해와 진정한 걱정의 표현, 환자와 보호자를 진심으로 도와주고 싶은 바람을 통해서 표출될 것이다. 신뢰는 환자가 전문가를 장기적인 상대자로 느낄 때도 더 두터워질 수 있다. 만약 환자가 퇴원 후에도 임상가로부터 사후관리를 약속받는다면, 가족들은 지원과 조언을 해 주는 지속적인 자원이 있다고 생각할 것이다.

임상가가 신뢰를 유지하기 위해서 신중하지 않으면 이미 쌓아진 신뢰일지라도 쉽게 무너진다. 환자는 자신의 배우자가 모르기를 바라는 정보를 공유할 수도 있다. 반대로 배우자가 환자에 대해 걱정하고 있는 것을 환자가 모르게 해 달라고 요청할 수도 있다. 때때로 이렇게 공유하지 않는 것이 상담 과정의 진척과 솔직함을 저해한다고 여길 수도 있다. 그러나 신뢰를 깨뜨리는 것은 이미 쌓아 둔 관계에 돌이킬 수 없는 악영향을 미칠 수 있다.

신뢰와 상호 존중의 분위기를 조성하는 것은 첫 만남에서 적절한 대화 관습을 준수하는 것에서부터 시작된다. 언어재활사는 오늘날 많은 노인이 형식과 관습을 강조하는 세대라는 점을 기억해야 한다. 임상가가 너무 경직될 필요는 없지만, 이러한 관습에 대한 이해를 전달할 필요는 있다. 비록 관계가 잘 형성되었더라도, 허락받지 않은 상태에서 노인 환자의 이름이나 별명을 사용해서는 안 된다. 실제로 일부 노인들은 임상가들이 더욱 격식을 갖춘 방식으로 대해 주기를 선호하기도 한다.

임상가들은 노인 환자나 보호자들이 자신들의 감정이나 심리 상태에 대한 질문에 답하는 것이 어려울 수 있다는 점에 주의해야 한다. 왜냐하면 이러한 논의들이 임상가의 연령대나 문화 집단 내에서 흔하지 않기 때문이다. 다시 한번 말하지만, 환자가 개인적인 정보를 기꺼이 공유하기 전에 신뢰부터 쌓아야 한다.

점차 커지는 요구와 걱정에 대처하기

치료적 파트너십에서 신뢰를 쌓는 것은 노인 및 가족들이 삼킴장애나 의사소통장애로 인한 변화에 적응하도록 돕는 데 필수적이다. 다시 말해, 이 과정은 지속되어야 한다. 많은 노인이 의사소통장애가 발생할 때 이미 정상적인 노화로 인한 상실감을 겪고 있는 중이다. 개인마다 그와 관련해 대처하는 단계가 다를 수 있다. 의사소통장애는 그 자체로 대인관계 과정에서 지장을 주는, 또 다른 상실로서 관리되어야 한다. 임상가는 환자 또는 가족의 현재 적응 단계가 어떠한지, 그들이 사용 가능한 대처 전략과 관계에 대해 알고 있어야 한다. 개인마다 의사소통장애 경험이 다르므로, 임상가는 이 고유한 경험에 대해서도 숙지해야 한다.

Tanner와 Gerstenberger(1988)의 '슬픔 반응(grief response)' 틀과 같이 의사소통장애에 대처하는 일련의 순서와 주기를 정의하는 다양한 모델이 있다. 이것은 사람, 자신, 목표(기술)에 대해 지각된 상실과 실제적인 상실에 대한 대처를 나타낸다. 노인에게 영향을 미치는 일반적인 의사소통장애 간에 상당한 차이가 있다는 것을 인식하는 것이 중요하다. 이러한 차이는 개인 및 가족의 대처 반응에 영향을 미친다. 예를 들어, 뇌졸중으로 인한 실어증과 같이 후천적 장애는 갑작스럽게 불시에 나타난다. 환자와 가족은 장애로 인한 삶의 변화를 이해하고 적응하는 데 준비되어 있지 않고, 제대로 준비할 수도 없게 된다. 반대로 파킨슨병으로 인한 마비말장애는 발병 이후 점진적으로 나타난다. 환자와 환자에게 의미 있는 사람들은 장애에 적응할 시간을 가져야 할 뿐만 아니라 의사소통 기술이 점점 악화될 것이라는 예측을 통해 대처할 수 있어야 한다. 그렇게 되면 두 장애를 경험하는 방식에서 주요한 차이가 있음을 예측할 수 있을 것이다.

적응에 영향을 주는 또 다른 요인이 있다. 분명히 삼킴장애 또는 의사소통장애의 중증도는 일상 기능에 영향을 미친다. 적응은 장애가 정상 노화의 다른 양상으로 인식되는 정도에 따라 영향을 받는다. 만약 그것이 노화의 일부분이라고 여겨진다면 그 문제는 더 쉽게 수용될 것이다. 사실 노인들이 변화가 정상적인 것이라고 믿는다면, 장애를 수용하는 시점에서 시작한다. 그러나 그들이 특정한 장애를 갖게 되었다고 인식한다면 장애를 수용하는 지점에서 멀어진다. 특히 말-언어기술의 상대적인 중요성은 환자에게 얼마나 상실감이 크고, 대처하기 어려울지 알려 줄 것이다.

Tanner와 Gerstenberger(1988)는 적응의 4단계—부정, 좌절, 우울, 수용—를 제시하였다. 모든 사람이 동일한 단계를 거치는 것은 아니며, 경험하는 순서는 각각 다를 수 있다.

부정

슬픔과 상실에 대처하는 것에 관한 모델의 대부분은 부정(denial) 단계를 제시한다. 부정은 나중에 오게 될 말-언어장애의 영향을 직면하기 위한 시간을 벌어 주는 완충장치의 역할을 한다. 장애에 대해서 부정적 단계에 있는 사람들은 다음 중 하나일 수 있다.

- "나는 문제가 없는데, 다른 사람은 있다네요."
- "문제가 있기는 한데, 가벼운 거예요."
- "나한테 분명히 문제가 있어요. 그러나 일시적인 거예요. 왜냐하면 신께서 고쳐 주실 거니까요."(외적 통제소, 수동적 자세)
- "나한테 분명히 문제가 있어요. 그러나 나는 극복할 수 있어요."(내적 통제소)

부정의 단계 동안 환자나 보호자는 불가능하지는 않지만 자세한 정보를 처리하는 것이 어려울 수 있다. 실제로 어떤 정보(예: 예후)는 반갑지 않을 수도 있다. 이때 제공되는 정보는 무시되거나 그들을 혼란스럽게 한다. 이 단계 동안 임상적 대화와 상담은 환자 또는 보호자가 확인한 시급한 문제나 걱정에 초점을 맞추어야 한다. 장애와 관련해 짧게 적힌 안내 자료는 제공해도 되지만, 광범위한 교육적 노력이나 복잡한 권고 사항을 제시하는 자료는 적절하지 않다.

좌절

좌절(frustration)은 무력감 및 분노의 요인들을 포함할 수 있다. 환자가 좌절 단계에 있을 때 임상가의 제안이나 치료 활동을 거부하거나 특정한 활동을 하는 것이 불가능하다는 사실을 알 수 있다. 좌절은 누군가 또는 어떤 대상을 향한 것일 수 있고, 그 대상은 순간순간 달라질 수 있다. 만약 좌절의 대상이 임상가라면, 임상가는 환자의 좌절에 대해서 개인적인 것으로 받아들이지 말아야 한다.

그러나 임상가는 다른 노화 요인들이 환자의 좌절에 기여하고 있다는 사실도 알아야 한다. 만약 가족 구성원이 환자에게 신체적 돌봄이 어려워서 요양원에 가야 할 것이라고 말한다면, 여기서 언어치료는 우선순위가 아닐 수 있다. 반대로 환자의 개인적 삶에서 의사소통의 실패에 대한 좌절을 느낀다면, 치료 활동으로 이어질 수도 있다.

우울

우울(depression)은 의사소통 또는 삼킴 기능의 상실로 인해 흔히 나타날 수 있다. 다양한 요인이 우울에 영향을 미친다. 어느 연령에서든지 우울은 환자 또는 보호자를 수동적으로 만들고 동기를 결여시키며, 진전에 한계를 가져올 수 있다. 임상가는 우울한 환자와 편안하게 상담하기 힘들고, 우울한 주제를 피하려고 하거나 우울과 관련된 행동을 무시해 버리게 된다. 그러나 우울은 임상적 상호작용의 일부로서 환자나 보호자는 때때로 우울의 원인이 무엇인지 간단히 언급할 필요가 있다. 그러한 주제를 무시하거나 단순히 환자나 보호자를 응원하는 것 또는 '상황이 이보다 더 나빠질 수도 있었기' 때문에 기운을 내라는 식의 제안은 적절하지 않다. 대신에 임상가는 환자가 우울감에 휩싸이는 이유를 인정해 주고, 가능할 때 치료로 진행할 수 있을 것이다.

수용

상실과 슬픔을 다루는 많은 모델에서, 마지막 단계는 수용(acceptance)으로 적응(adaptation), 조정(adjustment), 조절(accommodation) 등과 동의어로 사용된다. 자주 언급되었던 것처럼 수용 단계에 있을 때 환자 또는 보호자는 의사소통장애의 전체에 대해 충분하게 인정하고, 기꺼이 부딪쳐 보려 한다. 그러나 수용과 체념 사이에 미묘한 선이 있을 수도 있다. 체념은 어떤 일이 일어난 것을 수동적으로 묵인하는 것을 말하는데, 임상가는 임상적 상호작용에 참여하기를 꺼리거나 효과적으로 참여하지 못하는 체념한 환자나 보호자를 보게 될 수도 있다. 그들은 포기했고, 진심으로 더 아무것도 할 수 없다고 믿는다. 만약 노인들이 수많은 삶의 변화를 겪고 있다면, 치료를 계속 유지하기 위한 내적 자원을 찾는 것이 어려울 수도 있다.

많은 요인이 장기적인 적응과 대처를 위한 전략들에 영향을 준다. 대처 반응은

고정된 것이 아니라 역동적이다. 언어재활사는 의사소통장애에 대한 반응과 일과에 미치는 영향에 초점을 맞추어 끊임없이 환자와 보호자의 정서 상태를 점검해야 한다. 이러한 감정의 적응 주기를 단순한 관점으로 보지 않는 것이 중요하다(예: "그것 아무것도 아니에요. Jones 씨께서 지금 화가 나서 그런 거예요."). 정신건강 전문가에게 의뢰할 만큼 심각해 보이지 않는 한 임상가는 그들의 감정을 인정하고 수용해야 한다.

적절한 의사소통의 조절과 지원

이 장과 이 책의 마지막에는 노인 환자 및 보호자의 의사소통을 위한 가이드라인이 제시되어 있다. 이러한 권고 사항의 많은 부분은 이전에 강조된 부분에서 비롯되었다. 하나같이 노인 환자와 관련된 임상적 상호작용과 상담의 질이 치료의 성과에서 유일하고 가장 중요한 요소일 수 있다는 것을 강조한다.

노인언어 및 관련된 발화 방식의 조정

이 책에서 노인언어(elderspeak)는 노인과의 의사소통에서 성공 또는 실패를 결정하는 요인으로 언급되었다. 노인과 대화하는 사람들은 종종 쓸데없이 거의 모욕적인 방식으로 그들과 의사소통한다(Harwood & Giles, 1996; Hummert, Shaner, Garstka, & Henry, 1998). '발화 방식의 조정'이라고 불리는 이것은 부분적으로는 환자 또는 보호자의 실제 특징과는 반대로 고정관념에 따라 무의식적으로 의사소통 방식을 바꾸기 때문에 나타난다. 노인언어에서 보이는 흔한 의사소통 방식의 변경은 과장된 억양 패턴, 높은 음도, 단순한 어휘나 구문 사용, 빈번하거나 불필요하게 반복해서 말하기, 느린 말 속도, 애칭이나 부가의문문 사용(예: "우리는 지금 목욕하고 있어요. 그렇죠?")과 같은 것들이 포함된다.

말을 낮추는 것에도 다양한 유형이 있다. 그것은 그들이 노인을 얼마나 배려하고, 통제하고 있는지로 특징짓는 용어다(Ryan, Hummert, & Boisch, 1995). 임상적 상호작용 및 상담에서 배려심과 통제 모두 문제가 되기 때문에 이러한 의사소통 방식을 각각 간단하게 설명하고자 한다.

- 아기 말(baby talk)은 배려심과 통제를 나타낸다. 기본적으로 노인언어 특징의 상당 부분을 포함하고, 어린아이였을 때 들었을 법한, 일반적으로 사랑스러움을 나타내는 용어(예: 자기, 이쁜이)와 '귀염성 있게 말하는' 구문이 포함된다.
- 지나치게 사적인 것은, 배려심은 많으나 통제력은 낮은 것을 의미한다. 노인을 마치 소중한 장난감을 대하듯 말하는 것이다(예: "할머니, 오늘 너무 이쁘시네. 딱 제 취향이에요."). 이처럼 지나치게 사적인 발화는 종종 신체적 접촉이나 긍정적인 비언어 행동에 수반된다.
- 지시적 대화(directive talk)는 기본적으로 통제적이고, 배려심이 거의 없는 시설에서 주로 쓰이는 언어 사용 중의 하나다. 목적은 가능한 한 의사소통의 교환 없이 메시지를 전달하는 것이다. 지시적 발화는 노인들에게 무엇을 해야 하고, 무엇을 하지 말아야 하는지, 차갑고 화난 어투와 노인이 무능하다는 메시지를 담아 말한다.
- 피상적 대화(superficial talk)는 배려도 아니고, 통제도 아니다. 이것을 설명하는 가장 좋은 예는 화자가 노인들이 없을 때 노인에 대해서 말하거나 노인이 강하게 감정이나 요구를 표현할 때 헬스케어 전문가가 갑자기 화제를 전환하는 것이다.

노인언어의 다른 형태인 '낮추어 말하기'는 나이 들어 보이는 목소리, 백발, 주름, 보행 보조기의 사용과 같은 다양한 단서로 인해 무의식적으로 촉발될 수 있다. 때때로 그 사람의 생활연령을 아는 것 또한 노인언어를 유발하기에 충분하다. 노인언어 및 낮추어 말하는 것의 영향은 환경, 과제, 노인의 특징, 나이가 어린 대화 상대자에 따라 다르게 나타난다. 정신적으로 문제가 없는 노인들이 함부로 말하게 되면 그들은 덜 유능하다고 느낀다. 반대로 치매 환자와 같이 과장되게 반응한다면 문제행동은 줄어들 수 있다. 정상 노인들이 약물 복용 안내와 같이 더욱 상세한 정보를 원한다면, 주의 깊게 억양을 달리하고, 느린 말 속도로 짧은 문장을 사용하는 것이 도움이 될 것이다(Gould, Saum, & Belter, 2002).

제1장에서는 독자 스스로 노화와 노인에 대한 고정관념 및 태도를 확인해 볼 수 있도록 독려하였다. 이 책은 이 부분을 독자에게 다시 한번 점검하도록 하면서 마무리한다. 임상가는 노인과 대화할 때 자신의 의사소통 양상과 경향을 점검해야 한다.

그리고 노인의 어떠한 특징이 노인언어를 유발하는지에 대해서도 살펴보아야 한다. 동일한 환자에게 적절한 발화 방식을 조정하는 것(수용성 실어증 환자에게 천천히 말해주기)과 말을 낮추어 하는 것 사이의 미묘한 차이를 확인하는 것은 쉽지 않다.

적절하게 발화 방식을 조정하는 것은 노인과 그들 가족의 건강관리를 위해 상호작용할 때 효과적인 의사소통을 위한 첫 번째 권고 사항이다. 다음에 노인과의 구어 및 비구어 의사소통을 위한 추가적인 가이드라인을 제시하였다.

임상적 상호작용 시 의사소통을 위한 조정

- 가능한 한 친절하고 연령을 고려한 의사소통 환경을 제공하라. 가구의 배치는 편안하고 안전하며, 이용이 쉽도록 고려하라. 조명이 적절한지 확인하고, 가능하면 눈부신 빛, 형광 조명, 백라이트를 제거하라. 방의 특징을 강조하기 위해 보색을 사용하라. 방해될 수 있는 주변 소음(예: 라디오, 텔레비전, 복도 또는 외부 소음)을 줄여라. 제10장의 추가적인 권고 사항을 참고하라.
- 적극적인 경청을 하라. 그냥 듣는 척하지 마라. 말을 듣는 것뿐만 아니라 그 안에 담긴 생각, 연결, 걱정도 함께 들어라. 노인들이 말하고 있는 것을 정확히 이해하지 못했다면 확인하고 다시 질문하라. 주의를 기울여라. 노인과 대면할 때 열린 자세로 상대방을 향해 몸을 기울이고, 눈 맞춤을 유지하며, 방해 자극을 없애 그들에게 집중하고 있다는 것을 나타내라. 상대에게 주의를 기울이고 있는 것은 조용히 주목하고 있다는 것으로도 드러난다.
- 단어 이상의 것을 들어라. 모든 행동이 의사소통이다. 목소리 톤, 눈 맞춤, 몸짓 언어, 옷차림, 개인적 관리를 포함한 비언어적 단서에 특히 주의를 기울여라. 환자와 보호자가 걱정이나 문제를 제시할 때 비언어적 교환이 어떻게 일어나는지 관찰하라.
- 당신의 비언어적 메시지에 대해서 주의하라. 모든 노인이 낯선 사람의 신체적 접촉을 좋아하는 것은 아니지만, 터치(touch)는 특히 의사소통 상호작용에서 중요하게 설명된다. 제스처와 얼굴 표정은 난청 노인들과의 의사소통 시 특히 중요하다.
- 대화뿐만 아니라 정보를 수집할 때도 충분한 시간을 제공하라. 모든 것은 질문

하는 사람의 손에 달려 있으므로 질의응답식 의사소통은 피하라. 노인에게 주제를 개시하거나 질문할 수 있도록 기회를 제공하라. 모든 말을 다 하지 마라.

- 모든 노인에게 반응할 수 있는 충분한 시간을 제공하라. 잠깐 쉼이 있다고 해서 건너뛰지 마라.
- 계속적으로 주제를 변경하기보다는 잠시 동안 하나의 주제에 고정하라. 만약 여러 사람이 상호작용에 참여하고 있다면, 주제의 유지를 돕기 위해서 주기적으로 주제에 대해서 다시 언급하라.

임상가는 노인과 상담할 때 이러한 차이를 이해하고, 자신의 의사소통에서 고정관념이 있는 반응이 있는지 감시해야 한다. 성공적인 상담 교환은 환자의 기여와 생활환경을 토대로 환자의 의사소통 방식에 임상가가 맞추어 조절할 때만 이루어질 수 있다.

환급

상담은 의사소통장애 전문가에 의해 제공되는 필수적이면서 지속적인 서비스의 일부다. 이 서비스는 일반적으로 평가나 중재에 통합되고, 별도로 청구하지 않는다. 만약 언어재활사 또는 청능사가 다학제간 의료 팀의 일원으로 회의에 참여했다면 현행시술용어(Current Procedural Terminology: CPT)(American Medical Association, 2009) 코드에 따라 청구할 수 있다. 그것은 환자 또는 환자의 가족과 대면 회의를 하거나 환자나 가족이 없이 팀 회의를 하는 것 등이 포함된다.

의사소통장애 전문가는 제11장에서 논의한 것처럼 말기 서비스에 포함될 수 있다. 예를 들어, 언어재활사는 노인이 상속 계획을 하는 동안 다른 전문가와 가족과의 의사소통을 촉진하기 위해 요청받을 수도 있다. 이러한 유형의 서비스는 의사소통장애 전문가가 사용할 수 있는 CPT 코드로는 보장되지 않는다. CPT 코드에 포함되지 않는 전문적인 서비스는 변호사와 같이 요청 당사자에게 청구된 상담료를 가지고 환급될 수 있다.

요약

이 책의 기본 전제는 간단하다. 임상가는 의사소통 및 삼킴에 미치는 1차, 2차, 3차 노화에 대해 이해해야 한다. 지식은 정상적인 행동과 장애를 구분하고, 평가와 중재 성과에 영향을 미치는 많은 노화 요인을 이해하는 데 사용될 수 있다. 이 장에서 이러한 기본적인 전제는 노인 환자 및 그들에게 의미 있는 사람과의 임상적 상호작용의 이해에 적용되었다.

이 장에서 제시된 모든 가이드라인은 우선 하나의 주제로 해석될 수 있다. 임상가는 일반적으로 노화뿐만 아니라 개별 환자의 고유한 노화 경험과 생활환경에 대해 이해해야 할 책임이 있다. 이러한 이해는 임상적 상호작용을 발전시키는 토대가 되고, 의사소통장애 및 삼킴장애 노인 환자에게서 성공적인 치료를 이끌어 낼 수 있을 것이다.

핵심 내용

적절한 개인적 상호작용 기술 없이는 임상적 서비스가 효과적으로 전달될 수 없다. 이 장에서 강조했던 주제는 다음과 같다.

- 좋은 임상적 상호작용은 성공적인 치료의 핵심이다.
- 상담은 언어재활사 및 청능사의 실제 업무 영역의 일부이며, 노인 환자와 지속적인 상호작용 과정의 요소여야 한다.
- 상담은 가족의 희망 사항을 공유하고, 가족에게 정보를 제공하며, 개인의 사고, 태도, 감정을 명확히 하는 것을 돕고, 가족과 환자의 행동을 바꾸기 위한 선택을 제공하는 것까지 포함된다.
- 성공적인 임상적 상호작용과 상담을 위한 가이드라인은 다음과 같다.
  - 임상적 상호작용 시간을 현명하게 사용하라.
  - 무엇이 정상인지 알라(모두의 관점에서).

-환자와 관련된 사람들에 대해서 알아보라.
-환자와 치료적 파트너십을 구축하라.
-환자와의 신뢰를 발전시키고 유지하라.
-진화하는 환자의 요구와 걱정에 적응하라.
-환자와의 의사소통을 적절하게 조정하고 지원하라.

감사의 글

이 장의 일부는 미국 언어병리청각 학생협회(National Student Speech-Language-Hearing Association)의 허락하에 *Contemporary Issues in Communication Sciences and Disorders, 29, Contemporary Issues in Communication Sciences and Disorders, 29*, 68-78.에 실린 M.A. Toner와 B. B. Shadden(2002)의 '상담 문제: 노인 환자 및 보호자와의 협력(Counseling Challenges: Working with Older Clients and Caregivers)'에서 수정하였다.

참고문헌

American Medical Association. (2009). *Current procedural terminology* (CPT) 2010. Chicago: Author.

Gould, O. N., Saum, C., & Belter, J. (2002). Recall and subjective reactions to speaking styles: Does age matter? *Experimental Aging Research, 28*, 199-213.

Harwood, J., & Giles, H. (1996). Reactions to older people being patronized: The roles of response strategies and attributed thoughts. *Journal of Language and Social Psychology, 15*, 395-412.

Hummert, M. L., Shaner, J. L., Garstka, T. A., & Henry, C. (1998). Communication with older adults: The influence of age stereotypes, context, and communicator age. *Human Communication Research, 25*, 124-151.

Luterman, D. (2008). *Counseling persons with communication disorders and their families* (5th ed.). Austin, TX: PRO-ED.

Norlin, P. F. (1986). Familiar faces, sudden strangers: Helping families cope with the crisis of aphasia. In R. Chapey (Ed.), *Language intervention strategies in adult aphasia* (2nd ed., pp. 174-186). Baltimore: Williams & Wilkins.

Ryan, E. G., Hummert, M. L., & Boisch, L. H. (1995). Communication predicaments of aging: Patronizing behavior toward older adults. *Journal of Language and Social Psychology, 14,* 144-166.

Shadden, B. B., Raiford, C. A., & Shadden, H. S. (1983). *Coping with communication disorders in aging.* Portland, OR: C.C. Publications.

Shipley, K. G., & Roseberry-McKibbin, C. (2006). *Interviewing and counseling in communicative disorders: Principles and procedures* (3rd ed.). Austin, TX: PRO-ED.

Tanner, D. C., & Gerstenberger, D. I. (1988). The grief response in neuropathologies of speech and language. *Aphasiology, 2,* 79-84.

Toner, M. A., & Shadden, B. B. (2002). Counseling challenges: Working with older clients and caregivers. *Contemporary Issues in Communication Sciences and Disorders, 29*, 68-78.

Webster, E., & Newhoff, M. (1981). Intervention with families of communicatively impaired adults. In D. S. Beasley & G. A. Davis (Eds.), *Aging communication processes and disorders* (pp. 229-240). New York: Grune and Stratton.

찾아보기

인명

내용

집필자 소개

William M. Buron, PhD, RNC, FNP–BC 아칸소대학교 엘리너 맨 간호대학 조교수

Colin L. W. Driscoll, MD 메이요대학교 의과대학 부교수

Karee E. Dunn, PhD 아칸소대학교 교육 및 건강 전문직대학 임상 조교수

Alan D. Gluth 라이언 센더스 & 글루트 LLP. 파트너

Michael B. Gluth, MD 아칸소대학교 의과대학 조교수

Amy Hunter, AuD, CCC–A 스프링데일 오자크센터 청능사

Barbara B. Shadden, PhD, CCC–SLP 아칸소대학교 재활, 인적자원, 의사소통장애학과 교수

C. Blake Simpson, MD 텍사스대학교 보건과학센터 교수

Leah Skladany, PhD, CCC–SLP 네바다대학교 의과대학 부교수

Mary Ann Toner, PhD, CCC–SLP 아칸소대학교 재활, 인적자원, 의사소통장애학과 부교수

Mary Ann Westphal, MA, JD 변호사

Gillian Woods, PhD 워싱턴지역의료시스템 수석건강교육코디네이터 공인심리검사관

Gina L. Youmans, PhD, CCC–SLP 롱아일랜드대학교 의사소통 과학 및 장애학과 조교수

Scott R. Youmans, PhD, CCC–SLP 롱아일랜드대학교 의사소통 과학 및 장애학과 조교수

역자 소개

윤지혜(Ji Hye Yoon)

연세대학교 언어병리학 박사

(사) 한국언어재활사협회 1급 언어재활사

전 삼성서울병원 신경과 연구원

현 한림대학교 언어청각학부 부교수

하승희(Seunghee Ha)

University of Illinois 언어병리학 박사

(사) 한국언어재활사협회 1급 언어재활사

전 University of Tennessee Dept. of Audiology & Speech Pathology 조교수

현 한림대학교 언어청각학부 교수

전진아(Jin Ah Jeon)

한림대학교 언어병리학 박사

(사) 한국언어재활사협회 1급 언어재활사

전 을지병원 정신건강의학과 소아청소년 발달증진클리닉 언어치료사

현 한림대학교 언어청각학부 조교수

노화와 의사소통

Aging and Communication (2nd ed.)

2020년 9월 1일 1판 1쇄 인쇄
2020년 9월 10일 1판 1쇄 발행

지은이 • Mary Ann Toner · Barbara B. Shadden · Michael B. Gluth
옮긴이 • 윤지혜 · 하승희 · 전진아

펴낸이 • 김진환
펴낸곳 • (주)학지사
04031 서울특별시 마포구 양화로 15길 20 마인드월드빌딩
대표전화 • 02-330-5114 팩스 • 02-324-2345
등록번호 • 제313-2006-000265호

홈페이지 • http://www.hakjisa.co.kr
페이스북 • https://www.facebook.com/hakjisak

ISBN 978-89-997-2198-4 93370

정가 23,000원

이 도서의 국립중앙도서관 출판시도서목록(CIP)은 서지정보유통지원시스템 홈페이지(http://seoji.nl.go.kr)와 국가자료공동목록시스템(http://www.nl.go.kr/kolisnet)에서 이용하실 수 있습니다.
(CIP 제어번호: CIP2020036283)